秘占公開

# すごくよくわかる 東洋手相術

あらゆる運勢が読み解ける
手相の奥義とは？

Gakken

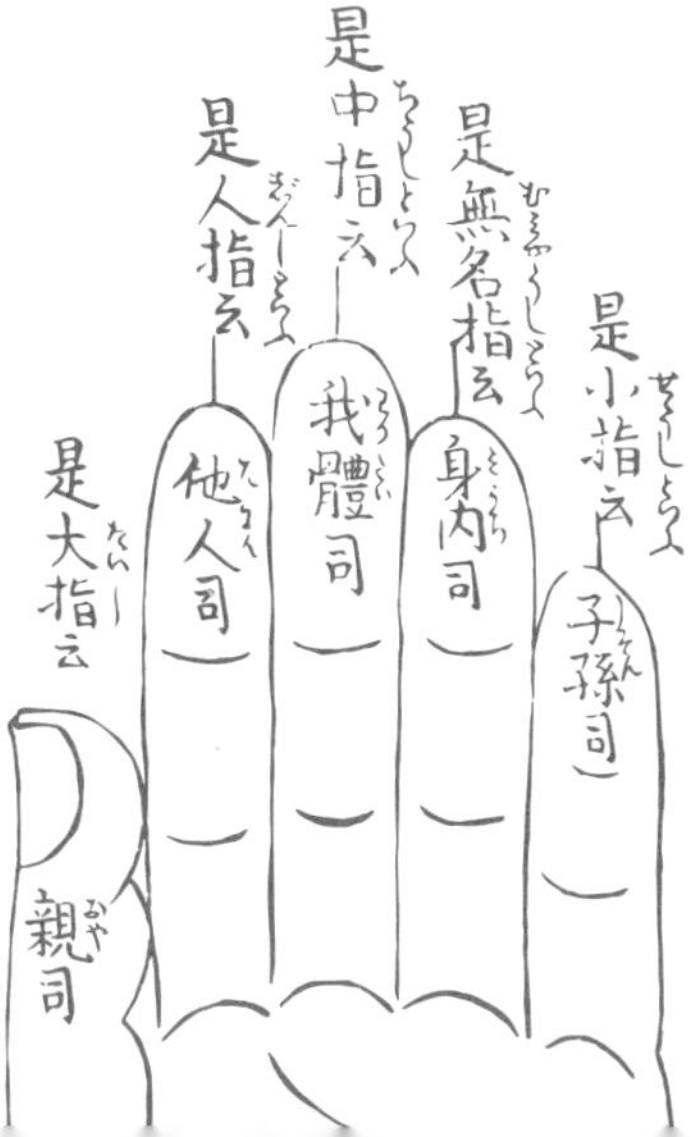

# はじめに

運命とは、私たちの人生を大きく左右する目に見えない力のことをいいます。運命というものは抗《あらが》えないもの、誰もが持つものでありながら、とらえどころがない印象があります。そして運は、その人に起こる出来事の良し悪し、いわゆる「運が良い」「運が悪い」と表現されるもので、古《いにしえ》より多くの人たちが注目してきた現象であり、それは現代も変わることはありません。

貧しく不遇な人生を送っていた人が一躍《いちやく》億万長者になる、栄華を誇り頂点に君臨していた人が一瞬ですべてを失う。そこには一体《いったい》どんな力が働いているのでしょうか。手相術では、この目に見えない運勢が手の形や紋（西洋手相では線）、紋様といった手相として現れると考えます。手相術は、これらの手相を読み取る手法や解釈をまとめた学術なのです。

手相からは性格や仕事、結婚、病気や災難、ケガなどさまざまな面を知ることができます。すべてがわかる、といっても過言ではありません。

手相を鑑定するためには膨大なデータの収集と整理が重要ですが、その礎を築いたのが、研究した先人たちであり、約四千年もの歳月が費やされました。

「なぜ掌《てのひら》にこの紋様がある人はお金持ちになるのか」「どうしてこの紋が掌に現れると大きく運勢が変わるのか」最初は小さな事象であったのが、波紋が広がるように大きくなっていき、やがて目に見えない運勢を読み取る手相術へと昇りつめていったのです。

現在、日本はもちろん世界各国で手相が用いられるようになったのは、この豊かな実証性の賜物《たまもの》といっても大袈裟《おおげさ》ではありません。

現在、世界で主流となっているのは西洋手相ですが、本書は東洋手相（東洋相法）の秘法を織《お》り交《ま》ぜながら、手相の成り立ちから判断の方法までをわかりやすく解説しています。

とりわけ掌に現れた色で吉凶を読み取る方法や、易学や占いにも活用されてきた八卦《はっか》と、究極の開運法でもある九星気学を掌に照らし合わせて運勢を知る手段は、東洋手相術にしかないものであり、より深く正確な判断ができる重大な要素となります。

さらに「運気向上のアドバイス」では、運勢が良いときは、その幸運を生かしてより豊かな人生が送れるためのコツを、そうでない場合は、どうすれば災難や危険を回避できるかなどを紹介しています。

羅針盤《らしんばん》がある船と、そうでない船があるとします。どちらが大海《たいかい》を安全に航行できるでしょうか。本書があなたの人生にとっての羅針盤になりましたら幸いです。

自分自身や周りの人の持つ特性や運勢を知り、将来の運命を予知し、積極的に人生を切り開くために役立ててください。

本書は占術書『神相全編《しんそうぜんぺん》』を骨子《こっし》として、先代田口二州師より受け継いだものに、私の五十有余年の手相鑑定のデータを加味して誰にでもわかるように東洋手相術の心髄《しんずい》を紹介するものです。

翠麗《すいれい》山荘にて

純正運命学会　会長　田口二州

# すごくよくわかる　東洋手相術

★目次

## 第4章 天紋（感情線）の見方
### 愛情運と父親との関係を表す紋

## 第5章 人紋（知能線）の見方

### 性格や性質、能力を表す紋



## 第6章 地紋（生命線）の見方

### 生命力と生まれ育った環境を表す紋

## 第7章　天喜紋（運命線）と高扶紋（太陽線）の見方
### 社会での活躍や評価を表す二つの紋

## 第8章　その他の注目紋
### 東洋手相術ならではの運勢を示す31の紋

## 第9章 掌の九宮 掌のふくらみから運勢を読み解く



## 第10章 九宮の色判断 宮に現れる色から吉凶を判断する

# 第1章

# 東洋手相術総論

## 東洋手相術のはじまりと歴史

# 手相を判断する前に

## 始まりは掌に刻まれた紋様

占術の多くが「運命を知りたい」「未来に何が起こるか予知したい」という願い、目に見えない世界をどうすれば垣間《かいま》見ることができるのか、という願望や探求心から生まれたといってもいいでしょう。たとえば、今年は米が豊作だろうか、国家の未来はどうなっていくのか、それを、見上げた空や、自然現象、動物の行動などから読み取ろうとしたのです。そのひとつが手相術です。

掌《てのひら》に刻《きざ》まれた紋様を「ただのシワ」でかたづけてしまったなら、手相術は誕生しませんでした。紋様をよく見ると人によって延びる方向が違ったり、長いものがあれば短いものもあったり。一人より二人、二人より三人、四人。やがて数千、数万、数多《あまた》の老若男女の掌が貴重なデータとなり、運命を示す指針となっていきました。

本書は東洋式の手相を紹介するものですが、東洋に限らず、さまざまな手相術の歴史やどのような経緯で世界各国へ広がっていったのか、そこにどのような人物が関わってきたのかをたどることで、手相術がいかに奥深く、運命を読み解く術として確立されたかを知ることができます。

大家と呼ばれた人々はどのようにして掌から運命を読み取ろうとしたのか。ここに取り上げたエピソードはほんの一握りではありますが、知れば知るほどに掌の見方、すなわち手相への興味は深いものになっていくことでしょう。

## 手相の起源を知る

手相に関する記録は旧約聖書にまで遡《さかのぼ》ります。旧約聖書のヨブ記に、

ヨブ記には、神が「雪は地に降り積もれ」、「雨は激しく降れ」とともに
「人の手に模様を刻み職分を知らしめろ」と命じたことが記されている。

「神は人の手に符号若《も》しくは印章を置き給《たま》えり。そはこれによって総《すべ》ての人に彼等《かれら》の職分《しょくぶん》を知らしめ給《たま》わんが為《ため》なり（神は人の手に模様を刻まれた。それはすべての人の役割を明らかにするものである）」

と記されています。

この部分は英訳では手相という意味合いは出てきませんが、ヘブライ語訳でははっきり「手相を見る」と解釈されています。ヨブは約四千年前のアラビアに実在した人物で、これが手相に関する最古の文献です。

また、旧約聖書の箴言書《しんげんしょ》には、

「その右の手には長寿あり、その左手には富と尊貴《そんき》あり（右手には長寿が、左手には富と地位の高さが模様として刻まれていた）」と、手相にまつわる記述が記されています。

さらに古代ギリシャの文献においても手相術が取り上げられていることから、西洋では古くから手相の研究がなされ、人々の幸・不幸や将来の自分を知るための指針になっていたことがわかります。

## 先人たちの情熱の賜物

掌に刻まれる数々の線に着目し、そこに運勢を見出した先人たちの存在なくして、現在の手相学は存在しません。これまでに約四千年もの歳月が費やされました。

その昔、インドの学者たちは人間の皮膚のシワから、その人の運勢が読み解けることを発見し、これを「サムドリカ」と呼びました。それからたゆまぬ努力と研究が重ねられ、掌に現れる斑紋《はんもん》と運勢に結びつきがあることを解明、「ハストリカ（手相）」が研究されるようになったのです。

また、紀元前二千年には人間の皮膚をつなぎ合わせたものに赤い液体で書かれた本がつくられました。そこには、掌の線の図、意義などを解説した百以上の記録があり、淡い黄色をした皮膚製のページはニスのようなものでコーティングされていたため、数千年を経ても鮮やかな状態が保たれているそうです。

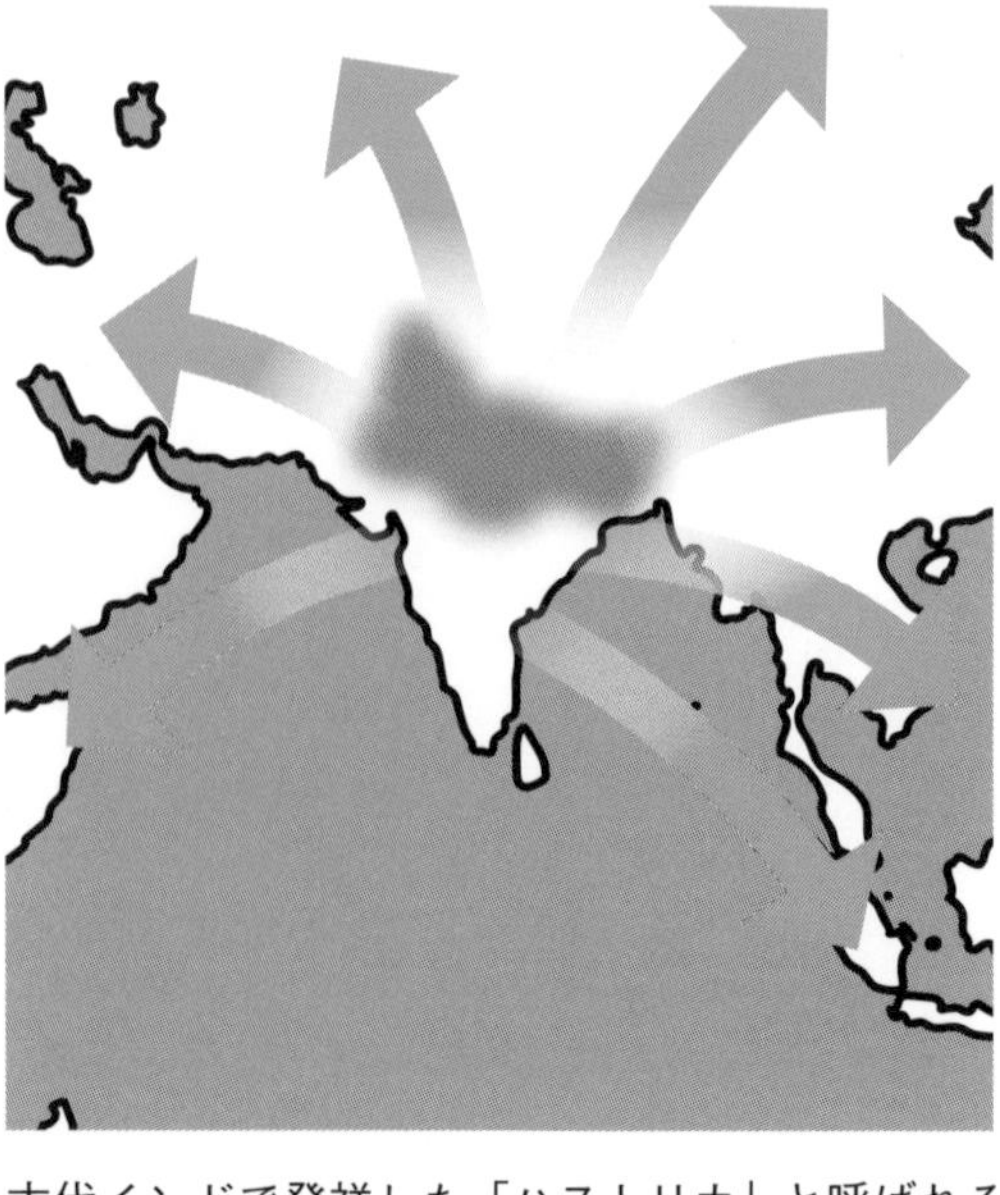

古代インドで発祥した「ハストリカ」と呼ばれる手相術が全世界へと広がった。

この貴重な書物を発見・閲覧《えつらん》したのは二十世紀初頭の手相学の権威、英国人の学者キロでした。キロとはギリシャ語で手という意味で、本名はルイス・ハーモン。米国移住後、ハリウッドスターなどセレブリティたちを鑑定する占い師として活躍しました。

紀元前二千年に綴《つづ》られた唯一無二《ゆいいつむに》の書物、ぜひとも読んでみたいものですが、現在はバラモン教徒の秘宝としてインドのある洞窟内の祠堂《しどう》に秘蔵されているため見ることはできません。

西洋では「手相はアリストテレスから生まれた」ともいわれている。

## 賢者が発見した手相

古代ギリシャの哲学者で、プラトンの弟子としても知られるアリストテレスがエジプトを訪《おとず》れた際、ヘルメス神の祭壇に金文字で彫られた『手の理学』という論文を発見しました。アリストテレスがこの書をアレキサンダー大王に贈ったところ、大王は「これは貴重な研究物である」と驚嘆《きょうたん》し、ラテン語に翻訳することを命じました。この訳本の第一版『図解アリストテレスの人相学』は、やがて大英図書館に収《おさ》められることになります。

この本の「動物の身体各部から人間の諸特徴への推論」という章では、手相に関する説明がなされており、「掌の上で二本の線が端《はし》から端まで引かれているは長命。もし二本の線のいずれかが、途中で切れたり消えているは短命である」というようなことが記されていました。

この二本の線というのは東洋手相の人紋《じんもん》（西洋手相の知能線）と地紋《ちもん》（西洋手相の生命線）を示し、

掌の代表的な紋から、その人の運命を読み解こうとしたものであることがわかります。知能線、生命線、感情線などの線、丘《きゅう》や記号の名称は古代ギリシャにおいて確立したと考えられます。

ダルパンチニーは手相の研究に30年以上を費やして「キログノミー（手型学）」を確立した。

賢者《けんじゃ》が遺《のこ》した書物がふたたび日の目を見ることになるのは十五世紀後半のことで、印刷機械の開発により一四九〇年に出版されました。そして十九世紀、ナポレオン政権下のフランスで手相術が一躍脚光《いちやくきゃっこう》を浴びることになるのです。

## ヨーロッパにおける手相学の発展

ナポレオン一世に仕《つか》えていた陸軍士官ダルパンチニーは、スペインで放浪者の娘に手相を見てもらったのがきっかけとなり、手相の研究に情熱を注ぐようになります。

軍務の合間に人々の掌を観察し、三十年以上を研究に費やして『手の科学』を発表しました。

ダルパンチニーは収集した数多くのデータから「キログノミー（手型学）」を提唱。これは手相から人が持つ性能を知っていく学問です。

また、画家志望でしたが、手の神秘に魅せられ手相家に転身したデパロルはダルパンチニー同様、たくさんの人の手相を分析しながら、ありとあらゆる文献を収集し、研究研鑽《けんさん》を重ねて線や記号が持つ普《ふ》遍的《へんてき》な意味を見出しました。彼の研究は専門家でなくても応用できる経験科学として定着し、「キロマンシー（掌紋学《しょうもんがく》）」として確立されたのです。

デパロルのキロマンシーは、フランスの貴族から庶民にまで幅広く知られ、書物は大流行しました。ナポレオン三世の皇后ウジェニーは暴徒に襲われて宮殿から避難、難を逃れて命を落とさずに済みましたが、この災いをデパロルが彼女の手相から予言していたという逸話《いつわ》も残っています。

## 近代以降の西洋手相

ダルパンチニーとデパロルが確立したキログノミーとキロマンシーは統合され、「キロソフィー」と呼ばれる近代的な手相術が誕生しました。

二十世紀には英国でキロ、米国ではベンハムという大家が出現、著書がベストセラーになるなど手相学が幅広く人々の間に浸透していきます。著名な手相家の鑑定を受けるには、何日も前から予約しなければならないほどの大反響ぶりでした。

デパロルが提唱した「キロマンシー（掌紋学）」は大反響を呼び、フランスの人々は手相を見て一喜一憂した。

# 「東洋相法」の流れ

## 東へと向かう手相術

古代インドで誕生した手相術は、世界各地へと広がっていきました。インドからシルクロードを西へ。やがて中東を経てヨーロッパ、北アフリカにたどり着きます。東へ向かうと中国から朝鮮半島、そして日本へと伝わっていくのでした。

手相術が中国へ伝来したのは仏教の広まりが大きく影響しています。仏教には、「仏の三十《さんじゅう》二《に》相《そう》八十《はちじっ》種好《しゅこう》」というものがあります。これは仏像や仏画をつくる際の手本とするもので、ブッダの三十二の大きな特徴と八十の細かい特徴が記されています。外形的な特徴とともに宗教的な理想の姿を示したものともいえます。

そこには「手足に縵網相《まんもうそう》あり」とあり、手足の形がかなり変わった状態であることを表し、手相術の原型となる思想をうかがい知ることができます。ほかにも、人相術につながる顔の形、手足の形、立ち

インドから中国へ手相術が広がったのは、仏教伝来が大きく影響している。

姿などの特徴も記されています。

## 周易の思想から展開する中国の手相術

古代中国の三皇《さんこう》の一人とされる伏羲《ふっき》という天帝がいました。さまざまな文化の源をつくったとされる伏羲ですが、河の中から現われた龍馬《りゅうめ》の背中を見て、その斑模様《まだらもよう》の数と配置から「八卦《はっか》」をつくり出したという伝説があります。この神秘的な図柄は「河図《かと》」と呼ばれています。

八卦をつくり出した伏羲の図。全身に毛が生えて頭に角があったとされている。

八卦は東洋占術「易《えき》」の根本《こんぽん》であり、宇宙の根源を八つの卦《か》で表したものです。後に『周易《しゅうえき》』という経典に記され、中国における占卜術《せんぼくじゅつ》の大本《おおもと》となりました。

一方で、東の経路をたどった古代インドの手相術は古代中国の周王朝に至り、東洋手相術の礎《いしずえ》となったといわれています。約三千年前、中国に伝わった手相術は、易の八つの卦を活用して数々の相法の大家を生み出したのです。

紀元前七〇〇年ごろの春秋《しゅんじゅう》時代、『周易』を学び占卜術《せんぼく》に長《た》けていた叔服《しゅくふく》が、物事の吉凶を知るために編み出したのが手相術、人相術でした。魯《ろ》の公族の子を観相したことで一躍《いちやく》名を馳《は》せた叔服は、中国手相術の開祖と称されます。

その後、孔子を占ったとされる姑布子卿《こふしけい》によって手相術、人相術は世に広められました。

紀元前三五〇年ごろには唐挙《とうきょ》という相法家が秦《しん》の宰相《さいしょう》を占ったという記録が残されており、二〇〇年ごろには許負《きょふ》、三国時代には管輅《かんろ》という相法家が、混乱きわまる時代に手相術や人相術を用いて、歴史上重要な人物たちに貢献し、多くの文化的な功績を残したのでした。

そして、南北朝のころにはインドから達磨大師《だるまだいし》がやってきました。

大師の目的は仏教を広めるためだったのですが、中国では占術《せんじゅつ》（手相、人相、占卜）が隆盛《りゅうせい》を極めていたため、説法に耳を傾ける民衆はほとんどいませんでした。そのため面壁九年《めんぺきくねん》という厳しい修行を行ったといわれています。

嵩山《すうざん》の少林寺で壁に向かって坐禅《ざぜん》を続けた大師は悟りを開き、相法術についても研究を続けました。

ちなみに大師の教えの一つに随縁行《ずいえんぎょう》というものがあります。これは「縁に従うこと。楽しいことも、そうでないことも自分の過去の種まきに縁が結びついて起きている結果である。一喜一憂《いっきいちゆう》するな」というものです。

達磨大師は仏教を広めるため中国に渡って厳しい修行に励み、人相・手相 などの相法術も伝えたとされている。

詳細は第2章で紹介していますが、現在の自分の言動が未来に大きく影響して手相に表れる、という現象と共通しています。

## 仙人と呼ばれた斯道中興の祖

八世紀以降には呂洞賓《りょどうひん》、暦の研究でも有名な一行《いちぎょう》禅師《ぜんじ》などの優れた達人が多く顕《あらわ》れましたが、なかでも抜きんでていたのが麻衣老祖《まいろうそ》で、古《いにしえ》からの相法の秘伝を初めて世に公にしたとされ、斯道中興《しどうちゅうこう》の祖《そ》として崇《あが》められました。

麻衣老祖は華山《かざん》の石室に居があり、いつも麻の衣を身に着けていたので麻衣《まい》と呼び称されたもので、実名は不明です。その叡智《えいち》と風貌《ふうぼう》もあり仙人《せんにん》と呼ばれていたことから、相法や学問に長けていたばかりでなく、その人柄も素晴らしい人物であったと推測されます。

この秘伝を受け継いだのが希夷陳摶《きいちいたん》で、麻衣老祖に十年余り師事しました。

希夷は紫薇斗数《しびとすう》という、生まれた場所と時間、性別などから、その人が生まれ持つ運命・性質などを判断する占術や、陳希夷導引術《ちんきいどういんじゅつ》（気功法）の創始者であり、彼が著した秘伝書が宋代の『神相全編《しんそうぜんぺん》』（のちに明代に改訂）でした。

『神相全編』は、『周易』からはじまる中国相法術の集大成であり、今に至るまで脈々と受け継がれた

仙人と称された麻衣老祖は、東洋手相術の基本となる『神相全編』につながる秘伝を編み出した。

手相術を含めた東洋相法術の原典といえます。

この書が日本に伝わったのは徳川初期の時代。江戸中期には観相家《かんそうか》として活躍していた水野南北《みずのなんぼく》に大きな影響を与えました。

水野南北といえば当時のスーパースター的な大占術家ですが、一方でたいへんな勉強家で、手相や人相を学ぶために火葬場で働いたというエピソードが残っているほどです。

火葬場でさまざまな人の顔や手相を見たり、集まった親族たちから話を聞いたりして、故人の性格や生き様と人相、手相との共通点を探究しました。また、髪結床《かみゆいどこ》で働いたときは顔を観察しつつ、なにげない世間話からその人の性格を読み解き、銭湯に勤めたときは、裸を観察して顔や骨格から生き生きとした特徴を学んだのです。

中国伝来の秘伝書と自ら集めたデータは、やがて『南北相法《なんぼくそうほう》』として結実しました。

江戸末期から明治時代にかけて東洋手相の研究は進みましたが、その後、ヨーロッパで大成した西洋

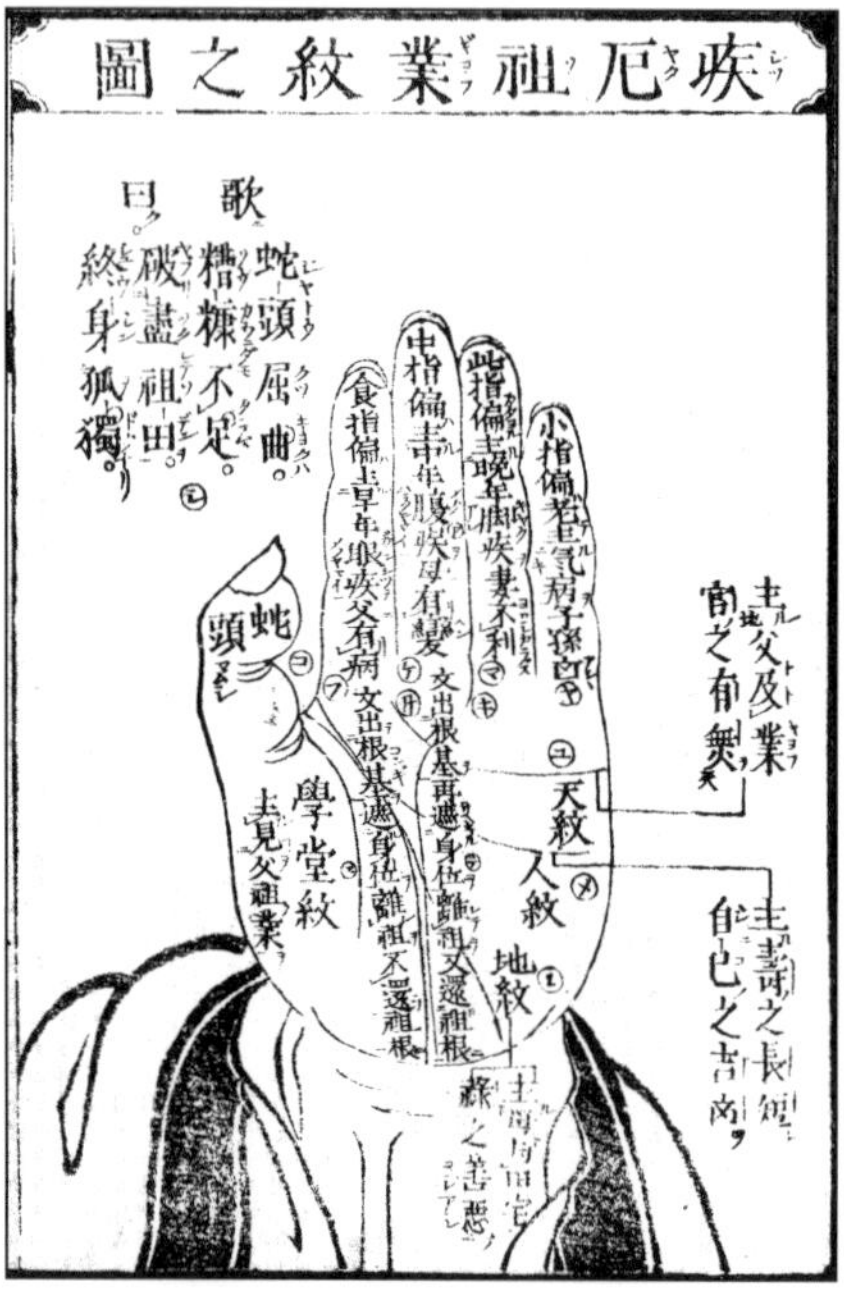


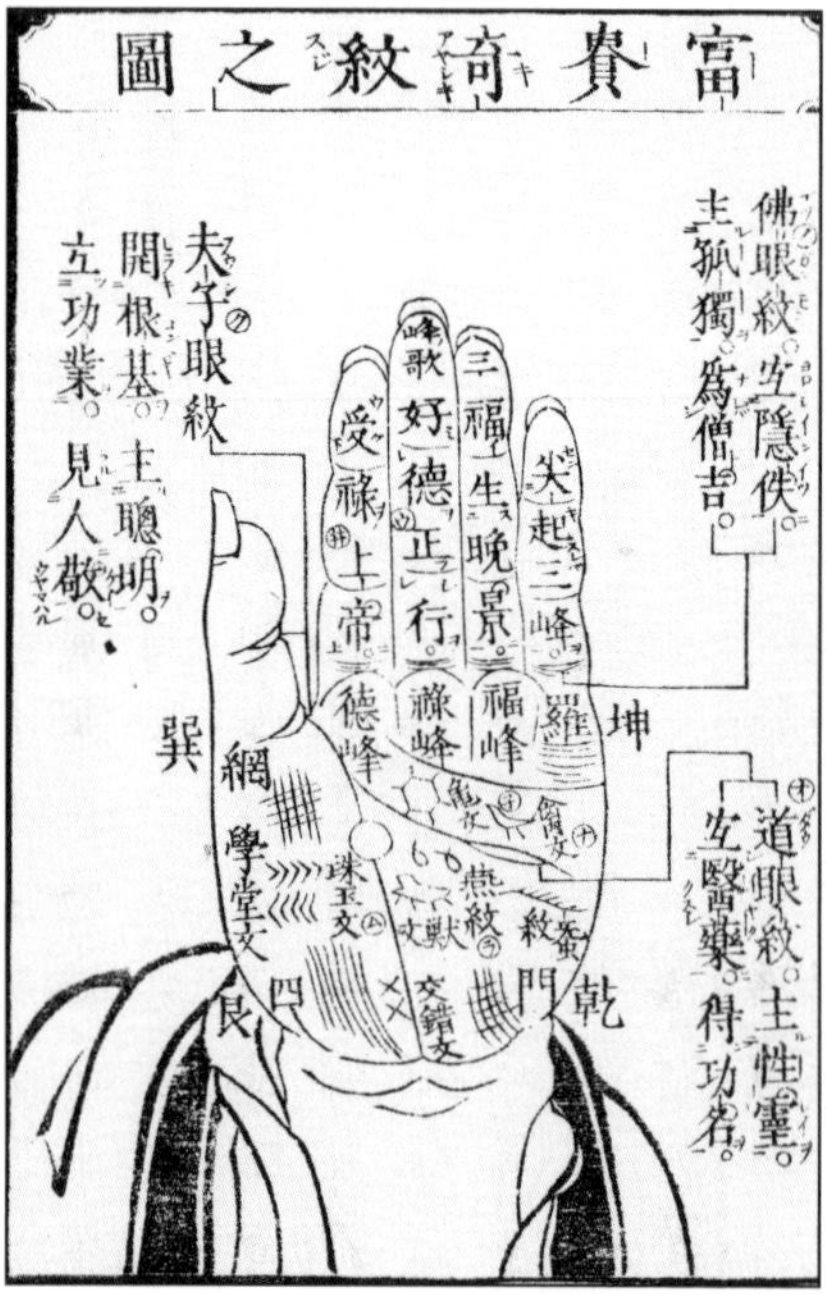


『神相全編』より。

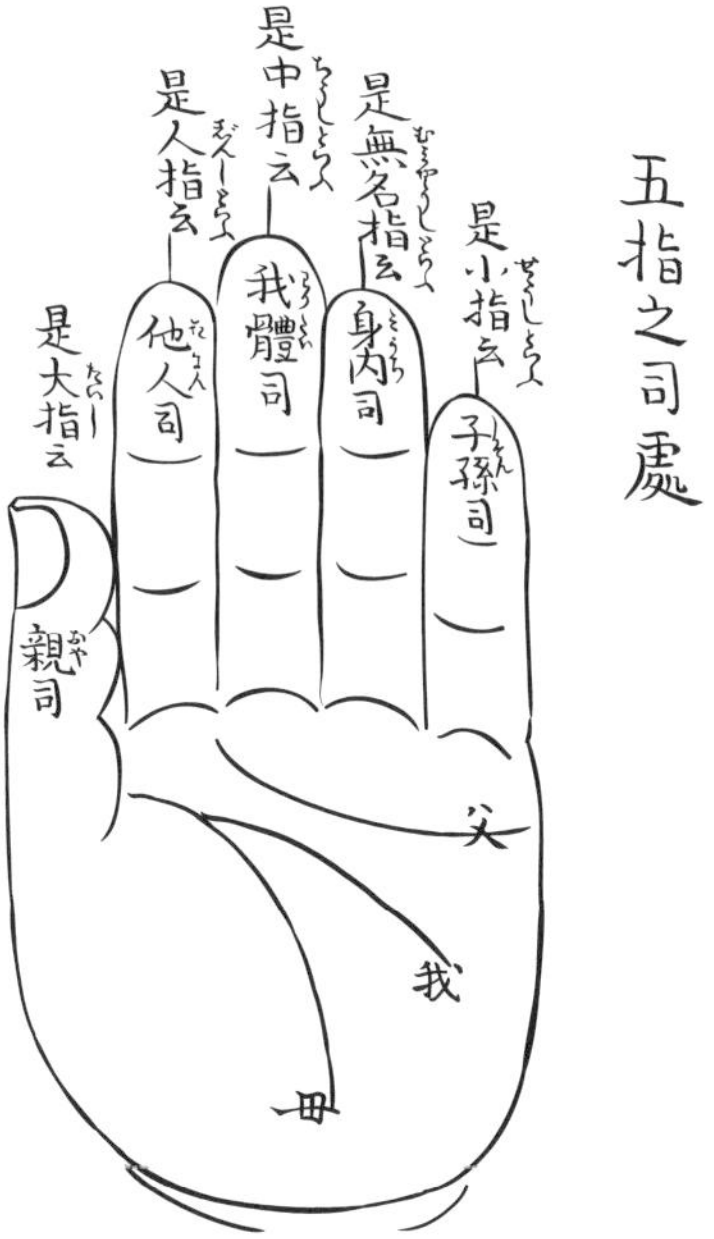


『南北相法』より。

式の手相が日本に上陸し、一気に主流となりました。その一方で、永鳥眞雄《ながとりさなお》、田畑大有《たばたたいゆう》、大和田斉眼《おおわださいがん》らの研究により東洋手相術は学術としての地位を確立したのです。

手相術に限らず、優れた学問や思想、文化が歳月に埋もれることなく脈々と受け継がれているのは、先人たちの探究心、向上心、そして師を敬《うやま》う気持ちの賜物《たまもの》といっても過言ではありません。

## 東洋手相の深奥

ここまで手相の歴史について説明してきましたが、最後に東洋手相術独自の相法について述べておきましょう。

手相というとどうしても紋《もん》（西洋手相では線）が注目されやすいですが、第9章では掌のふくらみである九つの宮《きゅう》（西洋手相では丘《きゅう》）について詳しく解説しています。

掌のどの部分が盛り上がっているか、または平らだったりへこんでいたりなど、その形状によって性格や感情、人間関係、健康状態などを知ることができるのです。

この九つの宮は、周易《しゅうえき》の八卦《はっか》に由来します。東洋占術においては、三千年の昔から現在に至るまで、伏羲《ふっき》がつくり出した周易《しゅうえき》の右に出るものはないといわれています。

その周易の根本にあるのが八卦（乾《けん》、兌《だ》、離《り》、震《しん》、巽《そん》、坎《かん》、艮《ごん》、坤《こん》）で、これを掌に配《はい》して判断するのは東洋手相の大きな特徴でもあります。掌のふくらみそれぞれに「宮《きゅう》」の字をつけて乾宮《けんきゅう》、兌宮《だきゅう》、離宮《りきゅう》、震宮《しんきゅう》、巽宮《そんきゅう》、坎宮《かんきゅう》、艮宮《ごんきゅう》、坤宮《こんきゅう》と呼びます。

八卦については第10章で詳しく説明しますが、森《しん》羅万象《らばんしょう》を読み解く易占いの要素を掌の宮と照らし合わせることで、性格（心）や健康、人間関係、結婚、家族関係、仕事、将来などあらゆることを判断することができます。

もう一つ、東洋手相独自のものとして掌に現れた色で判断する方法があります。占いで知りたい重要な事柄はやはり「いつ運勢が開くか」ということでしょうが、運が塞《ふさ》がっている、明るい兆《きざ》しが感じられない、そんなときに必ず見なければならないのが親指と人差し指の間にある震宮《しんきゅう》の色です。

震宮がきれいなピンク色で潤《うるお》いがあれば、まもなく開運していくでしょう。震は数字だと三と四を意味するため、開運が訪れるのは三カ月または四カ月先という判断になります。

これらの宮や色を判断できると、より詳細に運勢を読み解けるようになります。これこそが東洋手相の極意といえるでしょう。

また、第11章では、水野南北の『南北相法』から南北独自の手相判断法をご紹介します。「手はいわば体にとっての枝である」この一見不可思議な表現も読めば納得し、手相がますます面白くなるに違いありません。

手相は運勢の写し鏡。東洋手相を知る者は人生を極めることができます。掌からのメッセージを受け取り、訪れるチャンスをしっかりつかんで、病や災難を予防するなど、大いに有効活用してください。

# 第2章

# 手相の基礎知識1

## 手の形と掌で判断する手相の見方

# 手相は変わる

## 手相の変化でわかる運勢の流れ

私たちの手には、さまざまな長さの紋《もん》が刻まれています。そのうち天紋《てんもん》、地紋《ちもん》、人紋《じんもん》、と呼ばれる三本の太い線は生まれつき持っているものであり、その位置は変動しません。

しかし、これらの紋から分かれる枝葉の紋や細い紋は長くなったり、短くなったり、生涯を通して変化を繰り返していきます。

人の運勢は一定ではありません。栄枯盛衰《えいこせいすい》は世の常であり、だからこそさまざまな占術が誕生、研究されてきたといってもいいでしょう。手相もまた、運勢の動きに敏感に反応、訪れる変化や暗示する事柄を知らせているのです。

ただし、変化する期間や周期については千差万別《せんさばんべつ》で、一概に「このくらい」とはいえません。人によって変化の速さが異なるだけでなく、同じ人でも生活に変化のない期間と、体調や生活環境などが急激に変わる期間では、手相に変化が現れるスピードは異なります。短期間で紋が現れたり消えたりする場合

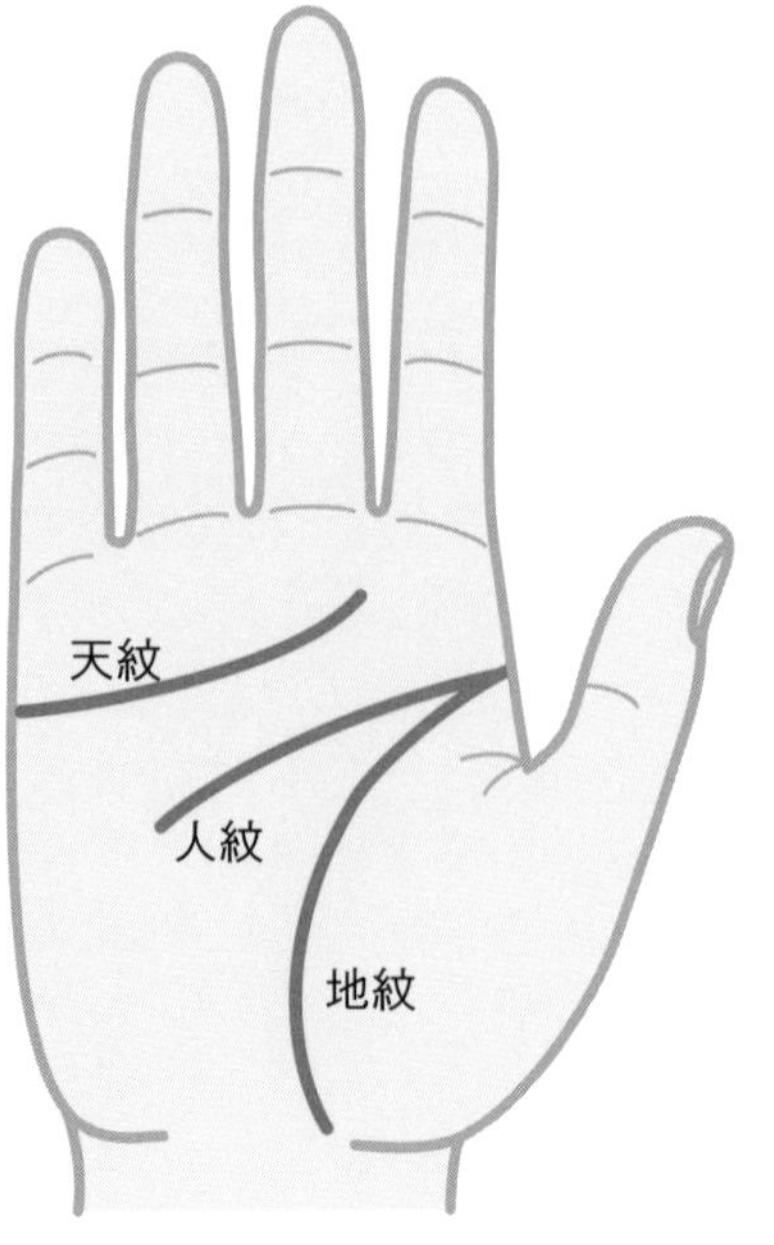

もあれば、一年経っても変化が見られないこともあるのです。
紋の状態や変化を見極めることで、運勢の変化を

慣れないうちは定期的に掌紋（手形）を取っておこう。

正確に知ることができます。どの紋がどう変化したか、どの紋が消えて、どの紋が現れたか。掌は運勢の変化を的確に語るでしょう。

専門家であれば、ひと目見るだけで、どの紋が消えかかっているのか、どの紋が活発になっているのかといった「紋の勢い」まで把握《はあく》できます。

しかし、慣れない人にとっては難しいですから、定期的に掌紋《しょうもん》（手形《てがた》）をとっておくと便利です。

## 手相を変えるには意識改革が必要

手相術は手の大きさや形、そして細かな紋などから人の性格や運勢を占う人気の占いです。人相と同様に運、不運は手や顔に現れるものです。

しかし顔は複雑な表情や容貌《ようぼう》の違い、化粧などさまざまな要素があるため、判断を惑《まど》わせます。ただし、眼についてはごまかしがききませんので、眼からどのような状態か判断が可能です。

水野南北《みずのなんぼく》は眼で心の清濁《せいだく》、そのときの苦楽を見ることができる、と述べています。

たとえば「相手が眼を見た際、臆《おく》せず大きく眼を見開く人は望みが高く、意志が強い」「黒目がいつも上に位置する人は気高く負けず嫌いである」などです。

## 手相は嘘をつかない

手相には偽《いつわ》りの表情や見せかけがないので、本来の性格や運勢が素直に出ます。ただし、掌《てのひら》という限られた面積に多くの紋が入り組んでいるため、判断は容易ではありません。基本的な知識をしっかりと理解しておくことが重要です。

さて、望むような吉となる紋が見当たらず、不吉《ふきつ》な兆候が手相に現れているような場合は、どうすればよいでしょうか。なかにはナイフなどで吉となる紋を刻《きざ》んだという人もいたようですが、残念ながら効果は期待できません。

たとえば豊臣秀吉ですが、彼は天下人《てんかびと》になるために刀で「天下筋《てんかすじ》」を刻んで手相を変えたともいわれています。果たしてそうでしょうか。彼が恵まれた名家出身ではなかったものの天下を統一できたのは、判断力や気配り上手なところなど持てる能力をフルに活用したからにほかなりません。

織田信長の草履《ぞうり》を懐《ふところ》で温め、それが功《こう》を奏《そう》して出世したというエピソードが残っていますが、このように人の心をつかむ天性の才能があったからこそ、天下を取れたのです。

では、どうすれば凶相や凡相を吉相に変えることができるでしょうか。これは「本人の意識改革」に勝《まさ》るものはありません。

手相に悪い変化が起こるのは危険信号なので、危機意識を持ち、問題を解決するために行動することで、危険を回避したり最悪の事態を免《まぬが》れたりすることができます。古い考え方やネガティブな意識を捨て、最善の対処方法を心がければ、自然とよい手相になってくるでしょう。

日頃から陰徳《いんとく》を積み、周囲の人への心配りを忘れない。そうすれば掌に「拝相紋《はいそうもん》」（P127）や「陰徳紋」（P137）などが現れるに違いありません。

# どちらの手を見るか

## 左右両方の手を見る

手相術は易学《えきがく》や九星《きゅうせい》気学《きがく》のように東洋で発達したという印象が強いですが、実際には現在世界中で行われている近代の手相術は、西洋式が基礎になっています。

東洋古来の手相術は存在しますが、これまでほとんど紹介されたことがありません。たとえば人相術は東洋で古くから用いられ、世界に類を見ないほど発展しましたが、手相の分野では文献をきちんと解読して活用できる人はごくわずかです。

一般的には男性は左手、女性は右手の手相を判断すると思われがちですが、これは古い書物に由来するものであり、東洋の陰陽《いんよう》思想に基づいています。

しかし、近代の手相術では左手と右手の両方を比較して判断する方法が一般的です。これは近年の研究により、左手には先天的な要素や幼少期の環境の影響、無意識の領域などが現れる一方、右手には後天的な要素や物質的な発展、意識的な領域などが現れることが明らかになったからです。

そのため、左手の手相がよくても右手の手相がそうでない場合は、生まれつきの才能や育ちのよさがあったとしても後年に苦労する可能性があります。また、左よりも右の手相が勝《まさ》っていれば貧しくとも努力によって成功し、運勢を開いていきます。

ただし、これは基本的な話であり、実際のケースでは、それぞれの手に現れる傾向は互いに因果関係が複雑にからみ合っていたりします。

手相の意味をはっきりと区別、特定するには、やはりかなりの熟練が必要になってくるでしょう。逆にそれだけ深いところまで追求できる醍醐味《だいごみ》があるといってもいいと思います。

左右どちらの手を見る？

## 利き手が影響すること

右手に現れるべき現象が左手にだけ出てくるケースもあります。右手は利き手の人が多いため、皮膚がやや厚くなり、細かい紋が出にくくなっています。

そのため、本来なら両方の手に現れるはずの相が、利き手ではない左手にだけ現れるわけです。

以上でおわかりのように、左右の比較だけで単純に結論は出せませんが、それぞれの手に現れる特徴があることだけは理解しておいてください。

## 左右の手相が極端に違うかどうか

左右の手を比較すると、少なからず違いがあるものです。ただし、主要な紋の位置が同じであればとくに異なると解釈する必要はありません。

このように左右の主要な紋が同じ相の人は、意志が強く確固《かっこ》たる信念を持ち、困難を乗り越えて運勢を切り開いていきます。

逆に、左右で極端に異なる人は、性格が偏《かたよ》っていたり矛盾《むじゅん》を抱《かか》えていたりすることがあります。この矛盾が適切に調和されたなら、人間的な深みとなり魅力的な人物として好感を持たれます。しかし、矛盾がうまく解消されずに残ると、突飛《とっぴ》な行動を取ったり他人とうまく関われなかったりするでしょう。

はたしてどちらの方向に進むかは、総合的に判断する必要があります。

# 大きな手と小さな手

## 手の大きさの判断方法とは

手相を診断するとき、手の大きさが重大な要素となります。掌の紋だけを見て運勢をうんぬんするのは中途半端な方法であり、ときに見当違いな結果になることもあるのです。大きさばかりでなく、肉の厚さや色、指の長さ、爪の形など、数多くの要素を計算に入れて総合的な判断を行わなければ、正しい鑑定結果は得られません。

人の体はバランスが取れているため、大柄な人は手も大きく、小柄な人は手も小さい傾向があります。また、男女の違いを考慮すると、同じ体格の場合、男性のほうが大きな手を持つことが多いです。

ここでいう手の大きさについて重要なのは「同じ体格の人と比べて手が大きいか小さいか」ということになります。

## 大きい手の人

手が大きい人が物事を大きくつかむというわけではありません。むしろ細かい部分に目が行き届く、綿密な性格の持ち主が多い傾向があります。物事を行うに際しては計画を練り、あらゆる角度から考えた上で行動に移すタイプです。

また、細かい作業を好み、器用にこなすことができます。お金に関しては地味な考え方を持ち、華やかさは求めません。

手の大きな人が仕事に対して十分に能力が発揮できていないときは、周囲の人に過度《かど》に気を使っていて、仕事そのものに集中できていないことが原因であると考えられます。

恋愛面では異性に対する思いやりがあり、積極的に行動しますが、ときに相手に尽くしすぎるきらいがあります。相性がぴったりならば絆《きずな》は深まっていきますが、束縛《そくばく》を嫌う相手からは距離を置かれてしまうでしょう。

## 小さい手の人

手が小さい人は細かいことにこだわらず、大胆な性格の持ち主です。物事の全体を見極めて大まかに把握し、リーダーシップを発揮して成功へと導きます。人の心をつかむ秘訣も心得ていてカリスマ的存在になるのも、小さい手の人の特徴といえます。

頭の回転が速い人は、細かい調査や計画は他の人に任せて、自身は大局《たいきょく》を押さえつつ、大胆に事業を展開します。

しかし、機敏《きびん》さに欠ける人は誇大妄想《こだいもうそう》に陥《おちい》りやすく、実力不足にもかかわらず仕事の幅を広げすぎて大損をすることもあります。

手の小さな人がリーダーになる、または起業するときは部下や参謀《さんぼう》は手が大きく寛容《かんよう》で細やかな心配りができる人物を集めるとうまくいくでしょう。お金は惜しみなく使いますが、場合によってはどんぶり勘定なところがあります。

恋愛面では積極的ですが、ときに相手を振り回してしまう傾向があります。最初のうちは刺激的な恋愛に相手も夢中になるかもしれません。しかし、時間が経つにつれて価値観の違いなどで行動が別々になり、距離が生じてしまうでしょう。その結果、別れてしまう可能性があります。

極端に手の小さい人は、血の気が多く無鉄砲《むてっぽう》な性格です。かなり無茶をして、それが大当たりするケースもありますが、一歩間違えると大事件に発展するなど、波乱の多い人生となるでしょう。

手の小さい女性は、勝ち気で行動的、積極的に働き、ときに起業して事業を拡大させていきます。

どんな困難に見舞われようとも、その度胸と実力で荒波《あらなみ》を乗り越えていくでしょう。活躍の陰で手が大きく温厚な人物が相談役、番頭格など黒子となって活躍を助けていることがあります。

# 幅の広い手と狭い手

## 幅の広い手の人

手の幅が広い人は、体力的に優《すぐ》れています。疲れを知らず広い活動範囲を誇《ほこ》ります。とくに手の幅が広く肉づきも厚い人は、男女ともに気力と体力が充実し、抜群《ばつぐん》の行動力で周囲を圧倒します。思い立ったら即行動に移すので、いち早くチャンスをつかむ、即戦力として期待されるなど、自らの手で力強く運を切り開いていくでしょう。

文芸や芸術などの分野への興味は薄く、むしろ実業やスポーツなどの動的な分野に強い関心を示します。また、何事も結果を急ぐ傾向があります。

ただし、やわらかな贅肉《ぜいにく》で幅が広い人は、堕落《だらく》願望が強い傾向があります。快楽に溺れる、面倒なことは後回しにするなど、運気を停滞させる方向に流される暗示があります。

また、骨組みがしっかりしている手の人は、男女ともに愛情表現が得意ではありません。

## 幅の狭い手の人

手の幅が狭い人は、肉体よりも脳や神経の働きが活発です。体力的に無理がきかないので、節制して病気予防に努めたほうがよいでしょう。気迫の強さはありませんが、そのぶんおだやかな印象を与えます。

体を動かすよりも情感を生かすのが得意で、聖職者や芸術、教育などの分野に進むほうが適しています。いずれの場合も天職となるでしょう。

女性で手の幅が狭い人は、繊細で几帳面、感受性が強い性格の持ち主です。周囲の意見や雰囲気に左右されやすいため、出費が増える傾向があります。恋愛感情は抱きますが、積極的になれません。

# 乾いた手と湿った手

## 乾いた手の人

掌は一般的に冬の寒い季節には乾燥しており、春から夏にかけて暑くなると湿ってくるものです。しかし同じ時期でも掌の状態に個人差があり、乾いた手と湿った手に分類されます。

手汗をかいて掌が湿っていることがありますが、これには交感神経《こうかんしんけい》が深く関わっているのです。暑さを感じたときや緊張したときに汗が出ますが、ストレスによっても発汗《はっかん》が促《うなが》されます。まるで手を洗ったあとのように、過度に濡れている場合は、多汗症《たかんしょう》の可能性が考えられます。

適度の潤《うるお》いがありながら、さらっと乾いて色がよければ健康状態が安定し、運勢も良好であることを示しています。心身ともにおだかやで、物事が順調に進んでいます。

しかし色が悪くて乾いているときは、よい状態ではありません。体調をくずしているか、運勢が次第に悪くなっていることを暗示します。心身ともに不安定な状況を示します。

## つやがある手のある人

つやがあり、湯上がりのような手は、体調も運勢も安定している状態です。とくに女性は夫婦円満で家運が栄え、仕事に打ち込んでいる環境であれば、公私ともに充実して運気も上昇気流に乗っています。

## 脂ぎった手の人

精神的にストレスを抱えている、消耗性《しょうもうせい》の疾患《しっかん》にかかっている、または不摂生《ふせっせい》な生活を送っていると考えられます。環境や生活習慣を改善すれば、掌の状態も安定していくでしょう。

# 白い手と黒い手

## 甲が白い手の人

この場合の「白い」「黒い」の色の判断は、手の甲を見て行います。

手の甲が白い人は五感が発達しており、豊かな美的センスの持ち主です。音楽や文筆などの創作的分野はもちろん、デザインや絵画、造形など美的感覚を必要とする世界での活躍も期待できます。

また、先見《せんけん》の明《めい》があり流行やトレンドに敏感です。これを活用してメディア全般で活動、著名人となる可能性があります。

鋭い直感力によって自分に不利になる状況や危険を予知、いち早く回避することができますが、人間関係がからんだ場合「冷たい人」と批判されるので慎重な対応を心がけてください。

相手の心をつかむ愛情表現をしますが、ときに自分の理想ばかりを相手に押しつける傾向があります。恋愛に限らず、自分に注目が集まるのを好むので、華やかな雰囲気がついてまわりますが、謙虚さを忘れると寂しい人生となります。

## 甲が黒い手の人

手の甲が黒い人は粘り強い性格で、体力的にも恵まれており、どんなに苦しい問題や仕事に直面しても、最後までやり遂げる体力と気力を持ちます。

持続力とスタミナが必要とされる仕事で、大きな成果を得るでしょう。とくに農業や漁業、酪農などで才能を発揮します。

愛情表現では気取った言葉や態度は苦手ですが、誠意を尽くすことにかけては誰にも負けません。

しっかりと地に足がついた、堅実な人生を送るタイプといえます。

# 男性的な手と女性的な手

## 手からわかること

人は一般的に女性は女性らしく、男性は男性らしい顔つきや体つきをしています。手も同様で、女性の手は男性の手に比べてやわらかく、色白です。掌の線も女性は細かく、丸みがあります。

女性のような手をした男性のなかには、温厚で物腰がやわらかく手先が器用な人がみられます。料理や掃除、洗濯といった家事全般が得意、編み物や刺繍といった手芸などが趣味で、アウトドアよりもインドアを好む傾向があります。なかには美的センスと手先の器用さを生かして、デザイナーやメイクアップアーティストとして活躍している男性も多くみられます。

一方、男性のようながっしりと力強い手をした女性のなかには、行動的で体を動かすことを好み、スポーツや武術に精を出す人がいます。仕事も製造業や力仕事などで活躍、時代の先駆者として注目されたり、即戦力として活躍したりすることもあるでしょう。

中指に向けて長い縦線が刻まれているのを天下筋《てんかすじ》と呼び、文字通り昔から天下を取るほどの良い相とされています。この相を持つのは男性ばかりではありません。これまでは社会進出や成功を収めた男性が注目されてきましたが、この手相を持つ女性で事業や独自の特技を生かした分野で名を馳《は》せている人がたくさんいます。

## 二十一世紀の価値観

その昔は「男は男らしく、女は女らしく」と男性は外で働き、女性は家庭に入るという固定観念がありましたが、それは時代とともに変化してきている

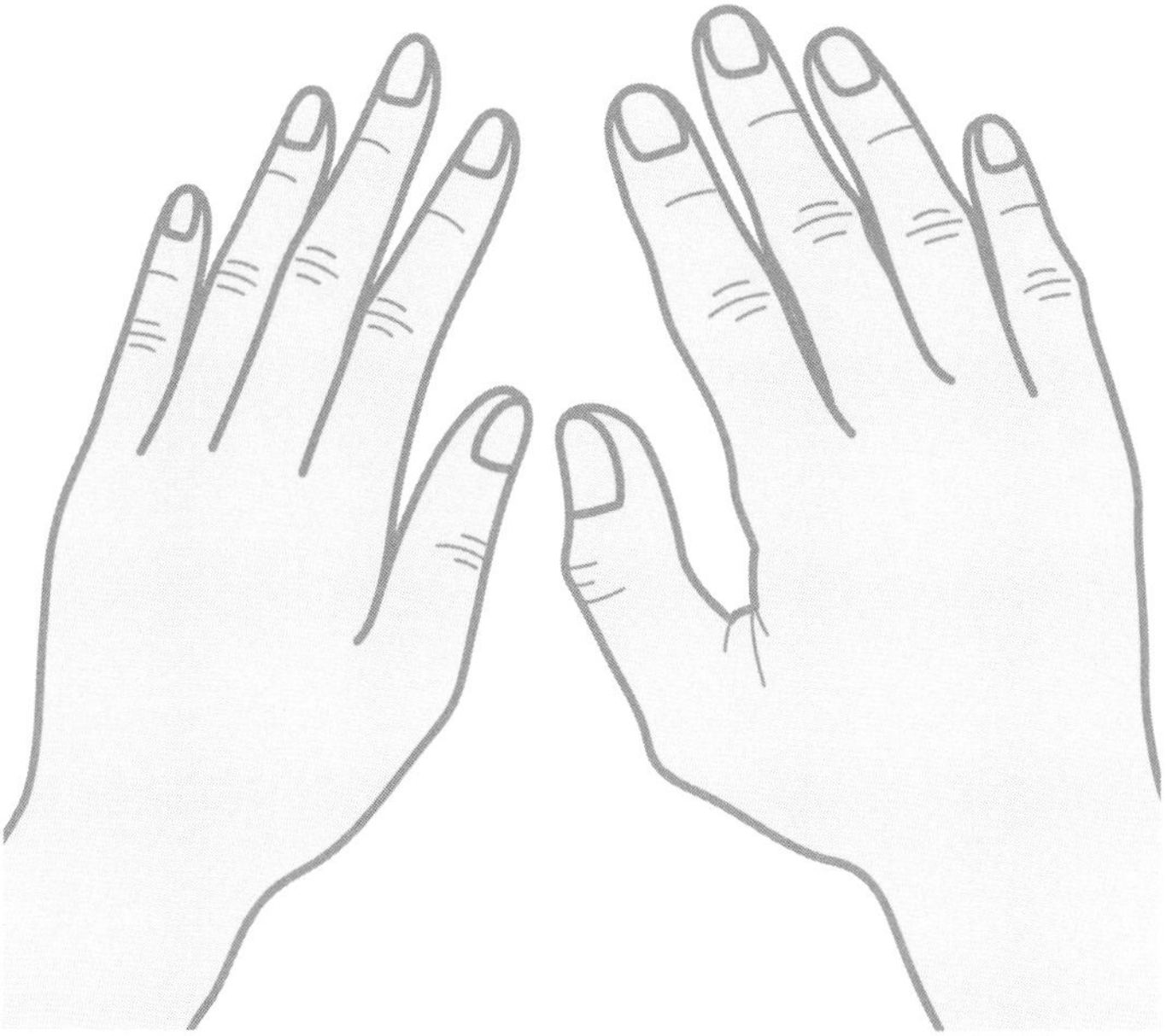

男性らしさ女性らしさだけでは語れない個性を見抜こう。

といえるでしょう。

さまざまな世帯がありますが、女性が働き男性が専業主夫という家庭が珍しくない時代です。それぞれが得意なことを引き受け、協力し合うことで円満な家庭を築くことができるのです。結婚相手を見つけるときは、相手の手にも注目してください。

もちろん、これまでのような生活様式でもかまいませんが、なにより大切なのはその人が持つ特性を生かすこと、この生き方が自分にとって理想的だと思えるほうを選択することです。内心に不満を抱えてやることの多くは長続きせず、やっても中途半端で終わってしまいます。

## 手相は羅針盤

手相はその人をありのままに写し出す鏡のようなものといっても過言ではありません。人生の岐路《きろ》で迷ったら、まず自分の掌を見てください。進むべき方向を示していたり、心身からのメッセージを伝えてくれたりしているはずです。

# 手形を取るには

## 紙やインクの選び方

手形《てがた》（掌紋《しょうもん》）の取り方には、いくつかの方法があります。掌に何かを塗って紙に押しつける作業を行いますが、このとき紙の選び方に注意が必要です。

洋紙のほうが和紙よりも適しており、目の粗い紙やザラ紙は避け、なるべくきめの細かい白い紙を選ぶようにしてください。また、紙を直接板などの上に置かず、新聞紙を重ねるか、やわらかい表面の上に置くときれいに取れます。

スタンプインキや朱肉を使うと細かい部分まで取ることができますが、塗りすぎると線の中までインクが入ってしまい、鮮明さが損《そこ》なわれることがあります。軽くたたいて掌につけてください。

身近なものでは口紅を掌に塗り、両手を合わせてムラなく伸ばして白い紙に押すと手形が出ます。ただし、あまり鮮明に取れる方法ではなく、臨時の処置として用いられます。

このほか、練り油（ポマード、チックなど）を米粒二個分ほど両手にムラなく伸ばして紙の上に押しつけたあと、黒鉛粉か鉛筆の芯を削った粉を散らしてやわらかい筆や刷毛《はけ》でなでると、鮮やかな掌紋が現れます。

## 真ん中がかすれないように押す

また、掌にインクをつけて紙をのせ、ローラーを押しつける方法も細かい線がよく現れます。

いずれの方法を選んでも、紙に手を押しつける際は、反対の手を重ねて強く押し、真ん中がかすれないようにしてください。これによって正確な手形を取ることができます。

東洋相法でいう「天《てん》喜《き》紋《もん》」

## 西洋相法の運命線

### 社会生活での活動や障害の運勢を表す

運命線は社会でどのような活動をするか、生涯の運勢を示します。社会生活を行うためには健康、知能、他人への思いやりなどが大切になるため、運命線を見るときは、知能線、感情線など、ほかの線が持つ意味とあわせて総合的に判断します。

運命線がない人もいて、それは自分が責任のある社会的活動にたずさわっていないことを意味します。年齢が若いほど運命線がないことが多く、人生経験を積むにつれて運命線が現れてきます。

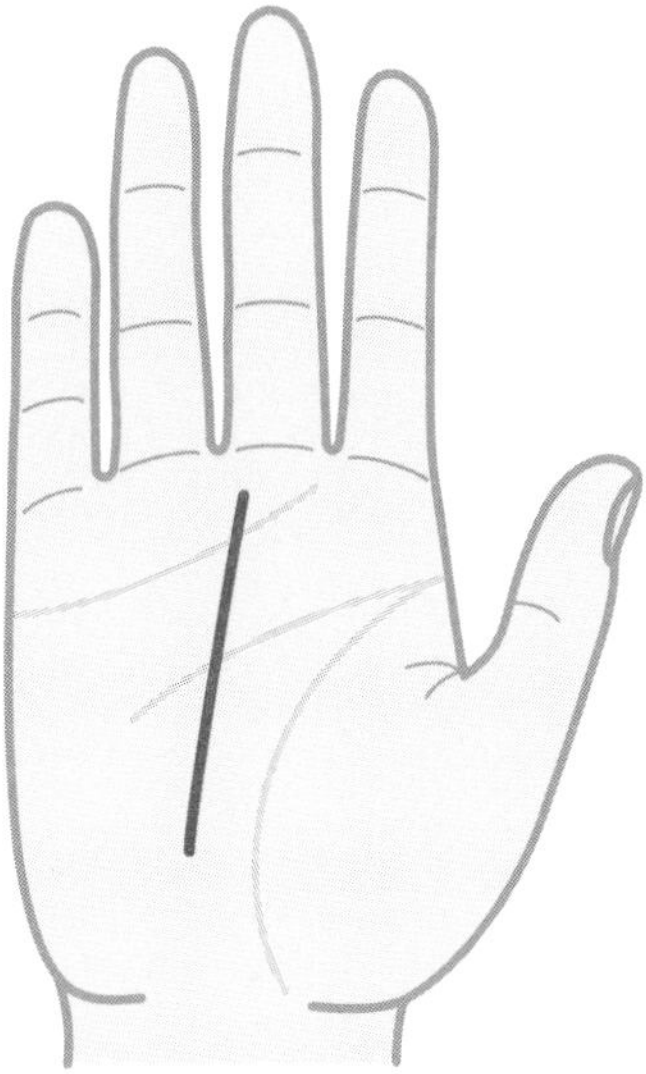

運命線とは、掌のさまざまな場所を起点とし、中指の方向へ延びる線。

### 人によってさまざまで判断が難しい線

運命線が始まる位置は、人によってかなり異なります。先端は中指の付け根近くにあるのが基本ですが、なかには人差し指のほうに延びる人もいます。そのため、運命線は判断するのが比較的難しい線といえるでしょう。

運命線は、勢いがあり、まっすぐ一直線に延びるほど吉で、弱々しく湾曲《わんきょく》している、切れ切れになっているなどの場合は運気の低迷を暗示します。

しかし、時間が経つと線の状態に変化が現れることがあるので、ときどき確認してみてください。

ちなみに、運命線が出ているから運勢がよくなる、と解釈する人がいるようですが、出ていれば幸運、そうでなければ不運という単純な判断ができるものではありません。

よい運命線であっても生命線が貧弱であれば、体力不足からせっかくの運を逃してしまいます。

正確な判断のためには、生命線とあわせて見るようにしてください

■運命線を見るときのポイント

| 注目点 | 判断できること |
|---|---|
| 起点の位置 | 運の強さ、開運方法、周囲からの援助の有無がわかる。 |
| 先端の向き | 性格や運勢を表す。 |
| 線の状態 | 安安定性や生活力を示す。うねっているのは不安定な人生、ノコギリ状は停滞期の現れ。 |
| 支線やその他の線 | 恋愛や結婚を示すほか、運気を補強するよい意味を持つことがある。 |
| 島や十字など記号 | 災難を暗示。記号がはっきり現れるほど災難のダメージが大きい。 |

# 第3章

# 手相の基礎知識 2

指の長さや形でわかる性格や運勢

基本的な紋と宮

# 掌と指の長さの比較

## 指の長さの見方

手相というと掌《てのひら》の紋《もん》だけで判断すると思われがちですが、指の長さや形からもさまざまなことがわかります。指の長さは性格や能力を知るうえで大切です。ここでいう指の長さとは「～cm以上なら長い指」というようなものではなく、掌と比較したときの相対的な割合を指すものです。

掌の長さとの比率を見る際は、中指が基準となります。掌の長さと中指の長さはほぼ同じに見えますが、実際に定規で測ると掌は意外に長いことがわかります。多くの場合、中指の長さは掌の長さの約七五パーセント前後です。

中指の長さが掌の六〇パーセントに満たない場合は「とくに短い指」、七八～八〇パーセントなら「長い指」、八一パーセント以上であれば「とくに長い指」と考えてください。

一般的に短いほど大らかな性格で、長いほど浮世《うきよ》

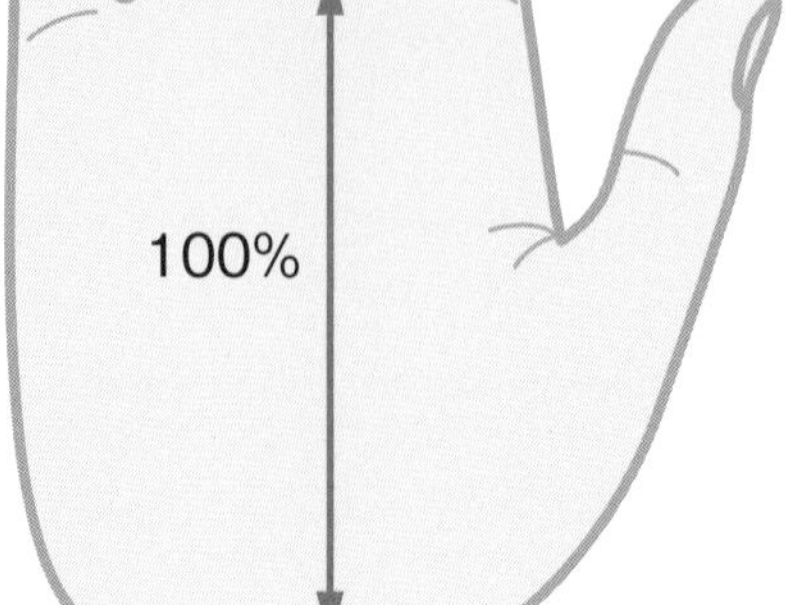

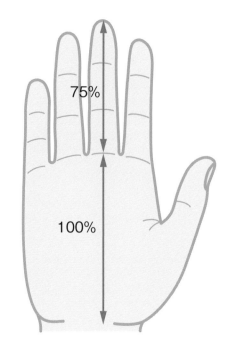

中指が掌の75%になるのが標準的な長さ。

離《ばな》れした印象になります。

ちなみに指の長さは、胎児《たいじ》期に性ホルモンであるエストロゲン（女性ホルモン）とテストステロン（男性ホルモン）の影響によって決まるといわれています。男性は薬指が人差し指よりも長い人が多く、女性は人差し指のほうが長いのが一般的です。もちろん例外はありますが、長さを比べてみてください。

## とくに短い指の人

細かいことにこだわらないので深く悩みすぎることはありません。屈託《くったく》がなく無邪気《むじゃき》にふるまうところは長所にも短所にもなります。

思いつきで行動するため、本能的な欲求に抵抗できず、本来持っている能力や才能が発揮できない状況に陥《おちい》りやすくなります。

## 長い指の人

困難に見舞われると消極的になったり、自力で解決せず他人に助けを求めたりします。こだわりが強く自分の価値観を最優先させるので、周囲からは神経質な性分《しょうぶん》と思われるでしょう。

その一方で思考能力と分析力が高いのですが、気力がともなわないため独善的になり、ときに実行までに至りません。また、物事に対してナーバスになりやすい傾向があります。

## とくに長い指の人

とくに指が長い人は「長い指」の特徴が極端に現れます。行動が思考に追いつかず、実社会への対応が苦手です。やらなければならないことがあるのに着手までに時間がかかる、他人と打ち解けられないなど、社会にうまくとけこめません。そのため、「怠《なま》け者《もの》」「つきあいづらい」という印象を持たれやすいところがあります。

空想するのを好みますが、これが極端になると自分が支配者であるかのような誇大妄想に陥《おちい》ってしまいます。理想とする世界と現実とのギャップに悩まされます。

# 五本の指の長さ

## 五本の指の標準

五本の指にはそれぞれ標準の長さがありますが、これが絶対的な数字ではありません。中指を基準とした相対的な長さと解釈してください。

親指の標準的な長さは人差し指の第三関節の中央よりもやや下くらいまで、人差し指は中指の第一関節の半分まで、薬指は人差し指よりもやや長めで中指の第一関節の指先から三分の一あたりまで、小指は薬指の第一関節までとなります。

詳細は後述しますが、親指が長いのは頭脳明晰《めいせき》、短いのは天真爛漫《てんしんらんまん》で愛情表現が苦手《にがて》。人差し指が長いのはリーダーシップがあり、短いと内向的。中指が長いのは繊細で自分の世界にこもりがちで、短いのは楽観的で即断即決タイプ。薬指が長いのは見栄っ張りで野心家、短いのは大雑把《おおざっぱ》。小指が長いのは表現力が豊かで人気者、短いのは要領が悪く世渡りが苦手のようです。

これらのように、指の長さでもさまざまなことがわかるものです。

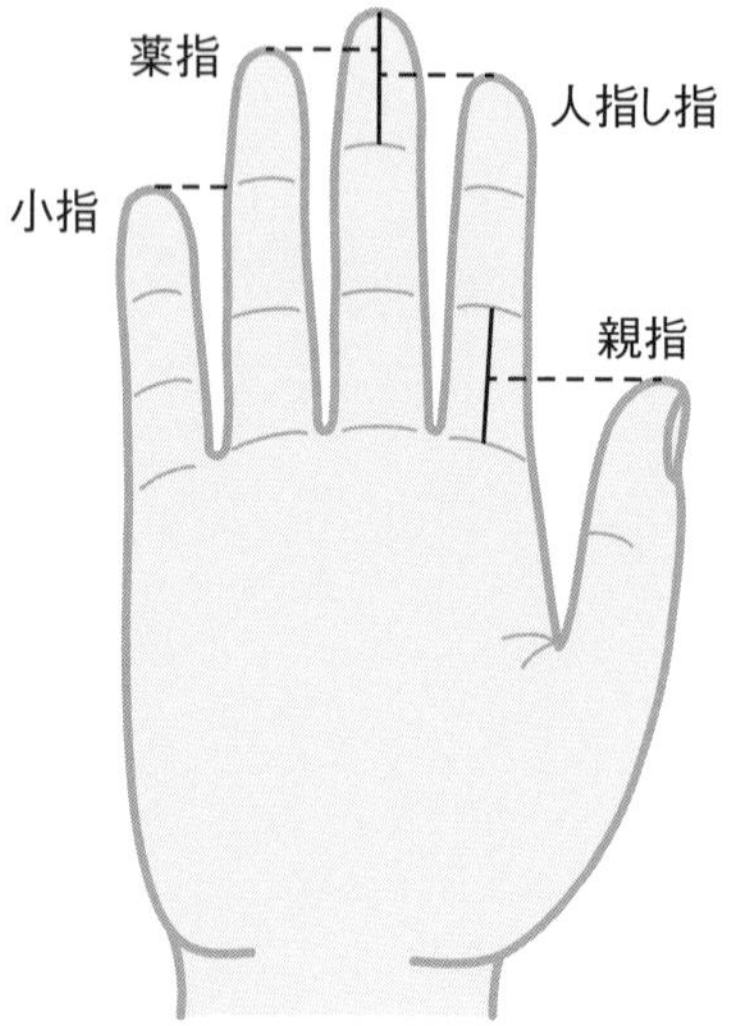


標準的な指の長さ
親指：人指し指の第３関節の真ん中
人指し指：中指の第１関節の真ん中
薬指：中指の第１関節の上から１／３
小指：薬指の第１関節の下の筋が理想

## 親指の長さ

親指が標準より長い人は頭脳明晰で、トップとしての活躍が期待できます。社会に適応する能力も高く、あらゆる分野で実力を発揮します。

標準よりも極端に短い人は、あれこれ考える前に行動に移すタイプです。愛情表現が苦手で、恋愛や結婚に二の足を踏むことがあるでしょう。

親指の長い人はリーダーシップに長けている。

## 人差し指の長さ

標準よりもやや長い人は、他人の上に立つ能力があり、若い時期から頭角《とうかく》を現す運勢の持ち主です。

しかし中指と同じくらい長いと傲慢《ごうまん》になりがちで、周囲から距離を置かれてしまう暗示があります。自分の価値観で物事を判断する、意に染まない発言をする人を遠ざけてしまうので孤立する、人間関係に偏《かたよ》りが出るなどの傾向がみられます。

標準より短い人は消極的で権威や権力に屈するところがあります。人を優先するあまり、自分のやりたいことができない状況になりやすいでしょう。しかし弱気な性格の反動と日ごろの鬱憤《うっぷん》で、突如《とつじょ》大それた行動に出て周りを驚かせることがあります。

## 中指の長さ

極端に長い人は現実をシビアにとらえるのが苦手で、社会に順応するのが得意ではありません。仕事

中指の長い人は繊細。とくに長い人は、社交性に欠ける面も。

に集中できず、プライベートな時間を優先させてしまうので責任感がないという印象を持たれます。

空想癖《くうそうへき》が多いのも、このタイプの指の人ですが、芸術の分野では脳内に広がる光景が役に立つかもしれません

短い人は深く物事を考えず行動に移すタイプです。あれこれよけいな心配をしないぶんストレスは少ないのですが、ときに失敗や挫折《ざせつ》に見舞われます。誘惑に弱く快楽を好むので性愛に溺れる人もいます。

## 薬指の長さ

薬指が中指と同じくらい長い人は自己顕示欲が強く、欲しいと決めたものはなにがなんでも手に入れなければ気が済みません。この激しさがプラスに働けば、望む地位に就《つ》いたり、コンクールで優勝するなど栄冠を手にしますが、マイナスの場合は身勝手な人物という烙印《らくいん》を押されてしまいます。

薬指が短く、中指の第一関節の中央に届かない人はルーズなところがあり、責任を持つのが苦手です。飾り気のない個性派ですが、一歩間違えると、品のない人という印象を与えるでしょう。

## 小指の長さ

小指は親指とのつながりが深く、親指が極端に短

い人は小指も短いという特徴があります。

小指が薬指の第一関節下より長い人は、話術が巧《たく》みで人の心を動かす才能があります。手紙を書いても、文章力で人の心をつかんで離しません。

ただしこれを悪用すると、甘い言葉で相手を手玉に取り、大金を騙《だま》し取る詐欺行為に発展してしまいます。才能を正しく使って社会的に活躍するのか、そうでないかは小指を見ただけではわかりません。他の相と照らし合わせて判断する必要があります。

小指が極端に短い人は温厚で優しい性格の持ち主ですが、上手に世渡りできず、お金儲けが得意ではありません。

また、小指の長さ自体はさほど短くないのに、つけ根の位置が下がっているために短く見える場合がありますが、これも短い指と判断します。小指のつけ根の位置が低い人は、夢見がちで、いくつになってもロマンチックなことを好みます。

ケガなどで小指が短くなった場合でも、判断は同じです。

小指の長い人は人の心を動かす才に恵まれている。

# 親指について

## 手を握った場合

親指は五本の指の中で最も多くのことを示します。性格や運勢を雄弁に語る指といってもいいでしょう。

手を握ったとき親指を四指の中に入れる人は依頼心が強く、消極的です。この握り方をするのは女性や子供に多く見られますが、男性の場合は生活力が弱い傾向があります。自ら率先《そっせん》して働くというよりは、頼れそうな人物についていくタイプといえます。

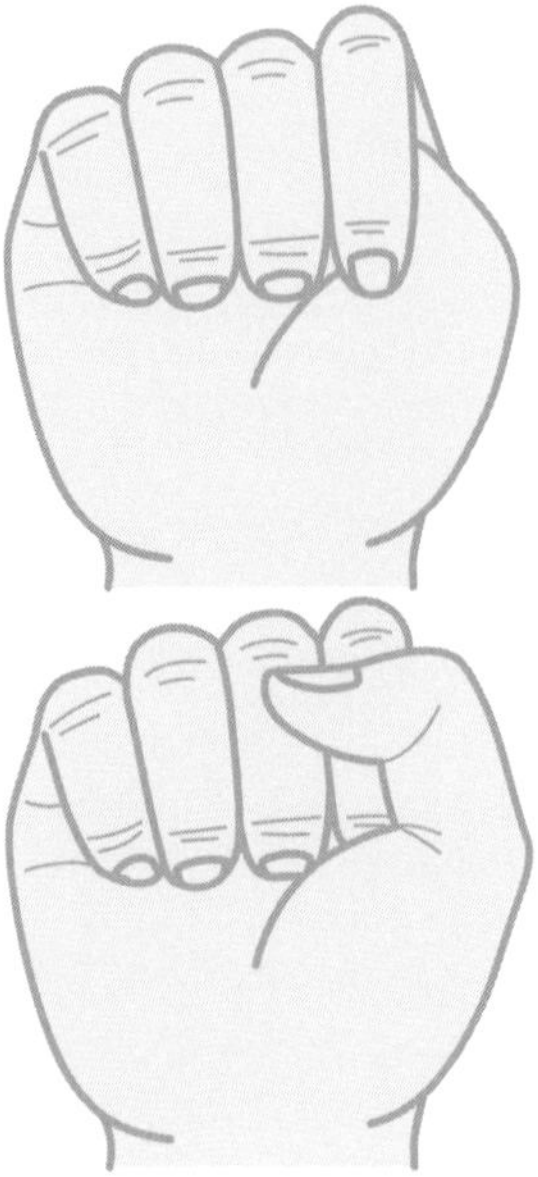

親指を握ったとき、離したとき。

## 指を広げた場合

指を広げたときに親指が大きく外側に向いて、のびのびした形をしている人は運気に勢いがあり、健康に恵まれ仕事も順調です。

親指が掌のほうに傾いている場合は、体調がすぐれず何事にも積極的になれません。家にこもりがちで他人との接触を避けたがります。また、運気の停滞を暗示しています。

## 親指の形

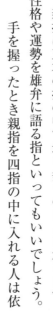

①親指の先端だけが極端に太く、横幅も厚みもある指は「まむし」と呼ばれます。家族との縁が薄く、男性は一本気で血の気が多いでしょう。運が味方すれば一代で財を成し成功者となりますが、短気が過ぎると失脚の憂《う》きめ目に遭います。

②親指が円錐《えんすい》形で、長くすんなりしている人は社交的で無邪気《むじゃき》、人気運に恵まれています。スマートな印象を与え、どこにいても目立つ存在となります。女性は異性から注目を集め、贈り物をされるなど華やかな生活になりそうです。

③親指の関節がやわらかく、弓のようにしなやかに反《そ》る人は如才《じょさい》なく適応能力に長けています。しかし飽《あ》きっぽい一面があるので、仕事や人間関係などが長続きしないところがあります。

④親指がまったく反らず、内面に曲がっている人は頑固者《がんこもの》で融通《ゆうずう》が利《き》きません。そのため上手に世渡りできないでしょう。少しのお金にも執着して、めったに財布のひもをゆるめようとしないので、ケチという印象を持たれます。

親指の形

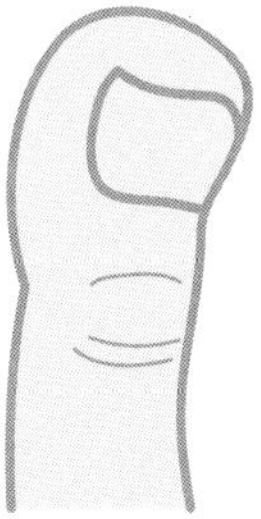

①先端が太くずんぐりした親指

②円錐形で長くすんなりした親指

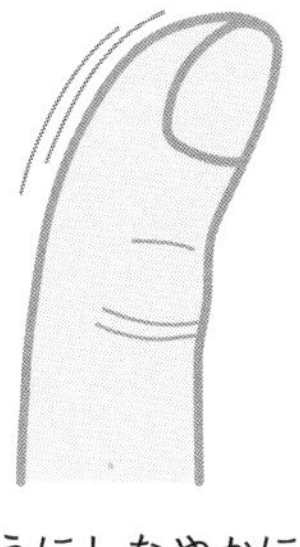

③弓のようにしなやかに反る親指

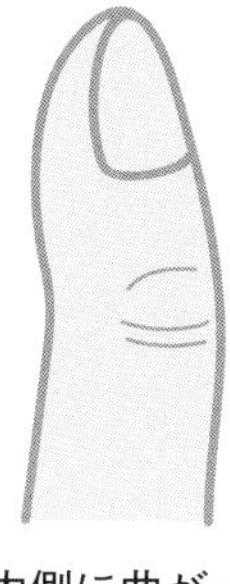

④反らずに内側に曲がっている親指

# 指の反り方と形

## 指の反り方

指が反る、反らないは融通性を表します。

指の関節がやわらかく、しなやかに反る人は融通が利き、対人関係が円満で適応能力に優れています。細かいことに、あまりこだわりません。

流行にも敏感で先取りするのが得意、ほどよく生活に取り入れて楽しみます。

一方で、指先を後ろに引いても指が固くて反らない人は一本気、融通が利かず頑固者という印象を持たれます。愛情表現が苦手で、意中の人になかなか思いが届きません。恋人や配偶者とうまく意思の疎《そ》通《つう》ができず悩むでしょう。

実直で努力を惜しまず働くので、上司や取引先、協力者に恵まれたなら仕事運、金銭運が安定します。

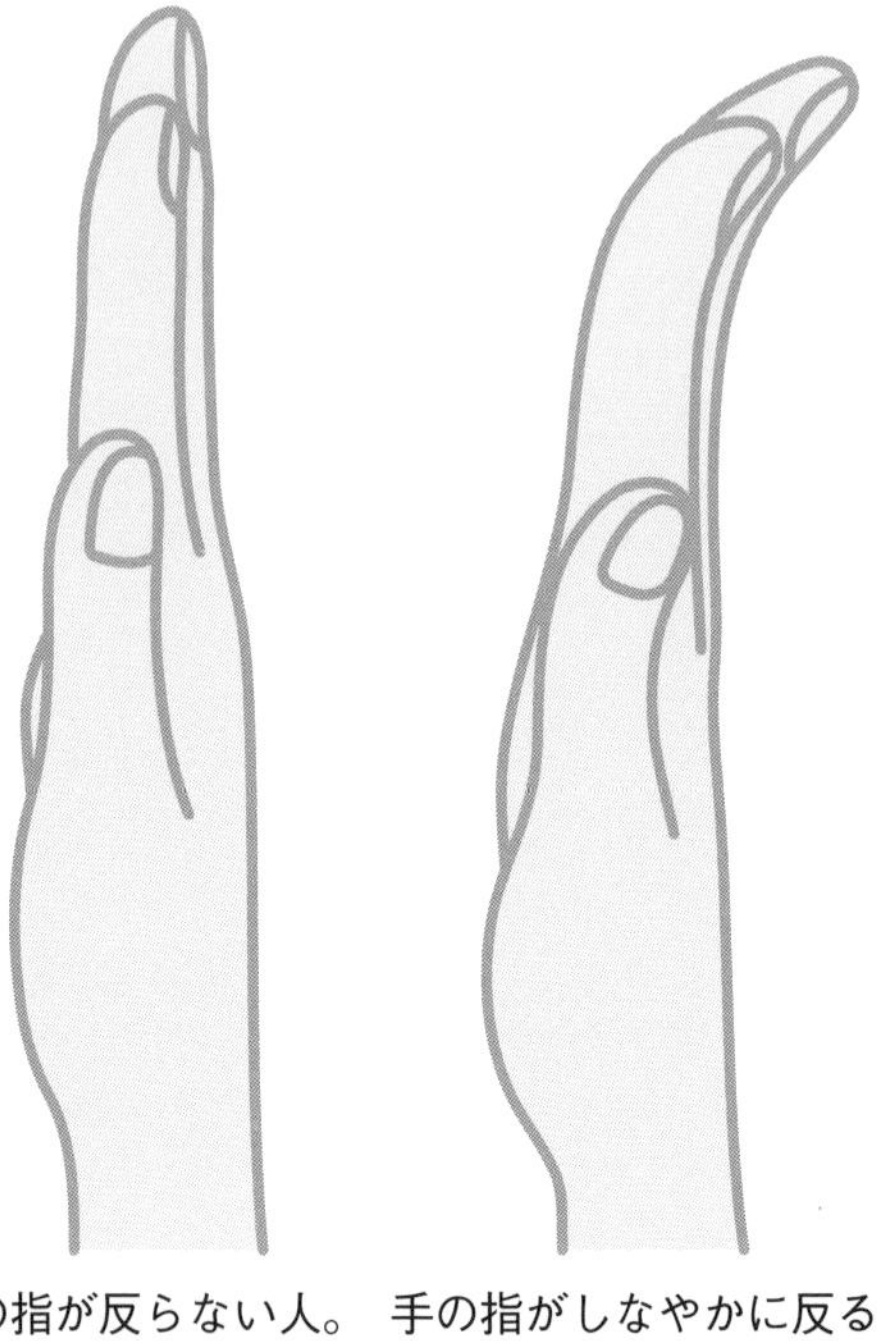

手の指が反らない人。　手の指がしなやかに反る人。

## 指先の形

指先の形は性格の一端を表します。側面から見て肉厚で丸いタイプと、肉が薄くてとがっているタイプに分かれます。

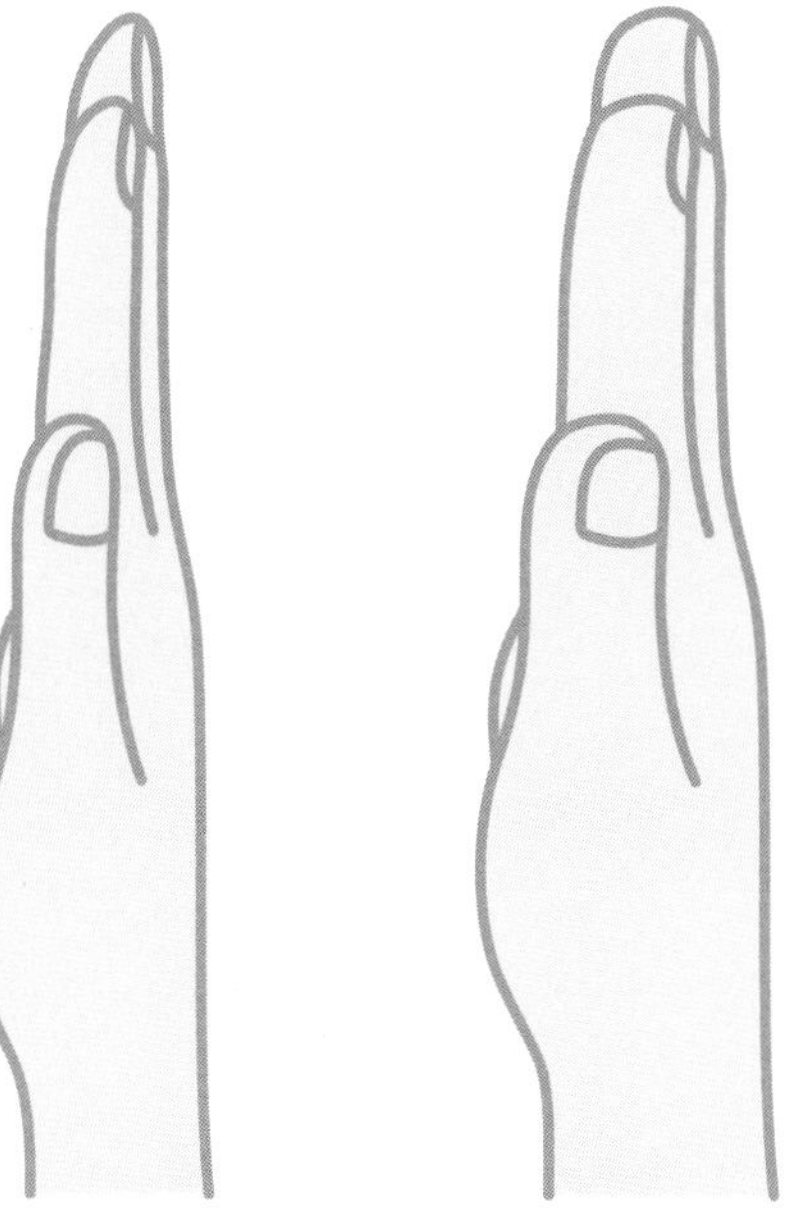

指先がほっそりしたタイプ。　指先の肉が厚いタイプ。

指先の肉が厚い人は、手先が器用で細かい作業が得意です。アクセサリーづくりや模型の組み立て、彫刻や工芸などのほか、医療分野では手術などで手腕を発揮します。

これらのことから、根気強く物事に取り組み達成させる性格の持ち主といえます。

人間関係に関しても、すぐに好き嫌いで判断せず、じっくり向かい合う姿勢が見られます。オープンマインドで言動に裏表がありません。

指先の肉が薄くとがっている人は、細かい作業が苦手で不器用です。しかし表現力が豊かなので話術に長け、優れた文章力で注目を集めます。

基本的に人間づきあいは得意なほうですが、苦手と感じた相手とは心の距離を置くでしょう。自分の世界を大切にして、他人に無遠慮《ぶえんりょ》に入ってこられるのを嫌います。

また、自分のことはなかなか話さない、秘密主義のようなところがあります。

# 手の出し方

## 大きく開いて出す人

手相を診断するときには机の上に手を広げますが、このとき無意識に広げた手の形を見て性格の一面を知ることができます。

五本の指をパッと広げて出す人は、華やかなことを好む陽気な人柄で抜群の行動力があります。どんな困難に見舞われても逃げずに立ち向かい、力強く乗り越えていくでしょう。たとえ失敗しても、そこで立ち止まることなく打開策を講じて突き進みます。ピンチをチャンスに変えて一発逆転させる、強運の持ち主でもあります。

また、社交的で自分から積極的に人の輪に入り、豊かな人脈を築きます。これが最大限に生かされたなら、事業家としての未来が開けていきます。

お金の使い方は派手ですが、生活に困ることはありません。余ったお金は貯蓄よりも投資に回して、効率よく増やすほうを選びます。

女性は自由奔放《じゆうほんぽう》で、誰かに依存して生きるのをよしとしません。自分の責任で物事に対処し、納得が

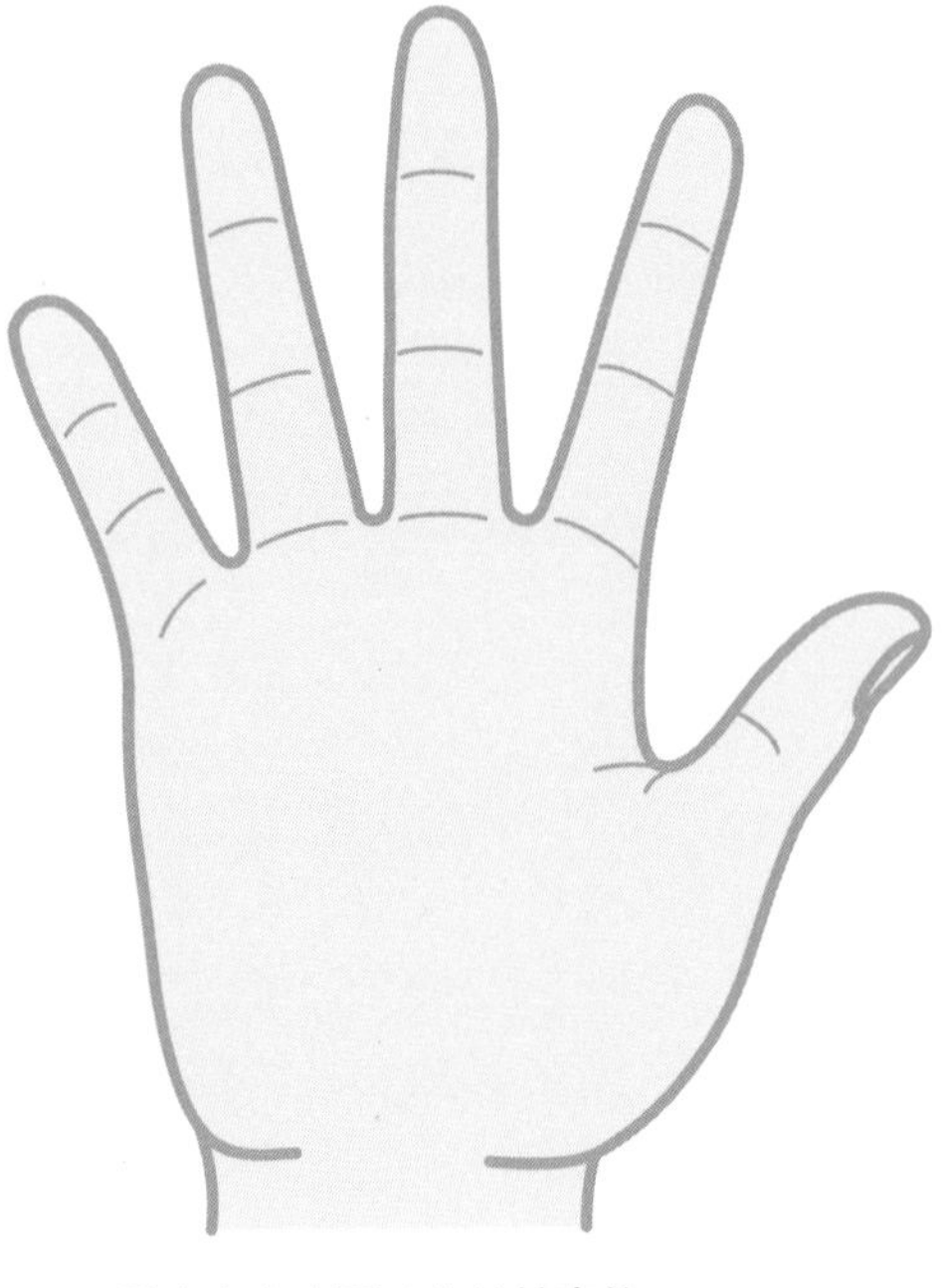

手を大きく開く人は社交的。

いく人生を歩もうとします。退屈を嫌うあまり、思い切った決断をして平穏な日常を手放すなど、波乱万丈の生涯となります。

## 指をつけて出す人

五本の指をピッタリとつけて出す人は内気な性格です。何事においても几帳面《きちょうめん》ですが、用心深く活動的ではありません。

家は整理整頓がなされ、使ったものは必ず元の場所に戻す、まめに掃除する、など快適な空間づくりをするでしょう。仕事でも与えられた仕事は手抜きせず丁寧《ていねい》に仕上げます。この姿勢が評価されて責任ある業務を任されることがありますが、自ら率先して出世は望みません。場合によっては荷が重すぎると尻込みしてしまい、出世コースから離れる傾向があります。

金銭面では派手な使い方はせずに、しっかり倹約して貯蓄に回します。投資やギャンブルで一攫千金《いっかくせんきん》を望まないので大きな失敗をしないかわりに大儲けもありません。

謙虚で思いやりがありますが、自己アピールするのが苦手です。恋愛では、意中の相手がいても積極的に話しかけられず、チャンスを逃してばかりでしょう。物静かで堅実な人を好むタイプが現れたなら、相手からのアプローチによって、良いご縁が結ばれる場合があります。

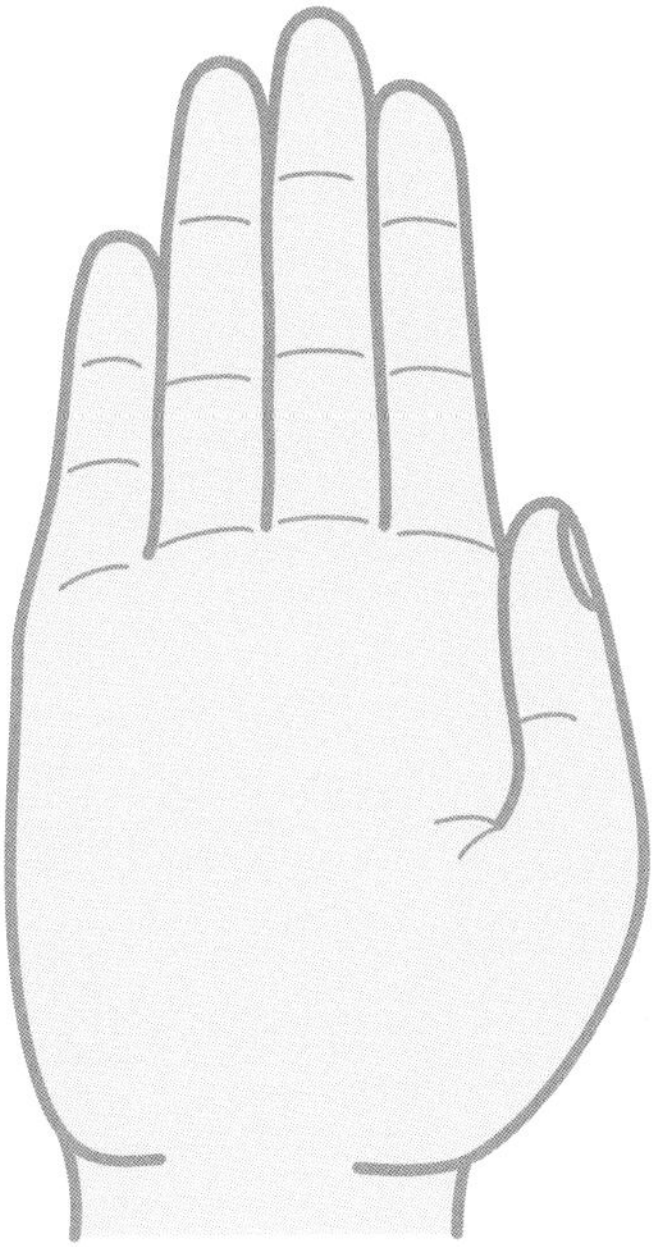

指を閉じて手を出す人は内気で几帳面。

## 指と指の間隔について

無意識に手を広げたとき、特定の指と指との間隔が広い人は、次のような特徴があります。

人差し指と中指の間がとくに大きく開く人は独立心があり、勇猛果敢《ゆうもうかかん》な人です。何事も自力で成し遂げる力強さがあります。

この相は滅多《めった》にありませんが、中指と薬指の間がとくに大きく開く人は自由奔放《ほんぽう》で型にはまるのをよしとしません。束縛を嫌い、ときには活動の拠点をあちこちに移して自由に暮らします。

薬指と小指の間がとくに大きく開く人は文筆や弁舌など言葉に関する分野、または芸術的な分野で名を馳せます。独特の表現力に富み、読んだり見たりした人に大きなインパクトを与えます。活動の場が海外まで広がる可能性があります。

## 指先が震える人

緊張しやすく神経質で、気持ちが休まりません。周囲の状況や他人の言動にナーバスになっている様を表しています。

緊張を緩和するのに労宮《ろうきゅう》というツボがあります。掌の中央、手を握ったとき中指の先端が掌にあたる明堂《めいどう》の部分ですが、こちらをゆっくり押すと少しずつ気分が落ち着いてきます。または坎宮《かんきゅう》の下、手首の中央部分の大陵《だいりょう》というツボにもリラックス効果がありま す。しかし、震えの原因が病気の可能性があるときは、早めに専門医にかかりましょう。

指の震えが続く場合は、体力、気力が低下気味なので用心が必要です。

仕事でミスをする、家事の際には料理をしていて包丁で指を切る、火の不始末で火災が起こりそうになるなど、些細《ささい》なことから大事に至る可能性があるので気をつけてください。

運気も停滞気味なので、無理は禁物です。気分転換する、リラックスする時間を持つ、快眠のために食生活や寝具を工夫してみるなど、自分を労《いたわ》ることに意識を向けてください。

# 基本的な「紋《もん》」

掌に刻まれている線を東洋手相では「紋」といいます。
手相判断に欠かせない六つの紋を覚えておきましょう。

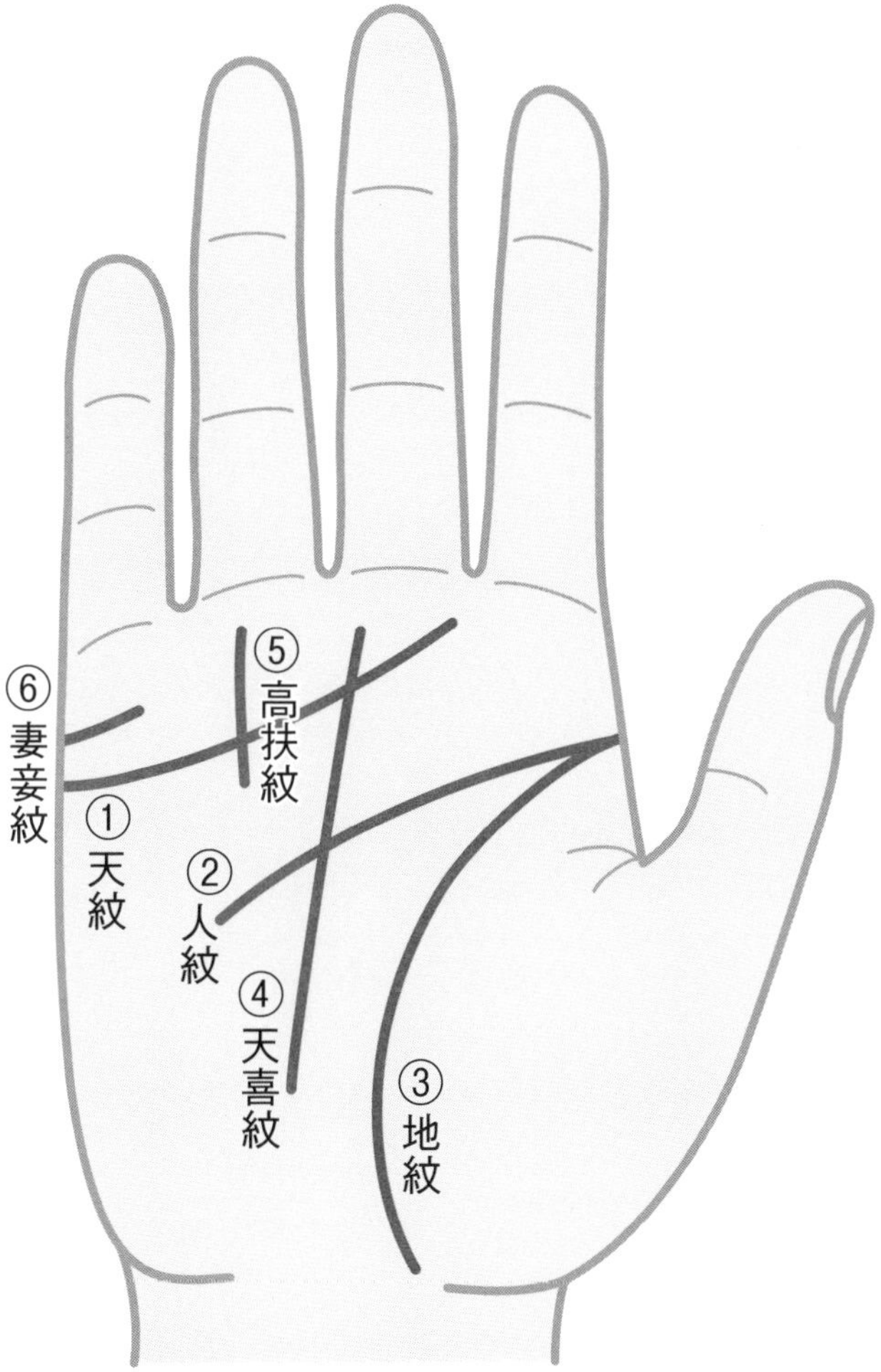

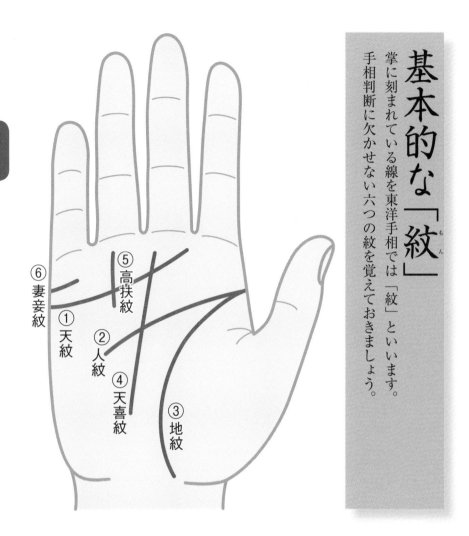

①**天紋《てんもん》（感情線）**………父との関係、仕事運、愛情や情感がわかる
②**人紋《じんもん》（知能線）**………自分自身のこと、頭脳の働き、寿命の長短がわかる
③**地紋《ちもん》（生命線）**………母との関係、住まい、健康状態や寿命がわかる
④**天喜紋《てんきもん》（運命線）**……仕事や人生全体の運勢を示す
⑤**高扶紋《こうふもん》（太陽線）**……社会的な信用や受ける援助、人気を表す
⑥**妻妾紋《さいしょうもん》（結婚線）**……配偶者や恋人との結びつきを示す

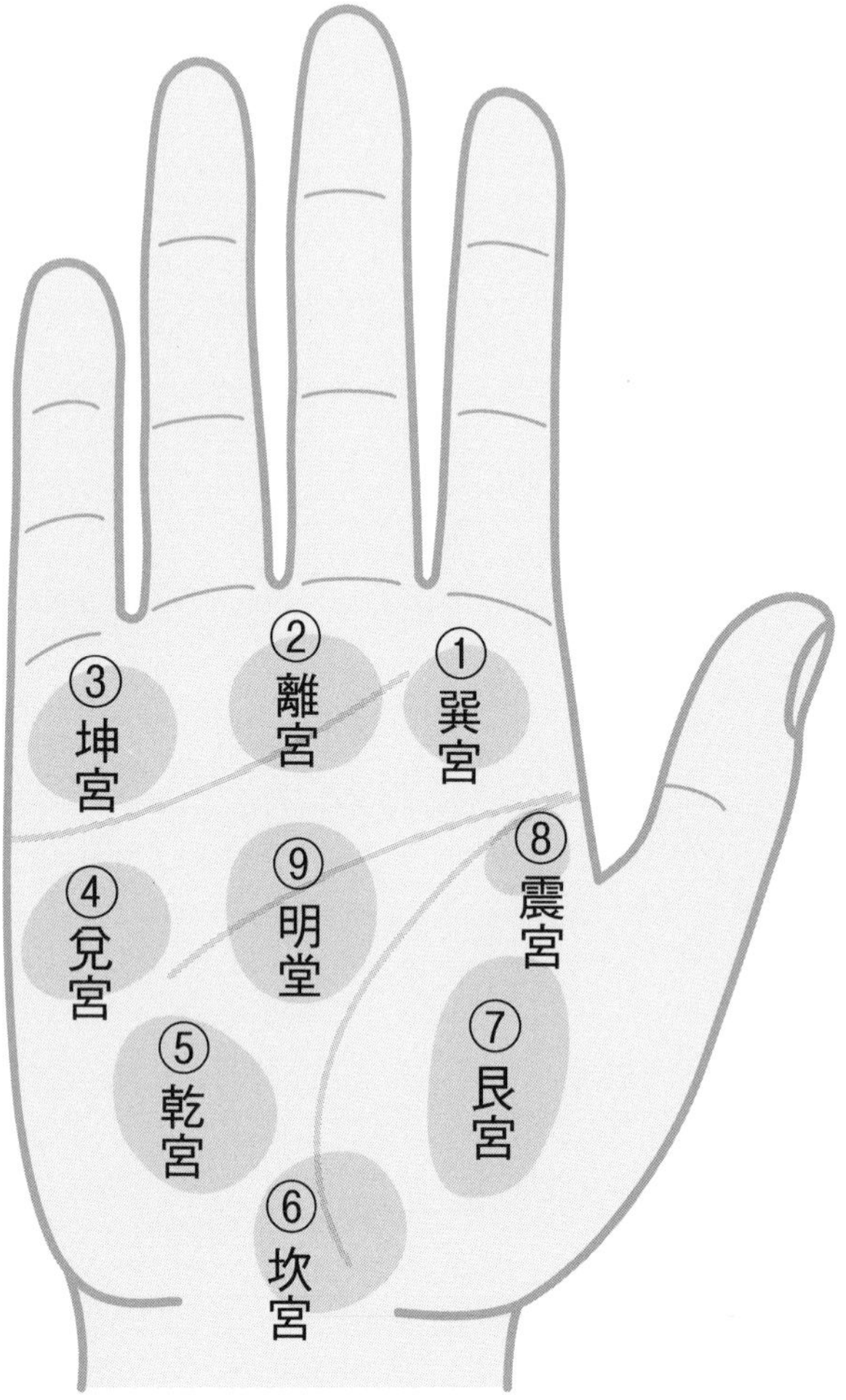


# 基本的な「宮《きゅう》」

掌のふくらみを東洋手相では「宮」と呼びます。
九つある宮は、その人の運勢や今後の吉凶を見ることができます。

**①巽宮《そんきゅう》** ………性格、希望、権力、支配を表す
**②離宮《りきゅう》** ………感情、物事の考え方や価値観を表す
**③坤宮《こんきゅう》** ………結婚、子供との縁、目標達成の可能性、財運を表す
**④兌宮《だきゅう》** ………金運、異性との縁を表す
**⑤乾宮《けんきゅう》** ………想像力、子供との縁、財の有無を表す
**⑥坎宮《かんきゅう》** ………子孫との縁、住居運、健康状態を表す
**⑦艮宮《ごんきゅう》** ………家族や親戚との関係性、交友関係、体力を表す
**⑧震宮《しんきゅう》** ………若い時期の運勢、行動力を表す
**⑨明堂《めいどう》** ………性格、運気の良し悪しを表す

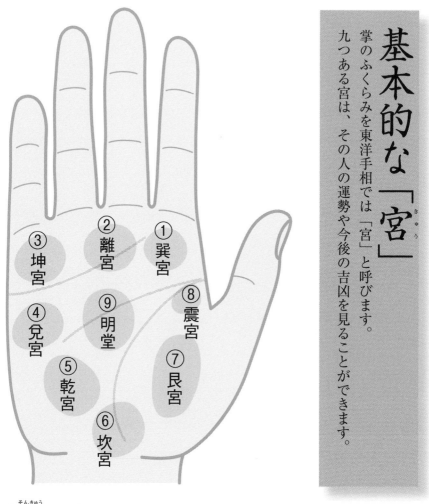

東洋相法でいう「高扶紋《こうふもん》」

# 西洋相法の太陽線

**他人からの評価を表し、運勢によって形が変わる**

太陽線は周囲からの評価を表し、地位や名声、他人からの支援の有無がわかります。

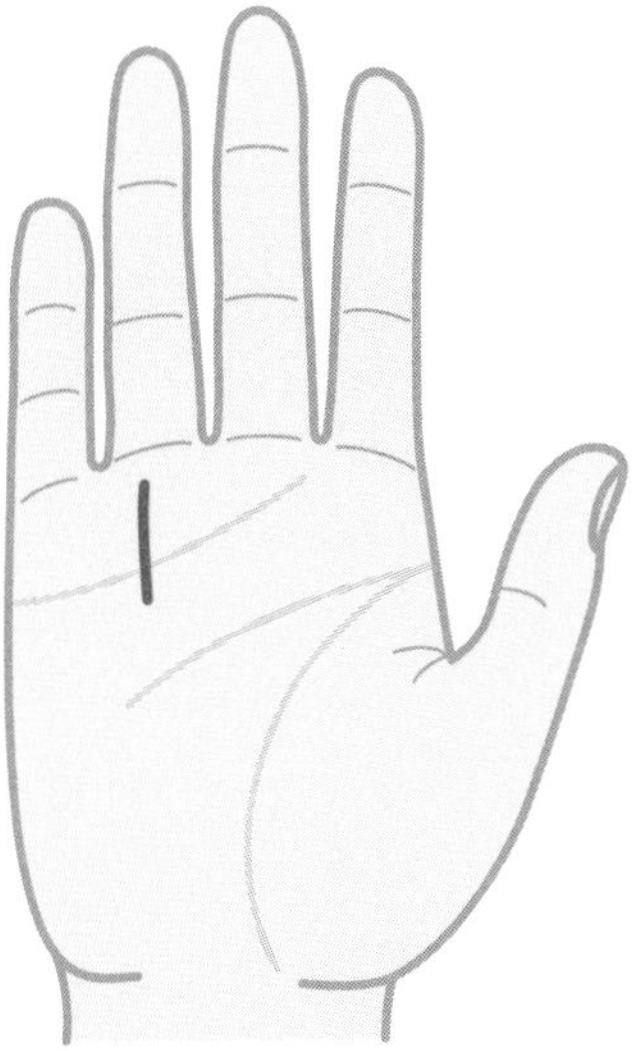

太陽線とは、掌のさまざまな場所を起点とし、薬指のつけ根へと向かう線。

起点はどこでもよく、薬指のつけ根に向かって延びていれば、それが太陽線です。長さや本数が人によって異なるため、運命線以上に探しにくい線といえるでしょう。

長くて勢いがあるのが吉ですが、太陽線は勢いが最も重視されるため、短くても勢いがあればよい線です。逆に、長くても弱々しいのはよくありません。

太陽線は、そのときの運勢によって長さや形が変わる特徴があります。

**太陽線と運命線、金運線との関わり合い**

運命線はその人の社会生活を示し、太陽線はその評価を示すため、太陽線を見るときは運命線の状態とあわせて判断します。

運命線がよい運勢を示していても太陽線が弱々しいと、実力はあるのに社会や公の場でチャンスに恵まれず、力が十分に発揮できていない状態を示します。

また、太陽線は地位や名声、他人からの援助などについても示しますが、太い太陽線を持っていても、それが直接金運と結びつくわけではありません。周囲から評価され名声を得ても、収入の面ではあまり増えないという好ましくない状況も考えられます。

金運線（小指のつけ根に刻まれる縦線）が針《はり》のようにまっすぐで勢いがあり、横切る線などの障害線がなければ、社会的に活躍すると同時に十分な収入にも恵まれ、安定した人生を送ることができるはずです。

## ■太陽線を見るときのポイント

| 注目点 | 判断できること |
|---|---|
| 線の長さ・勢い | 人気の度合いや運の強さを表す。線に勢いがあれば運気が安定。 |
| 先端 | 現在の運勢の強弱を表す。 |
| 線の状態 | 切れ切れになっていたり、曲がっているのは運気が不安定な状態を暗示。先端がフォーク状になっていたら大成功を収める前兆。 |
| 島や十字など記号 | 現れている記号の種類や位置によって、運気の上昇や停滞を表す。 |

# 第4章

# 天紋(感情線)の見方

## 愛情運と父親との関係を表す天紋

# 情感を表す天紋（感情線）

## 愛情運を判断する重要な紋

天紋《てんもん》は掌《てのひら》の一番上に刻《きざ》まれている紋で、多くの場合、掌の小指側、上から四分の一くらいから始まり人差し指に向かって延びています。なかには中指に向かうもの、親指に向かうものなどさまざまで、これによって判断内容が異なります。

この紋は恋愛や夫婦間の愛情のほか、友情や相手に対する気持ちなど情感の強さや動きについても示しており、結婚に関する運勢については天紋と妻妾《さいしょう》紋《もん》をあわせて読み取ることで詳しく判断できます。

基本的には、天紋が長ければ情が深く、短ければ冷淡な性格を表します。

## 天紋の向きと色でわかる情感の傾向

天紋がくっきり一筋に刻まれている人は、おだやかな感情の持ち主といえます。喜怒哀楽《きどあいらく》を極端に表すことなく、何事に対しても冷静に対処するでしょう。紋の先が分かれているのは大吉で、細やかな感性を持ち人間関係も円満です。

紋が紅色をしているときは熱烈な恋愛をしている状態を表しますが、さらに紋の幅が広く赤いのは情の深さを示しています。

掌を見れば、自分や相手がどれだけの愛情を抱《いだ》いているか会話せずともわかるに違いありません。

一方で、紋が途中で切れている人は感情の起伏が激しく、思い立ったらすぐに行動に移さないと気が済みません。

紋の先が下がって人紋にかかっている人は、散財《さんざい》しやすく、パートナーに対する思いやりに欠けるところがあります。

紋が青白い人は放蕩的《ほうとうてき》で、感情のおもむくままに行動する傾向がありますが、経験を通して多くを学ぶことができれば、豊かな人生を歩むことができるでしょう。

## 人紋（感情線）と合わせて診断する

天紋から物事を判断するときは、人紋《じんもん》と照らし合わせることで、より深く明確に読み取れるようになります。天紋が情感ならば、人紋は理性。相反するものではありますが、それぞれのバランスが取れている状態が理想的といえます。

たとえば、情感が豊かでも理性がしっかりしていなければ、自分勝手な振る舞いで周囲に迷惑ばかりかける人間になってしまいます。逆に、理性がしっかり保たれていても融通《ゆうずう》が利《き》かず、石頭では人が寄りつかず孤独な人生を送るかもしれません。

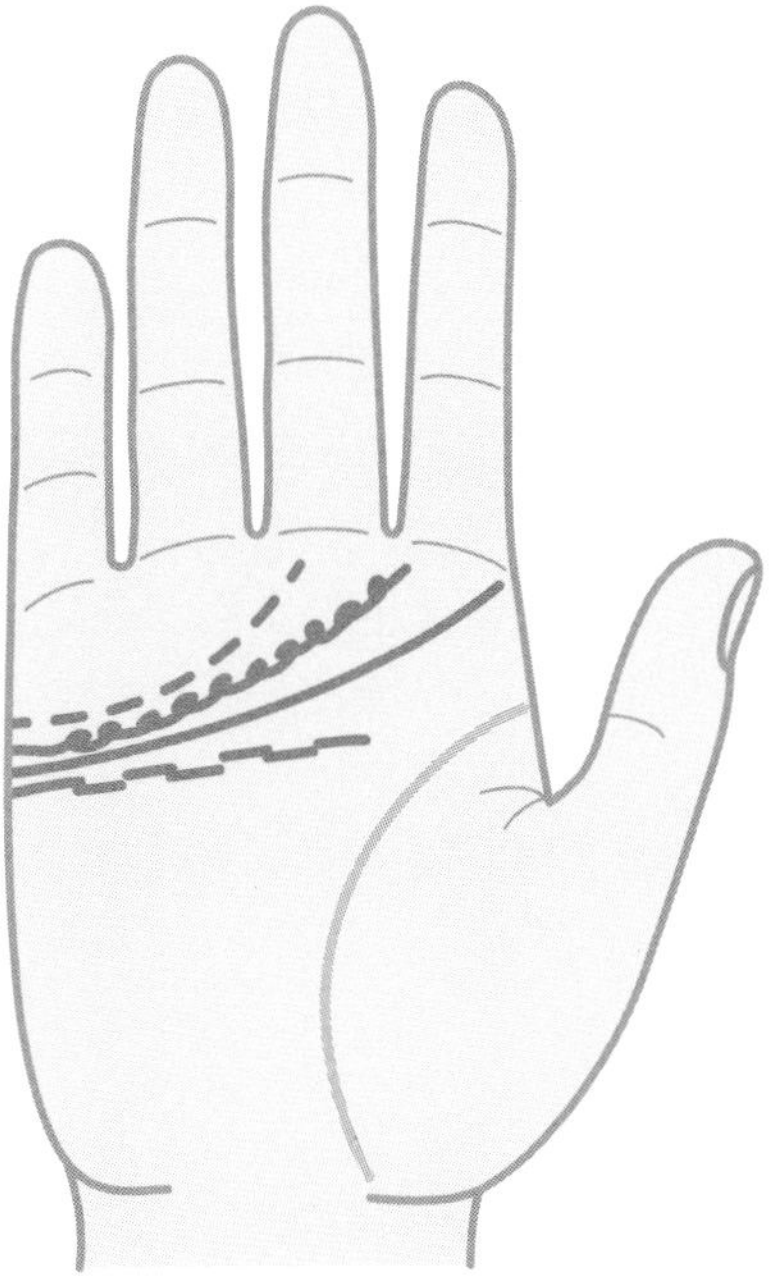

人によって、さまざまな形の天紋がある。

## 父親との関係を知ることができる

天紋がスッキリと一本で刻まれている人は父親との絆《きずな》がしっかりと結ばれ、生涯を通じて尊敬と信頼の気持ちを忘れず、理想的な関係を築いていきます。場合によっては、家を支える中心的な存在になる可能性があります。

しかし、紋が乱れて網状《あみじょう》やギザギザになっている場合、父親と不仲になりやすく、価値観や意見の違いから対立、絶縁状態《ぜつえんじょうたい》になる場合があります。または父親を早く亡くすことを暗示します。

天紋1

# 情が深く結婚運に恵まれる

天紋の先端が人差し指の下まで延びている

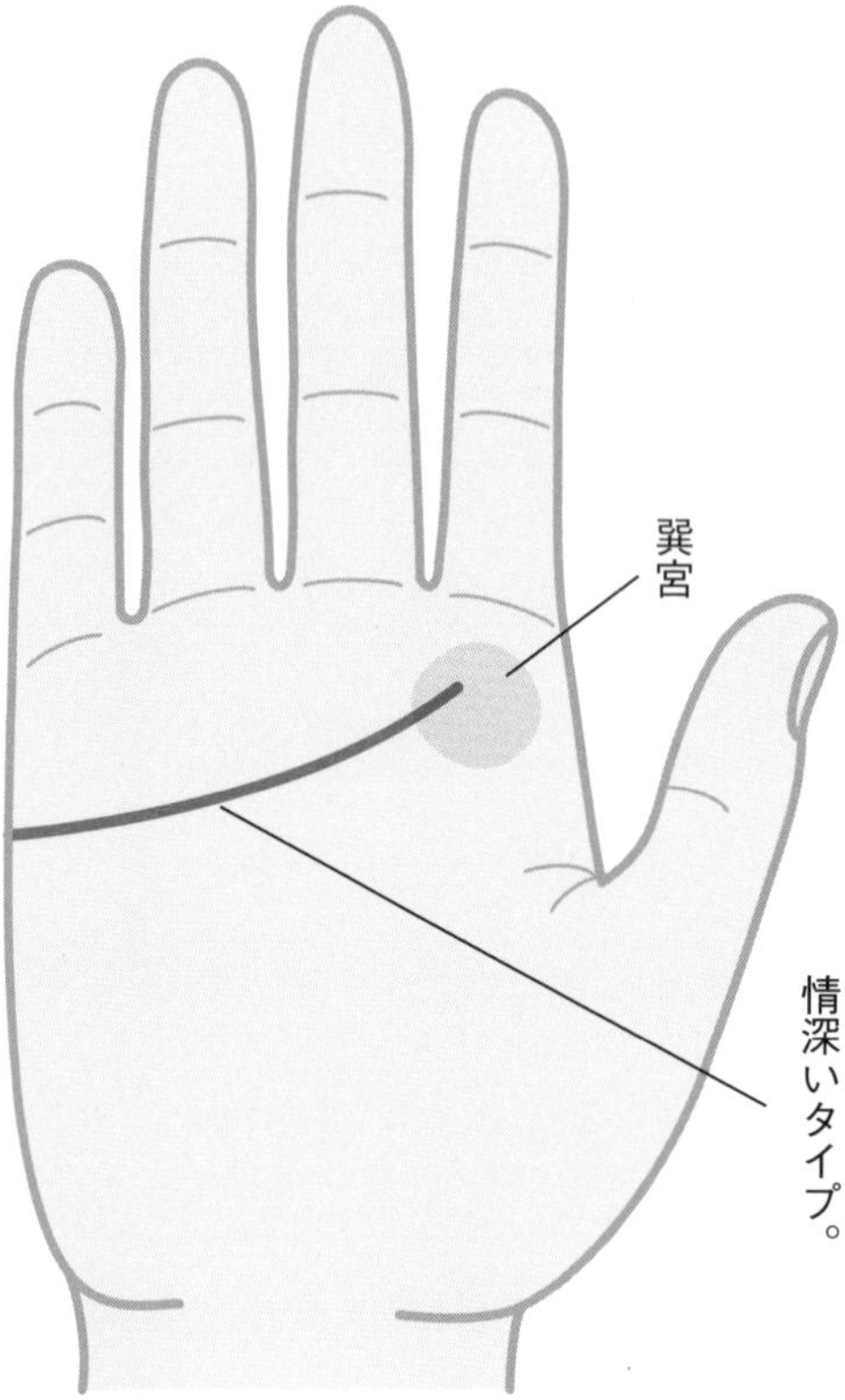
巽宮
天紋の先が人指し指まで延びていると愛情深いタイプ。

## 円満な家庭を築く

誠実で誰にでも平等に接するので信頼が厚く、周囲の人たちから慕《した》われるでしょう。思いやりがあり、親切をしても決して見返りを求めたりしません。結婚運にも恵まれ、夫婦が互いを助け合いあたたかな家庭を築きます。自然と人が集まってくる、にぎやかな家になります。

### 運気向上のアドバイス

乱暴な人、言葉づかいがよくない人にどうしても意見したくなるところがあります。言いすぎると厳しくてつきあいづらい、と敬遠されてしまいます。注意するときは、やわらかな表現を心がけましょう。距離感を保つことも大切です。

天紋 2

# ひとりよがりで孤立する

天紋が長いと自己満足の愛情になりやすい

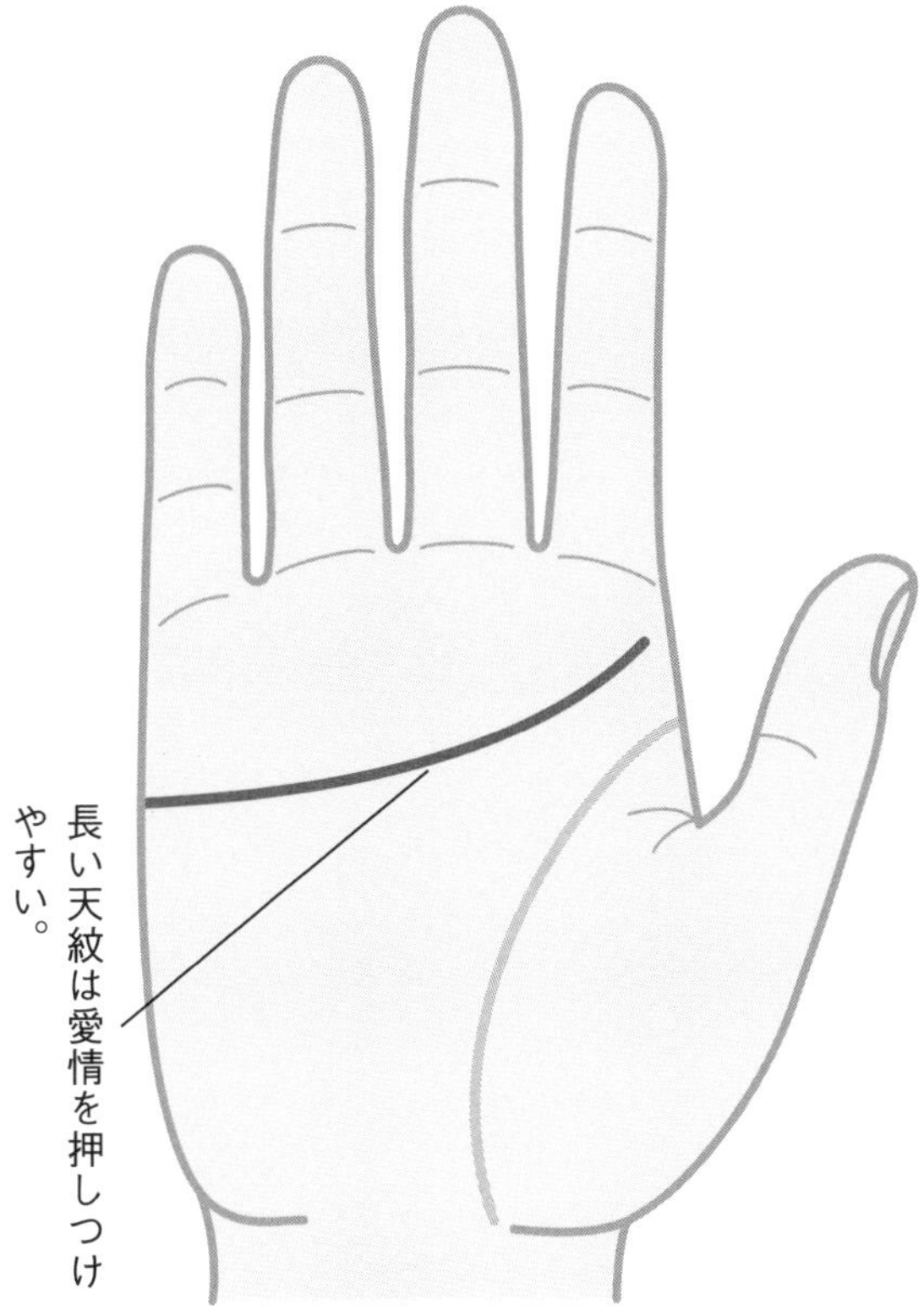


## 愛情が一方通行に

相手を思うあまり、よけいなことにまで気を使って空回りしたり、迷惑がられたりする傾向があります。純粋な気持ちであるのに、なぜ距離を置かれてしまうのだろうと寂《さび》しい気持ちになることもあります。誠実なだけに、どうして孤立してしまうのか悩《なや》ましいものがあります。

### 運気向上のアドバイス

思いやりがあるのはとても大切なことですが、過ぎたるは及ばざるが如《ごと》し。相手が何を望んでいるのか、行動に移す前に考えてみる必要があるでしょう。親切はお互いの気持ちのバランスが取れてこそ感謝につながるものです。

天紋 3

# 恋人や配偶者に迷惑をかける

羊刃紋《ようじんもん》

西洋手相でいう二重感情線の一種

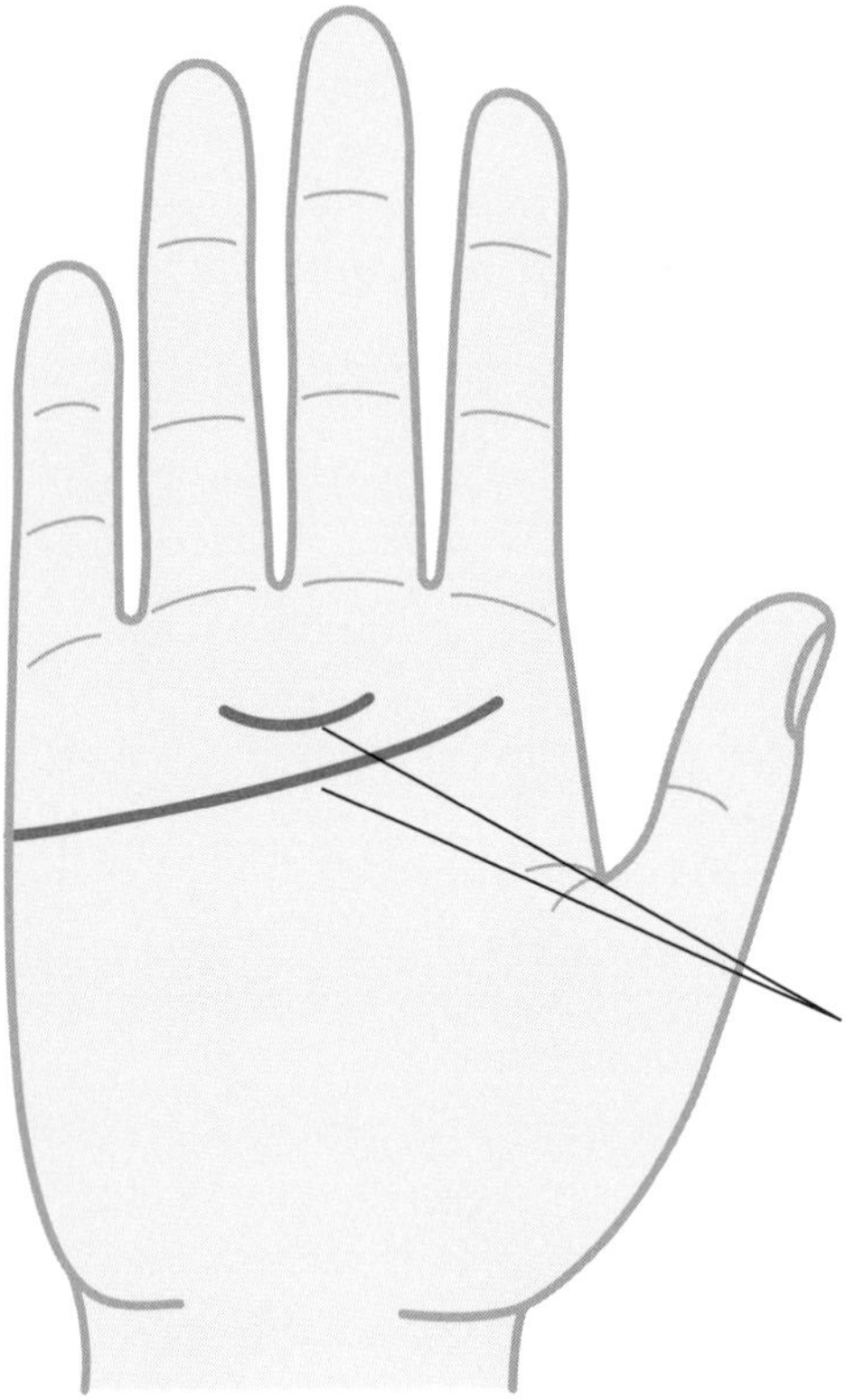
羊刃紋は天紋が二つあるかたち。恋人や配偶者を困らせる。

## 自己愛が暴走する

恋人や配偶者にわがまま放題、ときに愛情を試すような言動を繰り返します。ストーカー行為に走ることもあるでしょう。思い通りにならないと感情的になって相手を困らせます。もし裏切られたり、傷つけられたりしたら、いつまでも相手を恨《うら》み続ける執念深《しゅうねんぶか》さがあります。

### 運気向上のアドバイス

わがままがすぎると、大切な人が去ってしまいます。相手の立場に立って物事を考えてみましょう。もし同じことをされたら、幸せを感じますか？　慈《いつく》しみの気持ちが湧《わ》いてきますか？　愛情は試すものではなく実践していくものです。

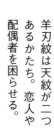

天紋4

# 欲深く自分勝手

## 貪心紋《だんしんもん》

天紋が全体的に乱れている

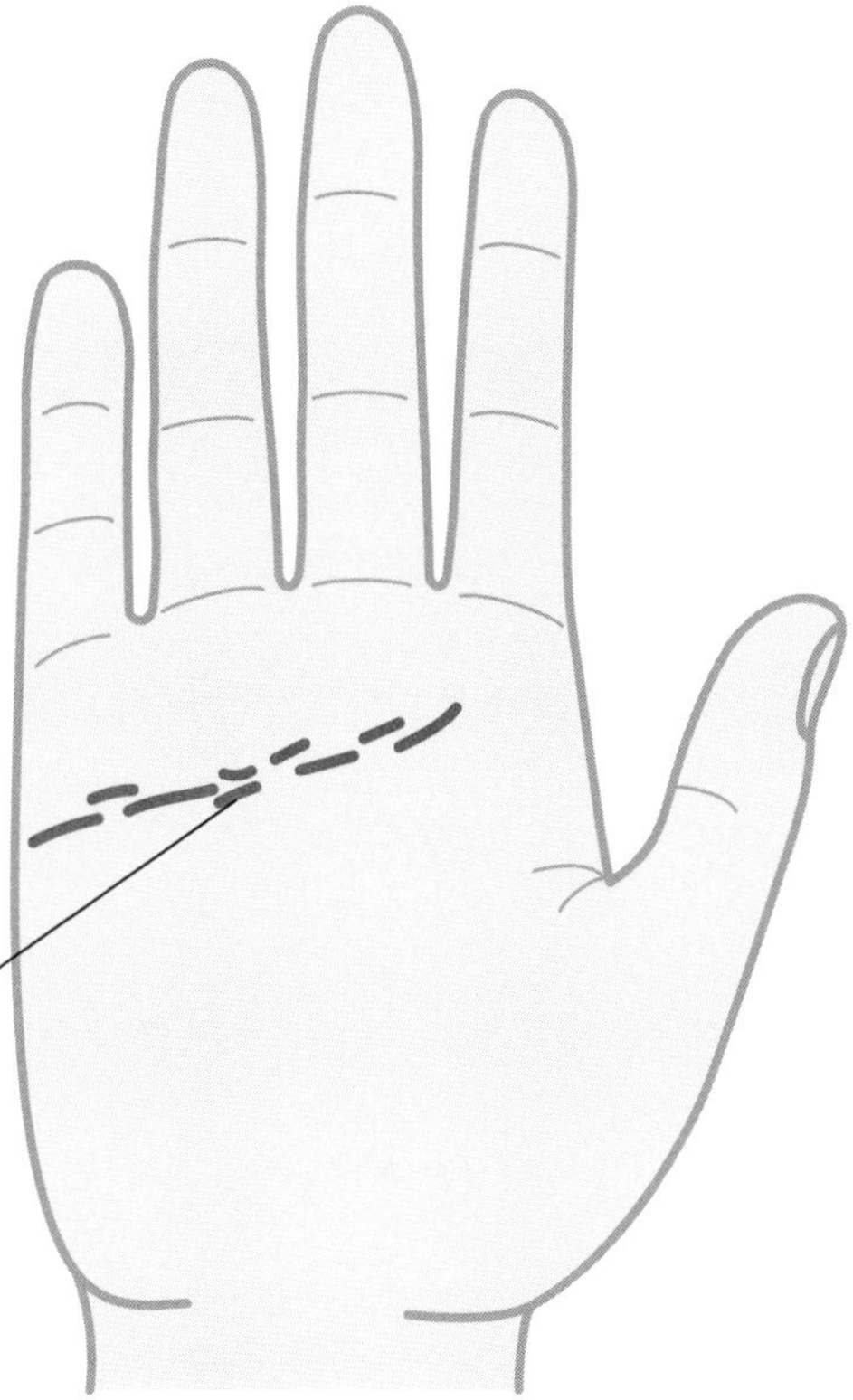
天紋が切れ切れに乱れていると欲深さを暗示。

### 感情の抑制がきかない

天紋が全体的に乱れている人は喜怒哀楽《きどあいらく》を露骨《ろこつ》に表す傾向があります。ストレートで純粋なイメージを与える反面、自分の主義主張や気持ちを相手に一方的に押しつけ、鬱陶《うっとう》しいと思われてしまいます。欲しいものは絶対に手に入れなければ気が済まない性分《しょうぶん》でもあります。

### 運気向上のアドバイス

誰もが願いを叶《かな》えたい、思うように人生を生きたいと考えるものです。しかし、度が過ぎるとわがままで厄介《やっかい》な人というレッテルを貼られてしまいます。分かち合いや、調和の気持ちを忘れずに幸せを手にしてください。

天紋
5

# 多芸多才、あらゆる分野で活躍

折桂紋《せっけいもん》

二天紋の変形で、上の天紋に縦紋が交差

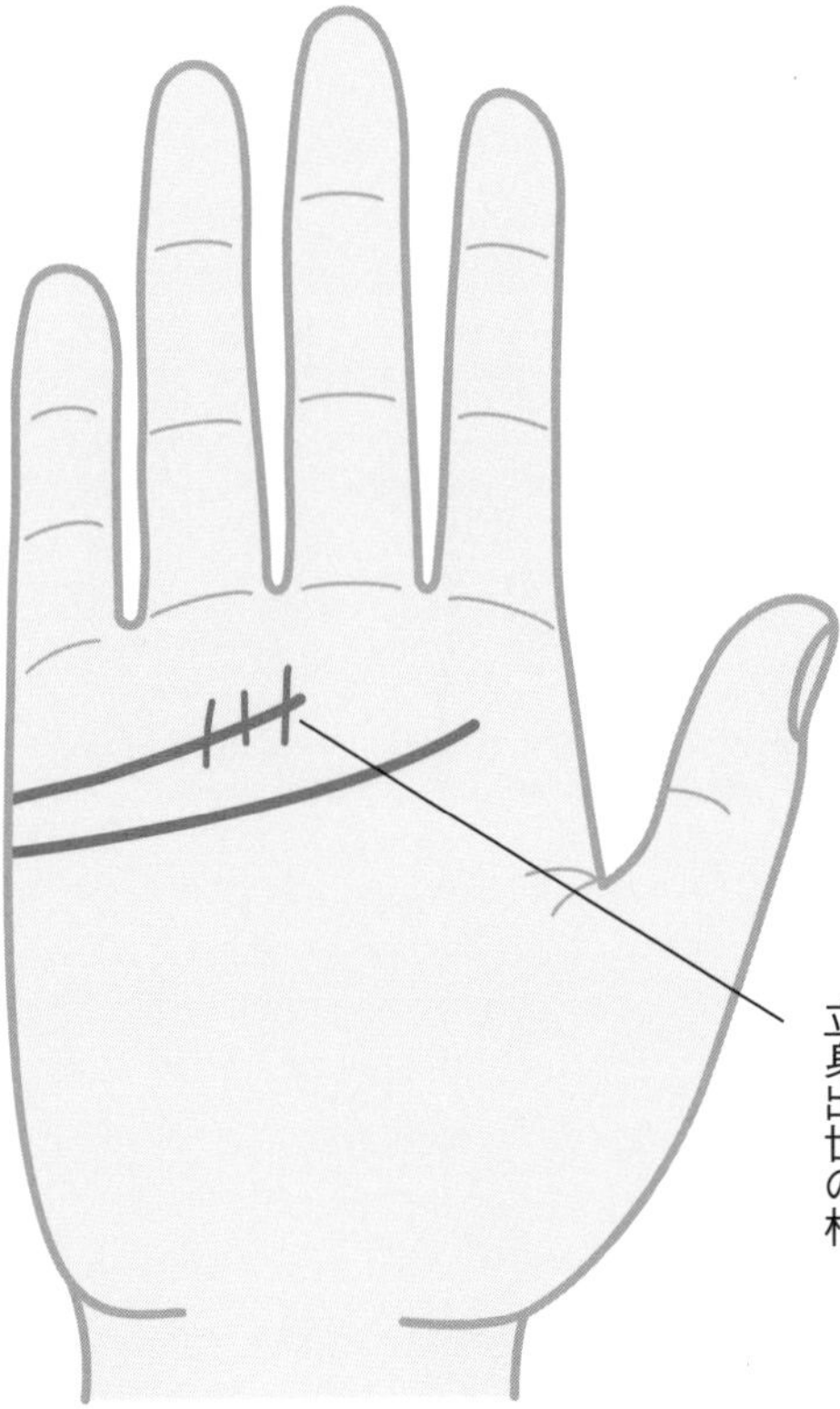

天紋の上に並ぶ紋に縦紋が交差している立身出世の相。

## 自力で成功を手にする

才能や発想力を発揮して脚光を浴びる、逸材《いつざい》として大抜擢《だいばってき》されるなど、自力で成功へと突き進んでいきます。本職以外でも豊かな収入を得るという財運にも恵まれているのです。そのため異性からのアプローチも多く、複数の愛人がいる可能性があります。

### 運気向上のアドバイス

自らの力で成功を手にするのは、とても素晴らしいことです。そこには必ず誰かのサポートがあったことを忘れないでください。感謝の気持ちを大切に、築き上げたものをよりよいものに育て、未来に継承《けいしょう》させましょう。

天紋6

# 乱れすぎている紋は精神の疲れを表す

## 天散紋《てんさんもん》
天紋に激しい乱れ

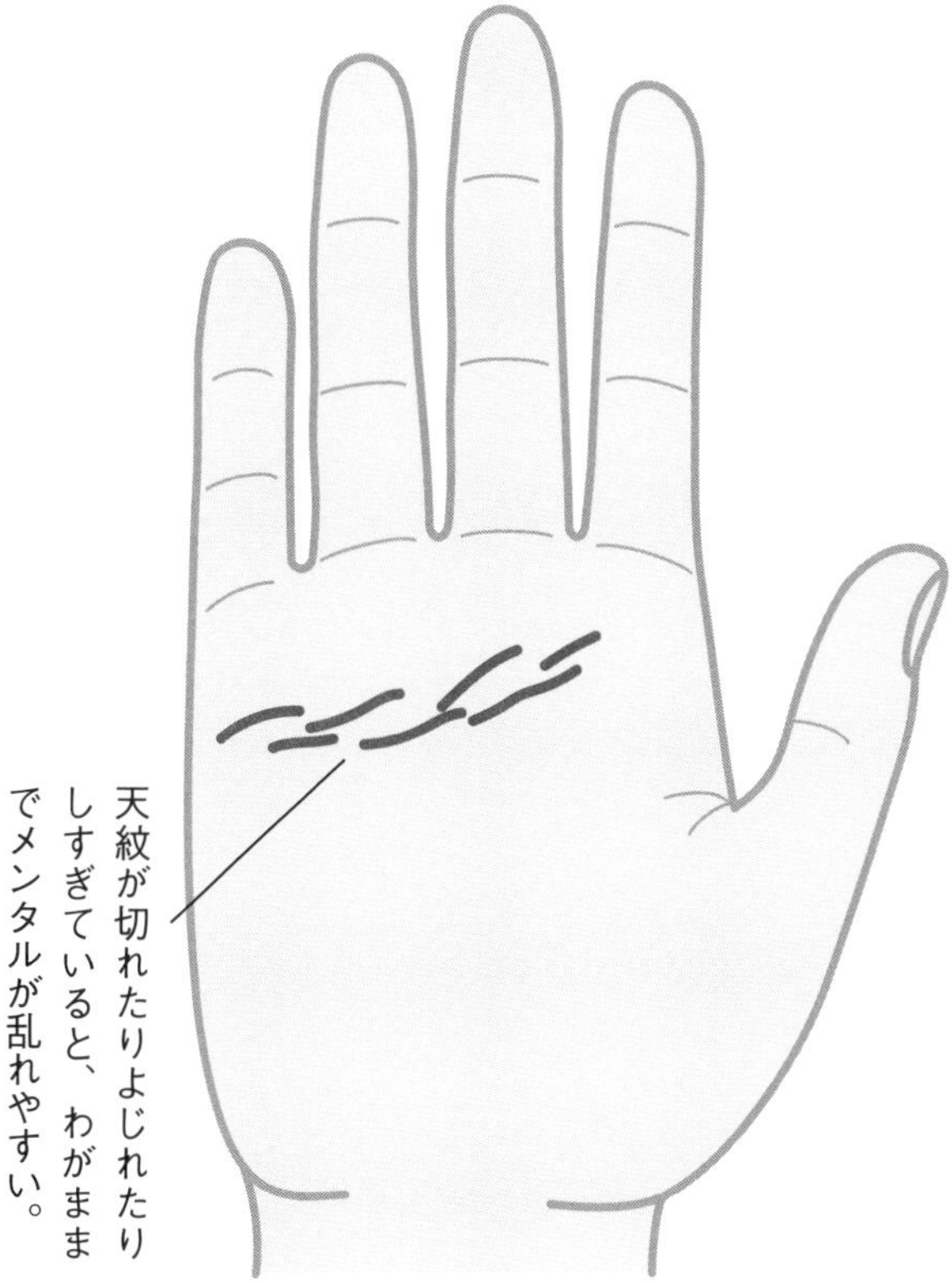
天紋が切れたりよじれたりしすぎていると、わがままでメンタルが乱れやすい。

### 精神面で悩まされる

相では乱れすぎている紋（線）はいずれも凶相となりますが、天紋の場合、多少の乱れがあるほうが人間的魅力にあふれるという吉相になります。しかし、あまりにも乱れが激しいのは、自分勝手な行動で周囲に迷惑をかけ、場合によっては精神の不調に悩まされることを示します。

**運気向上のアドバイス**

自由奔放《じゆうほんぽう》も過ぎれば迷惑行為になります。ときに自分自身を客観視して調和がとれた状態であるかを確認してみましょう。

心が揺らぎやすいと感じたら、精神修養などで心身のバランスを維持するようにしてください

天紋 7

# 熱烈な恋愛をしている

天紋の先が赤みを帯びている

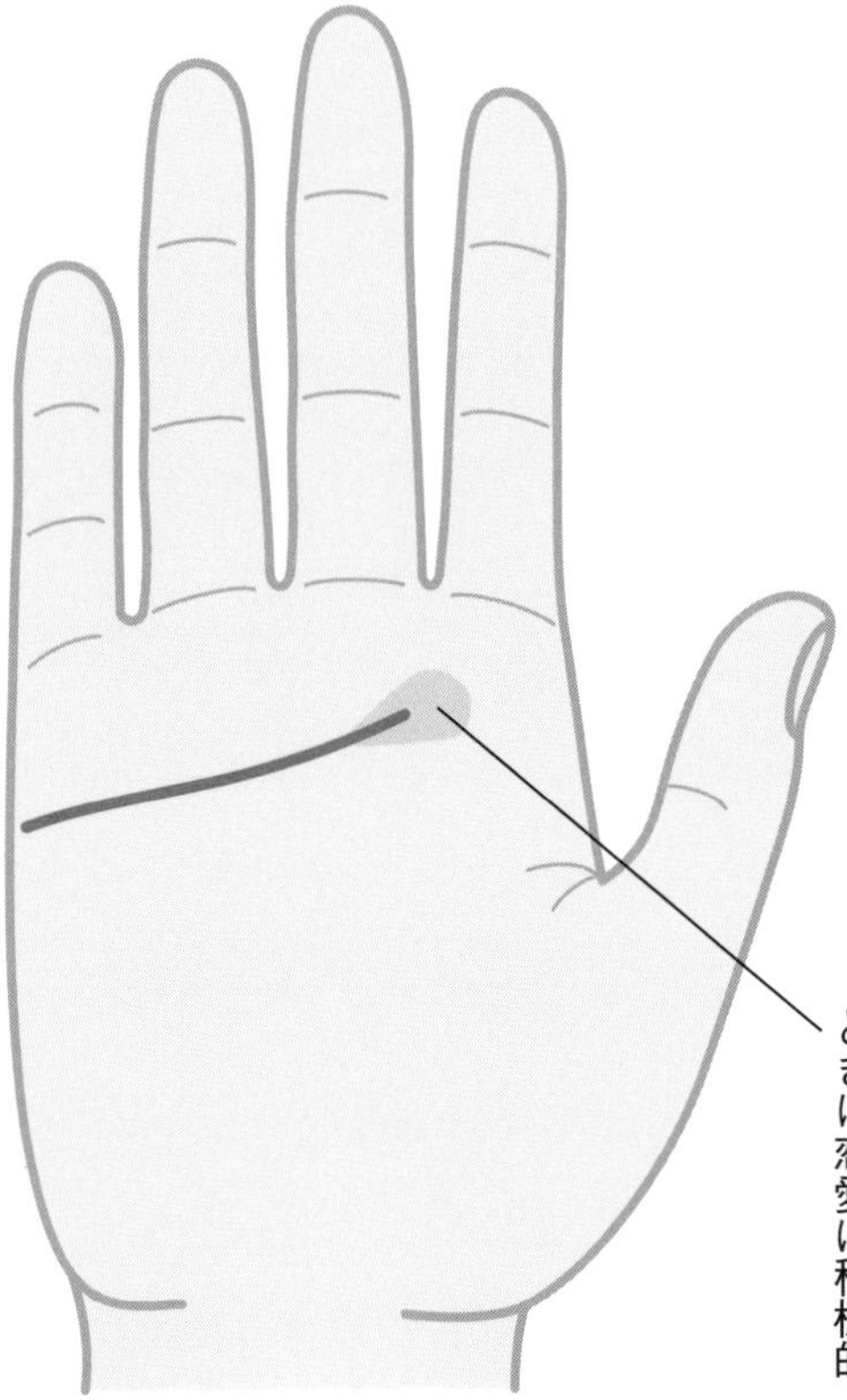


## 燃える恋が力の源

恋の炎に包まれ、その勢いはとどまるところを知りません。魅力は輝きを増し、周囲を驚かせるほどです。ときには恋は生きる原動力になりますが、夢中になるあまり、他のことが目に入らなくなって足をすくわれる暗示が。いつのときも冷静さを忘れずに行動してください。

### 運気向上のアドバイス

恋愛が成就《じょうじゅ》したなら、ますます幸福感は加速していきますが、片思いや失恋で失速すると、運気も低下していくことになります。まずは相手の気持ちを確かめ、お互いが幸せになれるかどうかをしっかり判断してください。

天紋 8

# 強運に恵まれ地位と財産を手にする

十字紋《じゅうじもん》

天紋（感情線）を天喜紋（運命線）が貫いて大きな十字を描く

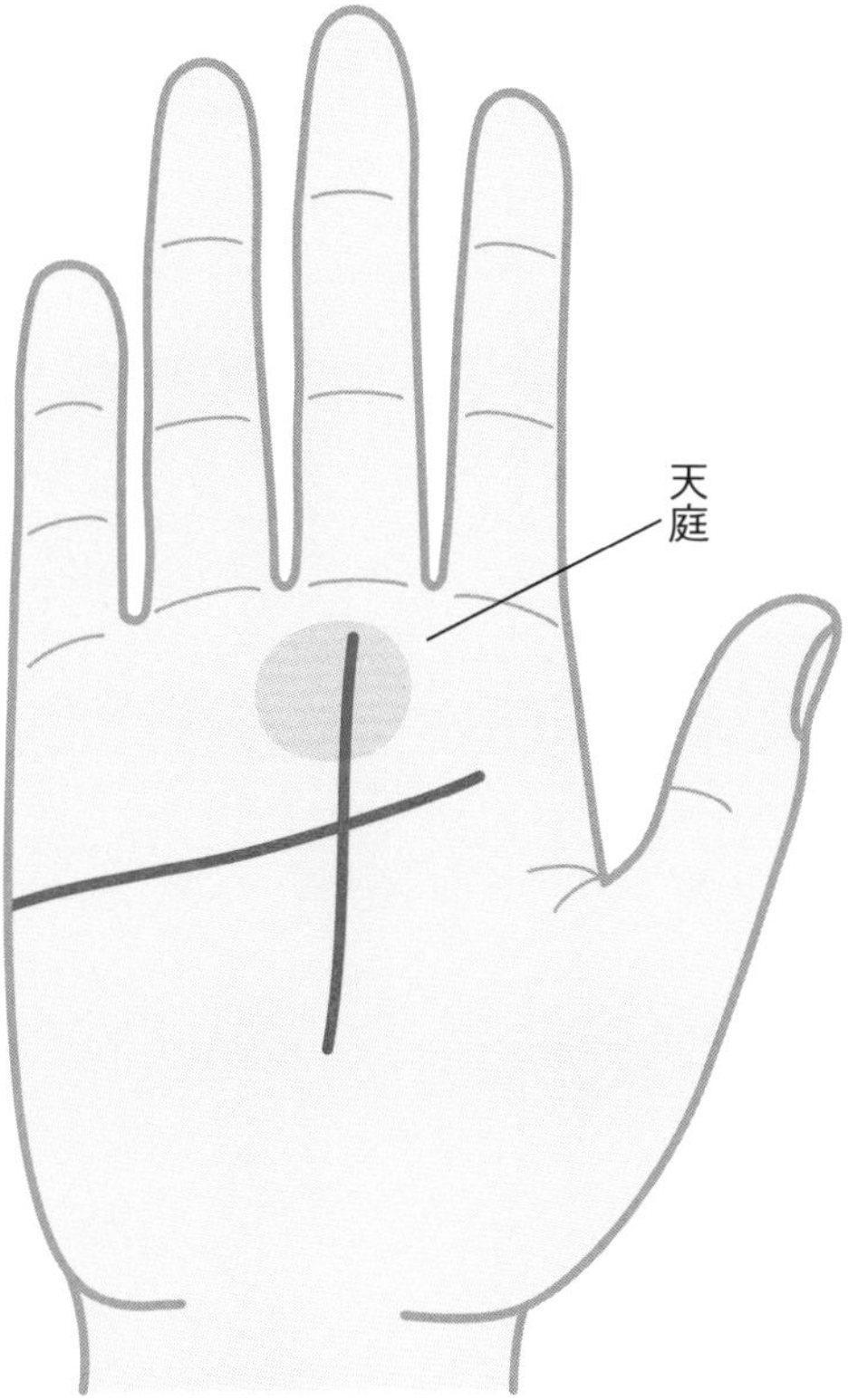


掌に十字があり天紋を貫いて天庭（中指のつけ根）まで届いていると大きく発展する。

## 大きく発展して富を得る

「升《ます》かけ」「百握《ひゃくにぎ》り」ともいわれる強運の持ち主が持つ紋です。戦国三英傑《えいけつ》と呼ばれる徳川家康、織田信長、豊臣秀吉の掌にもあったといわれています。飛ぶ鳥を落とす勢いで、地位と財を手にするでしょう。一代で事業を成功させ、成功者として名を残すこともあります。

### 運気向上のアドバイス

強運の持ち主でも、周囲の協力なしでは成功と財を手にすることはできません。いつのときも謙虚さと感謝の気持ち、豊かさを分かち合う精神を大切にしてください。それが呼び水となって、ますます大きく発展していくのです。

天紋9

# 地位が豊かさをもたらす

天紋が中指に入っている

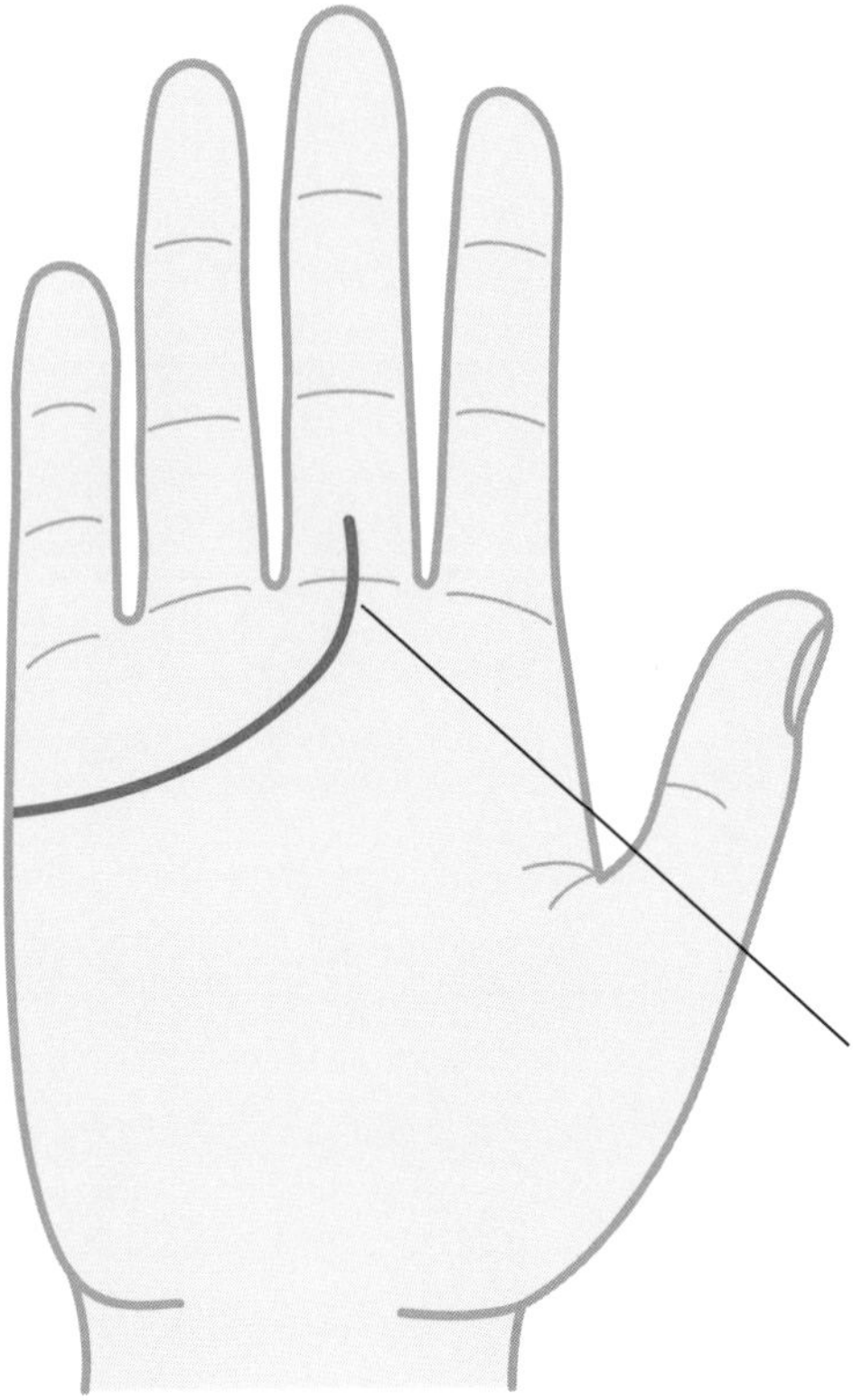

中指に入り込んだ天紋は強運を表す。

## 仕事で大成功をおさめる

自ら築いた地位と人脈を生かして、ますますの活躍が期待できます。チャンスをつかめば国内外に名を馳《は》せ、想像以上の財を成すのも夢ではありません。しかし傲慢《ごうまん》になったり、信頼を失うような言動があったりすると、この紋は凶に転じます。「実るほど頭《こうべ》を垂《た》れる稲穂かな」です。

### 運気向上のアドバイス

得るものが大きいほど、リスクも大きくなります。思いがけぬところで足をすくわれる、財を奪われるなどのトラブル回避のためにも、頼りになる参謀《さんぼう》の存在は必要です。イエスマンではなく、尊敬できる堅実な人物を選んでください。

天紋
10

# 妻が不倫する可能性がある

**朝天紋《ちょうてんもん》**

妻妾宮《さいしょうきゅう》（小指下部）にある紋が天紋に接触

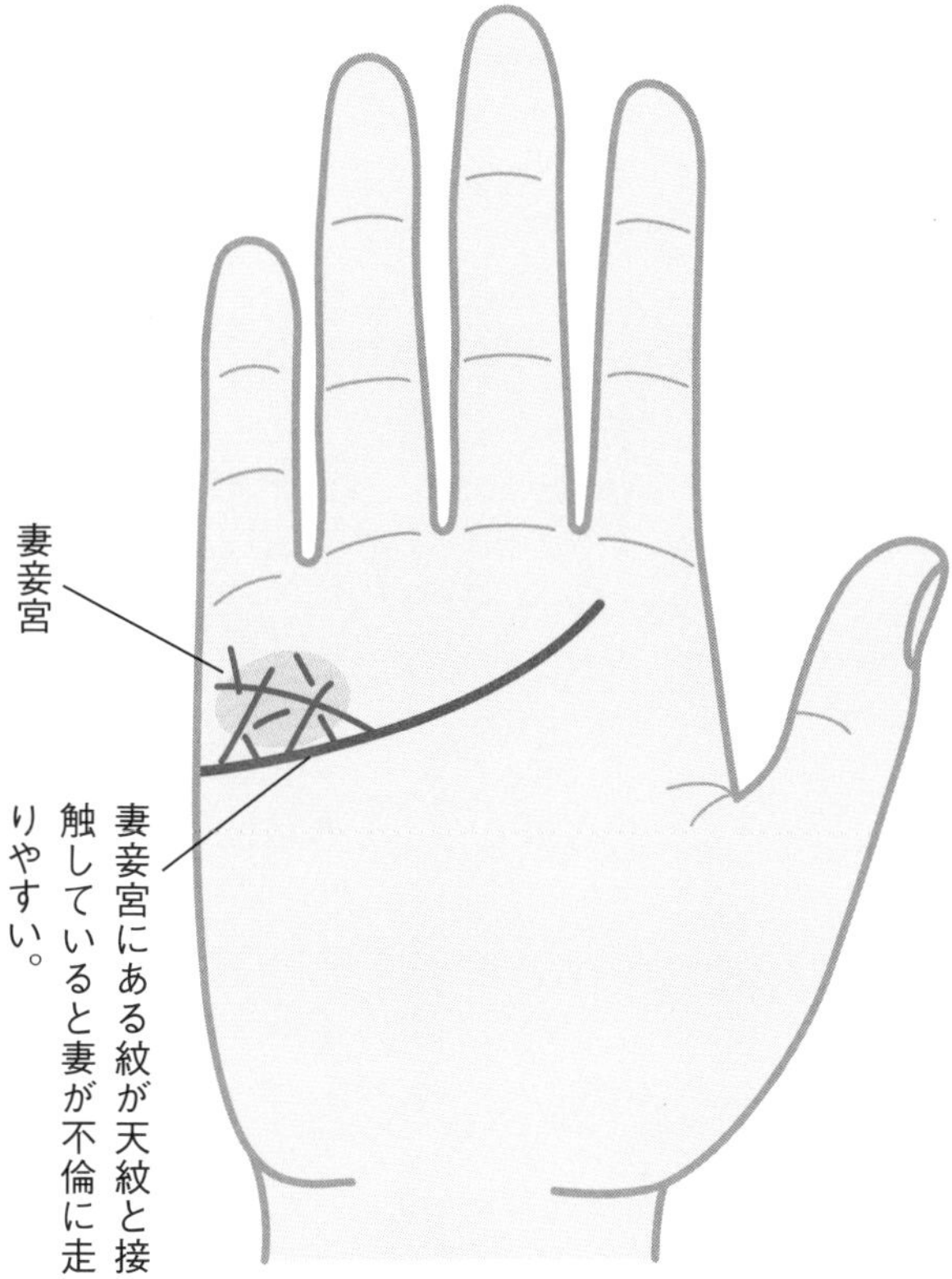


## 妻の裏切りにあう

妻が夫以外の男性に夢中になり、不倫関係へと発展する暗示があります。この紋は男性ばかりでなく女性の掌にも現れることがあるので、おかしいと感じたらチェックしてみてください。女性が恋多き性分《しょうぶん》で浮気を繰り返す場合は、家庭が崩壊する可能性があります。

**運気向上のアドバイス**

可能であれば、結婚前の女性の掌にこの紋があるかないか見たほうがいいでしょう。誠実さを示してもうまくいかないと感じたら潔《いさぎよ》く縁を切ることも必要です。女性のほうは大切なパートナーを失わないためにも理性を保つようにしてください。

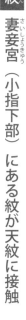

天紋
11

# 二代、三代前の性格を受け継ぐ

絡《らく》天《てん》紋《もん》

天紋に細い糸がからみつくような紋

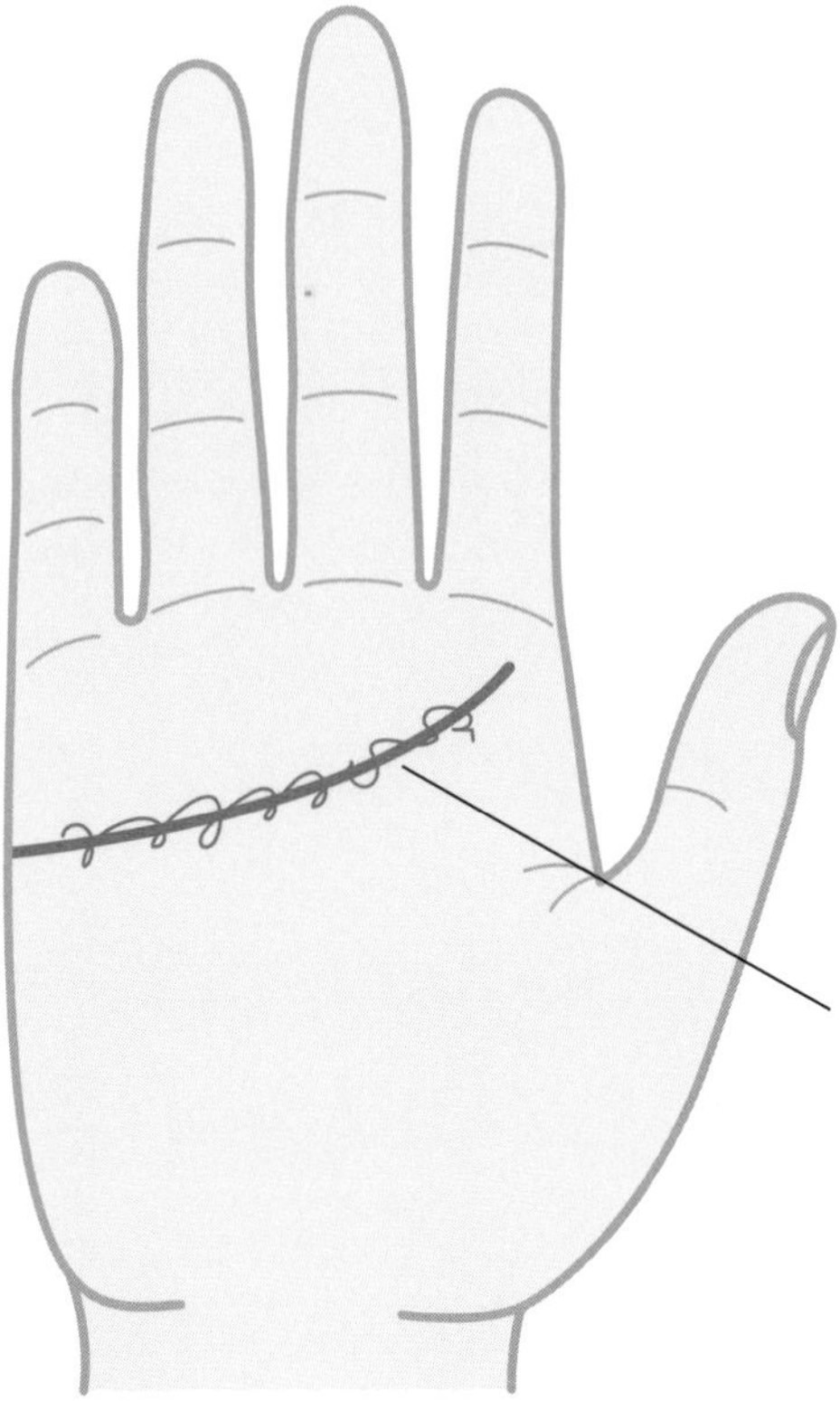

天紋にからみつくような紋がある人は楽天家。

## 趣味や道楽を優先させる

紋が鮮明であれば、二代、三代前の父方の先祖の長所を受け継いでいますが、薄い場合は短所が遺伝しやすい暗示があります。この紋があると趣味や興味ばかりに情熱を注ぎます。代々築いてきた財を食いつぶし、配偶者で苦労したり愛人に煩《わずら》わされたりする可能性があります。

### 運気向上のアドバイス

先祖は命をつないでくれた尊い存在ですが、現世で生きるのは自分自身です。憂《う》きことがあっても先祖のせいにすることなく、自分の人生を切り開いていきましょう。努力を惜しまなければ、充実した人生を歩むことができます。

天紋 12

# 強欲でわがまま放題

## 邪曲紋《じゃきょくもん》

天紋にグシャグシャと横筋が入る

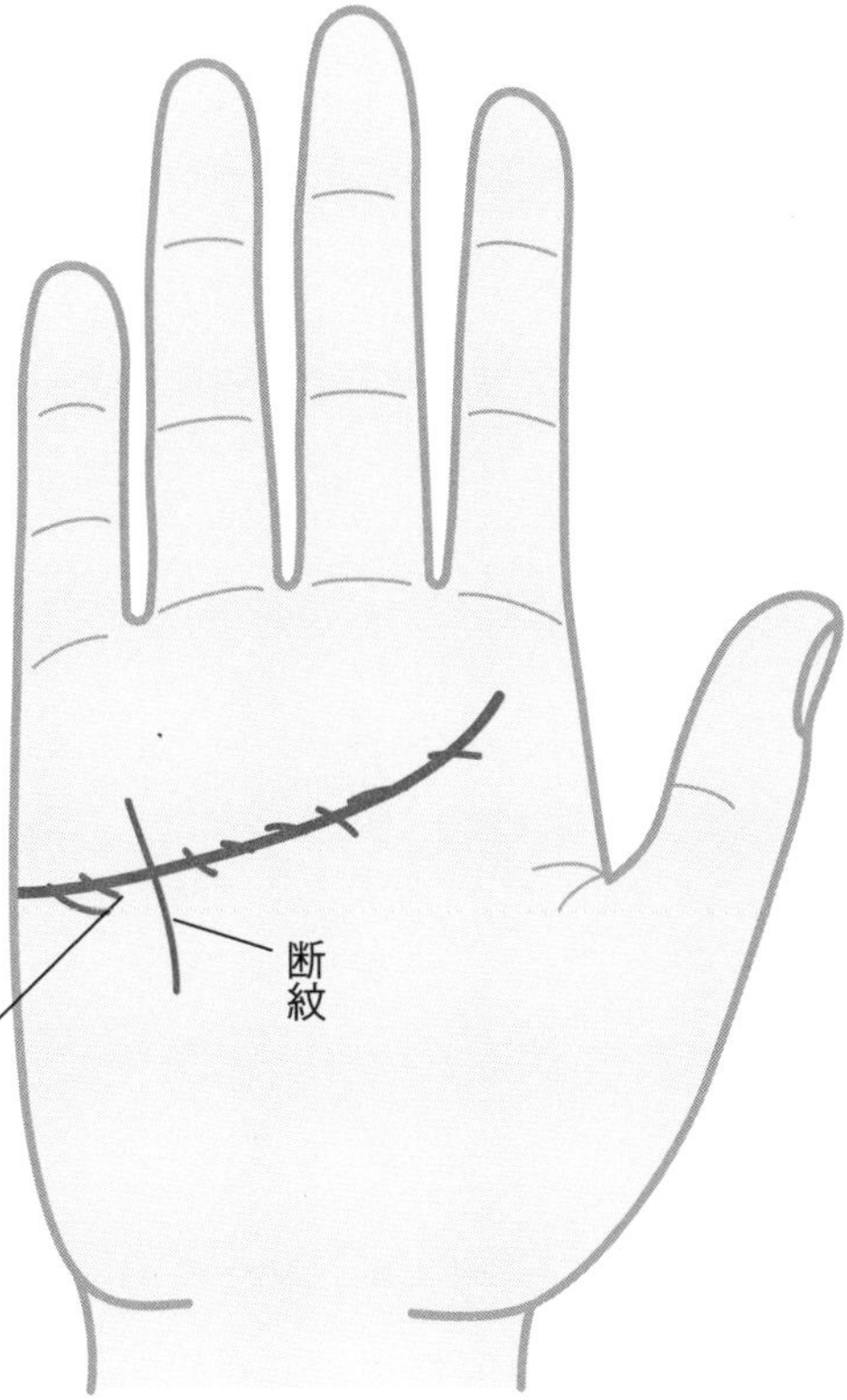
天紋に短い断紋や横筋があるのは自己中心的なタイプ。


### 利己主義で欲深い

紋が全体的に切れ切れの場合も同様で、努力や労力を惜しみ、思いやりに欠けるところがあります。まわりにあれこれ要求して欲求を満たそうとしますが、与えることを嫌います。楽をして豊かになりたいと望むばかりで金銭的余裕がなく、生活に苦労することになります。

### 運気向上のアドバイス

己の要求だけ満たそうとするばかりでは運気が停滞するばかりです。「情《なさ》けは人のためならず」。努力を惜《お》しまず、額《ひたい》に汗して働くよう心がけてください。周囲の人への思いやりと親切心を忘れず、感謝の気持ちを大切にしましょう。

天紋
13

# 酒と女性で身を亡ぼす

## 花酒紋《かしゅもん》

天紋近くの副線が掌の中心に延びる

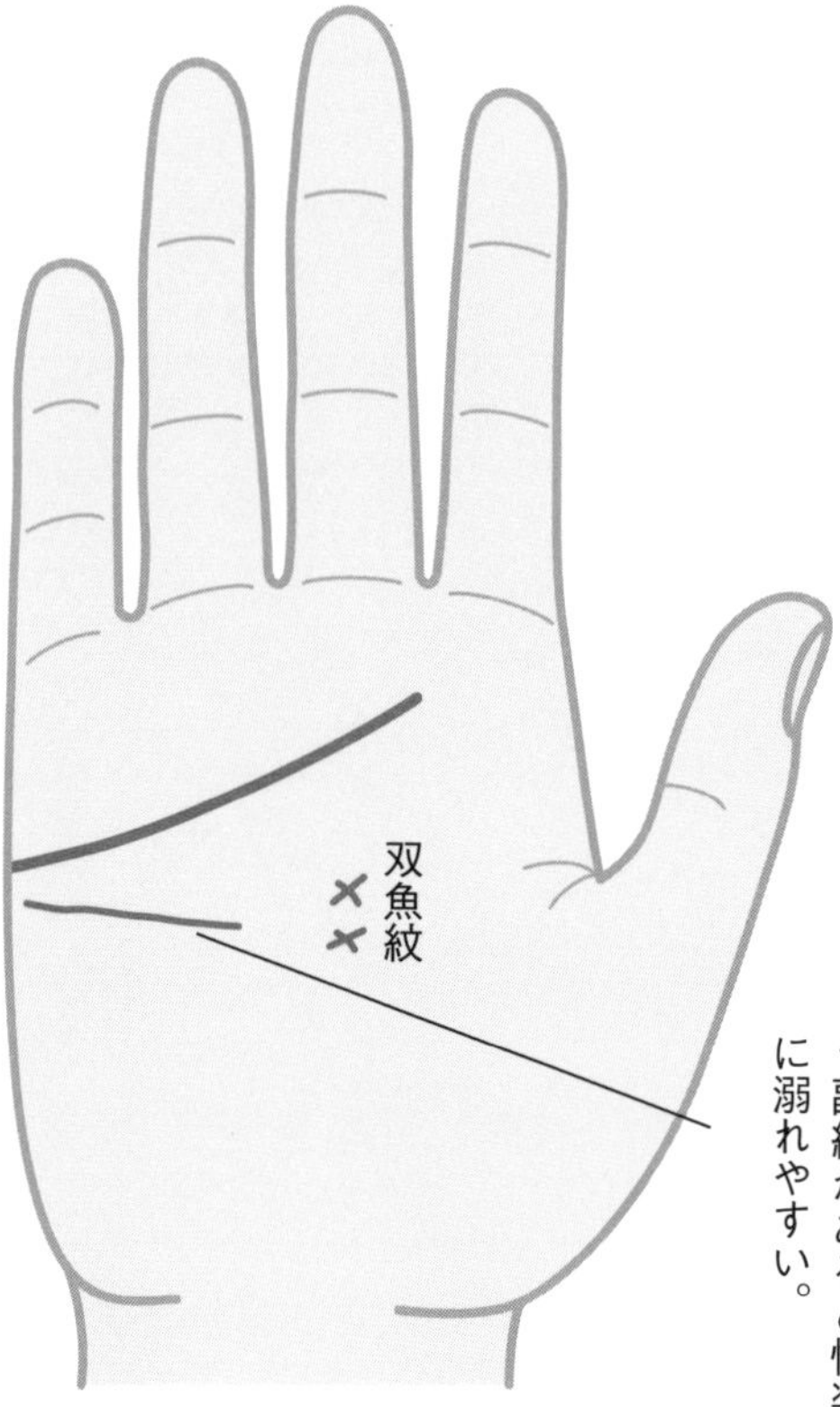


天紋近くに掌に向かう副線があると快楽に溺れやすい。

### 快楽に溺れやすい

掌の中心付近に二匹の魚のような形をした双魚紋《そうぎょもん》がある場合も同様で、快楽主義で色を好みます。この紋の男性は、酒や若い女性に夢中になり仕事を蔑《ないがし》ろにする、不倫が原因で家庭が崩壊するなどの暗示があります。結婚を考えている男性の掌にこの紋があるなら要注意です。

### 運気向上のアドバイス

英雄色を好む、といいますが、責任を負うことができなければただの愚《おろ》か者です。己を律して誠実な人間であるよう精進《しょうじん》してください。似たような思考の人が身近にいると、巻き込まれる可能性があるので距離を置きましょう。

天紋 14

# 父親との縁が薄い

剋《こく》父《ふ》紋《もん》

天紋に大きな乱れがある

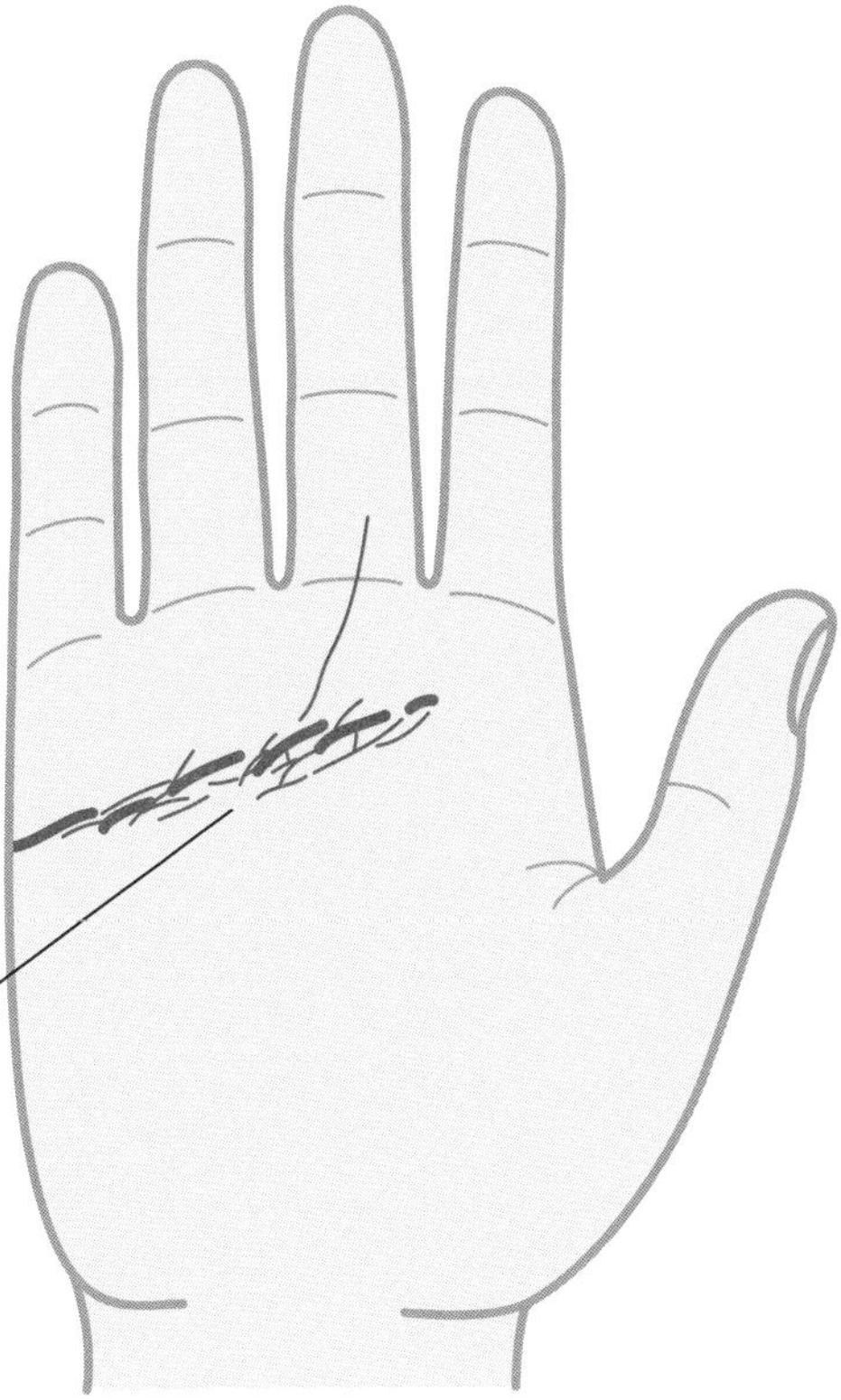
紋が乱れ、支線が中指に入ると父親とうまくいかない。

## 自立心が養われることも

文字通り父親との縁が薄い、早い時期に死別することを暗示しています。死別でなくても父親との間に諍《いさか》いが起こりやすく、成長とともに溝《みぞ》が深くなっていきます。これがきっかけで早い時期から家を出て自立する、自らの力で人生を切り開くなど結果的に吉となる可能性もあります。

### 運気向上のアドバイス

父親と良好な関係を築き、円満な家庭環境であってほしいと誰もが願うものです。しかし、そうでないからといって悲観することはありません。反骨精神や自立心は魂の成長を促《うなが》し、人間的魅力にあふれた人格形成ができるからです。

天紋
15

# 養子に行く相

養子紋《ようしもん》

天紋と人紋の間に線がある

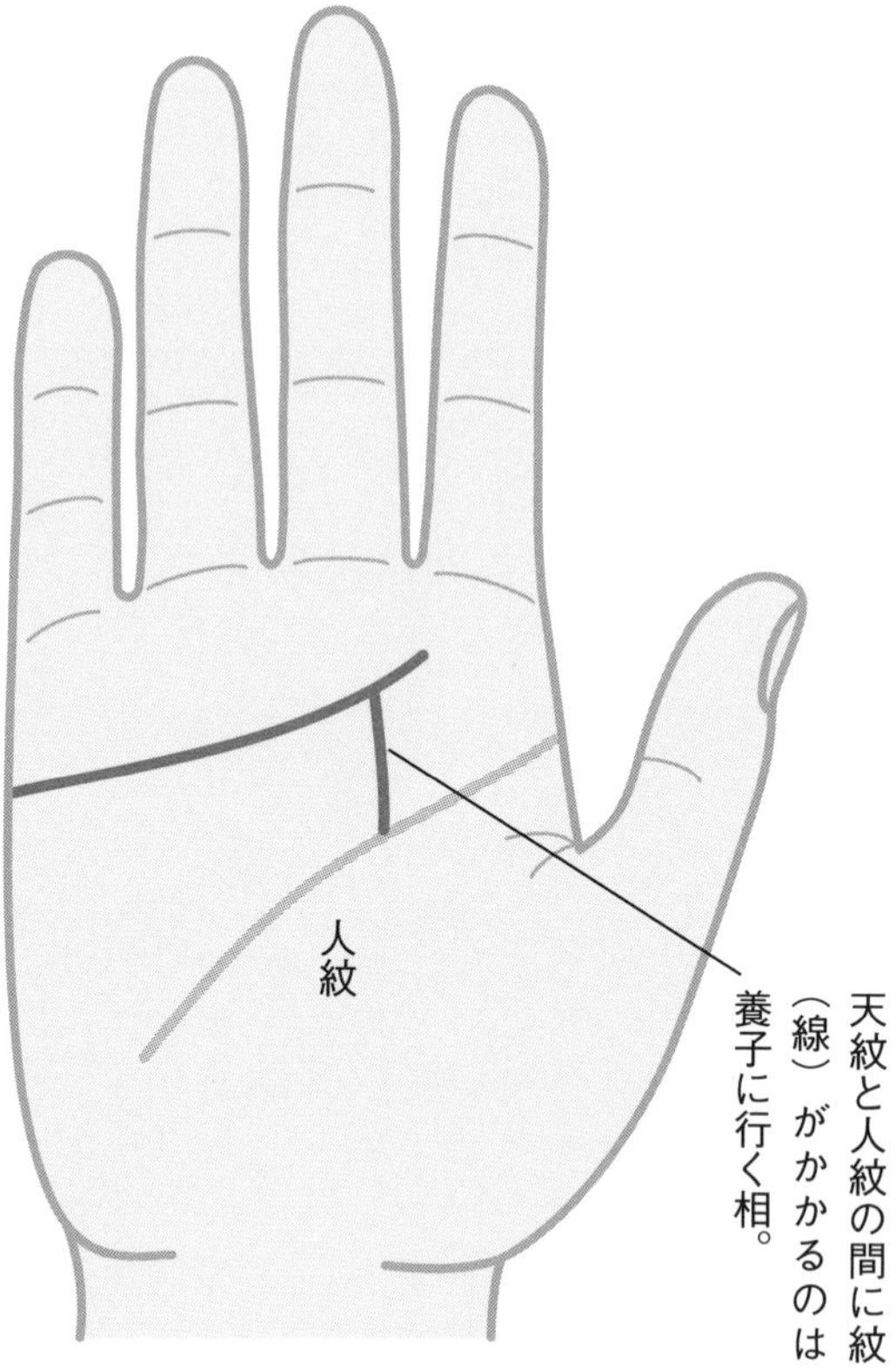
人紋
天紋と人紋の間に紋（線）がかかるのは養子に行く相。

## 実の家族と別れて暮らす

間の紋が小指に近いほど、若くして養子に行くことを暗示しています。逆に中指より人差し指に寄っている場合は、ある程度年齢を重ねてから婚姻《こんいん》などのために養子となる可能性があるでしょう。いずれの場合も養子先に恵まれたなら、成功をつかみ、幸せな人生を送ります。

### 運気向上のアドバイス

さまざまな理由で養子に行くことになりますが、大切なのは自分自身の気持ちです。養父母や、その親族と良好な関係を築いたなら、心安らぐ家庭で充実した人生を歩むことができるでしょう。養子だからと委縮《いしゅく》する必要はありません。

天紋
16

# 愛する人との別れを暗示

離別紋《りべつもん》

天紋に複数の障害線が表れる

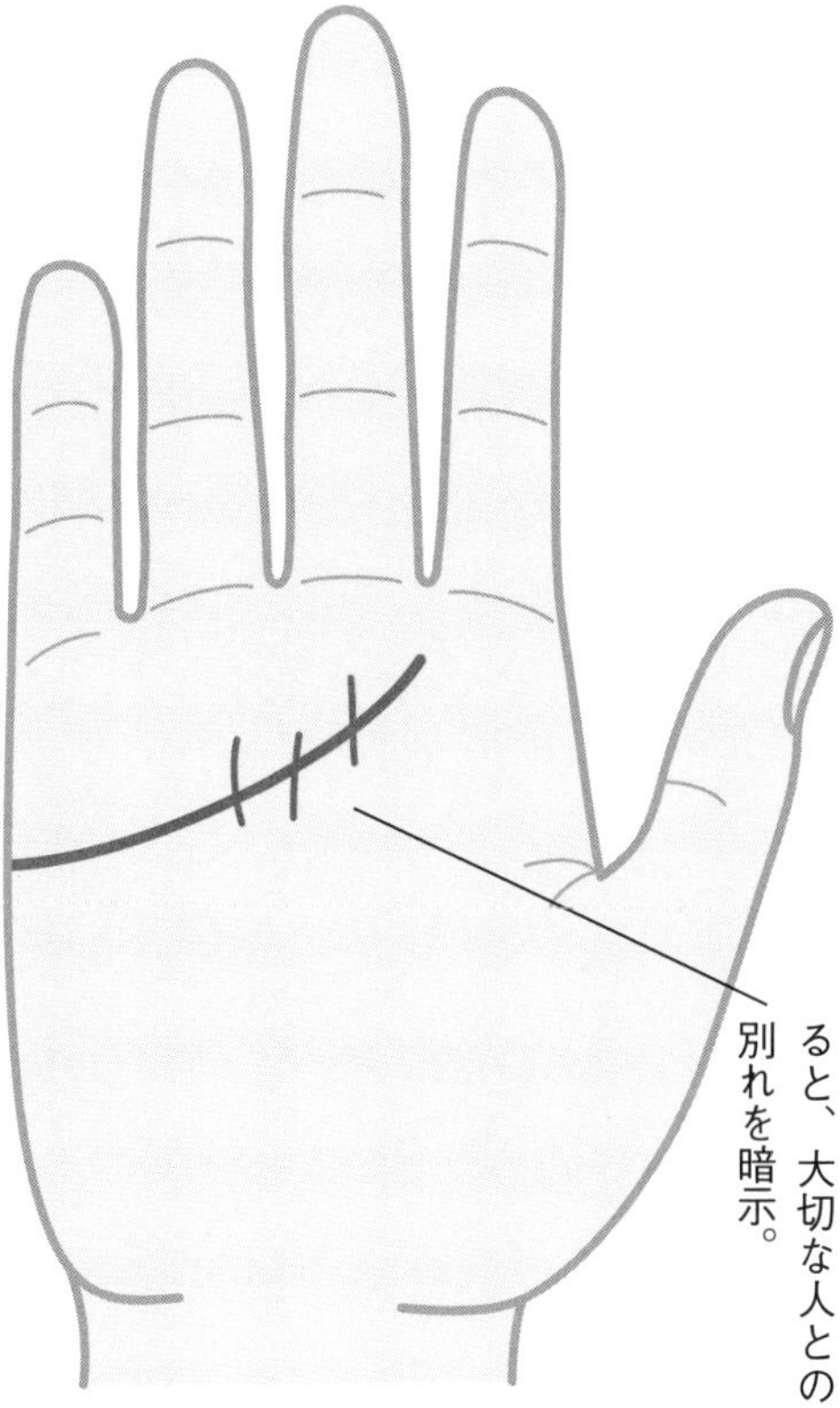

天紋を横切る剋害線《こくがいせん》（障害線）が複数出ると、大切な人との別れを暗示。



## 一時的に離れることも

男女ばかりでなく、親子の別れも表します。この紋は一時的に距離ができることも示しており、パートナーが単身赴任する、子どもが実家を離れて海外留学する、遠くの学校に通う、など状況はさまざまです。縁が切れたわけでなければ、ふたたびともに暮らすようになるでしょう。

### 運気向上のアドバイス

距離ができたことで、相手への愛情が深まることもあります。物理的に離れていても気持ちがつながっていれば心配無用。また、離れたからこそ相手のよい部分に気づくことができます。寂しさよりも愛《いと》おしむ気持ちを育《はぐ》んでください。

東洋相法でいう「妻妾紋《さいしょうもん》」

# 西洋相法の結婚線

## 恋愛や結婚ばかりでなく相手のことも表す

結婚線という名称から結婚に関する運勢のみを示す線という印象がありますが、結婚ばかりではなく恋愛運や愛情全般を判断します。また、自分の心身の状態や気持ちのほか、パートナーの内面や将来性までも知ることができます。

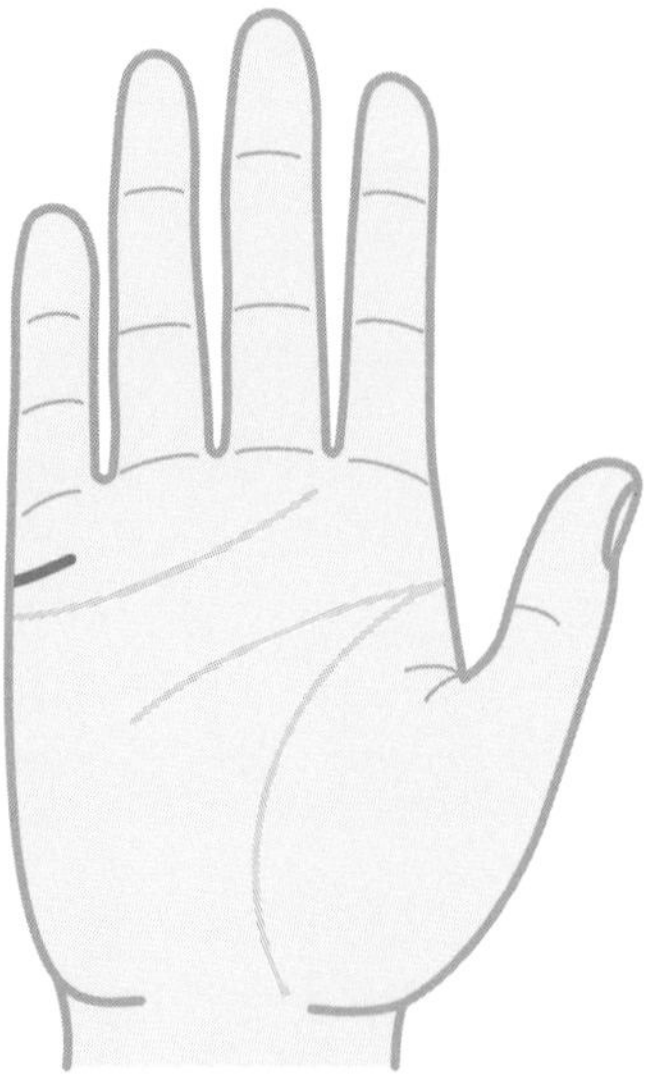

結婚線とは、手の側面、小指のつけ根と感情線の間に刻まれる短い横線。

結婚線を見るときは、手首をひねって手の側面から見るようにします。起点は手の側面で、小指のつけ根と感情線の中間あたりに位置し、小指の幅くらいの長さが標準的です。

結婚線の本数は結婚の回数を示すという俗説がありますが、本数と結婚回数は必ずしも一致しません。

結婚線の先から細い線が上向きに延び、薬指のつけ根近くまで達しているのは幸福な結婚を表します。この線が太陽線と合流すれば、結婚生活はさらに素晴らしいものになるでしょう。

短い線が複数出ている、線が格子状《こうしじょう》になっているときは、結婚する時期ではありません。

# 第5章

# 人紋(知能線)の見方

性格や性質、能力を表す紋

# 性格と能力を表す人紋（知能線）

## 人生、運勢を語る手相の要

人紋《じんもん》は人差し指と親指の間から始まり、掌の中央を横か斜めに走る紋です。この紋は知識や判断力、天分など頭脳全般、学術的な方面での傾向や心理状態、情感的な面を示すほか、生活能力を読み取ることができます。

人紋は天紋《てんもん》（感情線）、地紋《ちもん》（生命線）、天喜紋《てんきもん》など数多くの紋のなかでも、手相を判断するうえで一番重要といってもいいでしょう。他の紋が吉であっても、人紋が弱々しいと大きな発展は期待できません。逆に他の紋に難があっても、人紋がしっかりしていれば、力強く運勢を切り開くことができます。

## 人紋の標準的な位置と方向

地紋の起点すれすれのところから延びて、やや下向きに弧を描いて乾宮《けんきゅう》の上部に向かっていきますが、中指の中央から手首の中央までの縦線を引いたとき、その線の下から三分の二のところを人紋が通るのが標準的な位置です。

人紋は真横や上に向かうものと下に向かうものに分けられ、真横や上に向かうのは現実的で物質面での充実を求め、下に向かう度合いが強いほど理想主義で夢見がちな傾向があります。（左ページ図参照）

また、人紋は長いほど吉相とされていますが、極端に長い場合は浮世離れした印象を与えます。

## 長い人紋と短い人紋

人紋の長短が頭脳や才能の優劣を示しているとは限りません。注目すべきは長さよりも勢《いきお》いで、短くても紋が乱れることなくはっきりと刻まれているのは吉相です。逆に長くても切れ切れであったり、くさり状だったりするのは良い相といえません。

## 人紋と地紋の位置からわかること

人紋が地紋とほぼ同じところから延びて掌の中央を貫き、しわや切れ目、支線の紋がなくはっきりして鮮明であれば、意思が強く頭脳明晰《めいせき》で中年期の運勢が良好です。

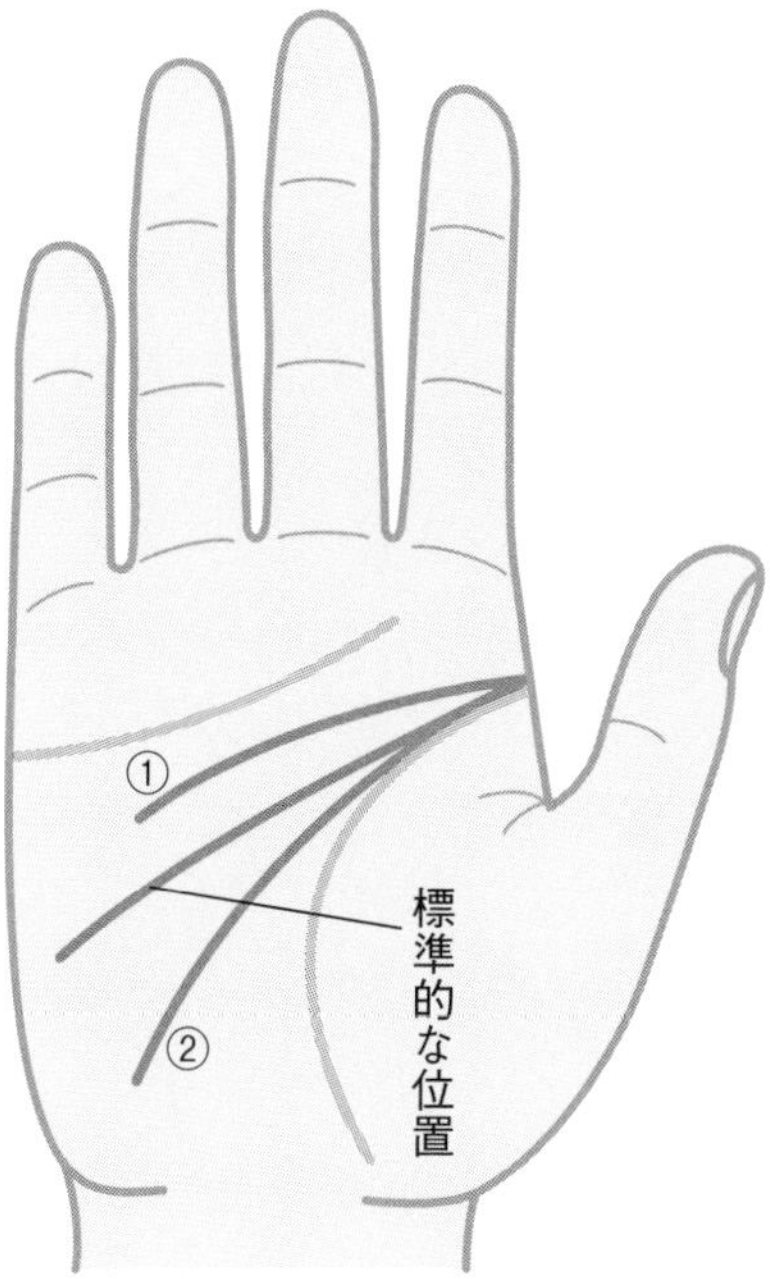


①物質的豊かさを求める
②精神的豊かさを求める

地紋の起点から離れ、間隔が開いていると積極的で行動力があり、自信家。注目を集める存在です。人紋が地紋から枝分かれしているような相だと、繊細《せんさい》でひかえめ、強く自己主張することはありません。

## 二重の人紋

人紋が二重になっていることもあります。一本は地紋から分かれて延びていて短く、もう一本は巽宮《そんきゅう》から長く延びています。

いわゆる二重人紋ですが、上部の長い紋は独立心と優れたリーダーシップを、下部の短い紋は深い洞《どう》察力《さつりょく》と注意深さを表します。双方の才能を最大限に活用して大成功をおさめるでしょう。

また、この手相の人は多芸多才、相手の気持ちを読み取る能力にも長《た》けています。

他の紋や宮の状態が良好であれば順風満帆《じゅんぷうまんぱん》ですが、他の部分に乱れがあると、才能をよくないところで発揮する暗示があります。

人紋 1

# 人生なりゆきまかせ

過髄紋《かずいもん》

人紋と地紋の位置が近い

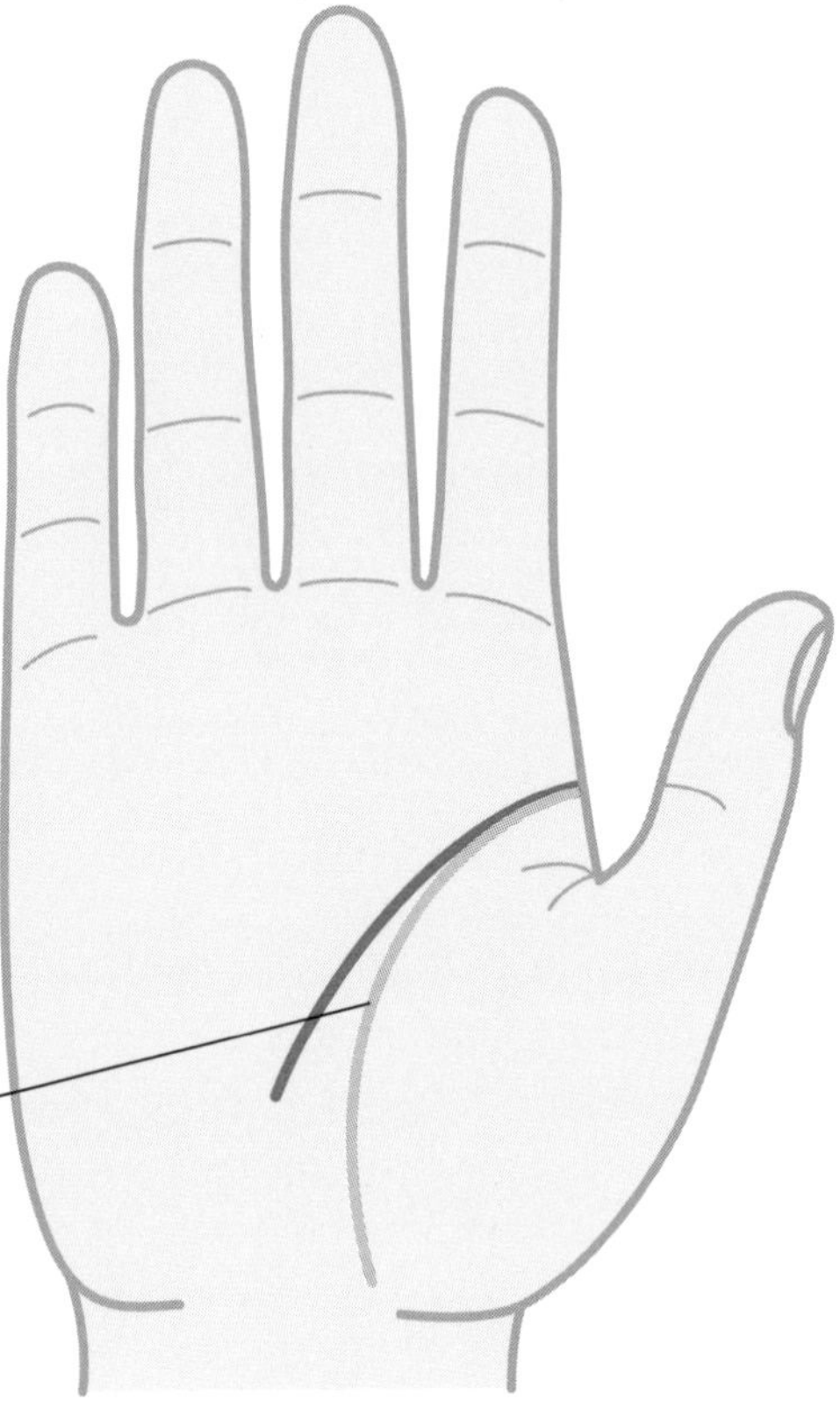


## 孤軍奮闘とは無縁

流れに逆らわず、素直に人生を歩んでいきます。運命を切り開くというよりも流れに乗るタイプです。両親が離婚、再婚する、養子になるなど波乱の人生であっても心を乱すことなく生きていきます。順応性があり、敵をつくらないので自ら諍《いさか》いを起こすことはありません。

### 運気向上のアドバイス

与えられた人生、と抗《あらが》うことなく生きるのもよいですが、ときには積極的に自分が望む方向へ進んでいくことで達成感や充実感につながり、喜びを見出せるのです。おだやかな人柄で好かれるので、どこにいても人間関係が良好です。

人紋 2

# 離婚しても再婚する

再縁紋《さいえんもん》

人紋、または地紋の先が分かれている

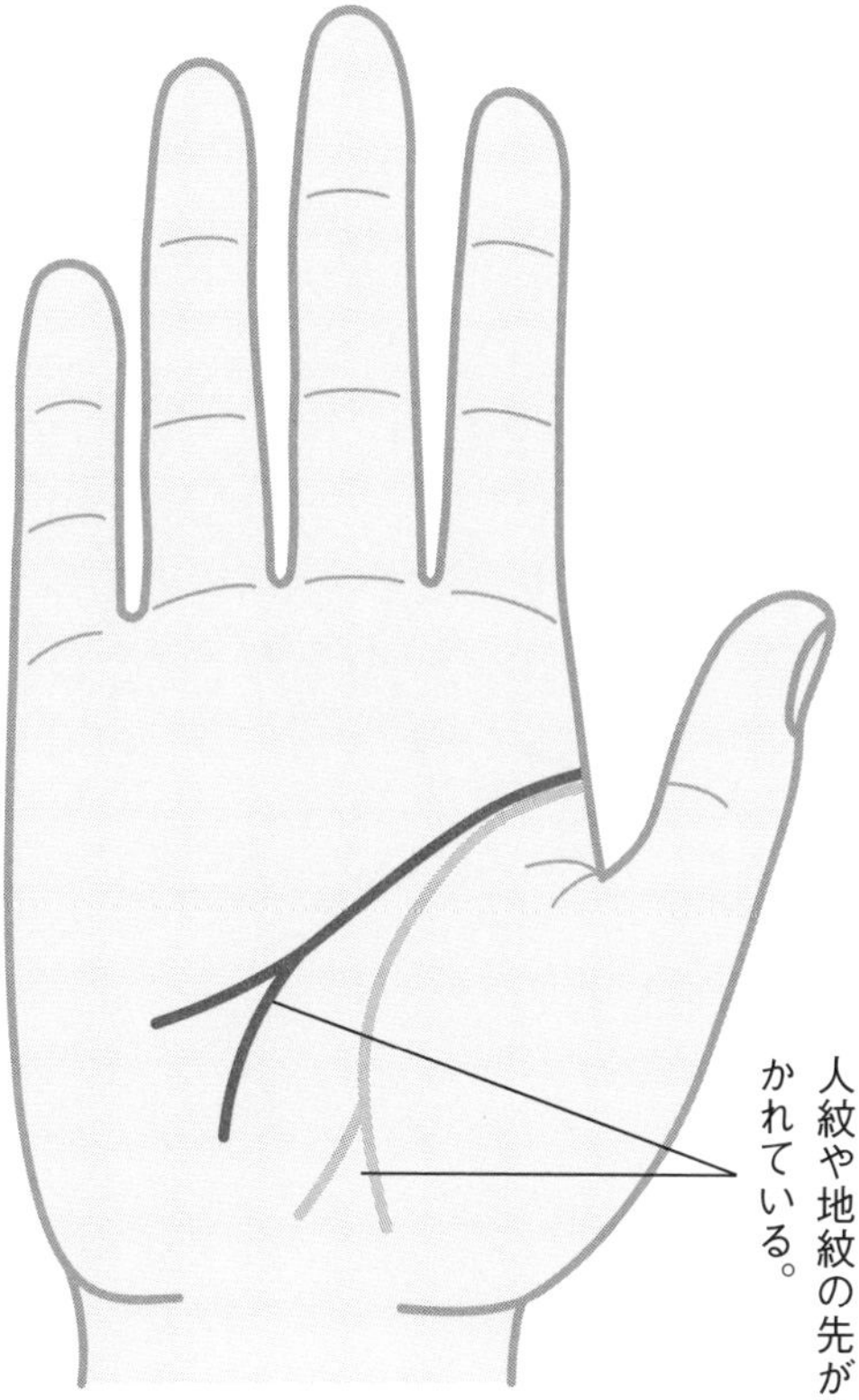




## 再婚の縁がある

女性にこの紋があると、わがままが過ぎたり、不倫したりして離婚します。華やかで人気があるので、そのまま独り身ということはなく再婚する暗示もあります。場合によっては自宅以外に複数、居を持つ可能性があります。養子紋でもあり男女ともに養子に行く相です。

### 運気向上のアドバイス

女性は恋多き人生となりやすいでしょう。退屈とは無縁の人生ですが、本当に大切な人や家庭を失わないためにも、自らを律《りつ》し、おだやかな生活を送るよう心がけてください。備《そな》えた魅力に誠実さが加われば、運勢が上昇していきます。

人紋3

# 派手なことを好む

乱花紋《らんかもん》

人紋の上下に花びらが散るような紋がある

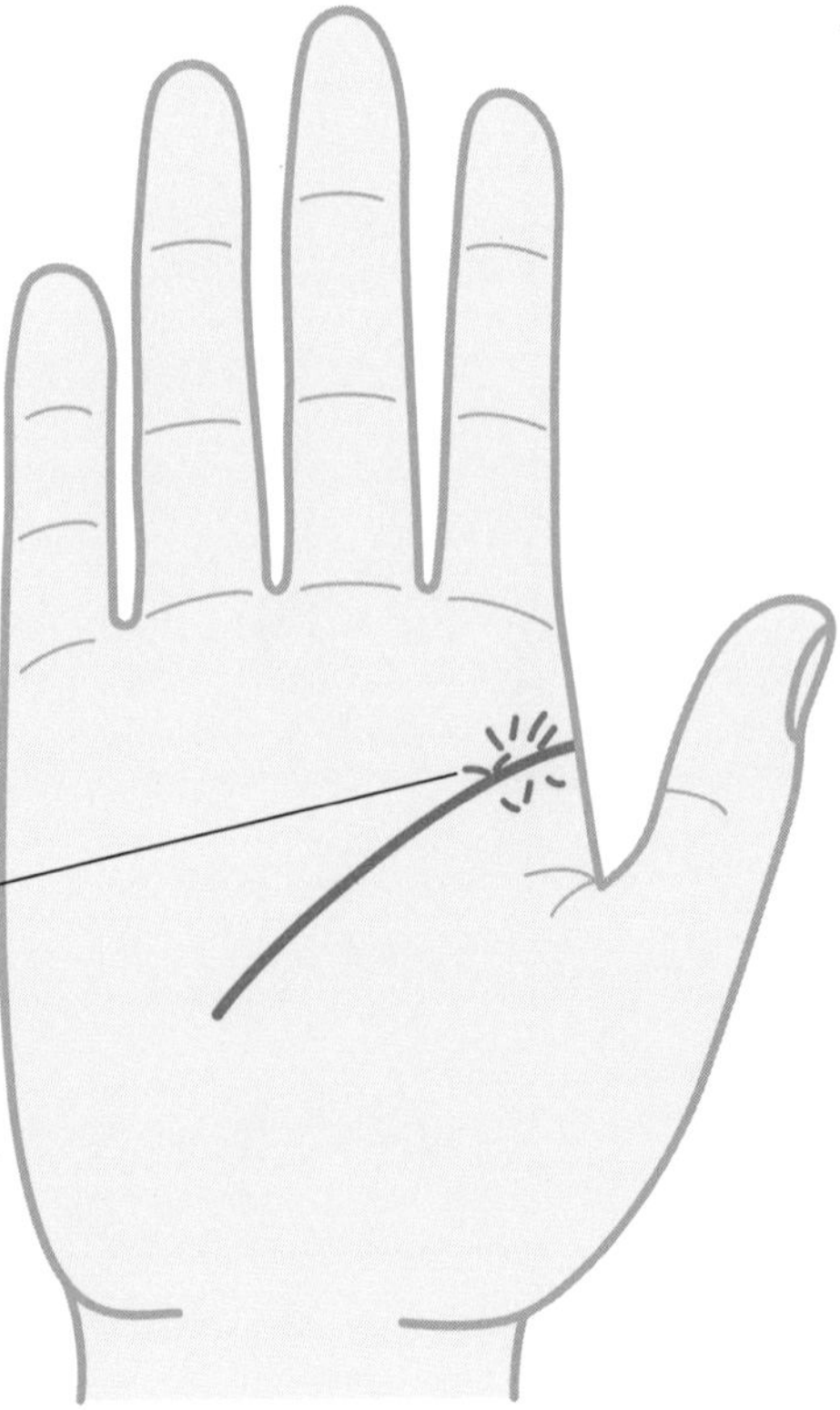
人紋の起点に花や葉が乱舞するような紋がある。

## 贅を求める虚栄の人生

派手好みで見栄《みえ》っ張《ぱ》り、セレブリティを気取ります。地味なことや努力を積み重ねるより、面白おかしく生きる人生を望むでしょう。第一印象のインパクトで人が集まってきますが、すぐにメッキが剝《は》がれ、やがては孤立する暗示があります。両親と疎遠《そえん》になりやすい傾向も。

### 運気向上のアドバイス

快楽ばかりを追い求めては、上辺《うわべ》だけの幸せしか手に入りません。地に足をつけ、人生の基盤を築いてください。努力や忍耐なくして本物の花を開かせることはできません。家族との絆《きずな》を大切に、感謝の気持ちを忘れないでください

人紋 4

# ひとりよがりで物惜しみする

**邪曲紋《じゃきょくもん》**

人紋にグニャグニャと横筋がまとわりつく

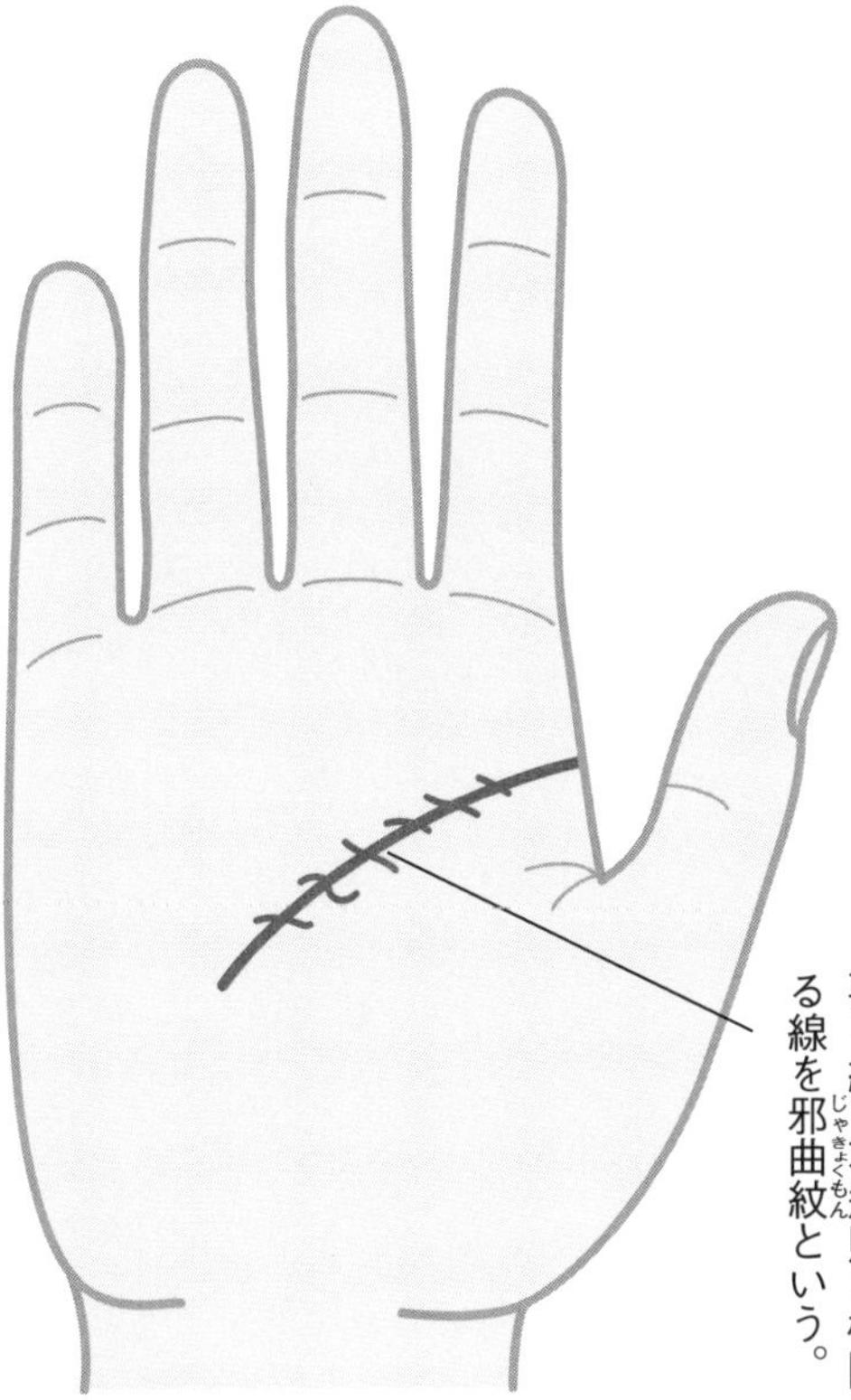

天紋・人紋・地紋など主要な紋を不規則に横断する線を邪曲紋《じゃきょくもん》という。

## 額に汗するのは苦手

価値あるものであっても、そうでなくても、自分が持っているものを人に譲《ゆず》ろうとしません。恩を仇《あだ》で返してしまうこともあるようです。この紋が地紋にもあると、仕事が長続きしない、途中で飽《あ》きる、人間関係がうまくいかないなどで金銭的苦労をする暗示があります。

### 運気向上のアドバイス

世の中、一人きりで生きていくことはできません。また、渡る世間は鬼ばかりでもありません。心を開いて良好な人間関係を築いていきましょう。労を惜《お》しまずコツコツと努力を積み重ねていけば、必ず運が開けていきます。

人紋5

# 情欲に溺れやすい

色欲紋《しきよくもん》

震宮《しんきゅう》から人紋に沿って流れる柳のような紋

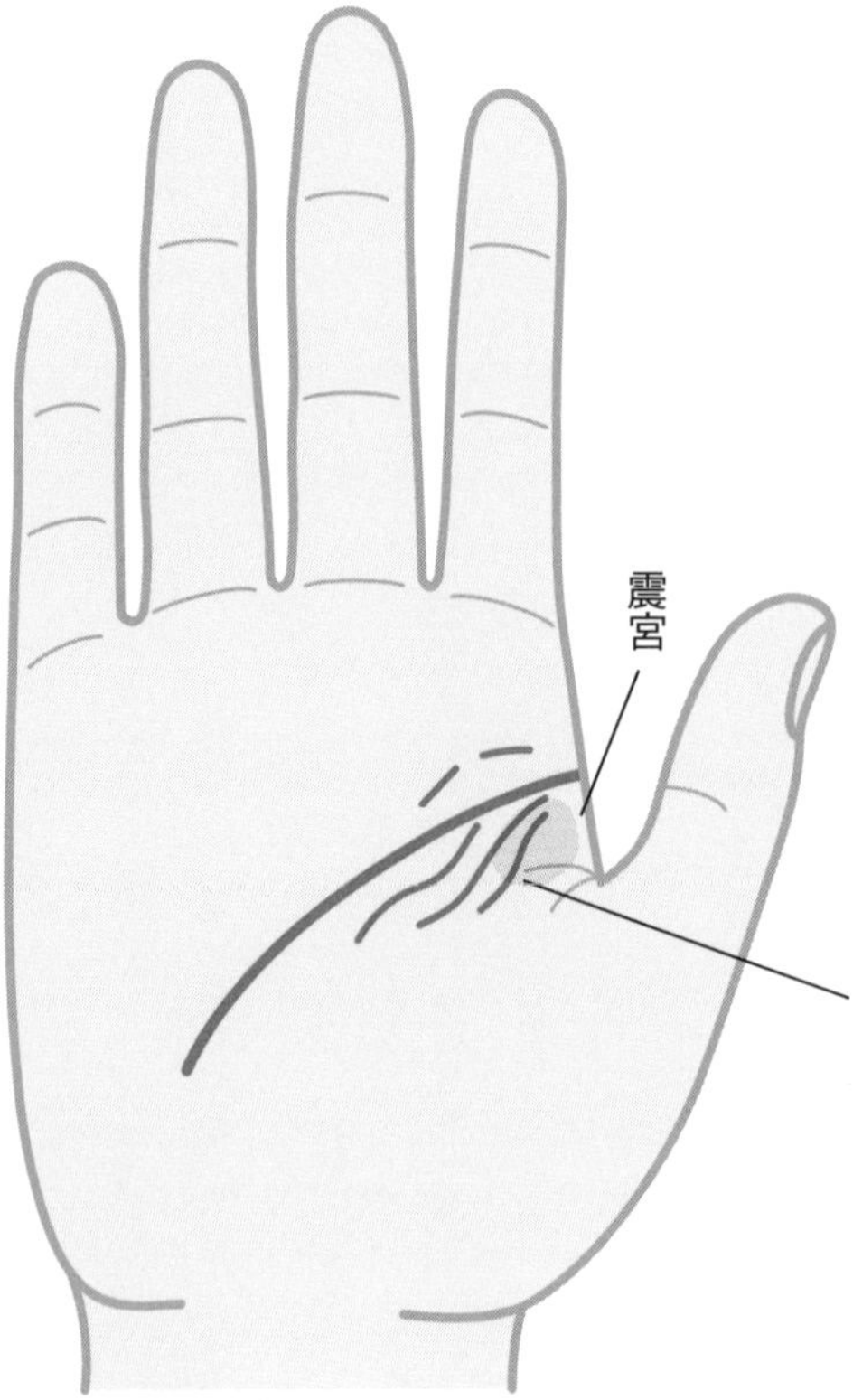
震宮
人紋に沿うように流れる柳のようなしなやかな紋。

## 色事にとらわれる

性的欲求に支配される人生です。熟年期を迎えて、なお色事《いろごと》に積極的で、常に相手を求めてさまよい歩くような状況でしょう。おかげでいくつになっても若々しさを保てる場合もあるでしょうが、欲情に溺《おぼ》れて家庭や仕事が手につかなくなり、破綻《はたん》をきたす暗示があります。

### 運気向上のアドバイス

性的欲求を捨てる必要はありませんが、ほどほどにしておかなければ後悔することになります。スポーツを楽しむ、趣味や習いごとをするなどほかのことに意識を向けるようにしてください。心を許せる人と語り合う時間を持ちましょう。

人紋 6

# 常に妻の味方をする

**縄紋《じょうもん》**

人紋に縄《なわ》のようにからみつく

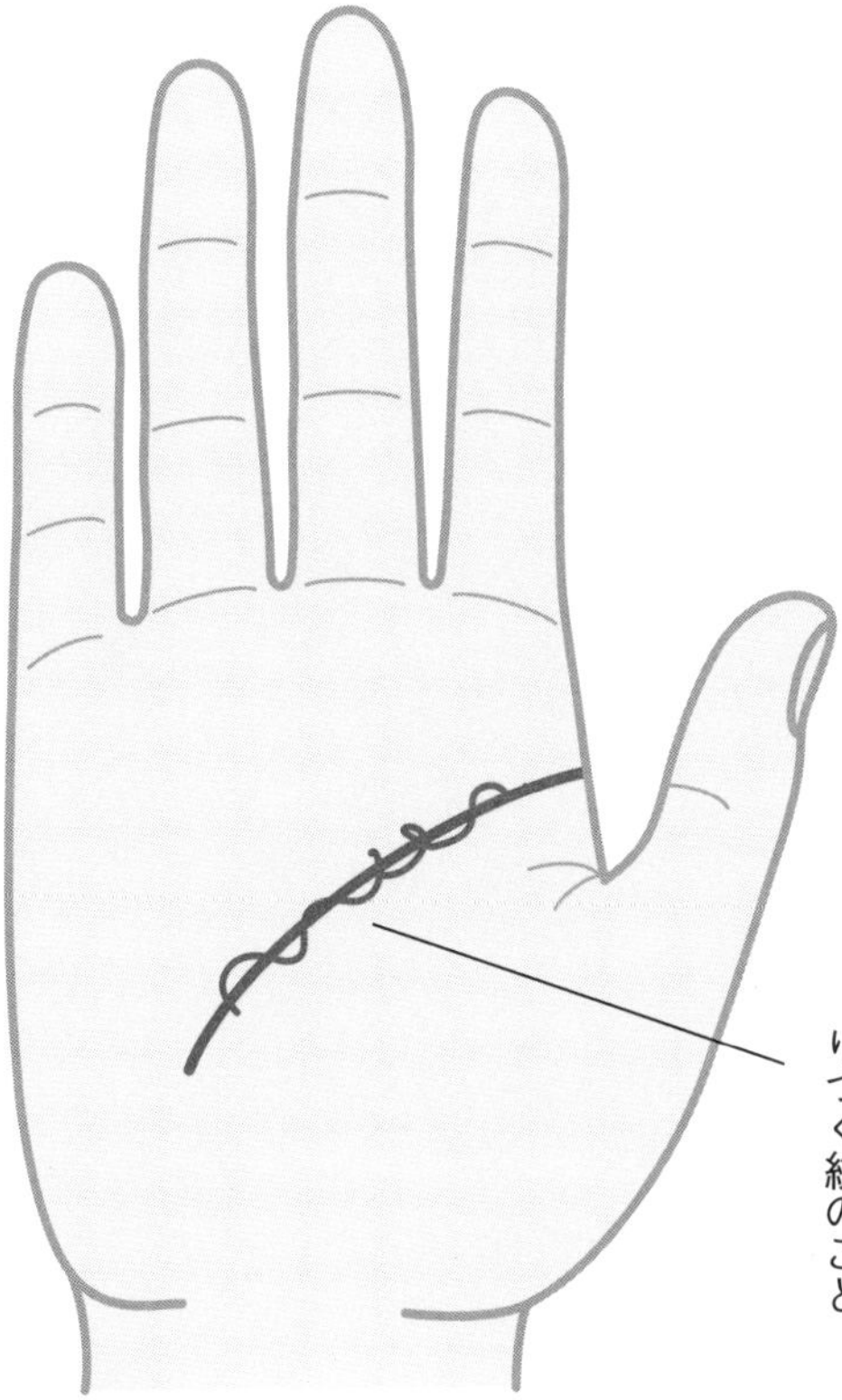

縄紋とは、主要な紋に縄のようにまとわりつく紋のこと。

## 親より配偶者を優先

人紋が震宮《しんきゅう》より坤宮《こんきゅう》か兌宮《だきゅう》に向かい、縄紋があると妻に大きな愛情を注ぎます。円満な夫婦関係が築けるのは素晴らしいことですが、妻の発言ばかりに耳を傾け、母親の意見を無視したり蔑《ないがし》ろにしたりする傾向があります。そのため結婚後に身内とトラブルになりやすいものです。

### 運気向上のアドバイス

配偶者がいつも味方でいてくれるのは嬉しいことです。しかし、それが原因で肉親と距離ができるのは寂しいものです。皆でいっしょに食事や旅行など、楽しい時間を共有してください。トラブルのときは中立的立場を保つようにしましょう。

人紋 7

# 親切が我が身を助ける

華蓋紋《かがいもん》

人紋が流れて華蓋形《かがいけい》を成す

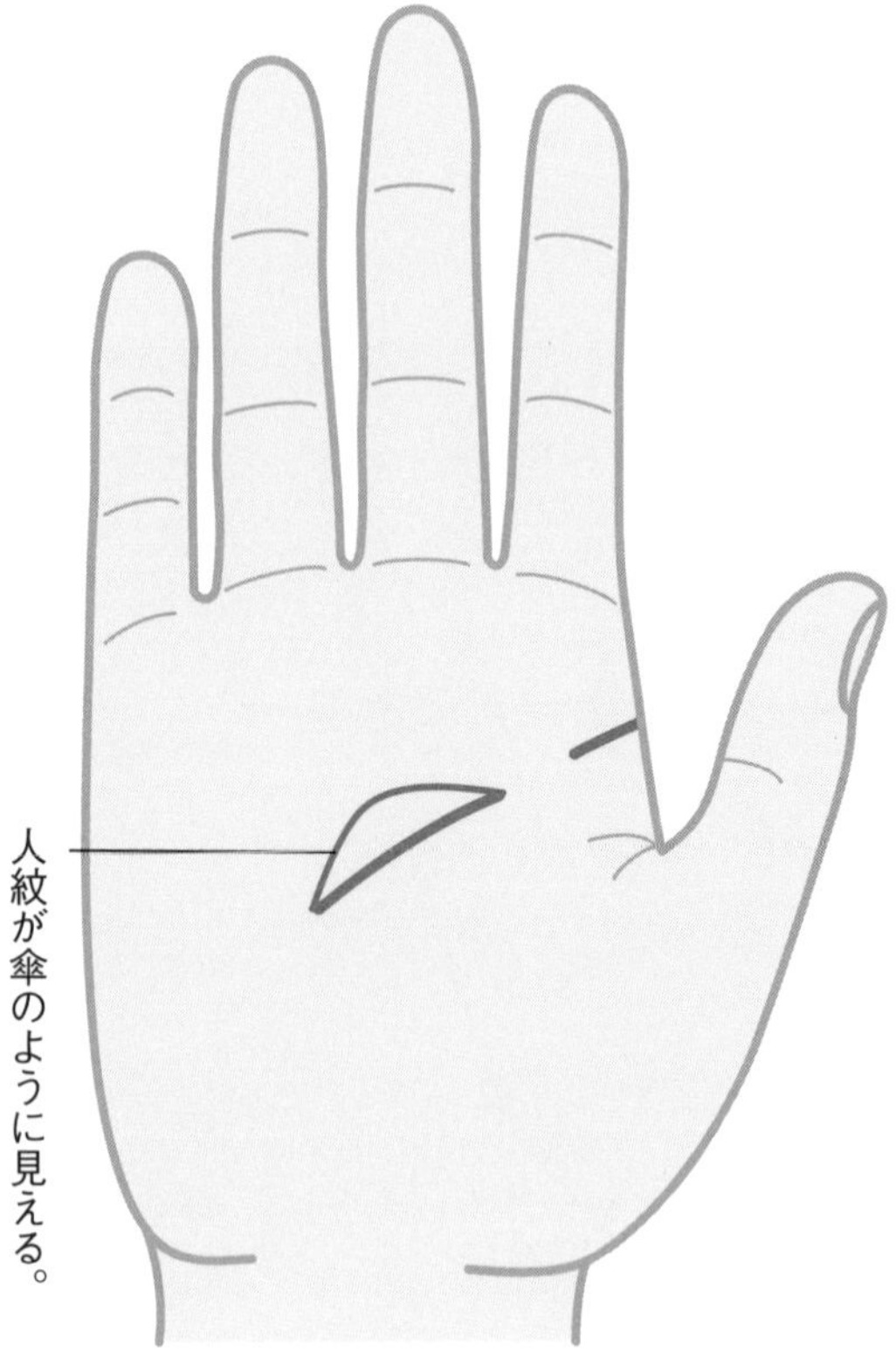


## 陰徳が幸せを呼ぶ

華蓋《かがい》はもともと仏様にさしかけられる美しい傘《かさ》のことをいいます。掌に傘のような紋があるのは、快楽に溺れることなく陰徳《いんとく》（人に知られない善行）を積む様を示します。「陰徳あれば陽報《ようほう》あり」で、もし不幸に見舞われても助けがあり、幸せをつかむことを暗示しています。

### 運気向上のアドバイス

真面目で陰徳を積む人は自分よりも周りを優先させるところがあります。とても素晴らしいことではありますが、我慢や遠慮ばかりしないようにしてください。必要であれば自己主張も大切。自分が満たされてこその人生です。

人紋 8

# 色を好み失敗する

鴛鴦紋《えんおうもん》

人紋が兌宮《だきゅう》に向かい、人紋に菱形《ひしがた》の紋が接する

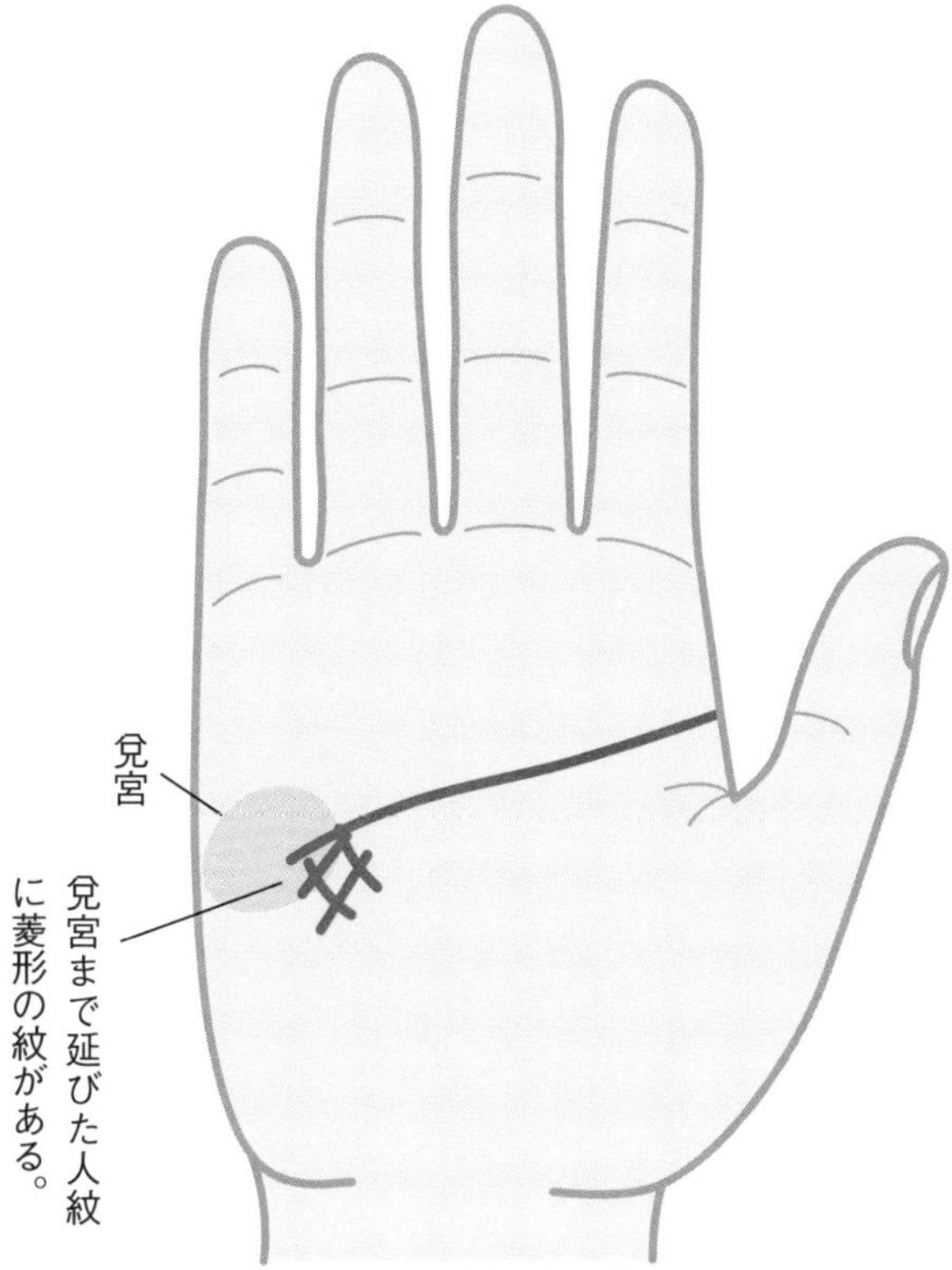




## 年老いてなお盛ん

鴛鴦《えんおう》はおしどりのことですが、この紋があると色事に夢中になるあまり、家庭内で諍《いさか》いが起こる、仕事がおろそかになって失敗する状況を暗示しています。しかし、トラブルに見舞われても、大切なものを失っても、懲《こ》りることなく繰り返し、年老いてなお盛んになっていくようです。

### 運気向上のアドバイス

快楽が活力の源になることもありますが、過ぎれば人ばかりでなく運にも見放されてしまいます。刹那的《せつなてき》な生き方は決して人生を豊かにしません。快楽以外の喜び、感謝や感動、感激、この三つの〝感〟を大切にしてください。

人紋9

# 一生安泰で長寿

人紋が長く美しい

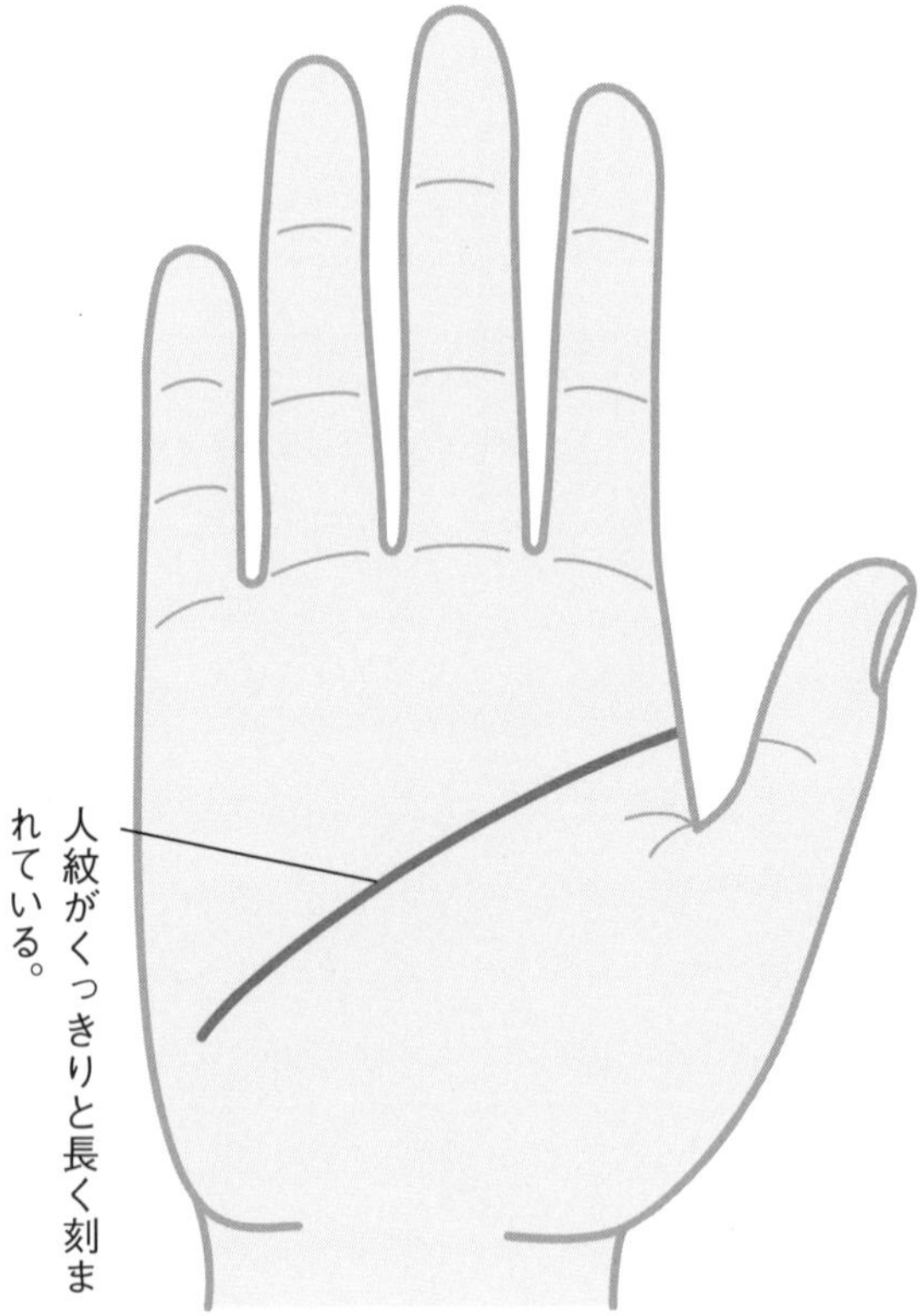


## 恵まれた生涯を送る

くっきりと長く刻まれた人紋は、幸せに暮らせる人生を表します。夢の実現はもちろん、人間関係や衣食住にも恵まれ、健康で長生きできる吉相といえます。一発逆転や波乱万丈といったドラマチックな人生とは無縁で、まるで神仏に愛されているような生涯となります。

### 運気向上のアドバイス

誰もが羨《うらや》む人生ですが、ときに嫉《しっ》妬《と》の対象になる可能性があります。謙虚《けんきょ》さを大切にし、幸せのお裾分《すそわ》けをする、陰徳を積むなどして人間性に磨きをかけてください。そうすれば、申し分のない充実した人生を送ることができます。

人紋 10

# シャープな頭脳の持ち主

人紋が深く刻まれている

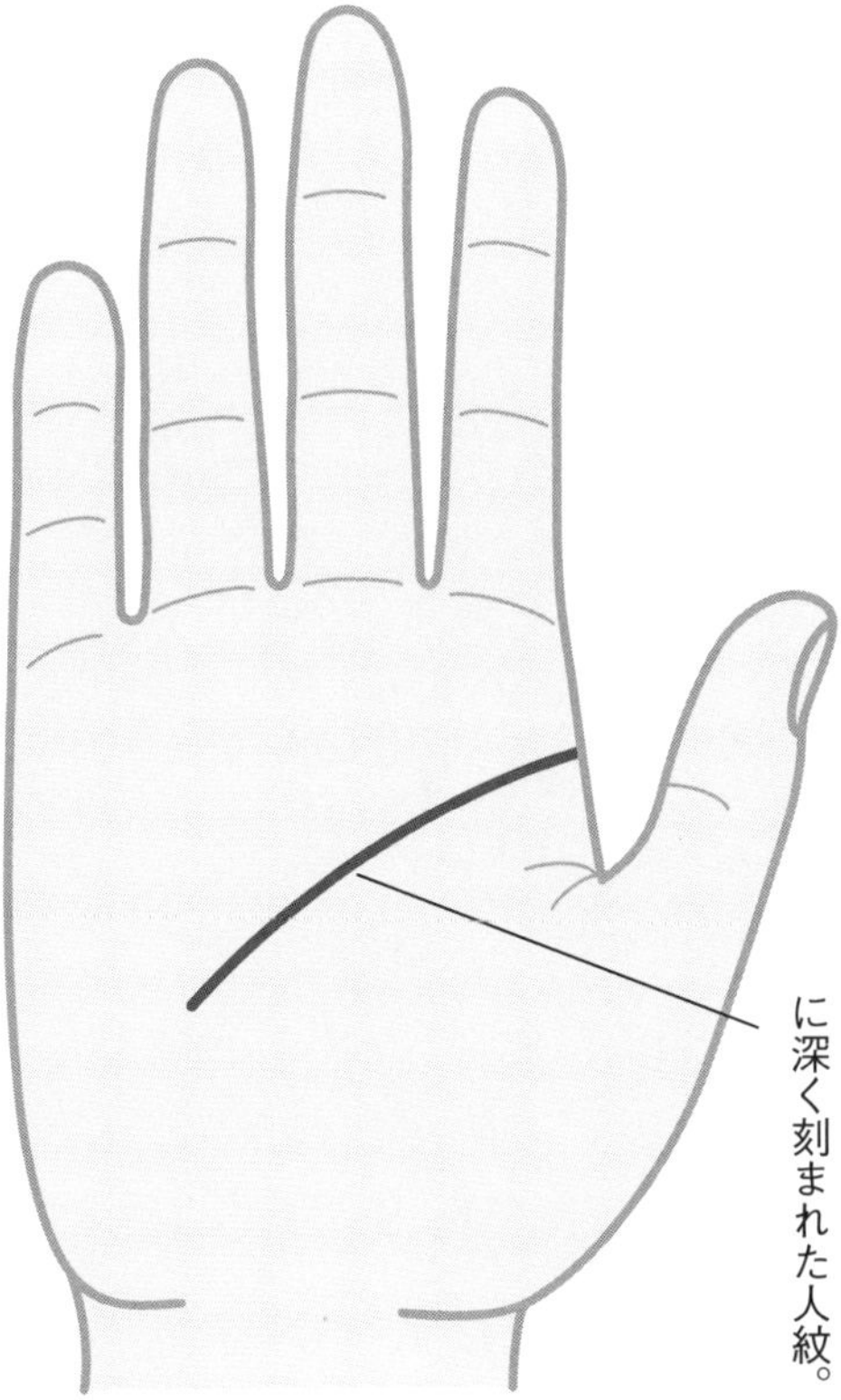

彫刻刀で彫《ほ》ったかのように深く刻まれた人紋。



## 活躍の場は無限大

頭脳明晰《めいせき》、才能にも恵まれ、分野を問わず活躍が期待できます。オールマイティ、しかも完璧なので周囲から尊敬され、注目を集めるでしょう。一瞬で状況を判断できるのは強みですが、独断的になると孤立してしまうので協調性を大切に。人間力が加味されると鬼に金棒です。

### 運気向上のアドバイス

何をやってもうまくいきますが、あれもこれもとやり過ぎると器用貧乏になる可能性があります。目標を定めて一点集中、能力を効率よく使ってください。自分と同じスキルを周囲に求めるとストレスを抱えるので、寛容さを身につけましょう。

人紋11

# 不慮の事故に要注意

人紋の先がぷっつりと切れている

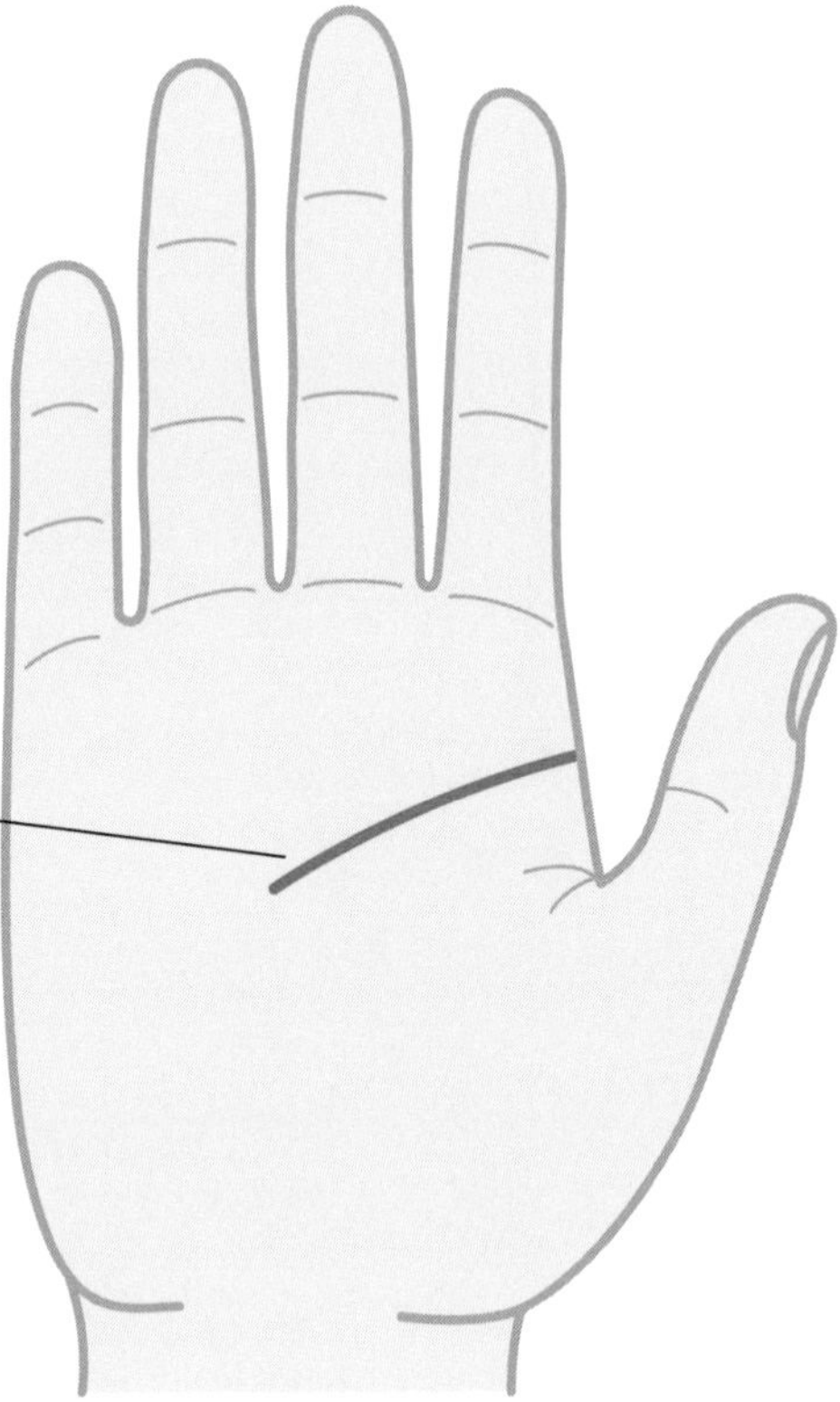


## 突発的な災いを警告

思いがけない事故や突発的な出来事に見舞われ、命に危険が及ぶことを暗示しています。規則的な生活を送り、とくに危惧《きぐ》するものがないと安心していたところに不慮の災害、事故や急病などに襲《おそ》われる可能性があります。ときに命を落としてしまうかもしれない凶相です。

### 運気向上のアドバイス

いたずらに怖がるのではなく、大難が小難に、小難は無難《ぶなん》になるよう備えましょう。慣れた場所や環境だからと油断せず、気持ちを引き締めて行動してください。また、自宅や職場などのセキュリティも確認して、安全対策を万全に。

人紋 12

# 健康管理が大切

人紋が点線のように切れている

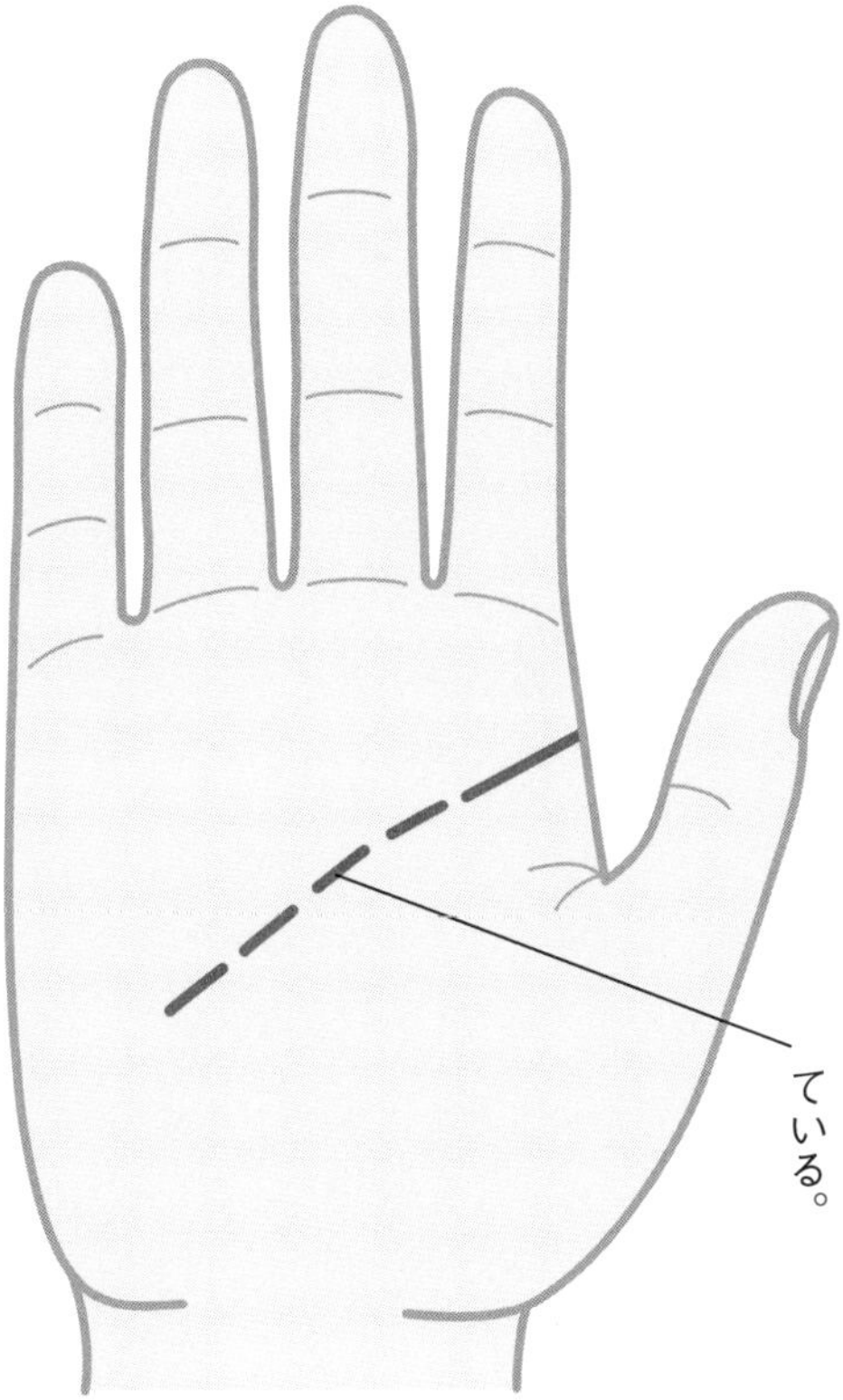
人紋が点線のようにぷつりぷつりと切れている。

## 体力に自信が持てない

体が弱く病気にかかりやすい体質です。無理ができないので過酷な環境での生活や仕事は難しいでしょう。体調が運気に影響を与えるため、浮き沈みが激しいものになります。健康が原因で、物事や計画などが中断という憂《う》き目にあい、消極的な人生になる暗示があります。

### 運気向上のアドバイス

無理のない環境に自分を置きましょう。仕事は肉体労働よりデスクワーク、経営なら頼れる参謀《さんぼう》を雇用するなど孤軍奮闘《こぐんふんとう》を避けてください。助けられる、というのは相手に徳を積ませる行為でもあります。悠々《ゆうゆう》と人生を歩みましょう。

人紋
13

# 物事が長続きしない

人紋と地紋の起点が離れている

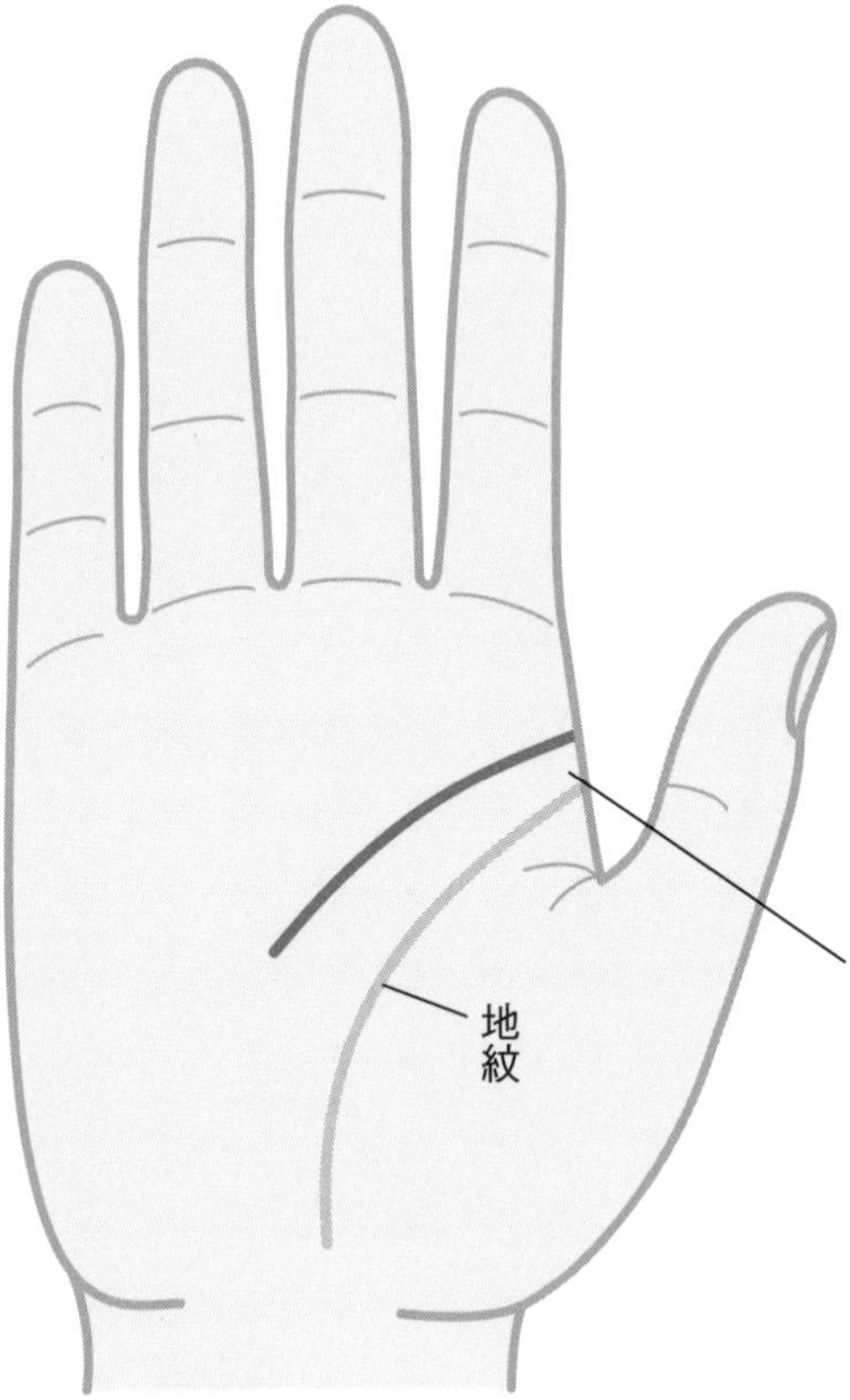


人紋と地紋の起点が離れていると社会に順応しにくいとされる。

## 社会や人と関わるのが苦手

社会や人に適応できず、職場の人間関係に悩んで辞めてしまう、仕事にやりがいが見出せず転職を繰り返すなどの暗示があります。また、血縁との縁が薄い、居場所を求めて新天地を目指すなど、故郷を離れて生活する可能性があります。自分の殻に閉じこもりがちです。

### 運気向上のアドバイス

苦手《にがて》なことを無理に克服《こくふく》しようとしてもストレスがたまるばかりです。得意とすることに意識を向け、自分に合った職場選びをしましょう。対人関係では、聞き上手で寛容な人物と良好な関係が築《きず》けます。プラス思考で生きることです。

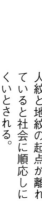

人紋
14

# 楽観的に生きれば吉に

人紋が枝分かれしている

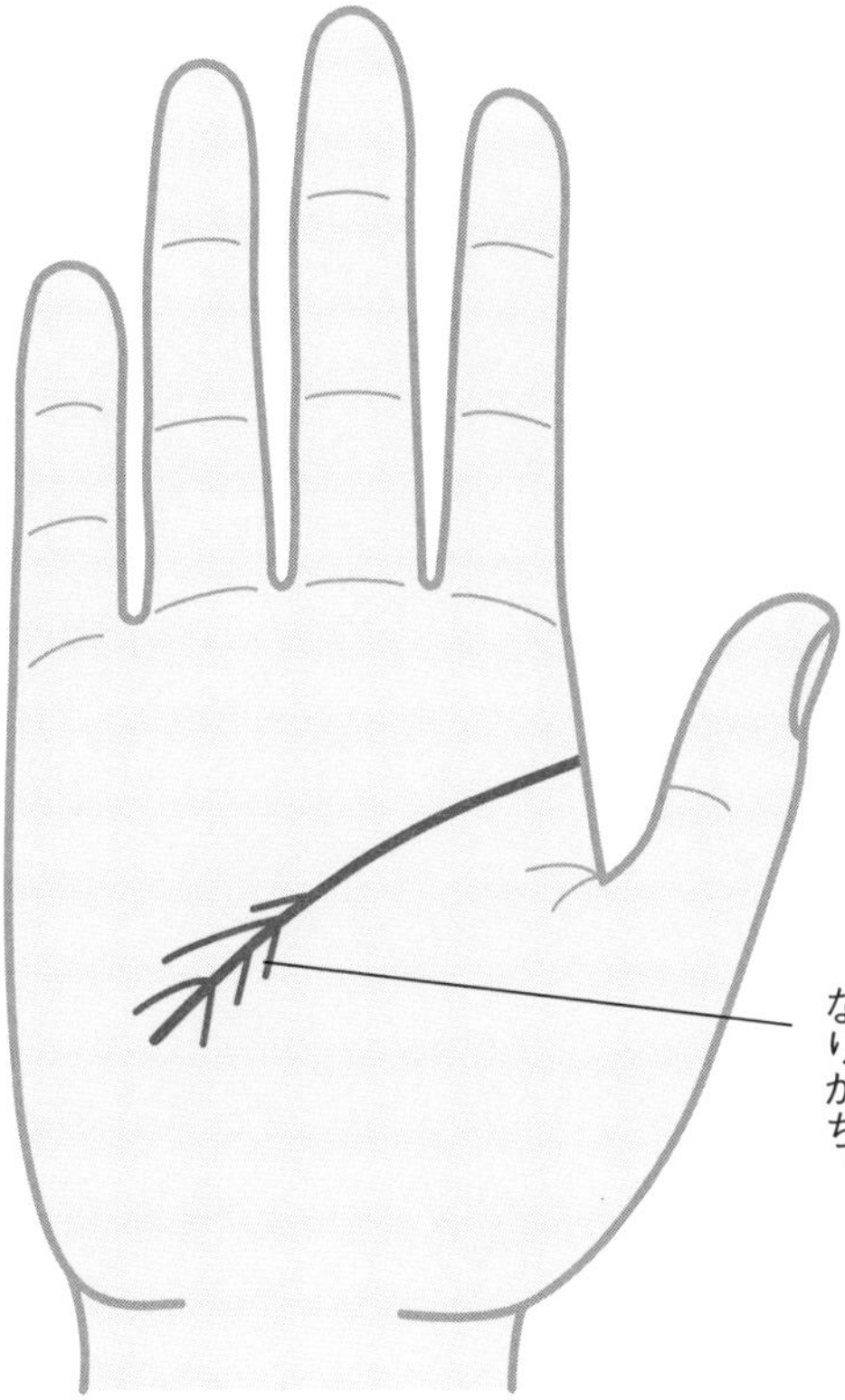
人紋の先が枝分かれしていると心配性になりがち。

## 取り越し苦労が多い

心配性で用心深く、いつも万が一に備えて身構《みがま》えているような状態です。よいことをしてもらっても何か魂胆《こんたん》があるのではと疑ったり、どうせ幸せは長続きしないと思い込んだりして、マイナス思考に傾いてしまいます。万事において同様で、気苦労が絶えません。

### 運気向上のアドバイス

用心深いのは悪いことではありませんが、幸せを遠ざけてしまうと運勢が停滞してしまいます。まずは素直に感謝して喜ぶことを習慣にしてください。どんなに小さなことでもかまいません。楽観的に生きれば希望の光が見えてきます。

人紋 15

# 気まぐれで我慢が苦手

人紋が乱れて鎖状《くさりじょう》になっている

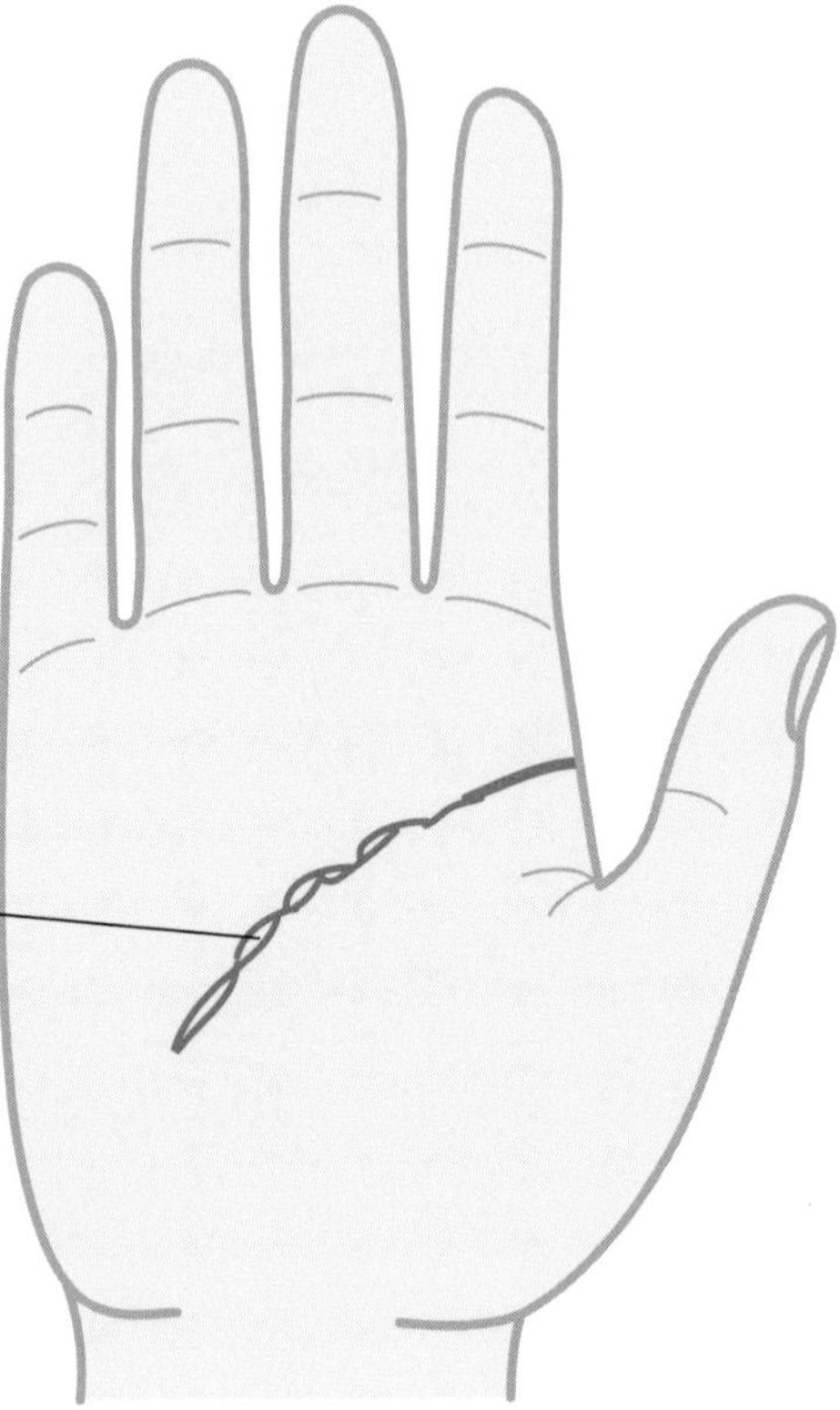


## 個性的で破天荒

好奇心旺盛で個性的です。気持ちが移《うつ》ろい、迷いやすい傾向がありま す。それが原因で信用を失いかねないので要注意です。また、気が短く、物事が思いどおりにならないと苛立《いらだ》つ性分でもあります。好奇心の強さとユニークな個性が吉と出れば、成功を手にできます。

### 運気向上のアドバイス

天真爛漫《てんしんらんまん》、無邪気な子どものようなところは魅力でもあり欠点でもあります。約束ごとは必ず守り、ときには相手に一歩譲る気持ちを大切にしてください。誠実さと寛容さを身につけていけば、人間関係も運勢も安定していきます。

人紋16

# 自問自答で運勢が変わる

人紋に支線がある

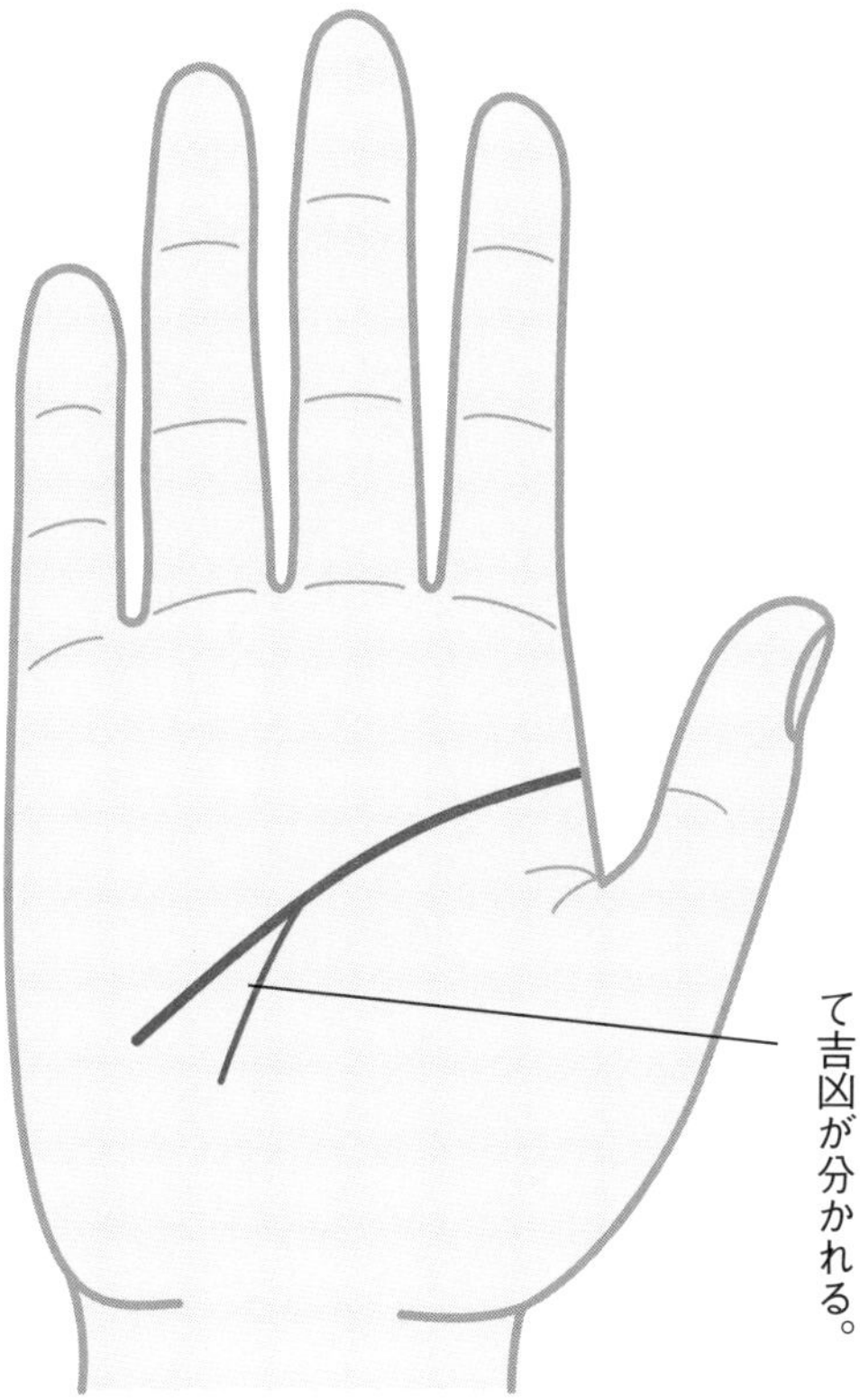

人紋から枝分かれしているのが支線。人によって吉凶が分かれる。

## 吉凶が大きく分かれる

人紋が途中から二つに分かれていたり、先が二つ、三つに分かれていたりすると、考えが二転三転しやすいです。これが吉と出れば大成功をおさめますが、凶だとチャンスや信用を失います。また、住居や家庭を二つ持つ、家を留守にすることが多くなる、などの暗示があります。

### 運気向上のアドバイス

考えが変わりやすい、というのは優柔不断とは限らず柔軟さの表れでもあります。しかし、いつまでも決断しないと、物事が進んでいかず、人間関係がぎくしゃくする原因になります。決断力を養い、一本筋を通すようにすれば吉です。

人紋
17

# 類まれな強運の持ち主

升《ます》かけ線

左右一直線に太い線

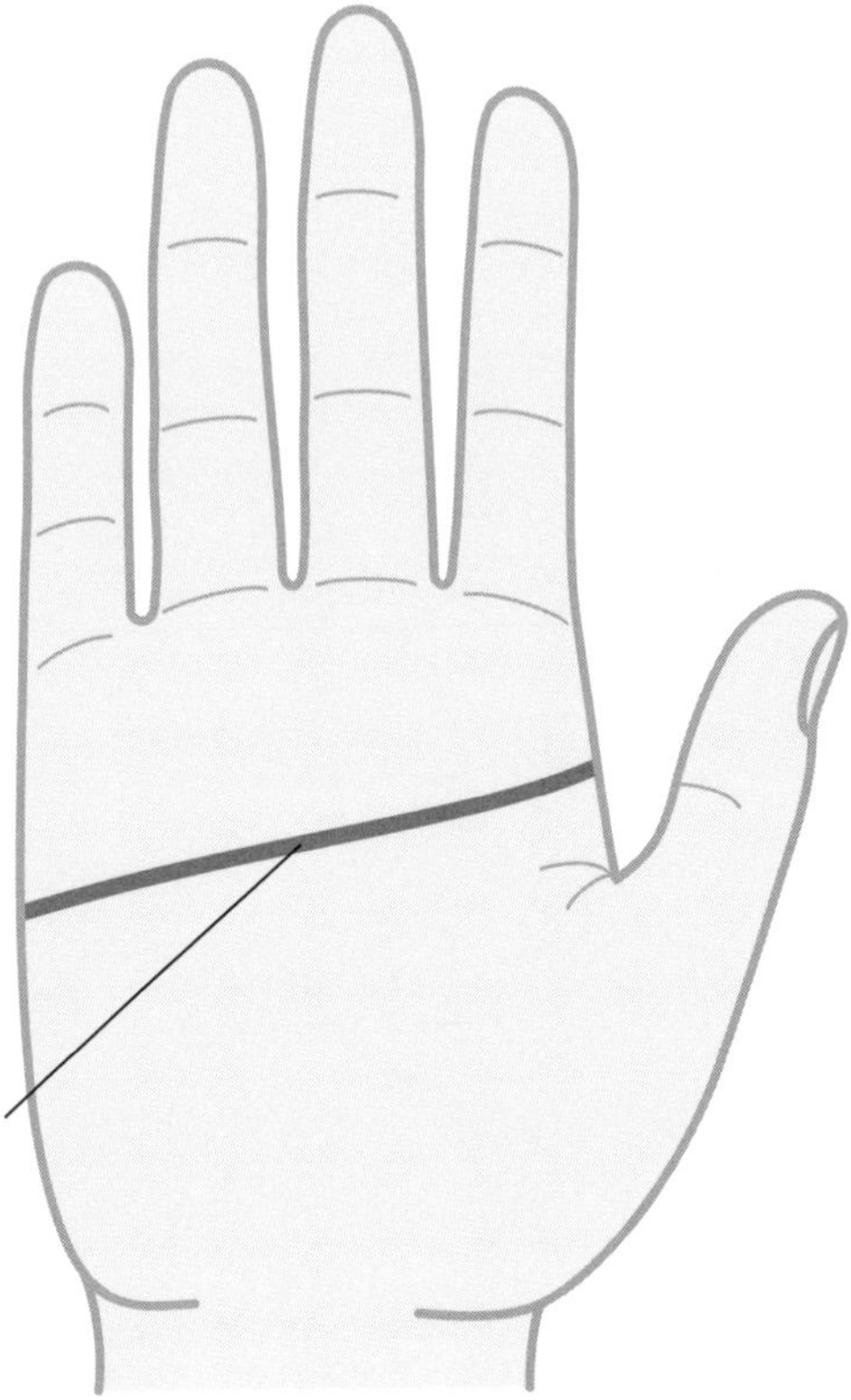
天紋と人紋が一つになって掌を一直線に横切る紋を升かけ線という。

## 波乱さえ成功の糧

掌を左右一直線に横切る太い線は人紋と天紋がいっしょになったもので、強烈な性格でなおかつ強運に恵まれた人に現れます。平穏な日常よりも波乱を選び、どんな困難に見舞われても自力で成功をわしづかみにします。世に名を轟《とどろ》かせる存在となる可能性もあります。

## 運気向上のアドバイス

驚異的な強運の持ち主であっても、忘れてならないのは賛同者や協力者の存在です。謙虚さと感謝の気持ちを大切にして、人間的にも尊敬される本物のカリスマを目指してください。そうすればますますの発展が期待できるのです。

人紋
18

# ひとつの道を徹底的に極める

**道眼紋《どうがんもん》**

掌の中央に眼の形の紋がある

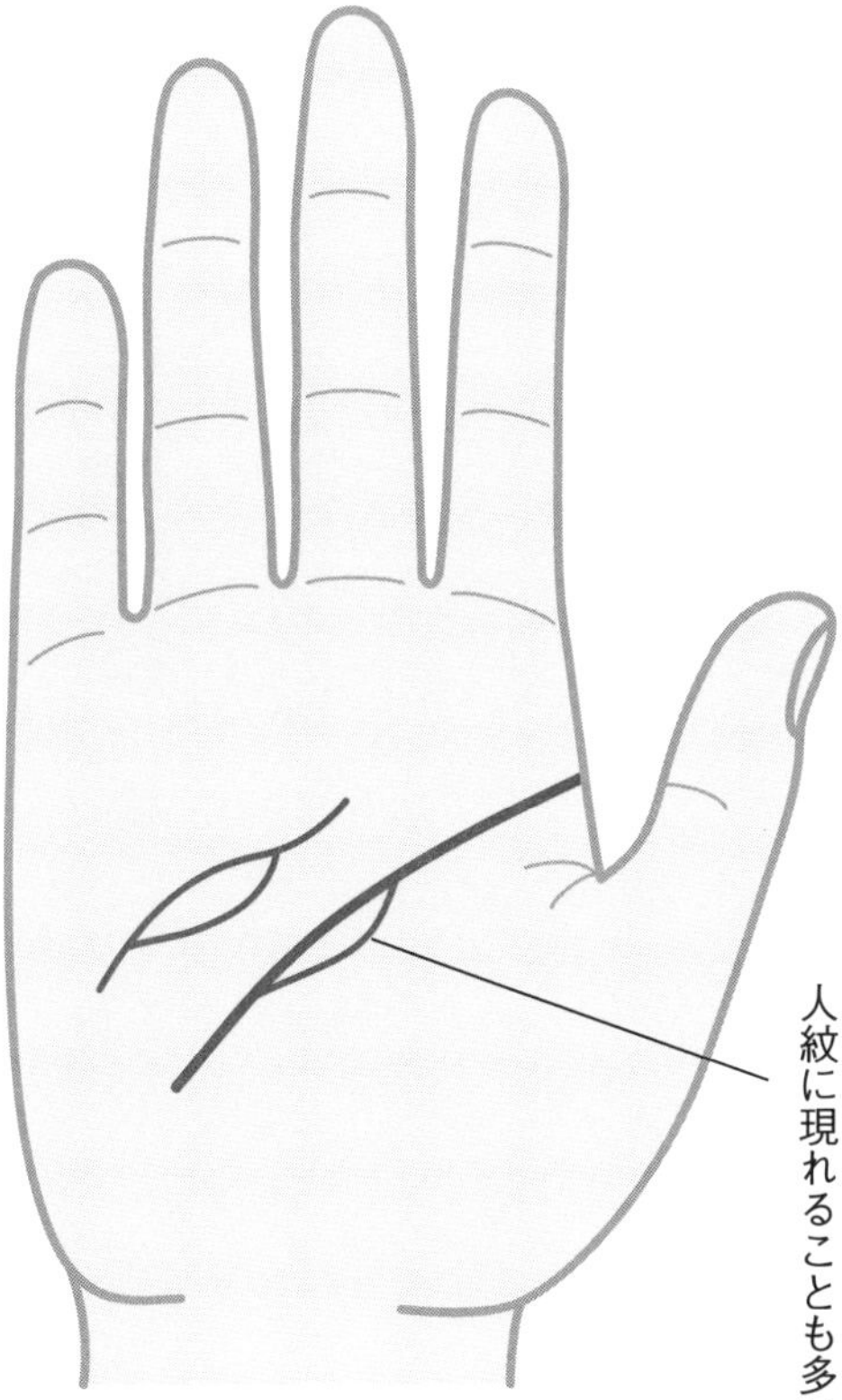
掌の中央にある眼の形をした紋は道眼紋といい、人紋に現れることも多い。

## 一芸に秀でる

掌の中央に眼の形をした紋があると、一技一芸に秀《ひい》で、専門分野で大活躍します。他の追随《ついずい》を許さず、先頭を走り続けるでしょう。尊敬と称《しょう》賛《さん》を一身に集め、大家としての地位を不動のものにします。しかし、周囲に集まる人たちが善人ばかりとは限りません。ぜひ慎重な対応を。

### 運気向上のアドバイス

地位と名誉を得て尊敬されますが、傲慢《ごうまん》な態度やわがままな振る舞いは自分自身に泥を塗るのと同じ行為です。人間性にも秀でた人物であるよう心がけましょう。趣味や楽しみごとを見つけると、よい気分転換になります。

## 東洋相法でいう「拝相紋《はいそうもん》」
# 西洋相法の人気線

**大勢の人から好意を持たれる**

掌の小指側の端の月丘《げっきゅう》（東洋手相では乾宮《けんきゅう》）のあたりから斜めに立ち上がる三～四㎝程度の

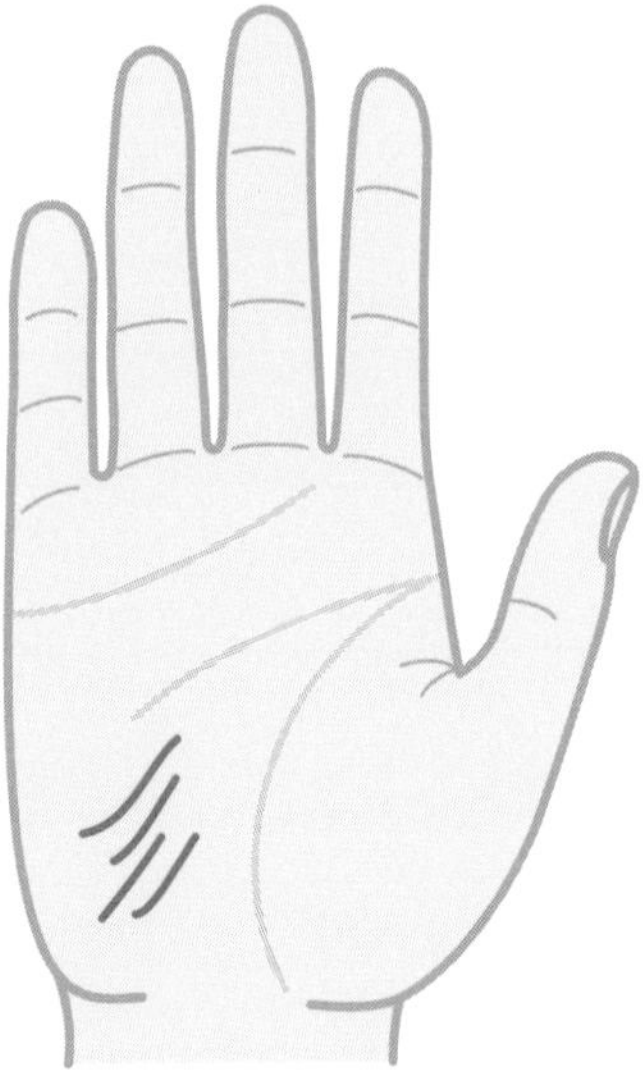

人気線とは 、月丘から立ち上がり掌の中央に向かって延びる数本の線。

短い線が人気線です。

この線は、大勢の人に好意を寄せられた結果、引き立てを受ける、便宜《べんぎ》を図ってもらえるなどして幸せになれる幸運の線です。

たくさんのファンに支えられ応援されてトップの座に立っているアーティストの掌には、この人気線が非常によく見られます。そして、この線が出ている間は人気が衰えることはまず、ありません。

この線がある人は、アーティストでなくても、周囲の人に好感を持たれ、幸運な状態が続きます。人気線は一本だけでも二～三本刻まれていても吉ですが、月丘から数本の不規則な線が運命線に向かっている場合は、最大級のアーティストとして名を馳《は》せるようになります。

# 第6章

# 地紋（生命線）の見方

生命力と生まれ育った環境を表す紋

# 生命力を表す重要な地紋（生命線）

## 地紋からわかること

地紋《ちもん》は人差し指と親指の間から始まり、艮宮《ごんきゅう》を囲むようにして手首に延びる一番長い線で、西洋占いでいうところの生命線です。

体力や健康状態、そして寿命までを暗示する重要な紋ですが、ほかにも母親との関係、不動産、資産、住まいなどについて判断することができる紋とされています。

## 地紋の成り立ちについて

切れ目がなく深く鮮《あざ》やかに刻まれた状態で、艮宮の底部に届くものが理想的な地紋です。健康で気力、体力に満ち、何事にも積極的に取り組めます。

この紋はさまざまな形状をしており、いうならば千差万別です。とても長いものもあれば、短く終わっているもの、乾宮《けんきゅう》にまで延びているものなどもあります。

また、末端までくっきりと刻まれているのは少なく、起点部分が乱れている、末端に近い部分が枝分かれしている、など崩れている相のほうが多く見られます。

これは至極《しごく》当たり前のことで、赤ちゃんの手相はすっきりしていますが、年齢とともにシワが増え、線が乱れていきます。これは積み重ねてきた人生が刻まれているからにほかなりません。

## 地紋が影響するさまざまな縁

地紋が長く分岐せずに延びていると、母親との縁が深く親孝行です。また、先祖代々の土地や不動産を受け継ぎ、一生安泰な人生を送ります。

物事に動じず冷静沈着《れいせいちんちゃく》、誠実なので若いころは目上の人たちに可愛がられ、引き立てられます。年齢を重ねるごとに人間力が増し、よき後継者に恵まれて、大きく繁栄することでしょう。

一方、紋が薄い場合は先祖の恩恵《おんけい》を受けられず、上部に乱れがあると母親が過保護になるか、厳しすぎたり放任主義であったりで、良好な関係が築きにくくなります。

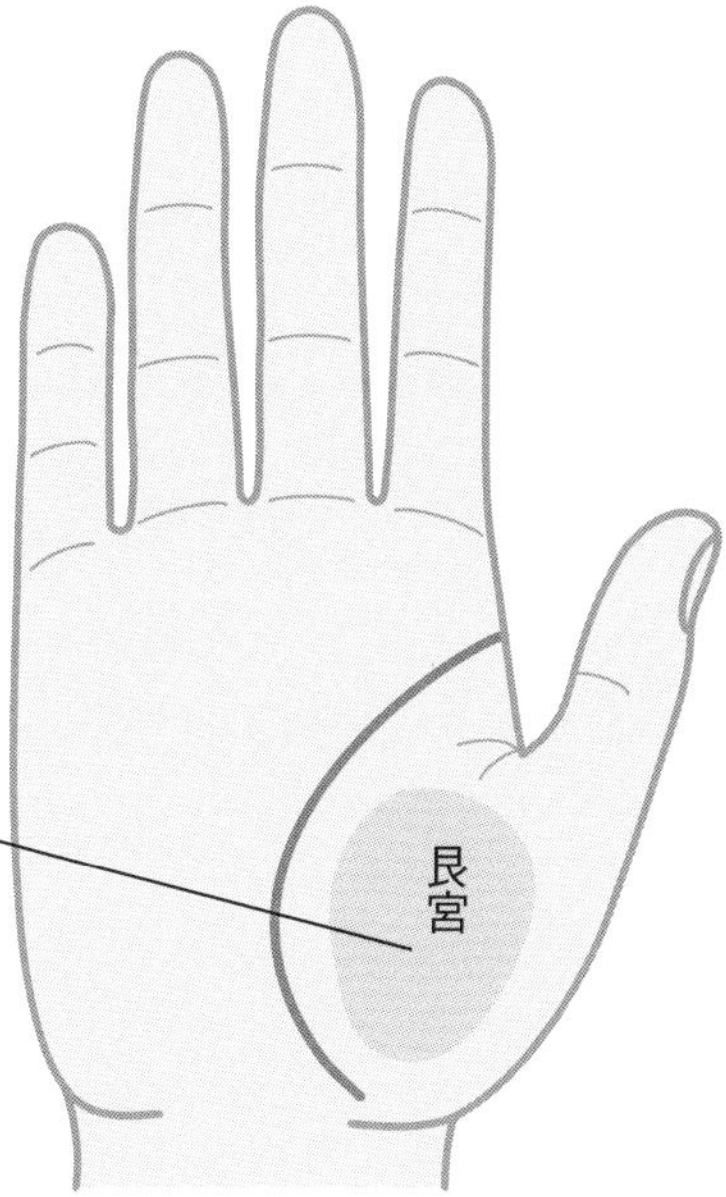


地紋は親指と人指し指の間から始まり、艮宮を回り込むようにして手首へと向かう。

紋の末端が二つに分かれていると幼少より故郷を離れて暮らす、転居を繰り返すなど生活環境が変わりやすいものです。社会に出てからは上司や先輩からのひご庇護を受けるのではなく、自力で道を切り開いていく大器晩成型の運勢です。

## 地紋の長さと寿命

地紋の長さがそのまま寿命を表す、と思われがちですが、これは誤解です。地紋の長さが示すのは遺伝的体質が持っている寿命で、いわゆる生命力のことです。恵まれた生命力を維持して、心身の健康を大切に生きれば長生きできるのです。しかし不摂生《ふせっせい》や過度なストレスが続いたなら、その恩恵を受けることはできません。

また、地紋が薄い、短いと長寿の遺伝を受けていないので虚弱体質《きょじゃくたいしつ》だったり、無理がきかなかったりしますが、しっかり健康管理をして心身を健《すこ》やかに保てば長寿となります。

地紋1

# 慢性疾患に悩まされる

地厄紋《ちやくもん》

地紋を刻むような障害線がある

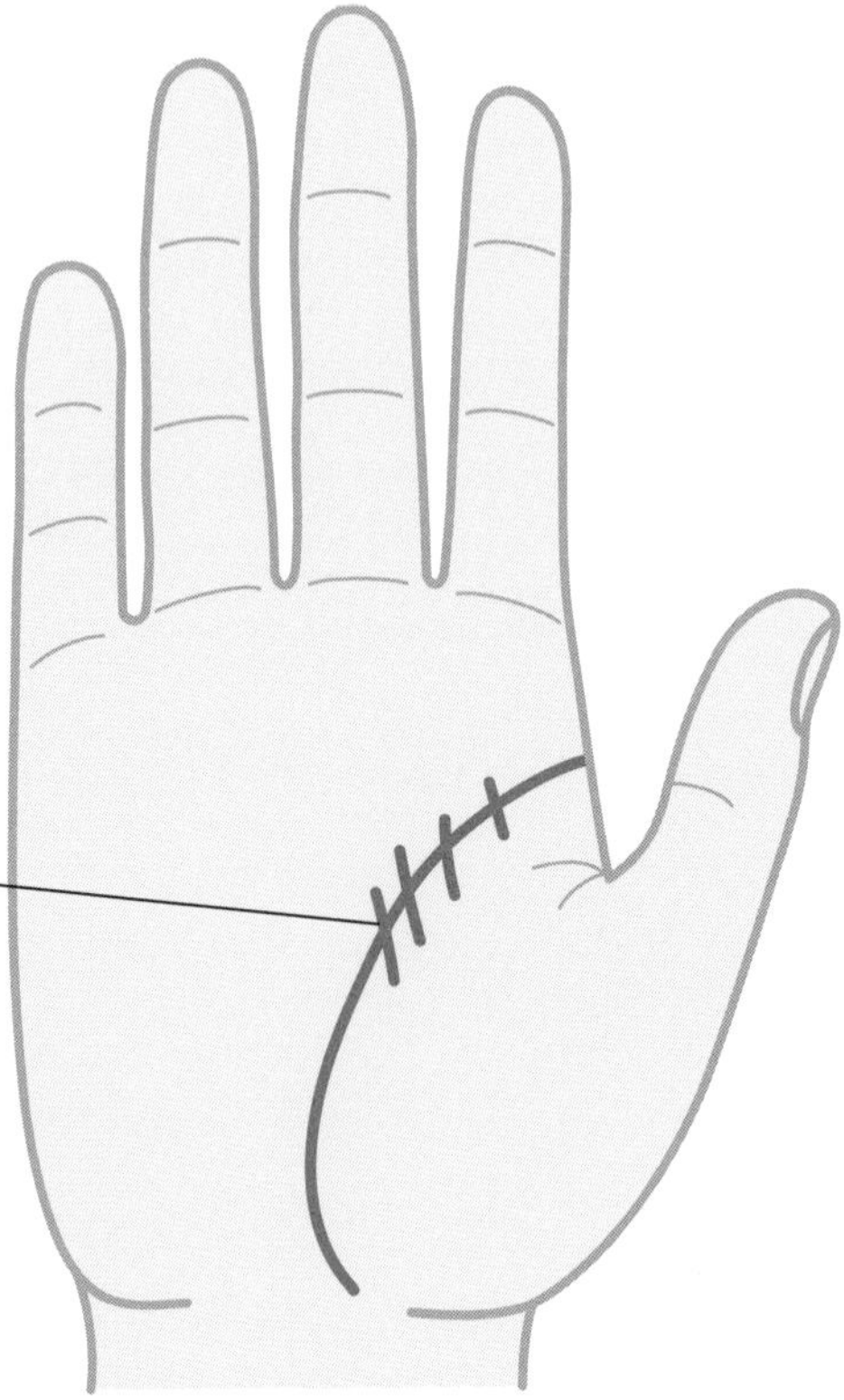
地紋を遮《さえぎ》る障害線が刻まれていると慢性疾患に悩む。

## 健康状態が安定しない

地紋は健康状態を表しますが、障害線があると慢性疾患に悩まされます。常に体調不良に見舞われ、無理がききません。年中どこかの不調で病院に通う、投薬を受けるなどの暗示があります。場合によっては、メンタル面の疾患が原因で体調不良が続くこともあり得ます。

### 運気向上のアドバイス

慢性疾患は悩ましいものですが、それだけ自分の体と向き合うことができる、というものです。労《いたわ》りの言葉を自分自身に心の中でかけてあげてください。遠慮せず周囲の人にサポートを求めましょう。感謝の気持ちがよい絆《きずな》となります。

地紋2

# 不慮の死に見舞われる

横死紋《おうしもん》

地紋が切られている

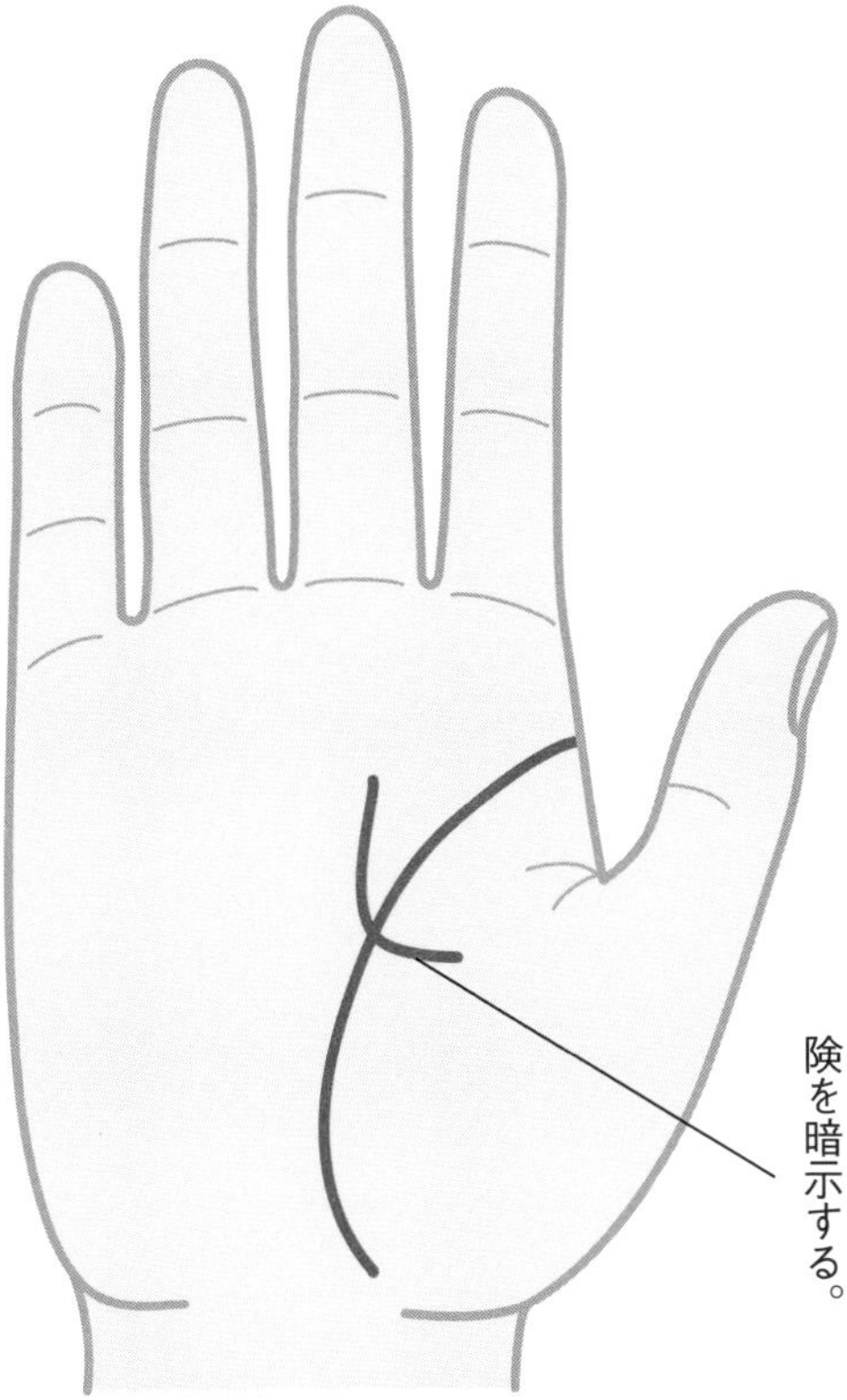

地紋を横切る線を横死紋といい、命の危険を暗示する。

## 切れている部分に注意

横死《おうし》とは不慮《ふりょ》の死を暗示します。突発事故や事件、災害など予測不可能な出来事が原因で命を落とします。紋がどこで切られているかで危機が訪れる時期を知ることができ、下に刻まれているほど、時期はあとになります。他の紋の強いサポートがあれば九死に一生を得られます。

### 運気向上のアドバイス

この紋が現れたら不安になりますが、恐れていても運命は変わりません。規則正しい生活をする、慣れた環境にあっても注意深く行動するなど、予防すれば危機を回避できます。危険をともなうスポーツや危険地帯への旅行は避けてください。

地紋3

# 不幸な亡くなり方をする危険性

悪死紋《あくしもん》

地紋が短い直線で切られている

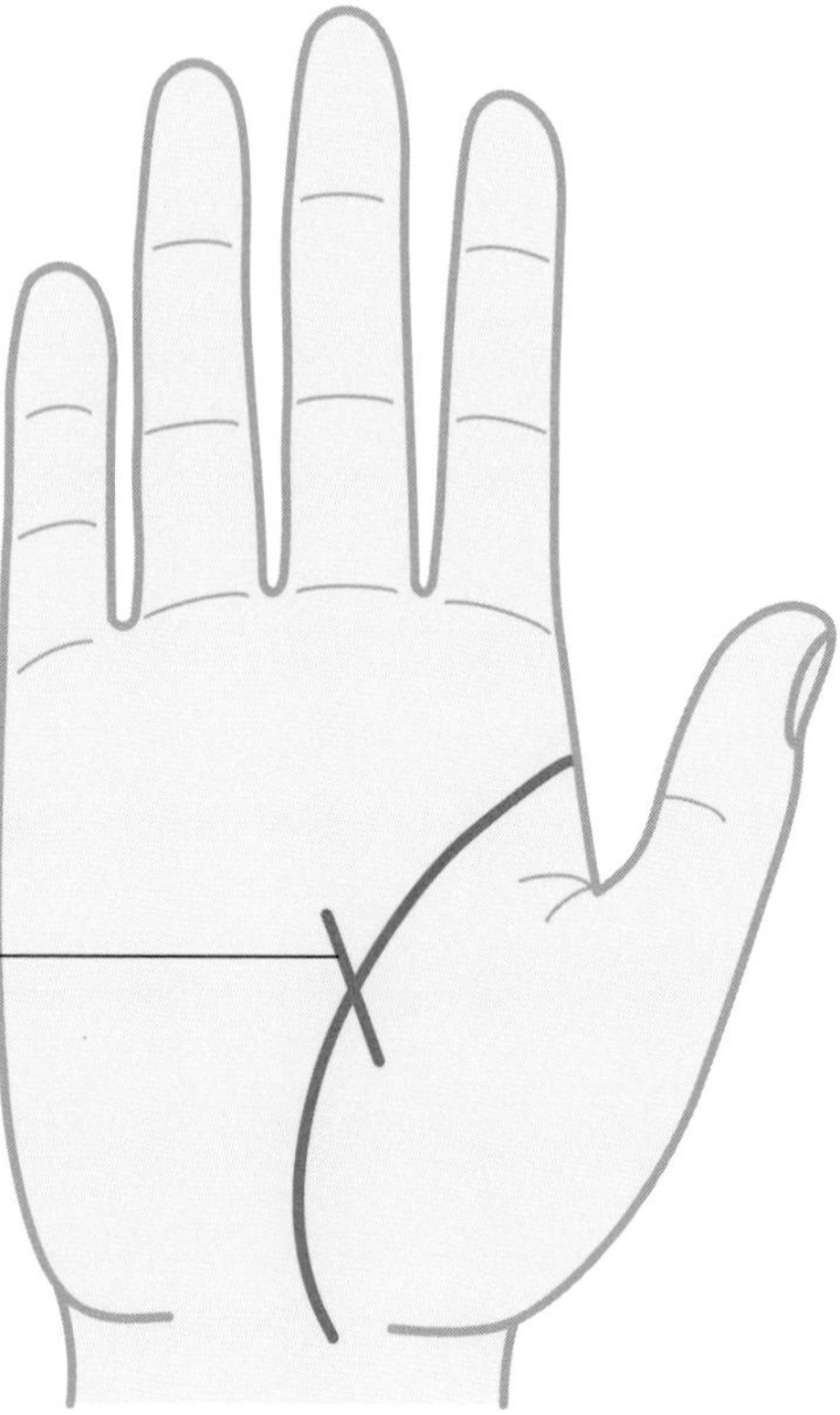


## ストレスによる憤死の可能性も

死は誰にでも平等に訪れるものですが、地紋が短く一直線に切られているのは不幸な亡くなり方をする危険性を示します。病気や事故ばかりでなく薬物が原因であるもの、ストレスによる憤死《ふんし》（憤慨《ふんがい》のあまり亡くなること）など、苦しい状況で死を迎えてしまう危険性があります。

### 運気向上のアドバイス

ストレスや憤死は回避できます。過酷《かこく》な環境にいると感じたら、無理せずそこから脱する方法を見つけてください。自分一人で考え込まず、周囲の人や公的機関などに相談しましょう。気分転換する時間が良薬となります。

地紋 4

# 入水自殺の危険性

**五常紋《ごじょうもん》**

坎宮《かんきゅう》、または地紋の左右に五本の直線が表れる

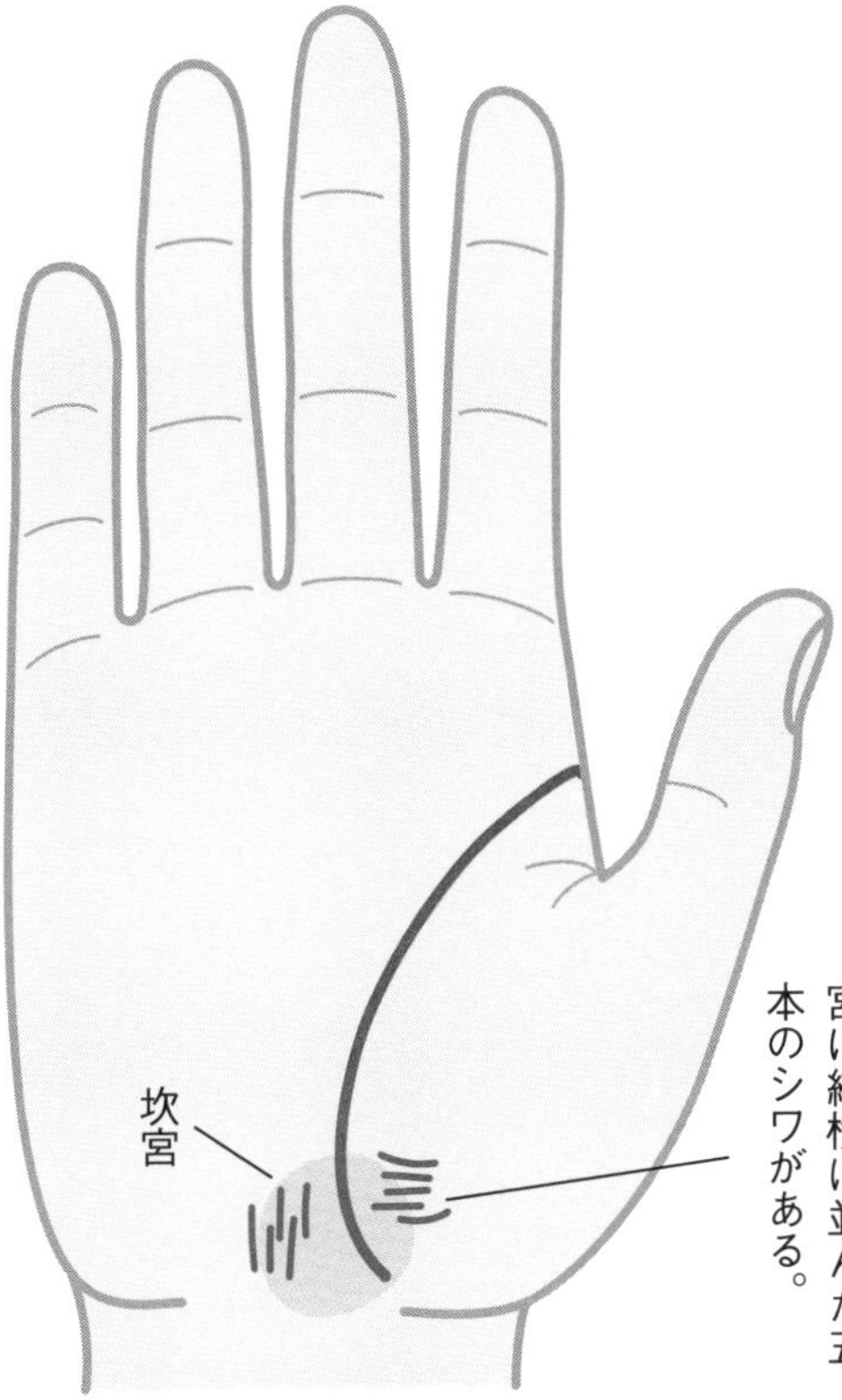
地紋の左右または坎宮に縦横に並んだ五本のシワがある。




## 五常紋は自殺を暗示

坎宮《かんきゅう》、または地紋の左右に五本の直線があったら要注意です。線は縦《たて》でも横でも、小さなシワのように見えることが多く、この紋が現れたら入水《じゅすい》自殺が危惧《きぐ》されます。憂《うれ》いの原因はさまざまでしょうが、自ら命を強制終了させることのないよう、気持ちを強く持ちましょう

### 運気向上のアドバイス

悩んでいるとき、気分が落ち込んでいるときにこの紋を見つけたら、絶望的な気持ちになるでしょうが、これは決定ではなく警告と解釈してください。気持ちを前向きに、紋が消えるまで水場に近づかないようにしましょう。

地紋5

# 母親との縁が薄い

**剋母紋《こくぼもん》**

地紋の末端に沖波《ちゅうは》が集まる

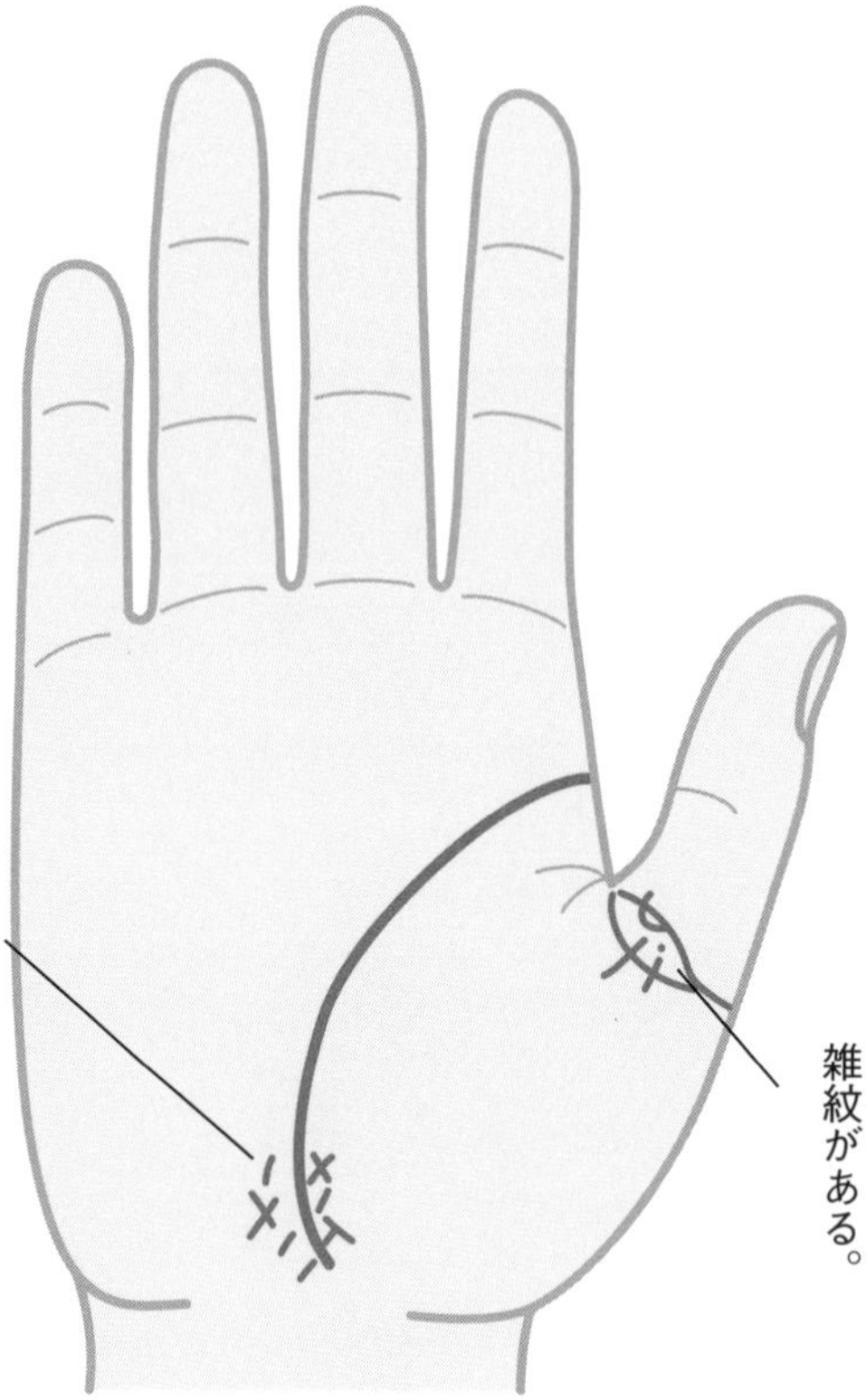
親指の第二関節付近にある眼の形をした紋に雑紋がある。
地紋の末端を邪魔する細かな線が集まっているのを沖《ちゅう》波という。

## 母親と離れて暮らす

地紋があるはずの位置に沖波《ちゅうは》（線が集まる）があったり、親指第二関節の紋が眼の形をしていて、その内部に雑紋《ざつもん》があったりするのは、母親との縁が薄い運命を暗示します。どうしても良好な関係が築けず、ともに暮らせません。養子や里子《さとご》として家を出る可能性があるのです。

## 運気向上のアドバイス

「生みの親より育ての親」という諺《ことわざ》があるように、養子先で幸せになった人は大勢います。喜びや楽しみがあるのは、もちろん生んでくれた親がいたからこそ。豊かな人間性を身につければ、やがて母親に対して感謝の気持ちも湧《わ》いてきます。

地紋6

# 母親との縁が深い

地紋が分岐《ぶんき》せずしっかりと延びている

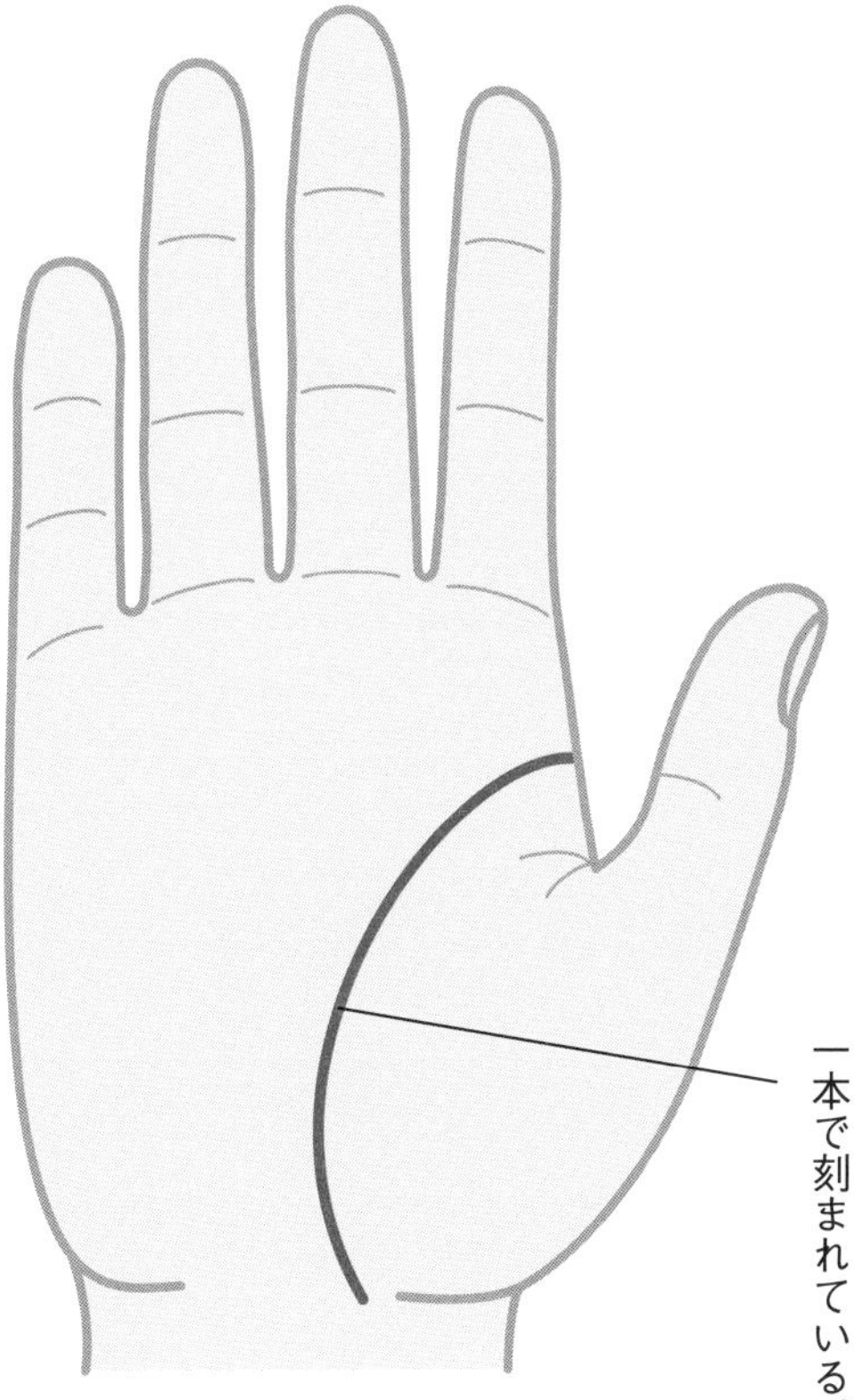


## 親孝行で一生安泰

母親との縁が深く親孝行で、先祖伝来の土地や不動産を相続して安泰な一生を送ります。幼少期は母親からのあたたかな愛情を一身に受け、成長とともにその絆《きずな》は深いものになっていくでしょう。お互いの気持ちが理解できるので、年齢を重ねてからは助け合える関係となります。

### 運気向上のアドバイス

母親の無償《むしょう》の愛は、子どもにとって尊《とうと》い学びでもあります。自分を取り巻く人たちに愛と感謝を示せば、その学びは、より素晴らしいものとなるでしょう。機会があれば、あたたかな家庭を求めている人たちの支えになってあげてください。

地紋7

# 先祖の恩恵が受けられない

地紋が薄く消えたようになっている

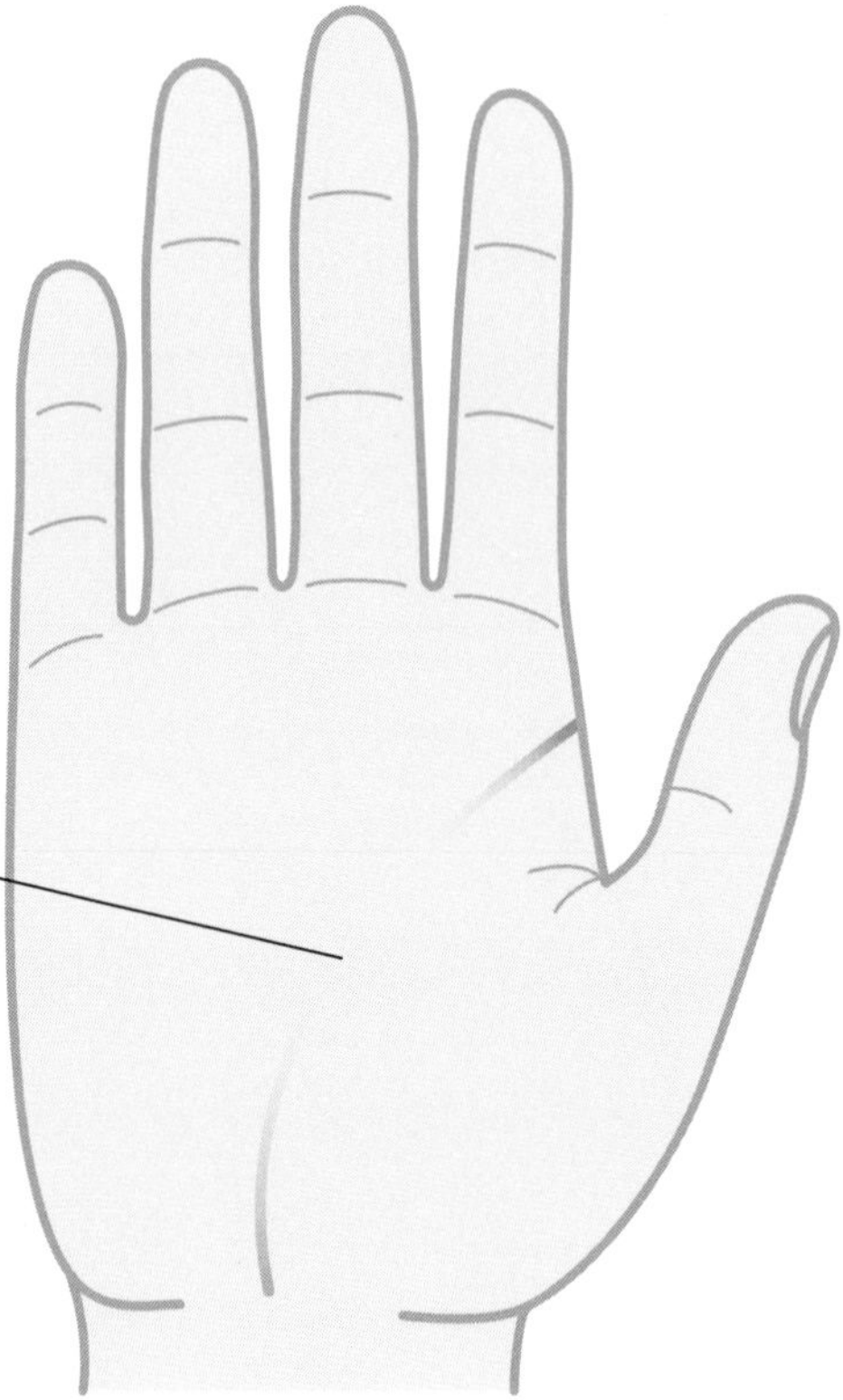


## 母親との縁が薄いことも

地紋が薄く消えそうになっているのは、先祖からの恩恵が受けられない運命を示します。土地や財産などが相続できない、または遺産そのものが存在しない可能性があります。そのため、自らの力で財を築《きず》く必要があるでしょう。ときに母親との縁が薄く、心細さや寂しさを感じます。

### 運気向上のアドバイス

財産相続で、土地や家屋などの維持、相続税に苦労するケースが多く見られます。これらは、自らの力で運命を切り開く醍醐《だいご》味《み》を体験するための試験なのだと、前向きにとらえてください。そうすれば、おのずと寂しさも消えていきます。

地紋8

# 母親からの恩恵が受けられない

地紋の上部が乱れている

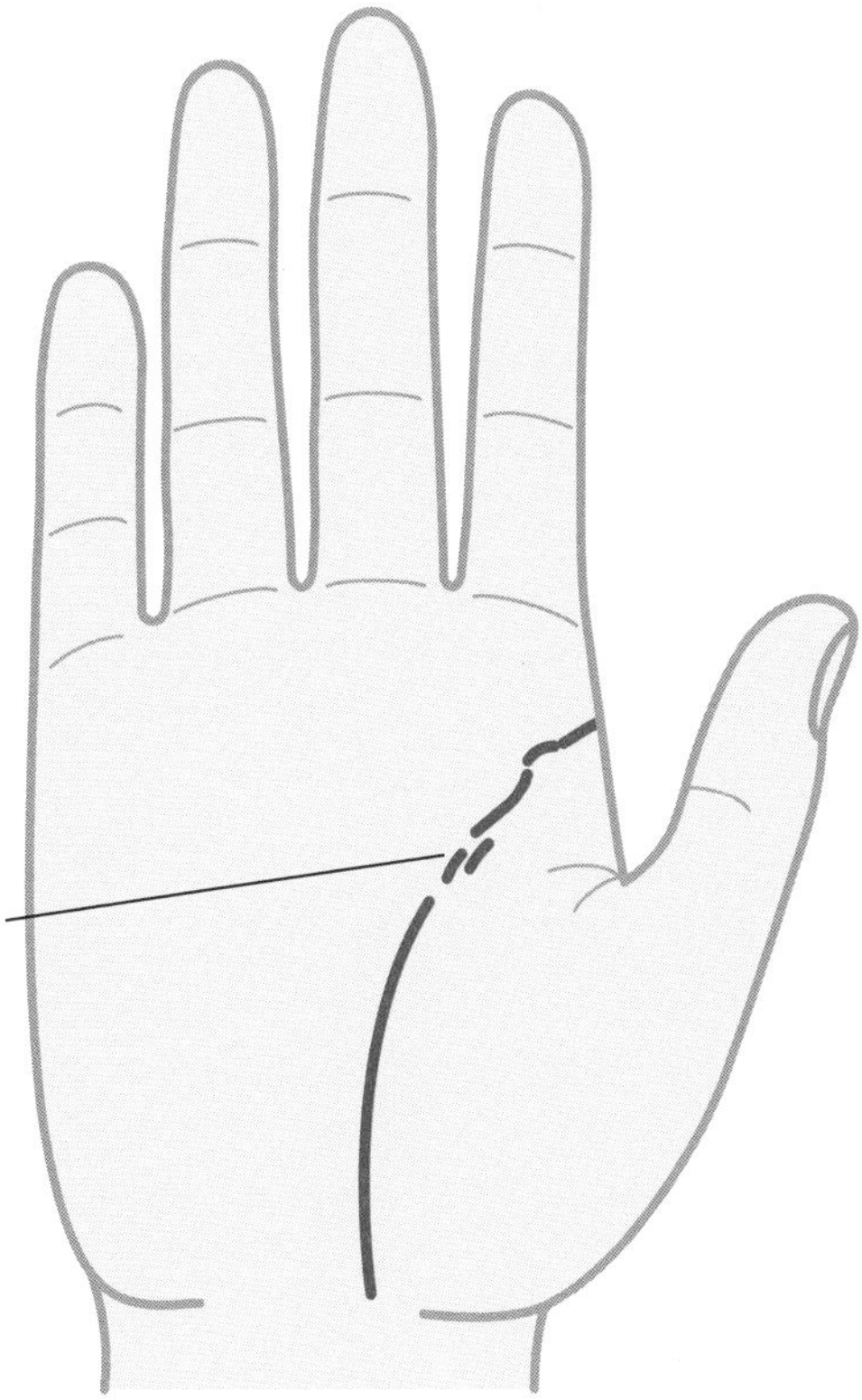
地紋の上部が切れたり、ちぎれたりして乱れがある。

## 親子関係で悩む

母親からの愛情が過ぎるあまり、息苦しさを感じる、または充分な愛情が注がれずに寂しさを感じるなど極端な状況になりやすいでしょう。いずれにしても良好な関係であるのは難しく、結果的に別れて暮らします。愛情過多の場合は子がいくつになっても執着《しゅうちゃく》する傾向があるでしょう。

### 運気向上のアドバイス

円満な親子関係であるのが好ましいですが、与えられないものを渇望《かつぼう》するよりも、むしろ自らが与える存在になるほうに意識を向けてください。親からの愛情のほかにも幸福と感じられるものが世の中にはたくさんあります。

地紋
9

# 大病しても九死に一生を得る

地紋の下部が二つに分かれている

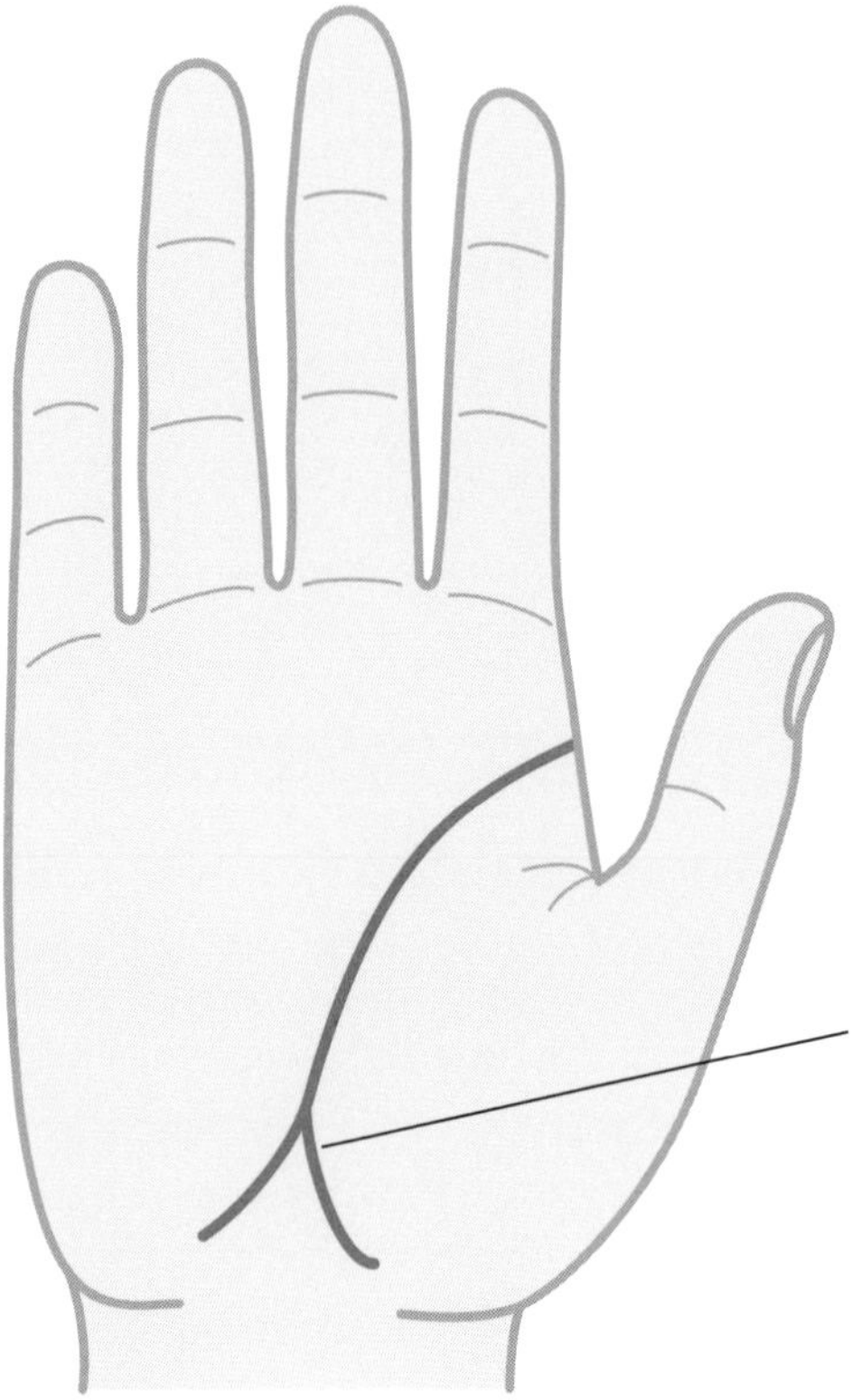

地紋の下部が二つに分かれていると大病の恐れ。

## 苦労が多い人生

幼少期に大病《たいびょう》をする、不慮の災害で命を落としかけるなどの憂《う》き目にあいますが、難を免《まぬが》れます。早くに自立して社会に出ますが孤軍奮闘《こぐんふんとう》ばかりで、他の紋の影響によっては財を奪われるなど、波乱含みの人生となるでしょう。自暴自棄《じぼうじき》にならなければ、晩年は安定した運勢です。

## 運気向上のアドバイス

波乱万丈を絵に描いたような人生ですが、困難を克服する底力があります。温室育ちの花よりも野原に咲く花がたくましいように、どんなことがあっても運を切り開いていきます。自信と誇《ほこ》りを持って突き進んでください。

地紋
10

# さすらうように人生を歩む

支線が房のように出ている

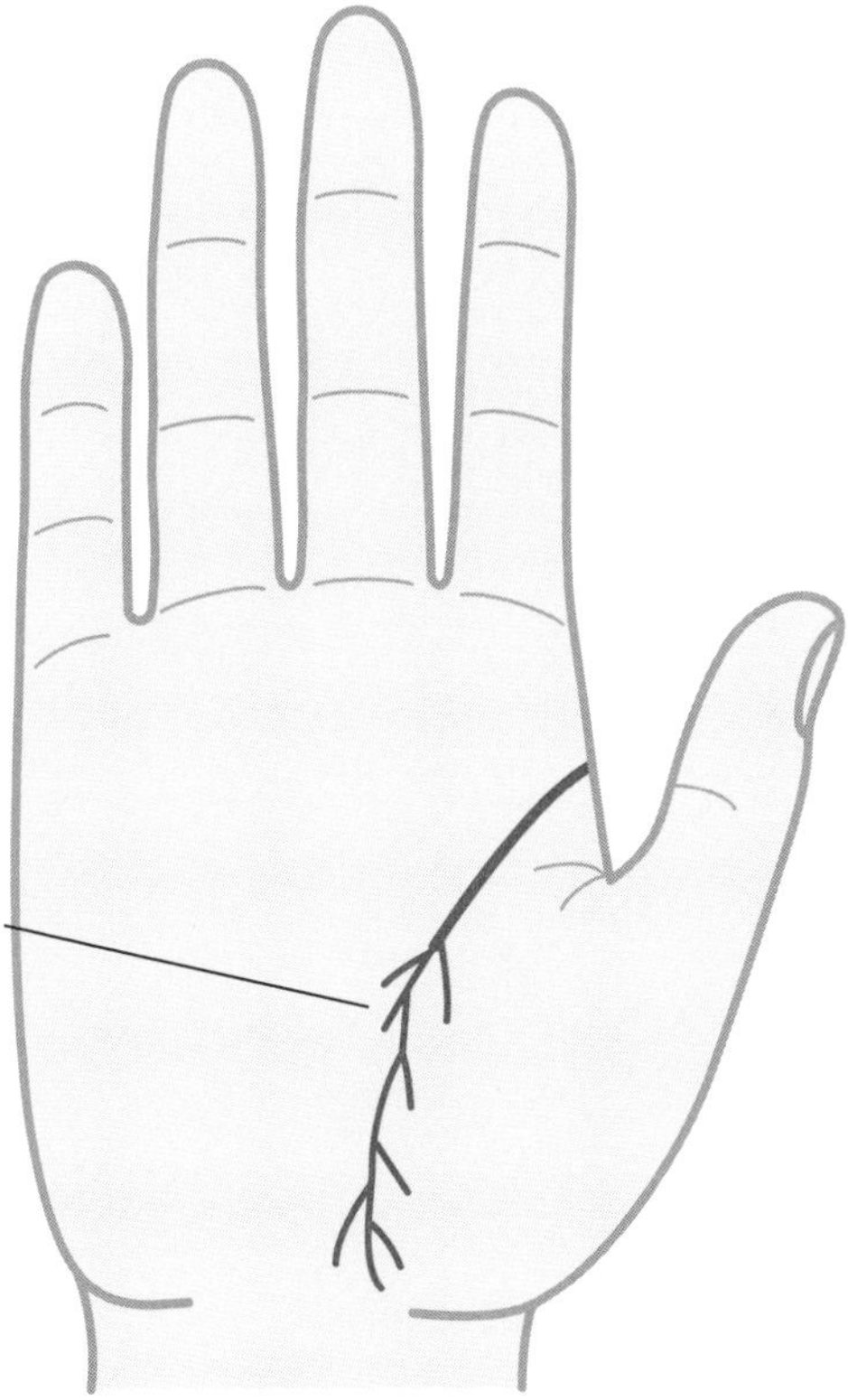


## 二足、三足のわらじを履《は》く

生涯で九三回も引っ越しをしたのは葛飾北斎《かつしかほくさい》ですが、この紋がある人は転居を繰り返す傾向があります。転居の場所とタイミングによれば吉となるのです。ときに複数の職をかけもちして多忙を極めますが、苦労を厭《いと》わず働きます。これが報《むく》われて財を成す可能性もあります。

### 運気向上のアドバイス

変化を求めるので、環境に適応する能力や柔軟性が養《やしな》われます。まるで冒険者のような人生ですが、安定型にはない発見や出会いがあるものです。「楽しむ」をキーワードに行動してください。心躍《こころおど》る出来事がやってきます。

地紋11

# 祖先からの恩恵が受けられない

地紋が途中で切れている

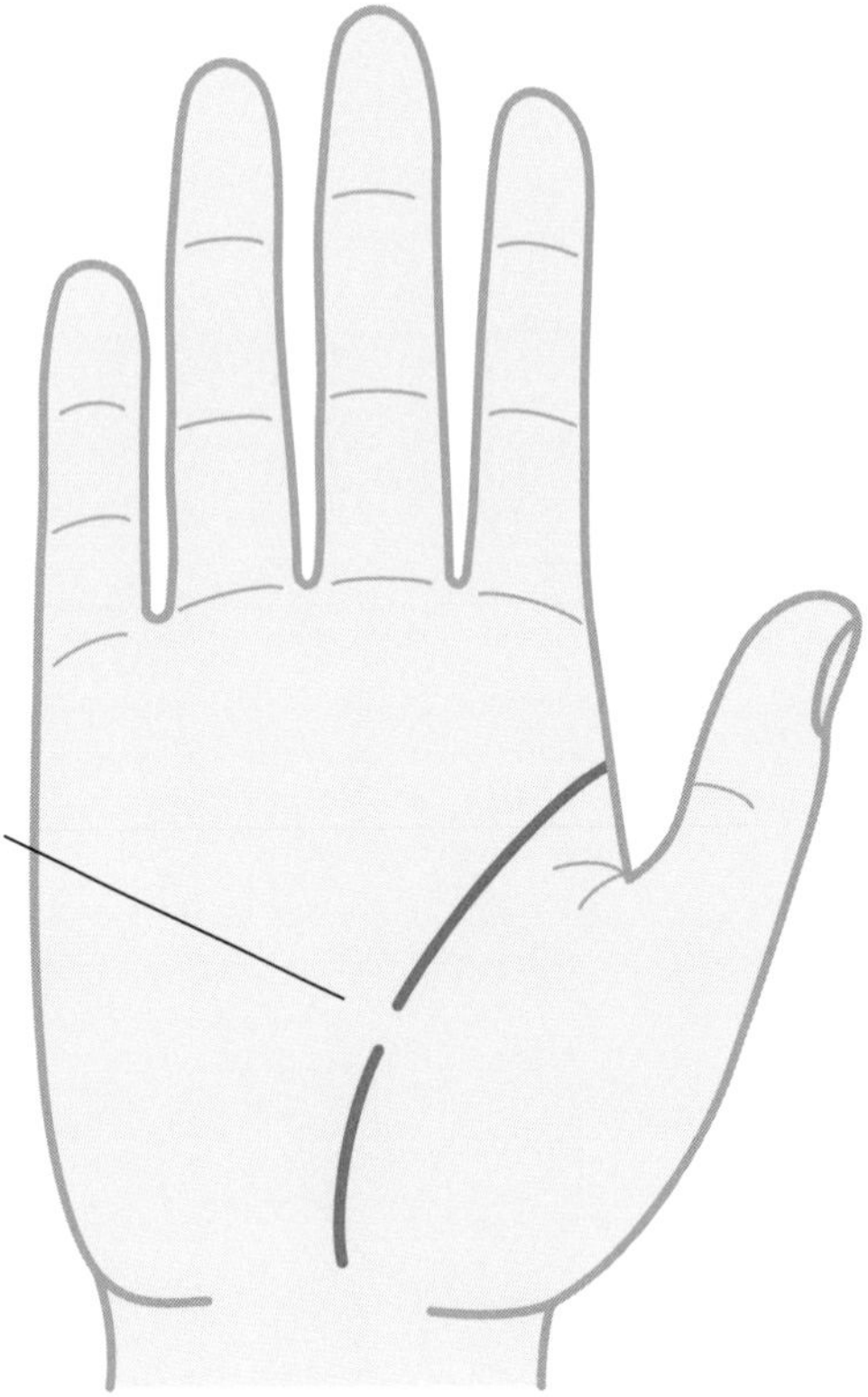
地紋が途中で断絶している人はもっと祖先に感謝を。

## 眼の疾患にも注意

祖先からの恩恵が受けられず、波乱の多い人生になります。家族間で諍《いさか》いが絶えない、仕事でもプライベートでも途中まで順調にいっていたことが暗転、もしくは中途半端な状態で終わってしまうなど、運がよくない状態が続きます。また、眼の病気に注意してください。

## 運気向上のアドバイス

祖先に感謝して、折にふれ墓前や仏壇で手を合わせてください。また、自分ばかりでなく、ご縁がある人たちの幸福を祈る気持ちを持ちましょう。停滞していた運気が好転していきます。眼の健康も含め、規則的な生活と食生活を心がけてください。

地紋12

# 住居にトラブルが起こる

地紋に乱れがある

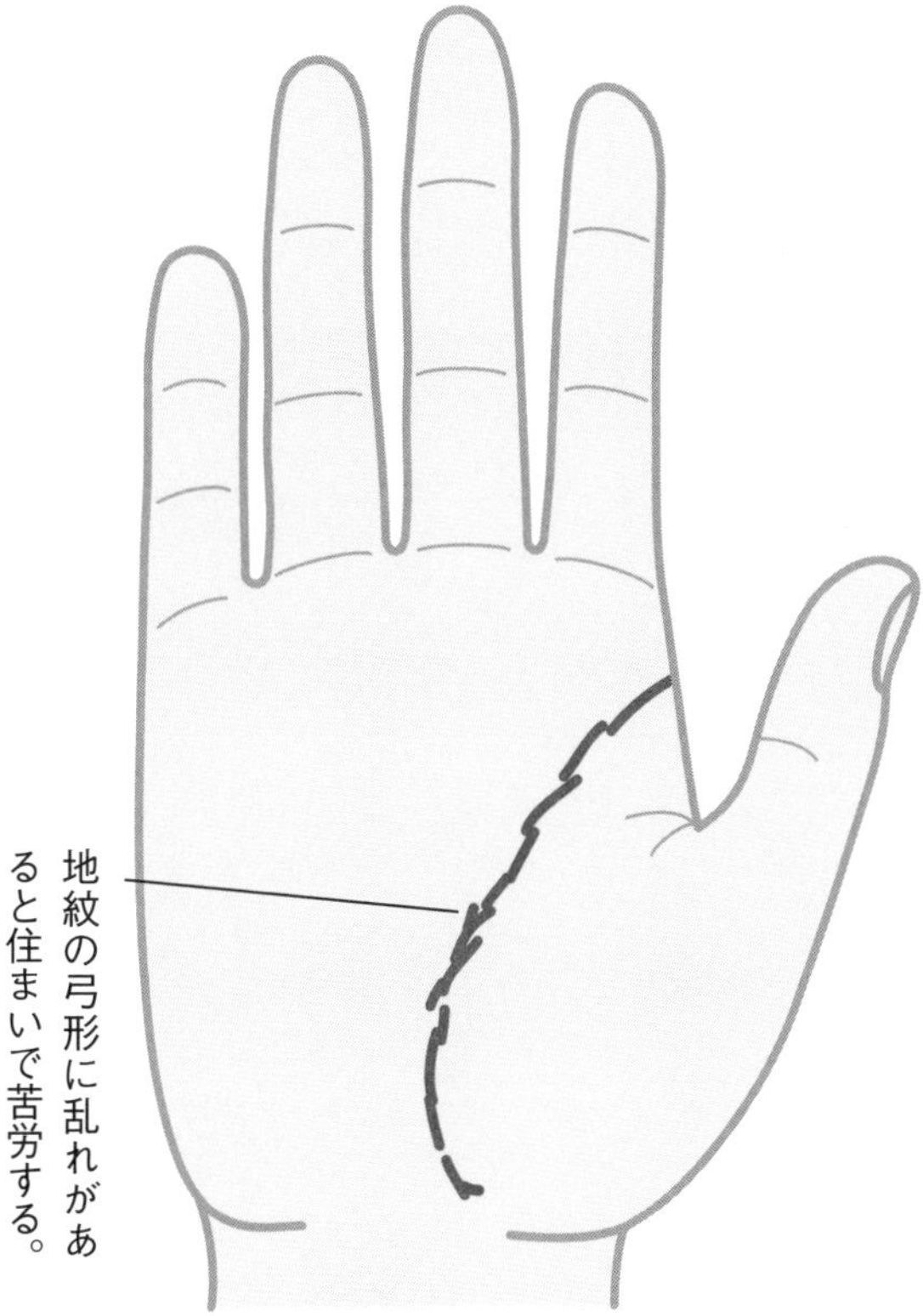
地紋の弓形に乱れがあると住まいで苦労する。

## 転居続きになりやすい

雨漏《あまも》りやシロアリの発生、ハウスダストなどの住居の欠陥《けっかん》のほか、騒音問題や隣人からの迷惑行為などに見舞われます。また、マイホームを購入したとたんに、転勤を命じられるなど、転居や別居しなければならなくなる暗示があります。居が定まらず、運気も不安定です。

### 運気向上のアドバイス

家を選ぶときは下調べをしっかりすることです。利便性だけを優先せず、周辺の環境についても確認してください。日当たりのよさはいうまでもなく、住居運を上げるために玄関や水回りの掃除をていねいに。また、風通しをよくしてください。

地紋13

# 気が小さく心配性

地紋が短い

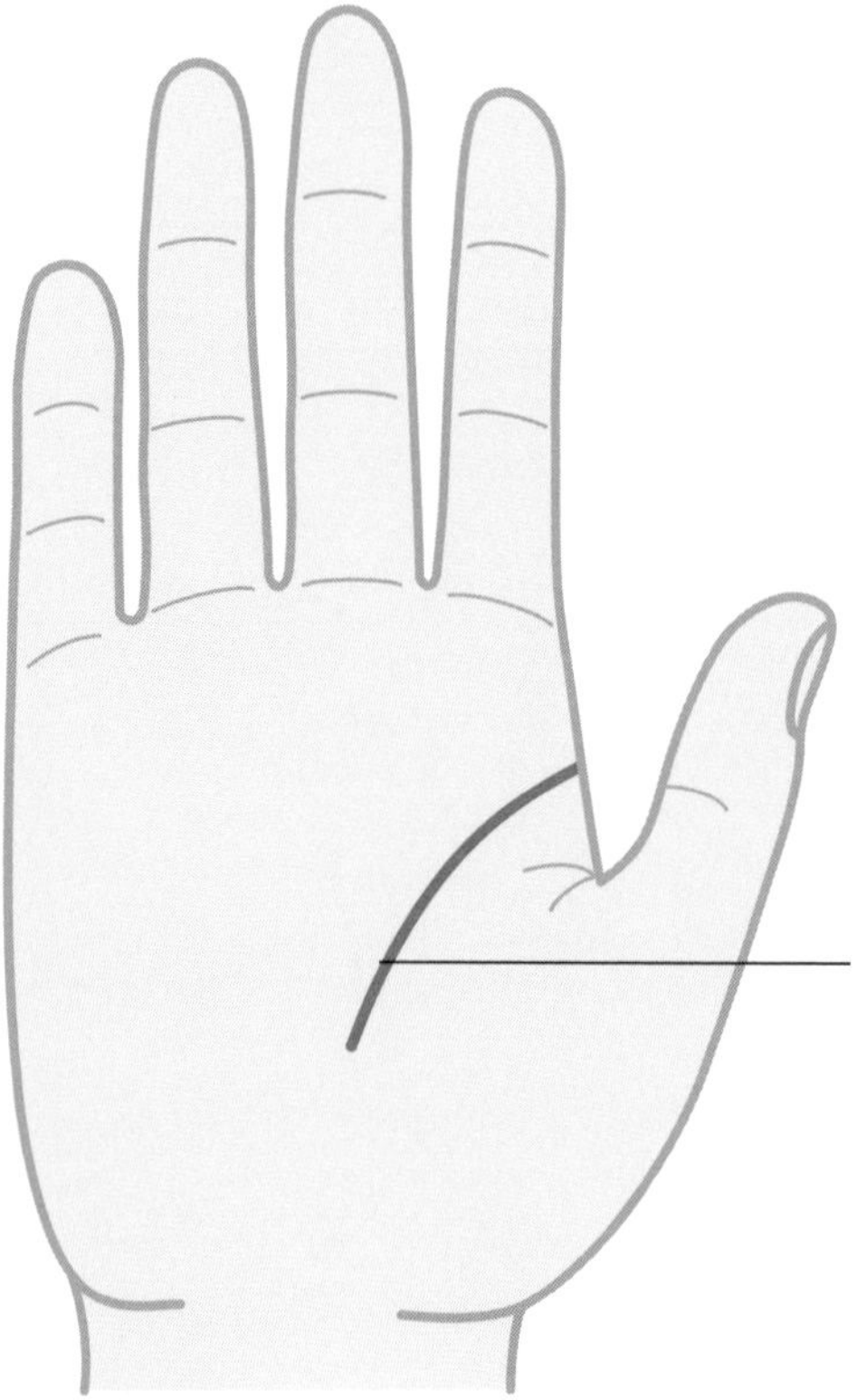


## 不安と不満がつきまとう

正直で堅実な人生を歩みますが、いつも漠然《ばくぜん》とした不安や不満を抱えています。まだ起きてもいないトラブルをあれこれ想像して、気苦労が絶えません。思いきった決断ができないため、大きなチャンスが来ても勝負に出ることはないでしょう。無難な道ばかりを選びます。

### 運気向上のアドバイス

慎重なのはよいですが、過ぎると運気の上昇気流に乗ることができません。一日をつつがなく過ごせているのも幸せ、何より衣食住が足りているのもありがたいことです。感謝と喜びをいつも心に。正直者が幸せになる人生を歩んでください。

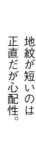

地紋
14

# 二つの家で暮らす

地紋に支線がある

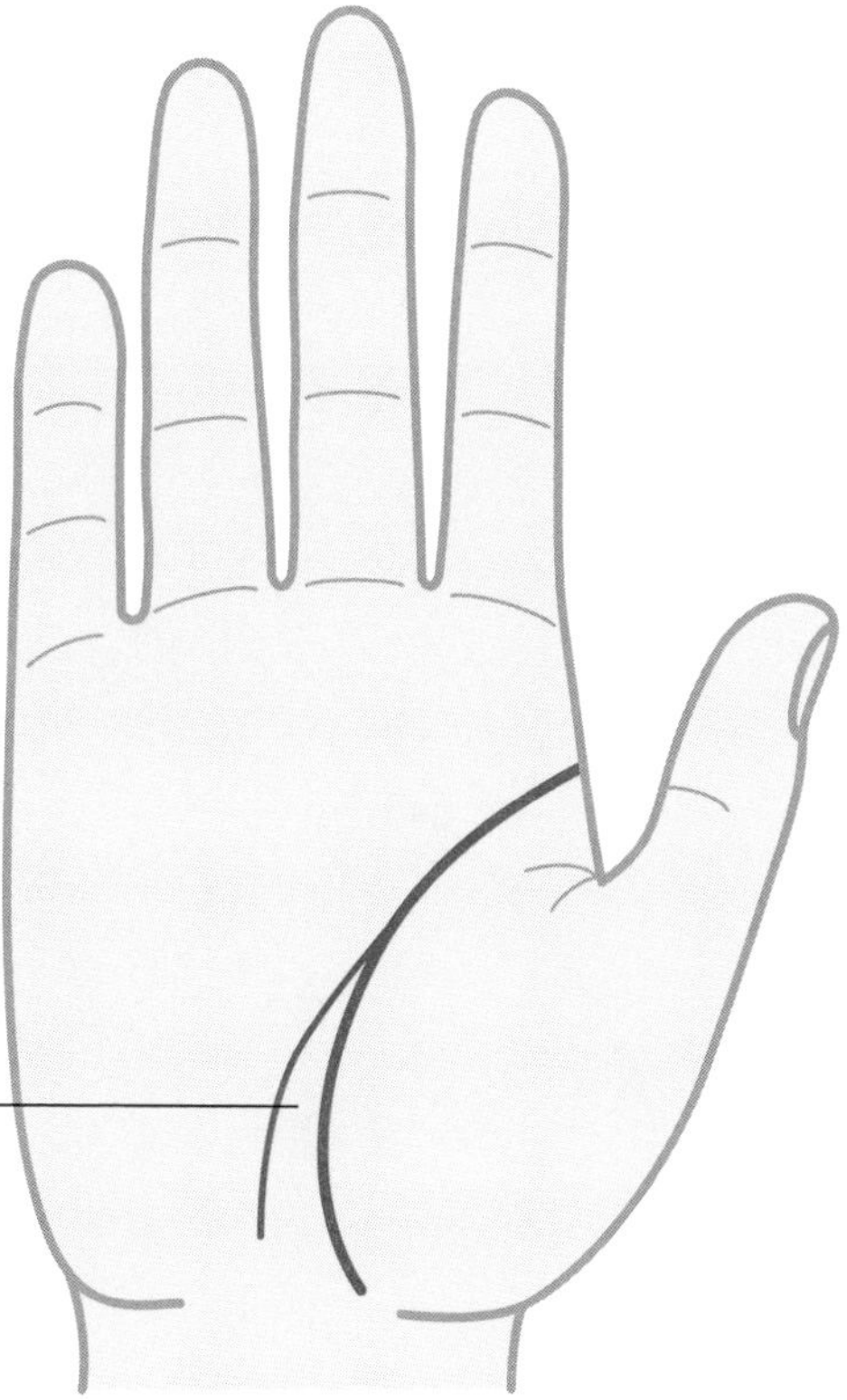
地紋に支線があるのは二つ以上の家を持つ暗示。

## 別宅を持つ

地紋に支線がある場合、家を二つ以上持つ暗示があります。単身赴任《ふにん》などで自宅以外に居宅を持つことがありますが、家庭が二つある状態もあります。それぞれが納得済みで行き来するなら波乱はありませんが、どちらかに不満があると諍《いさか》いの原因となります。

### 運気向上のアドバイス

二つの家庭を持つには二倍以上の費用が必要ということになるので、仕事運が低下し、生活に影響が出ます。とくに対人関係は円滑にしてください。生涯を通じて、どちらの家族も大切にするためには、想像以上の努力が必要です。

地紋15

# 子孫から家名を汚す者が出る

地紋の下端が乱れて分かれている

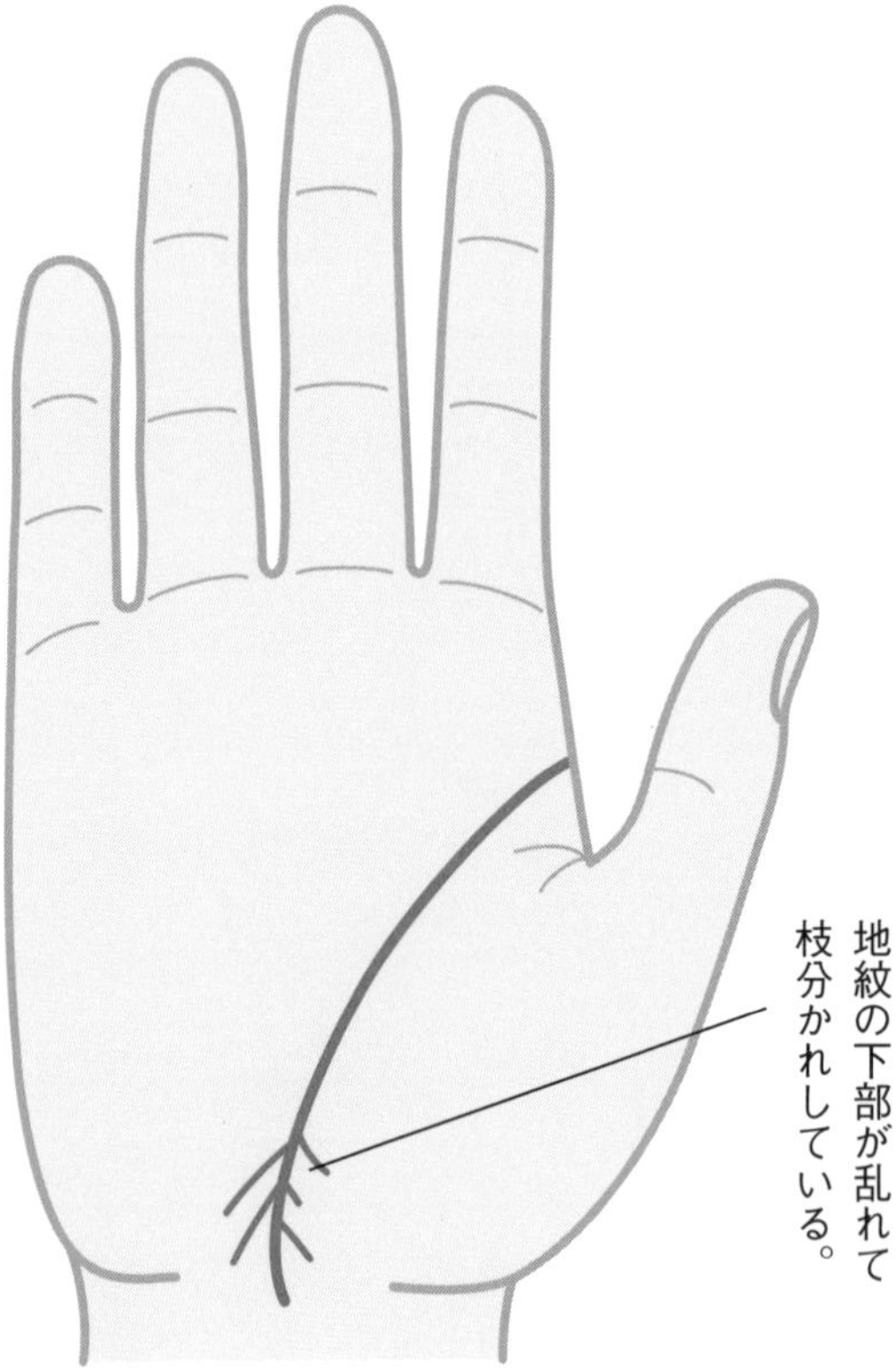


## 子孫が不幸に見舞われる

下端がきれいに分かれているなら子孫のなかから地位と名誉を手にする人物が出てきますが、線が乱れていると子孫が社会的な問題を起こし身内に迷惑をかけることを暗示しています。就職先がみつからない、結婚が破談になる、転居を余儀なくされるなどの憂き目にあうでしょう。

### 運気向上のアドバイス

子どもりっぱな人間に育てようとするあまり、厳しくしすぎるのは逆効果です。愛情をもって、授《さず》かった尊《とうと》い命を大切に磨き上げるように育ててください。まずは子どもの意見を聞いて冷静に判断し、人生の先輩としてアドバイスするように。

東洋相法でいう「天紋《てんもん》」

## 西洋相法の感情線

### 情の深さや喜怒哀楽など感情全般を表す

感情線は愛情線とも呼ばれ、小指側から始まります。喜怒哀楽や思いやりの深さ、愛情や友情など、さまざまな感情を表すものとされ、線の長さや乱れ具合は情の深さや情熱を表します。

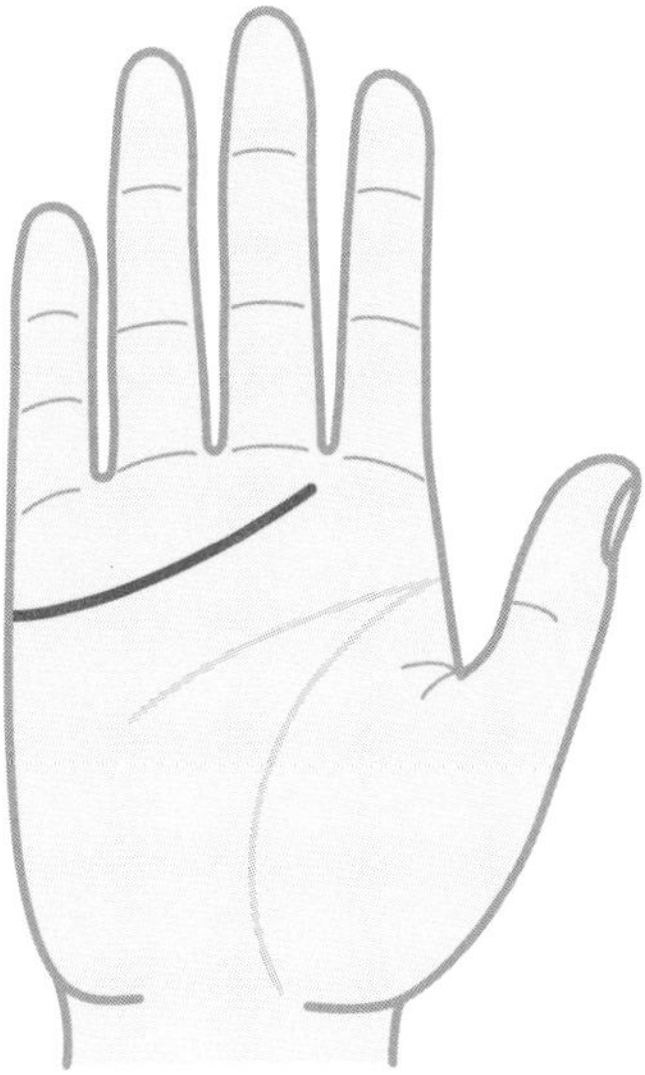

感情線とは、掌の側面、小指の下から始まり横または斜め上へ延びる線。

一般的に手相では線がくっきりと刻まれていることが吉相ですが、感情線に限っては、多少乱れているほうが感受性豊かで人間味にあふれています。

感情線を見るときは、理性を示す知能線と組み合わせて見てください。感情と理性という対立する性質を持つ二つの線のバランスを見ることによって、手相が示す要素をより正確に判断できるからです。

### 恋愛に悩む人は記号や支線を確認

感情線で注目したいのは線の先端の位置で、先端がどこにあるかで示す内容が異なります。

先端が生命線の起点にある人は自己中心的な傾向があり、人差し指の下にある人は誠実です。

上向きの細い支線は新しい恋の始まりの兆《きざ》しとされています。

恋愛で悩んでいる人は、感情線に現れる記号にも注目して見てください。

感情線に現れた島（線の一部が円、または楕円形になり島のように見える形状になっている）が小指と薬指の間から斜め下に出ているのは、初婚が長続きしない、三角関係や不倫に悩むことを暗示しています。

また、感情線の末端《まったん》に十字（バツや十のような形の線）があると最愛の人との別れを意味します。一時的な別れではなく、ふたたびいっしょになることはないようです。

## ■感情線を見るときのポイント

| 注目点 | 判断できること |
|---|---|
| 先端の向き | 人差し指の下から左向きにカーブしているのは思いやりが深い、中指の下からカーブしているのはロマンチスト。線は長いほど情に厚く、短ければ冷静なタイプ。 |
| 切れ目や線の形状 | 乱れているほど愛情深く、線全体がすっきりしているのは情に溺れないタイプ。先端が二股なのは真面目、房状《ふさじょう》になっているのは失恋したことを示す。 |
| 支線やその他の線 | 支線の位置や向きで恋愛に対する積極性や恋愛の成り行きを暗示。 |
| 島や十字など記号 | 線上に現れる斑点、四角、星、十字はパートナーとの間に大きな変化が起こるサイン。 |

# 第7章

# 天喜紋（運命線）と高扶紋（太陽線）の見方

社会での活躍や評価を表す二つの紋

# 社会との関わりを示す二つの紋

## それぞれの紋が表すこと

天喜紋《てんきもん》は西洋手相では運命線と呼ばれ、この紋から出る上向きの支線は運勢の好転を表します。

支線が人差し指の下（巽宮《そんきゅう》）へ延びているのは、積極的に物事に取り組み、若いころより能力を発揮して成功する運を示します。

薬指の下（離宮《りきゅう》）に延びる天喜紋の支線があると、努力が実を結び昇進や栄転、事業拡大、人気運上昇などの大きな幸運がもたらされます。

高扶紋《こうふもん》は西洋手相では太陽線と呼ばれ、人気運を表し、社会でどのような評価を受けるかを判断することができます。掌のさまざまな箇所を起点としていますが、いずれも薬指のつけ根に向かって延びています。

乾宮《けんきゅう》から始まって一直線に薬指に向かう高扶紋があると、人気運に恵まれて華やかな活躍が期待できます。

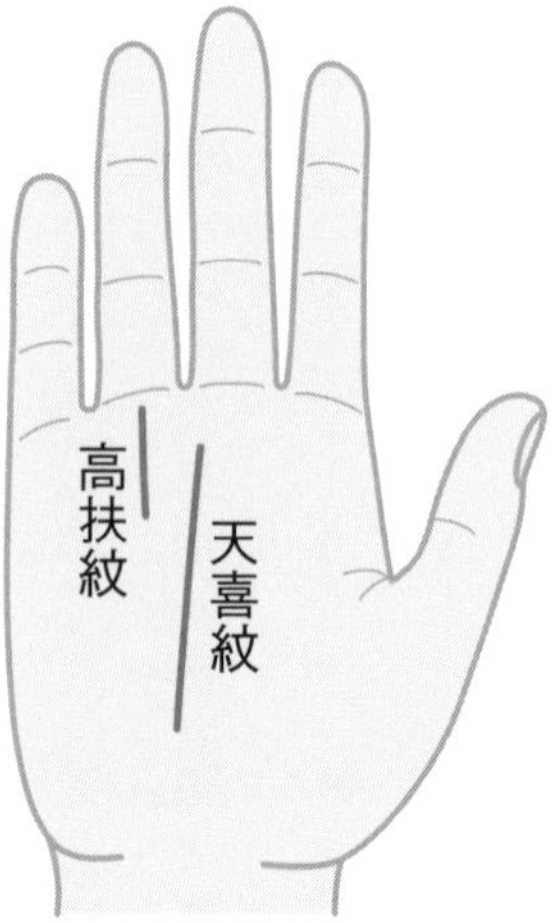


天喜紋と高扶紋は社会との関わりを示す。

## 二つの紋はあわせて判断する

天喜紋に勢いがあっても高扶紋がなければ、実力がありながらも活躍の場が与えられず、十分に能力が発揮できません。逆に、天喜紋が貧弱でも高扶紋がしっかりしていれば、周囲からの引き立てがあり、実力以上の評価を得て大活躍します。

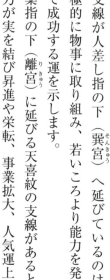

天喜紋
1

# 最強の運勢で立身出世

天喜紋が坎宮《かんきゅう》より中指の根元まで延びている

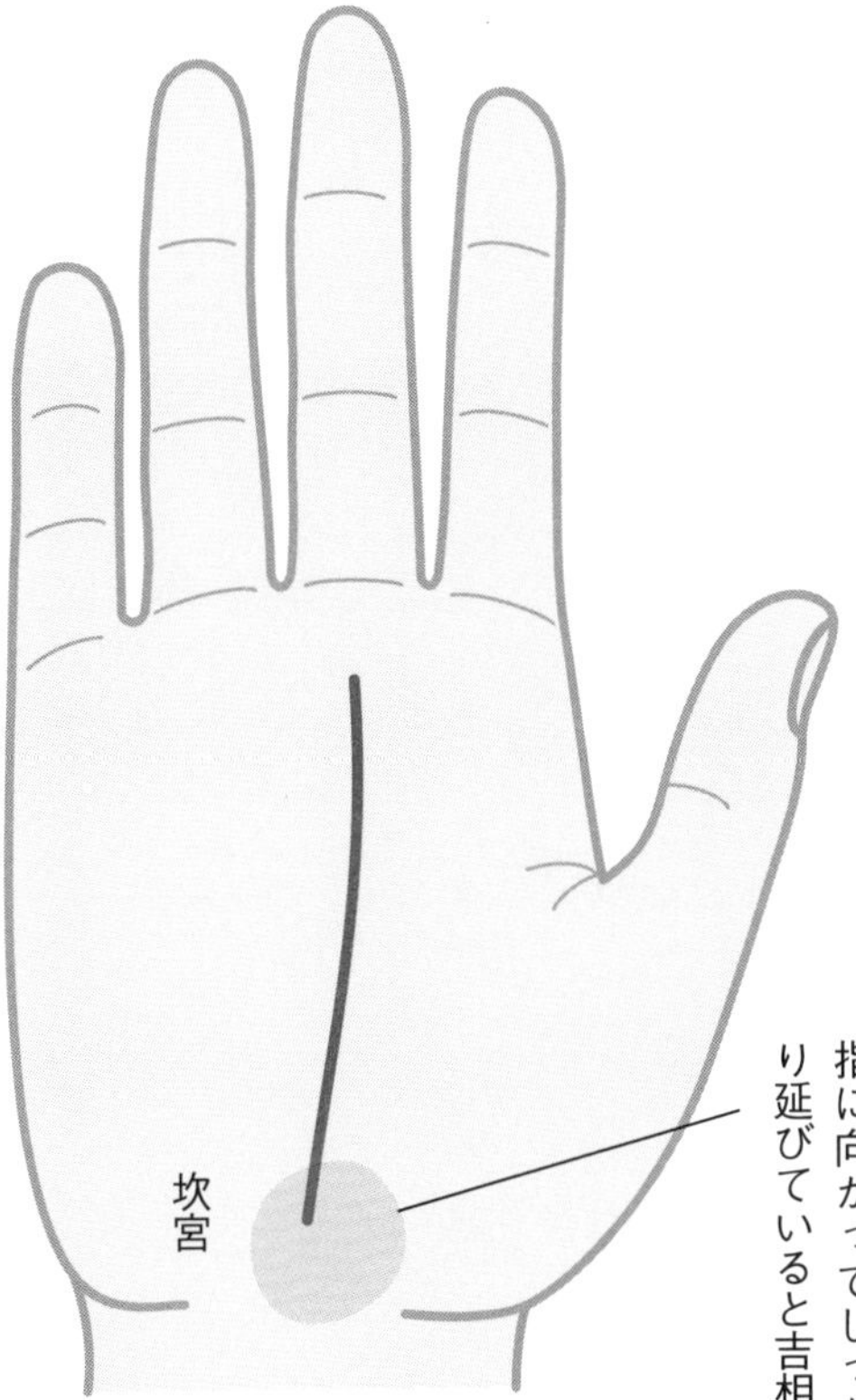


天喜紋は坎宮から中指に向かってしっかり延びていると吉相。



## 向かうところ敵なし

稀《まれ》にみる強運の持ち主で、立身出世、望む地位や名誉を手にします。また、独立してゼロからスタートした事業が大成功するのも、この紋の持ち主です。家は繁栄を極《きわ》め、財に恵まれて安泰な生活が約束されるでしょう。文字通り空前絶後《くうぜんぜつご》で、健康かつ長寿、人生を謳歌《おうか》する運勢です。

### 運気向上のアドバイス

類《たぐい》まれな最高の運勢の持ち主であるからこそ、大事を成し遂げることができます。自分ばかりでなく多くの人を幸せにする慈善事業を興《おこ》し、日常においては陰徳《いんとく》を積むなどして、常に人を思いやる気持ちを忘れず過ごすようにしてください。

天喜紋 2

# 野心家で強運の持ち主

玉桂紋《ぎょくけいもん》

手首から中指の先まで一直線に延びている

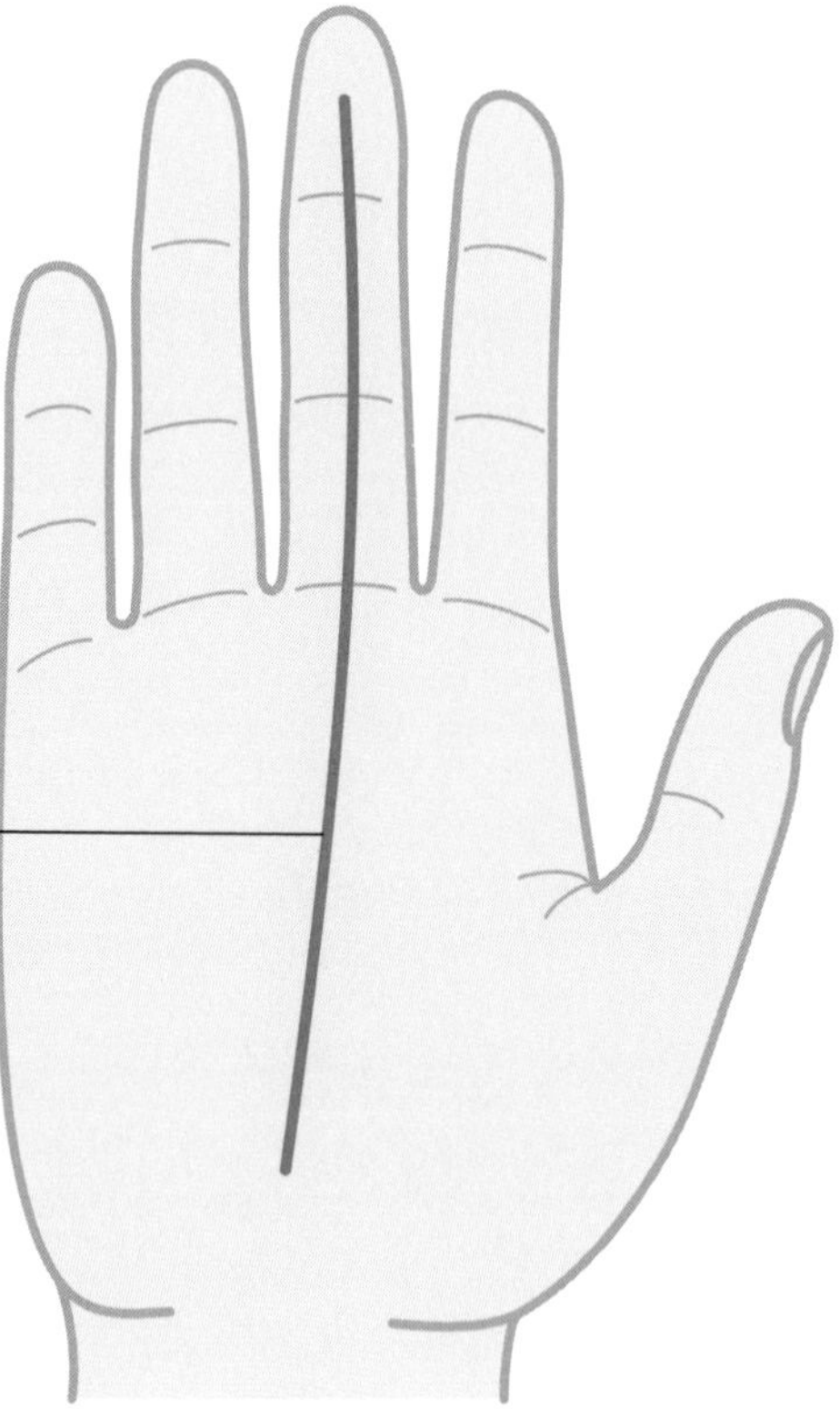

手首から中指の先まで上がる玉桂紋。まれに見る手相。

## 自らの手で運を切り開く

運勢も気質も強い様子を表しています。天下人へと駆け上がった豊臣秀吉にもあったといわれる紋で、天下を取るために奮闘します。戦略に長《た》けていますが、ときに強引すぎるところがあり周囲と摩擦《まさつ》が生じますが、初志貫徹《しょしかんてつ》、絶対にあきらめることなく突き進んでいきます。

### 運気向上のアドバイス

野心と強運という頼もしい武器があっても、誰一人助けてくれる人がいなければ夢幻《ゆめまぼろし》となってしまいます。周囲の意見に耳を傾け、謙虚《けんきょ》な態度を心がけてください。調和を重んじることもまた、大いなる目標達成のための支柱となります。

天喜紋 3

# 順風満帆、とんとん拍子に出世

帯印紋《たいいんもん》

掌に印影《いんえい》に似た形がある

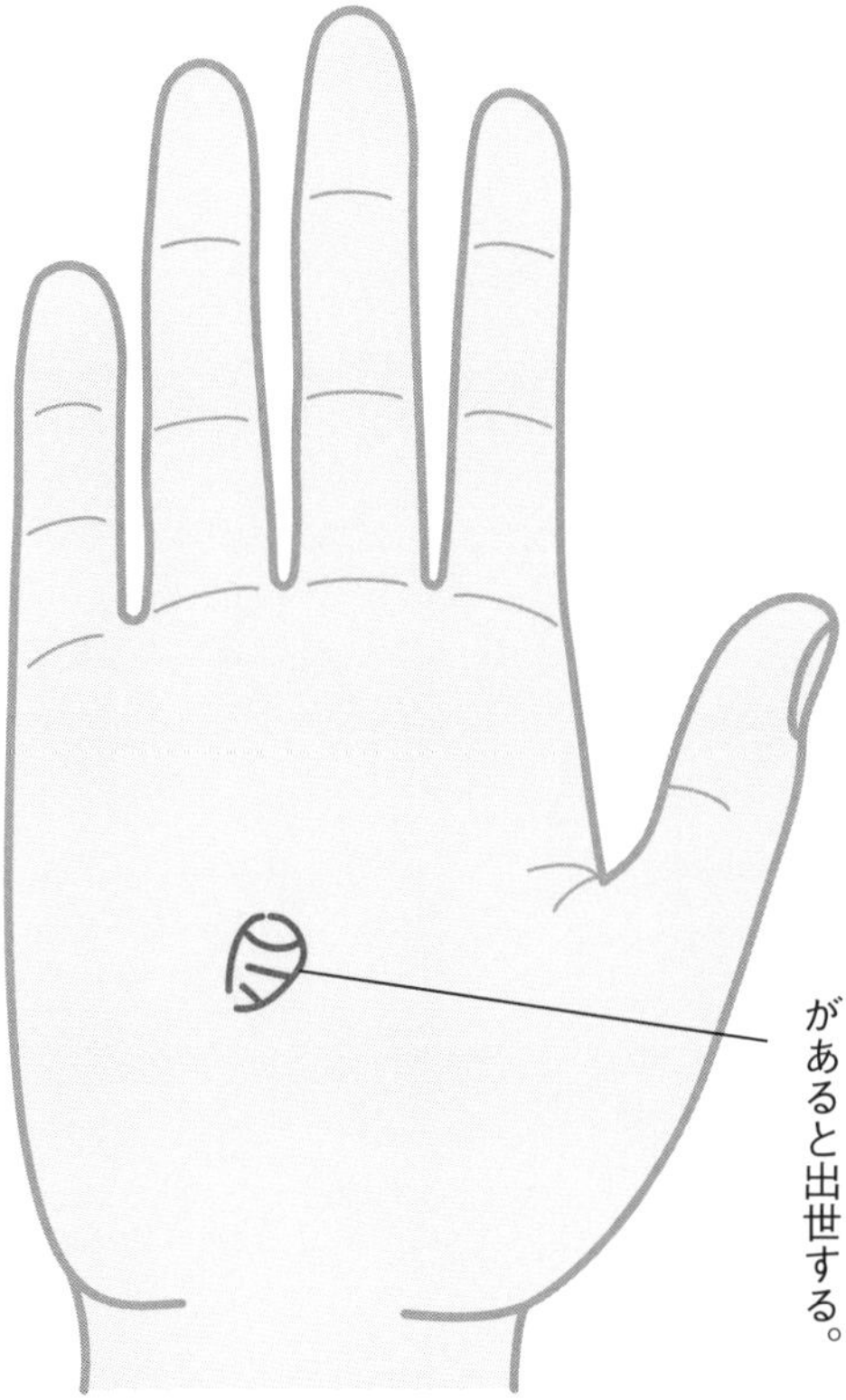
掌に印紋（ハンコを押した跡のような形）があると出世する。

## 地位と財産を手にする

掌に印影のような形があると、企業や団体勤めの人なら努力と実績が認められて立身出世、自営業は大繁盛して成功、想像以上の成果が得られるでしょう。この形は掌のどこにあっても吉相です。やりがいが感じられ、興味が持てる職種であれば、ますますの発展が期待できます。

### 運気向上のアドバイス

出世する、商売繁盛が続くのは運気ばかりでなく努力の賜物《たまもの》でもありますが、どうしても妬《ねた》み嫉《そね》みの対象になりがちです。立ち居振る舞いが派手になりすぎないよう、気をつけてください。「お陰様《かげさま》」という言葉が厄難《やくなん》を遠ざけます。

天喜紋 4

# 威風堂々、頂点に君臨する

**立身紋《りっしんもん》**

天喜紋に印紋がまとわりつく

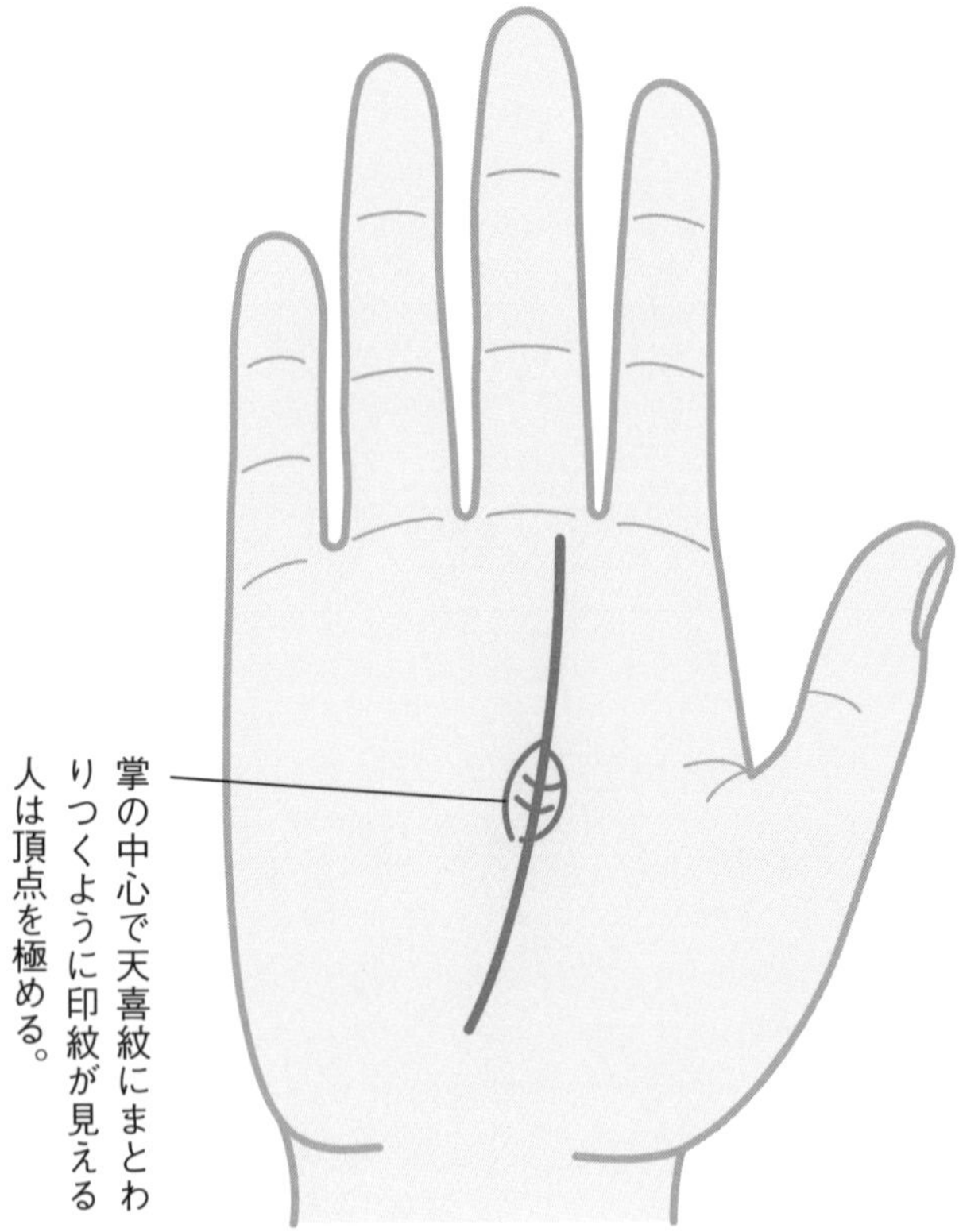
掌の中心で天喜紋にまとわりつくように印紋が見える人は頂点を極める。

## 破竹の勢いで勝ち進む

まるで掌に模様が描かれているような立身紋ですが、これが現れている人は必ずや社会進出を果たし頂点を極めます。どんなに手ごわい競合相手であろうと、ものともせず破竹《はちく》の勢いで勝ち進んでいくでしょう。周囲を圧倒するような威風堂々《いふうどうどう》とした雰囲気を漂《ただよ》わせます。

### 運気向上のアドバイス

注目を集める存在のため、常に言動に気を配る必要があります。なかなか息をつけずストレスを抱えそうですが、これは立身紋がある人にはついてまわるものです。リラックスする時間を持ち、心身のバランスを整えるようにしましょう。

天喜紋 5

# 素直な性格で人情に厚い

拝相紋《はいそうもん》

乾宮《けんきゅう》に縦横二～三本、または四～五本の紋が並ぶ

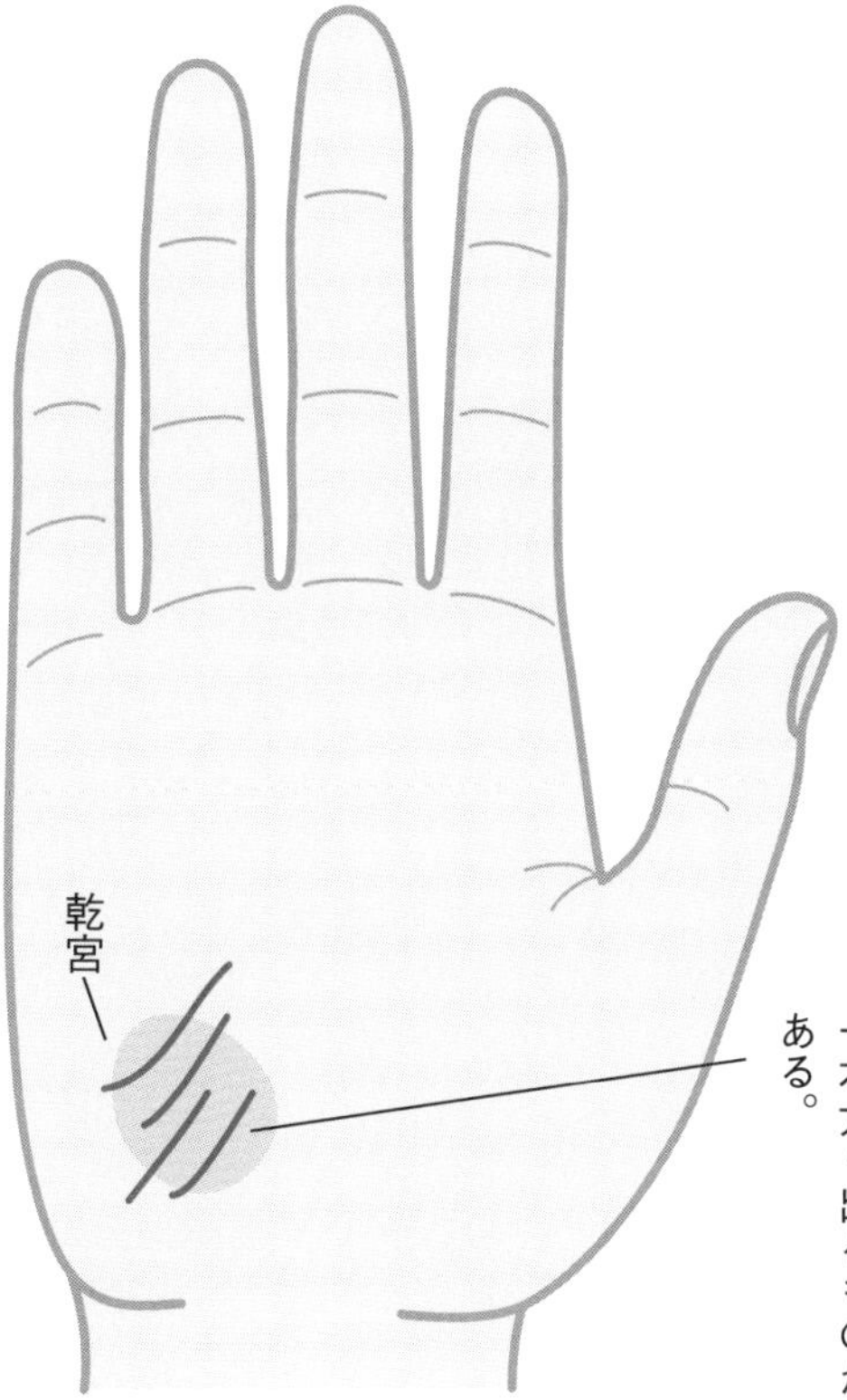


乾宮に縦横斜めの線が複数並ぶ。まれに一本太く出るものがある。

## 人柄のよさで愛される

素直で謙虚、人の話をよく聞くので目上の人に可愛がられ、出世します。性格のよさが、そのまま運勢に現れるのが、この紋の持ち主です。人情に厚く、困っている人に手を差し伸べるので、慕《した》われ尊敬される存在となるでしょう。文才があるので著述業での活躍が期待できます。

### 運気向上のアドバイス

人に尽くすので恩恵もありますが、これが過ぎると自分や家族のことが後回しになりがちです。利他《りた》の精神は尊いものですが、自己犠牲になってしまっては本末転倒です。まず自分自身を満たし、充実させるのを忘れないようにしてください。

天喜紋 6

# 乗り物事故や刃物によるケガの暗示

**剣《けん》難《なん》紋《もん》**

乾宮《けんきゅう》から延びて人差し指と中指の間に入る

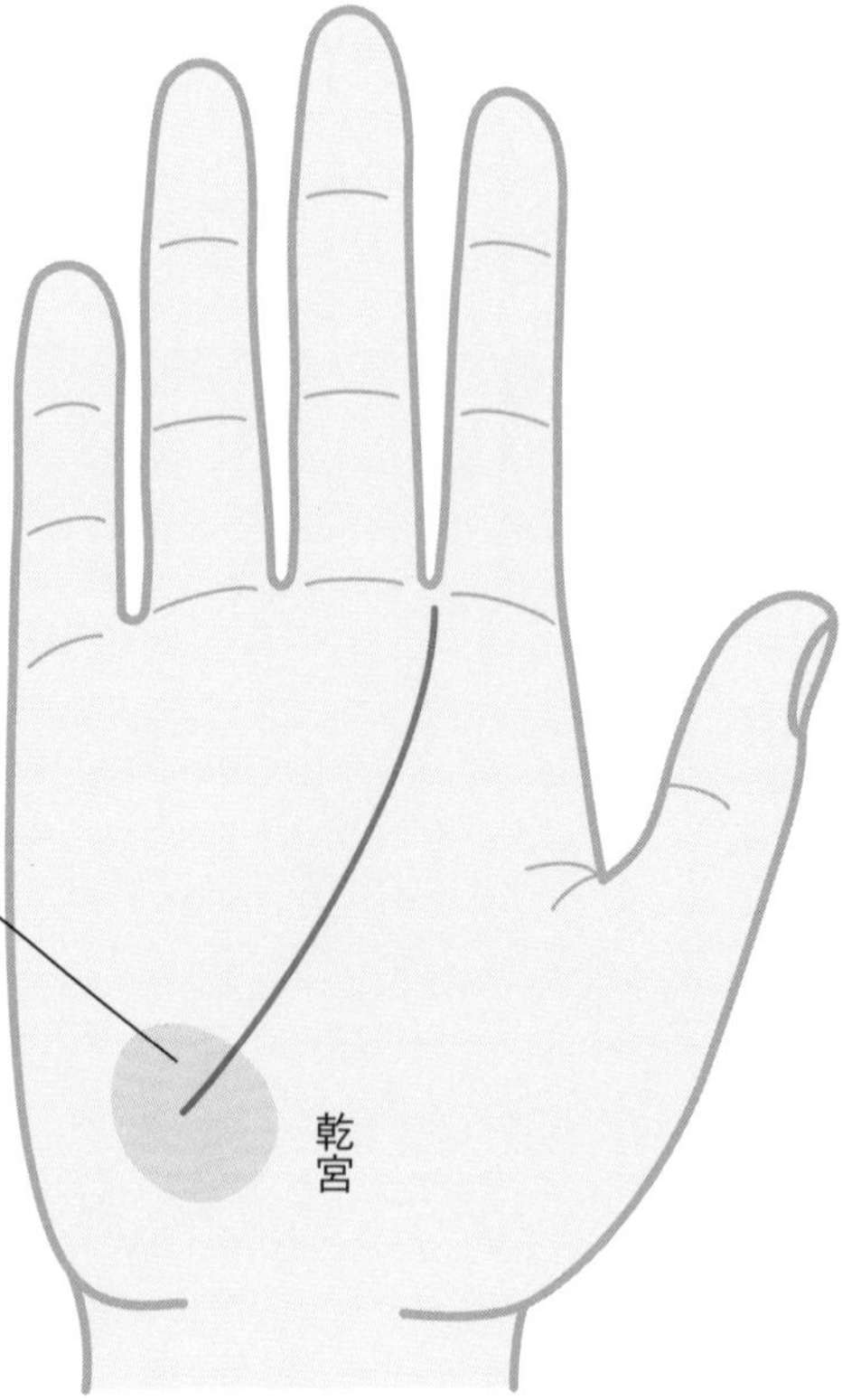


乾宮から人指し指と中指の間に延びる紋。途切れながら延びる場合もある。

## 刃物の取り扱いに要注意

一本の線ではなく途切れながら連なり、指の間に入ります。車や飛行機、電車、自転車など乗り物での事故や、機械や刃物によるケガに用心してください。この紋が現れたらいつもより慎重に行動しましょう。「嫌《いや》な予感がする」と感じたら移動手段を変えることも大切です。

**運気向上のアドバイス**

車やオートバイ、自転車の場合は、気をつけていても不可抗力の事故に巻き込まれる可能性があります。

悪天候で乗り物での移動が心配されるときはスケジュールの変更を。刃物の取り扱いは慣れていればこそ慎重にすることです。

天喜紋 7

# 強すぎる正義感で刃傷沙汰

剣難紋の別の形。兌宮《だきゅう》から切れ切れで連なる

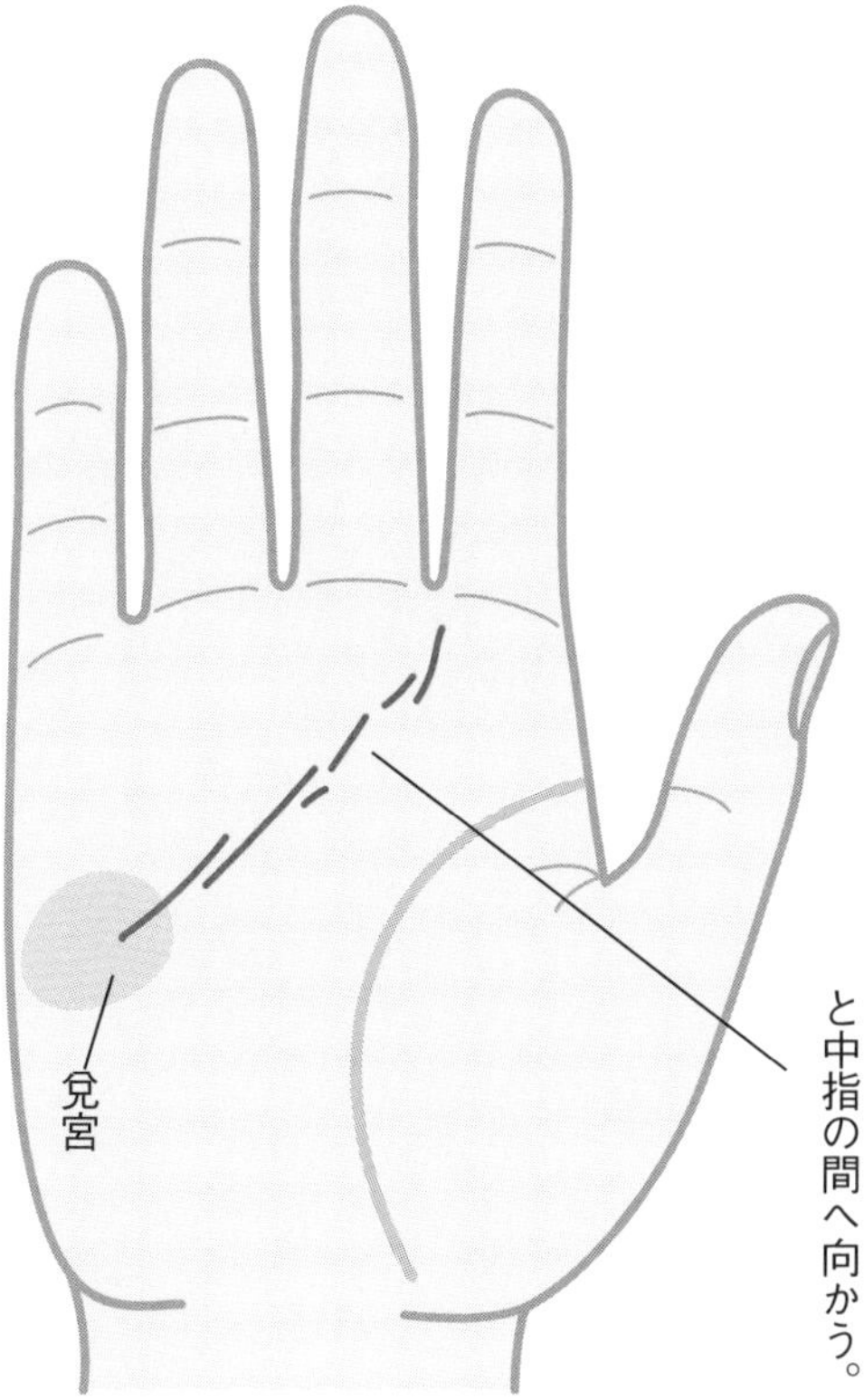
兌宮
兌宮から切れ切れになった線が人指し指と中指の間へ向かう。

## 交通事故にも注意

この紋がある人は正義感が強く完璧《かんぺき》主義で、不正を嫌います。それが原因でトラブルに発展し、刃傷沙《にんじょうざ》汰《た》になる危険があるので気をつけてください。前項の剣難紋同様、交通事故や刃物によるケガにも注意が必要です。ときどき掌を見てチェックするようにしましょう。

### 運気向上のアドバイス

正義感が強く、間違いを正そうとする性分が災《わざわ》いして、刃傷沙汰に巻き込まれる可能性があります。まず冷静に相手の話を聞き、どうしても解決できそうにない深刻な問題があるようだったら迷わず回避を。命を大切にしてください。

天喜紋 8

# とりとめのない性格で惑わせる

断紋《だんもん》

天紋、地紋、人紋がどれも切れ切れになっている

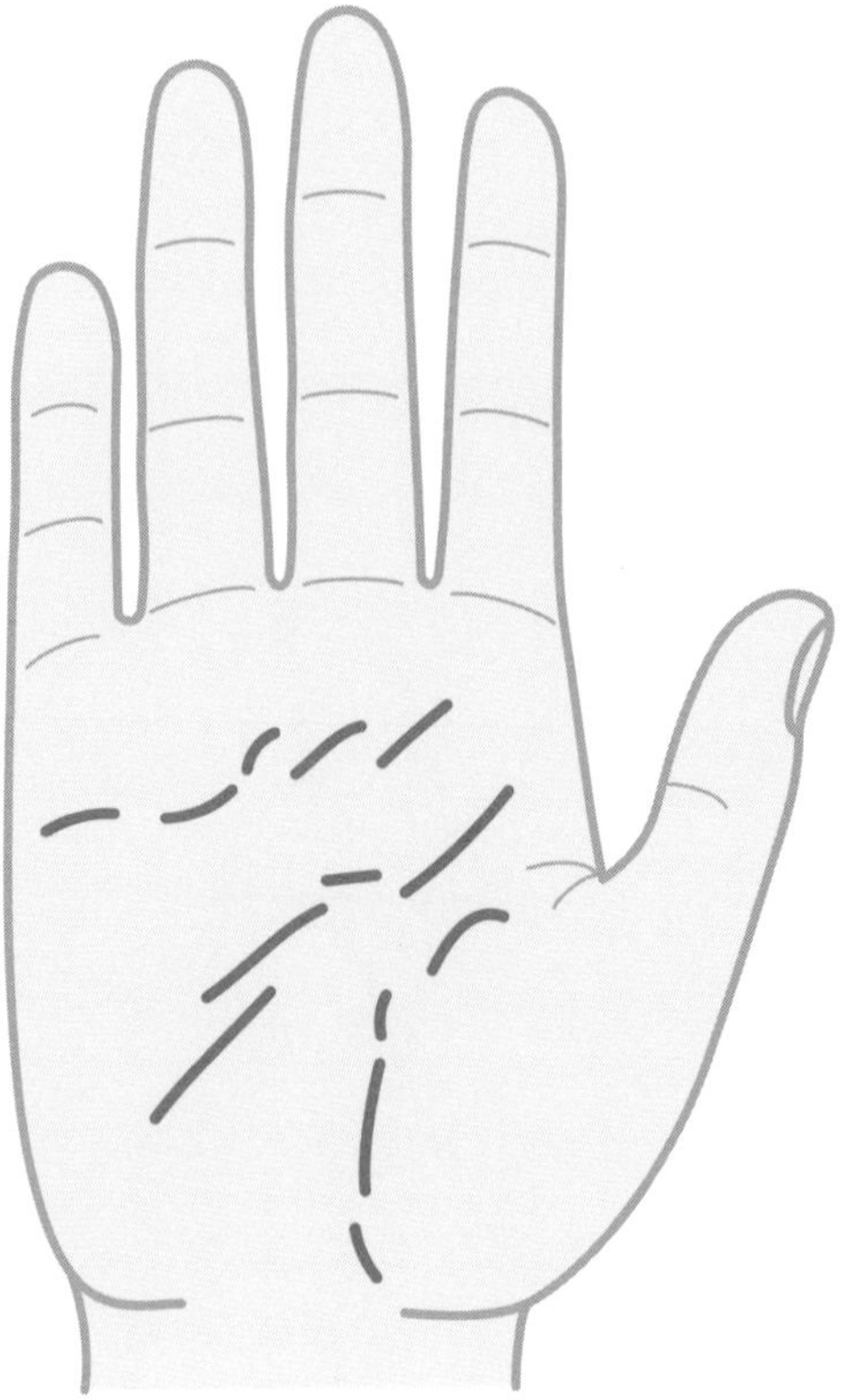

天紋・人紋・地紋の三紋が切れ切れに刻まれている。

## 芸が身を助ける

天、地、人の三紋が切れ切れの手相というのはめったに見られませんが、この紋があると物事の考えや言動に一貫性がありません。そのため、浮いた存在となりがちです。一芸に秀《ひい》でていたなら、それが助けとなり、場合によっては稀有《けう》な味となって人々を魅了するでしょう。

### 運気向上のアドバイス

自由気ままに生きるのは悪くありませんが、円満な人間関係が築《きず》けないと、やがては孤立してしまいます。相手の立場に立って物事を考え、言動に責任を持つよう心がけてください。ほどよい大らかさが人間的魅力となります。

天喜紋 9

# 億万長者も夢ではない

四直紋《しちょくもん》

四本の線が艮宮《ごんきゅう》か坎宮《かんきゅう》から中心に延びる

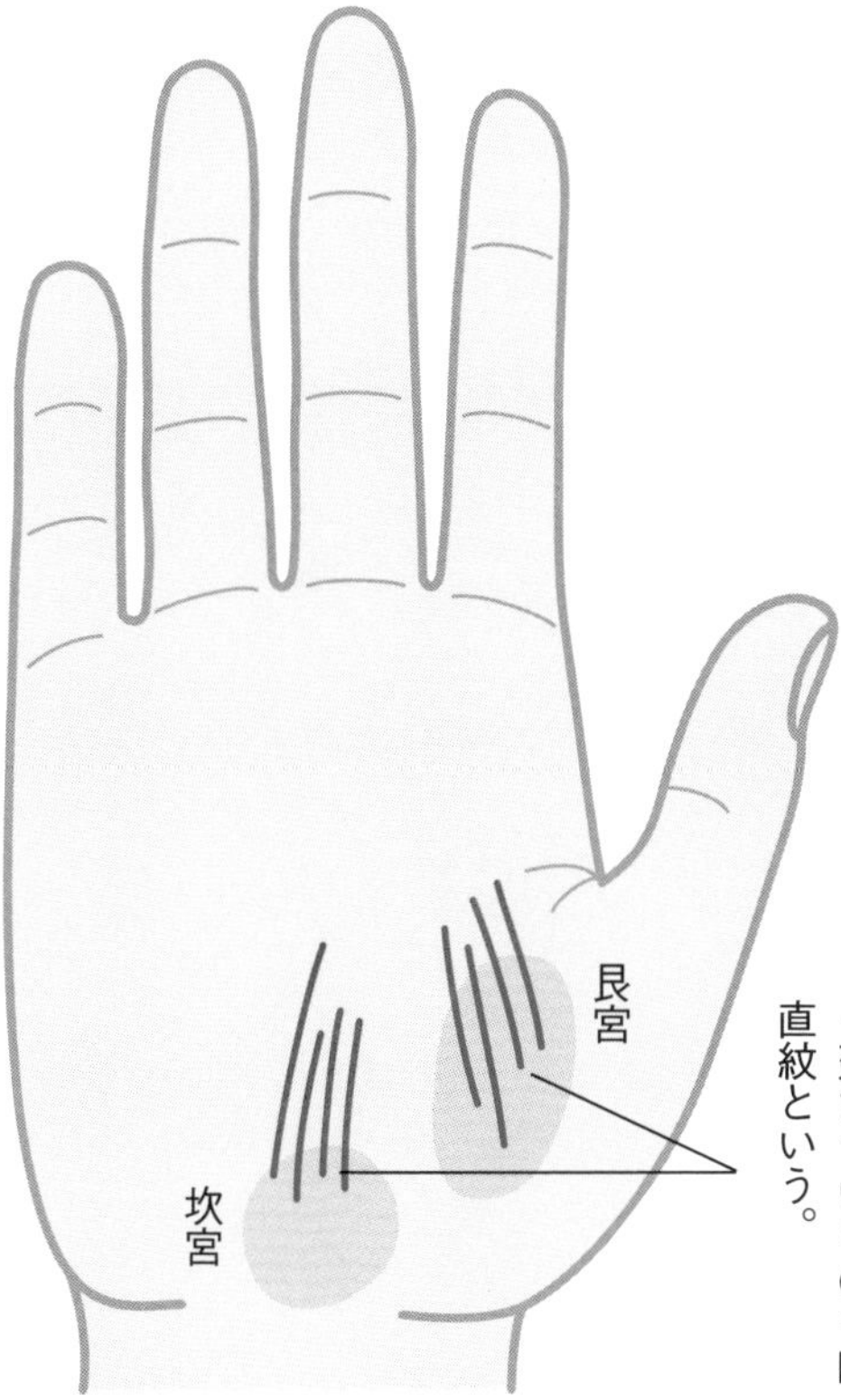


艮宮もしくは坎宮から四本の線が掌の中心に向かってまっすぐ延びているのを四直紋という。

## すべての努力が報われる

異例の大抜擢《だいばってき》や昇進、事業の拡大など仕事面において大成功をおさめます。努力すれば必ず成果が得られ、想像以上の展開となることもあります。独立したならなおその勢いは増し、巨万の富を築く可能性があります。とても珍しい紋で、世界を探してもごくわずかです。

### 運気向上のアドバイス

これ以上望むものはないくらいの運勢ですが、人柄も豊かに、分かち合いの精神を大切にしてください。善因善果《ぜんいんぜんか》、善き行いは自分のもとに戻ってきます。これが積み重なれば末代《まつだい》にまで名を残す人物となることでしょう。

高扶紋 1

# 人気運があり華やかに活躍

高扶紋《こうふもん》

乾宮《けんきゅう》から薬指へ一直線に延びる

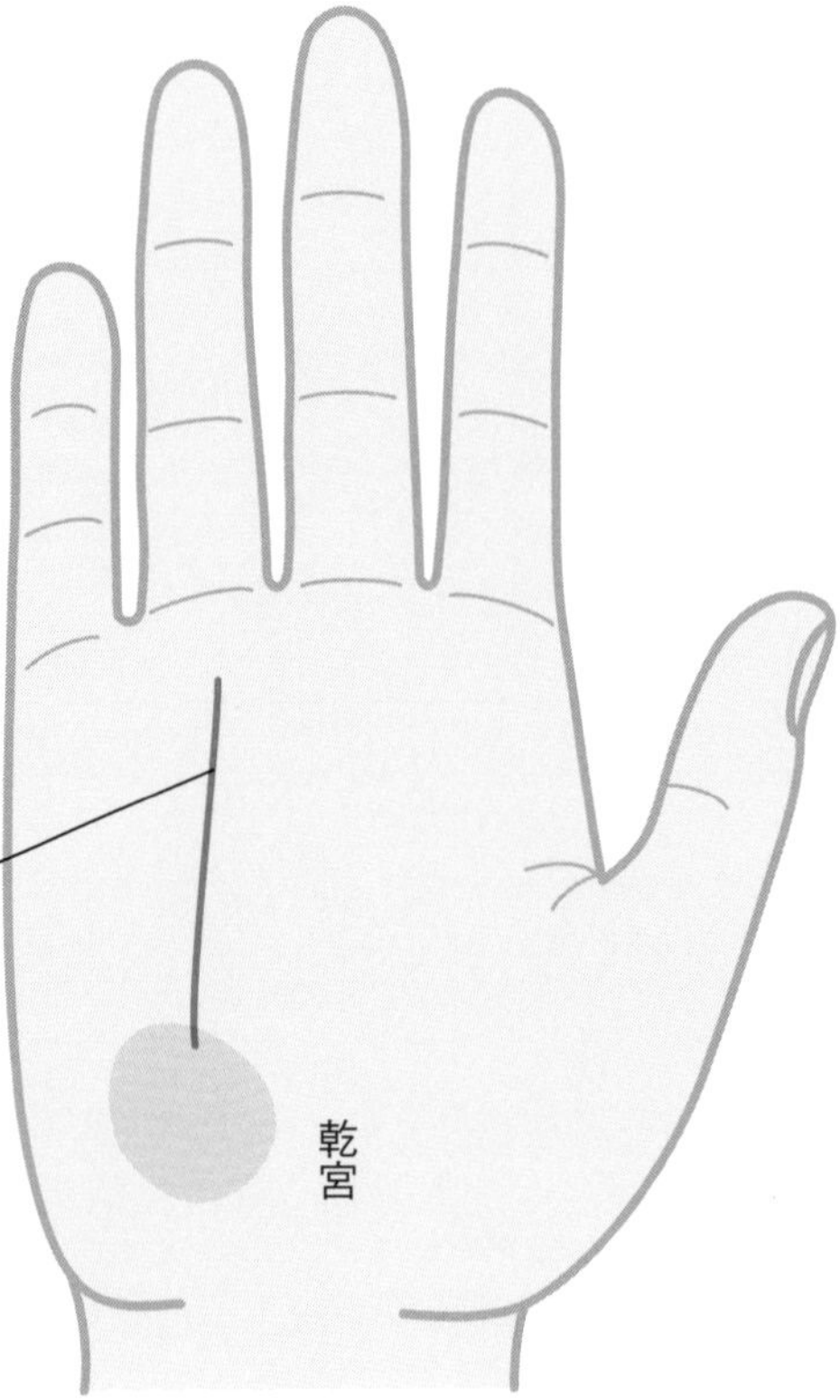
乾宮から薬指にまっすぐ延びる高扶紋があると人気を味方につけて大活躍する。


## 人気運に恵まれる

高扶紋《こうふもん》が一直線に延びていると、俳優やタレント、ミュージシャンなどで華やかに活躍します。会社や団体などに勤務しているなら、人望が集まり順調に出世していくでしょう。自営業の場合は、本人が広告塔になるなど注目が集まり、繁盛します。楽しみながら働くので安楽な人生です。

**運気向上のアドバイス**

人気が人生を左右するといっても過言ではありません。支えてくれる人たちに感謝し、ますます喜んでもらえるよう精進《しょうじん》すれば、どこまでも繁栄していきます。積極的に情報発信していけば、海外での活躍も期待できます。

高扶紋 2

# 引き立てを受け大きく発展

**贔屓紋**

## 薬指に向かって延びる線が天紋を横切る

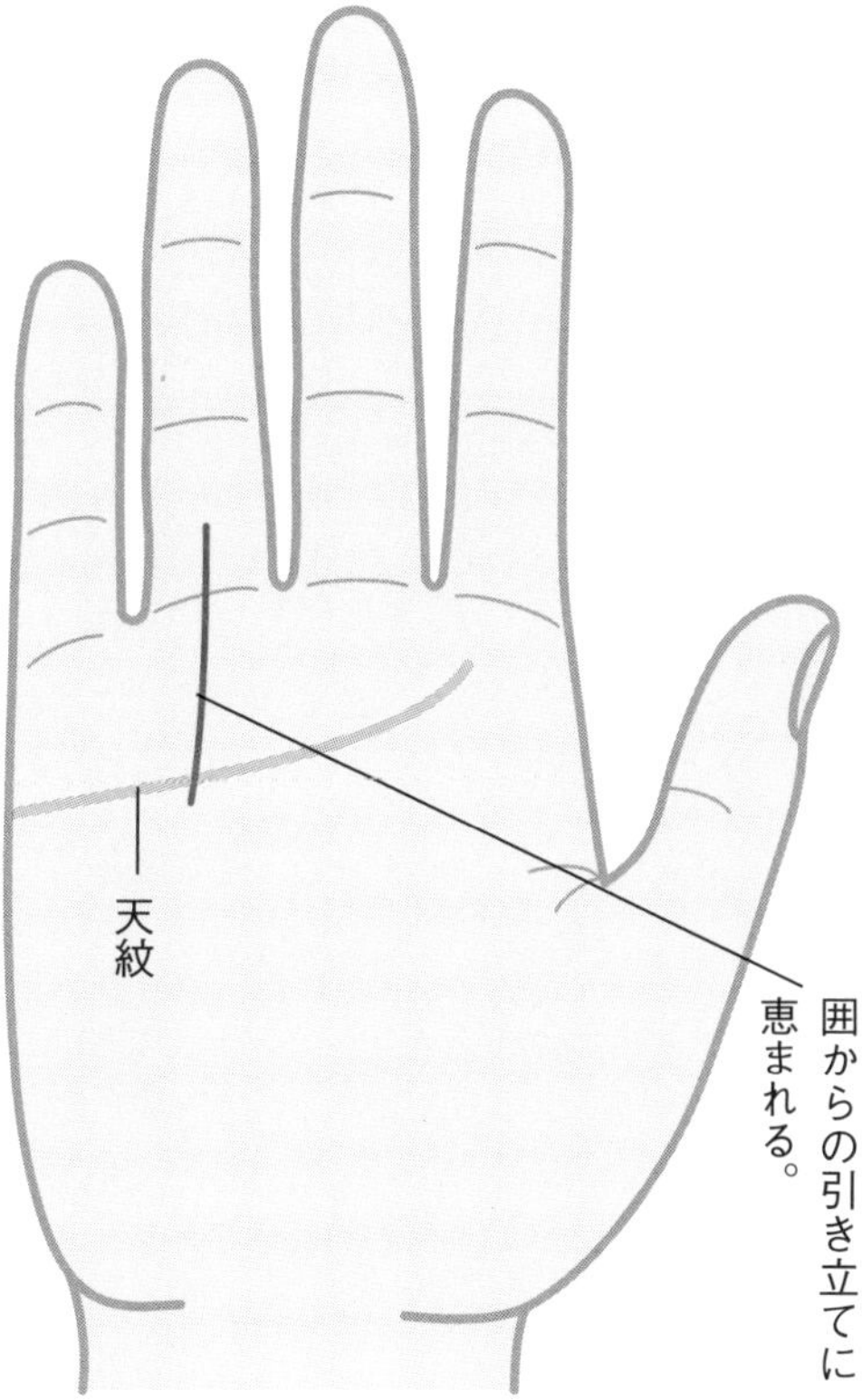
天紋を横切り薬指まで延びる高扶紋は周囲からの引き立てに恵まれる。




### 応援者が現れる

力添《ちからぞ》えや優遇《ゆうぐう》を受けて大きく発展していきます。芸能関係であれば、バックアップを受けて思うままの活動が叶《かな》います。企業や団体の場合も同様に、応援を受けて順調に実績が上がっていきます。いずれも素晴らしい人脈に恵まれるでしょう。ご恩返しを忘れないでください。

### 運気向上のアドバイス

ご贔屓筋《ひいきすじ》に恵まれるのはとてもありがたいことです。しかしなかには、過度な期待をする人物がいないとは限りません。それぞれ適度な距離感を保ちつつ、ともに幸せになる道を進んでいきましょう。セキュリティは万全にしてください。

## 東洋相法でいう「技芸紋《ぎげいもん》」
# 西洋相法の健康線

### 体の健康状態を示す

豊かな才能や財運に恵まれていても、もし体力が弱ければ与えられたチャンスを生かせないばかりか、生活そのものが不安定になってしまいます。手相を見る際には、生命線といっしょに健康線もよく観察してください。

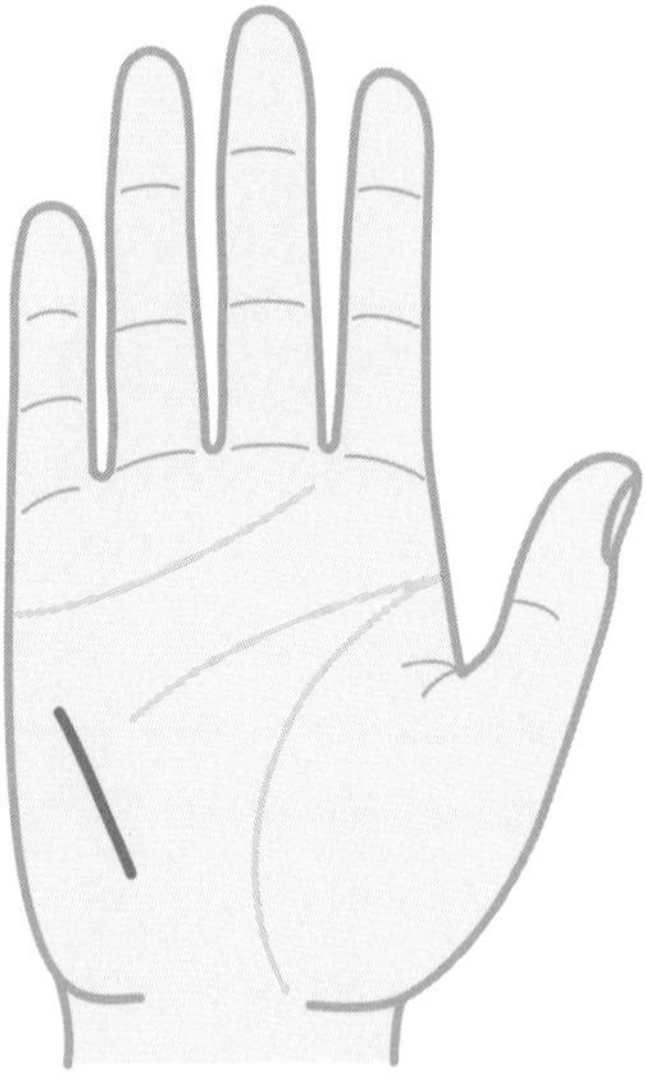

健康線とは、掌の下部から小指に向かって斜めに延びる線。

健康線は掌の下部から起こって小指へ向かう斜めの線で、多くは感情線に接するあたりで終わっています。

勢いよく一直線に刻まれているのが理想的で、この線の人は健康状態が良好で異性を惹《ひ》きつける力もあります。また、収入など生活状態も安定しているでしょう。

東洋手相ではこの線を、芸事の分野で活躍できる相と判断します。(164ページ参照)

そして、健康線が弱々しく切れ切れになっているのは虚弱《きょじゃく》体質、病弱な状態を示し、十分に働けないため、経済的に厳しい可能性があることを示しています。

# 第8章

# その他の注目紋

東洋手相術ならではの運勢を示す31の紋

注目紋 1

# ご馳走してもらえる吉紋

双魚紋《そうぎょもん》

掌に規則正しい爻字《こうじ》の紋が現れる

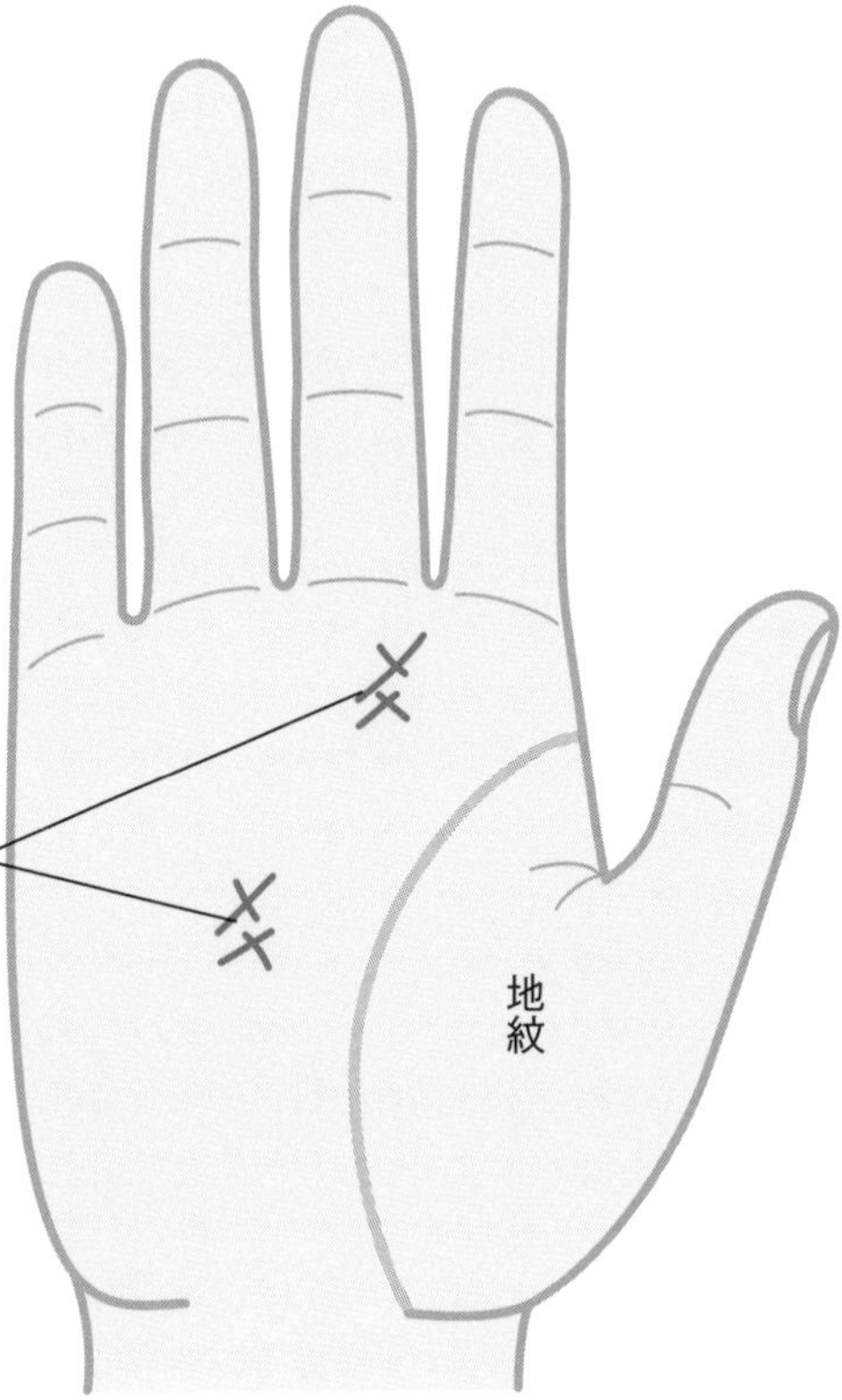
双魚紋。「爻」は魚を表し、
紋が二つ上下に並んでいる。


## 紋が表れる場所に注目

双魚紋《そうぎょもん》は掌のどこに現れても吉相ですが、規則正しい爻字《こうじ》であることが大切で、美味しいものをご馳走《ちそう》されるでしょう。これはよい運を引き寄せていることを暗示している紋でもあります。また、この紋が掌の中心にあれば文学的才能を発揮し、文筆家としての活躍が期待できます。

## 運気向上のアドバイス

ご馳走になったらお礼を言うのはもちろん、後日、必ずお返しをしておきましょう。その人物と良好な関係が築けます。双魚紋が現れたら、贈り物をもらう、嬉《うれ》しい知らせが届く、などの幸せの連鎖《れんさ》があるかもしれません。

注目紋 2

# 陰徳を積み平穏に暮らす

## 陰徳紋《いんとくもん》

震宮《しんきゅう》から線が五～六本延びる

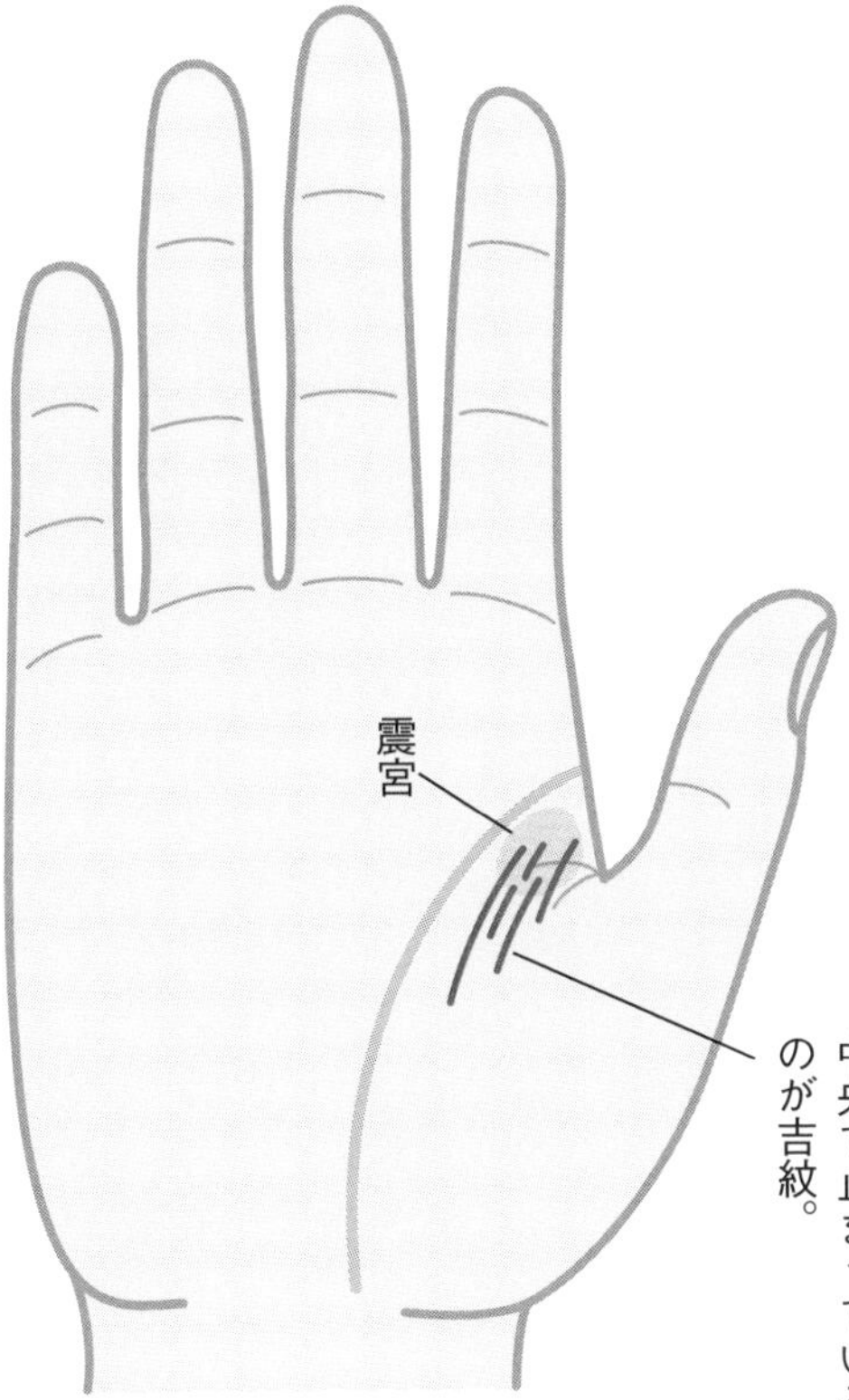


末端が跳《は》ねるように上に向かうか、掌の中央で止まっているのが吉紋。

### 無償の愛を注ぐ

陰徳《いんとく》（人知れずの善行）を積み、欲張ることなく、悪事とは無縁の人生を送ります。先天的に陰徳のある人に現れる紋ですが、よい行いを続けていくことで後天的に出てくることがあります。この紋を持つ人は人間関係が円満で、豊かさを分かち合う懐《ふところ》の深さがある人です。

### 運気向上のアドバイス

積んだ陰徳が別の徳となってめぐってきます。見返りを求めず善行を積んでいけば、ますます豊かな人生となります。この尊い精神を家族に伝えたなら、よい連鎖が生まれて、子孫も恩恵を受けることができるのです。

注目紋 3

# 豊かな人生を送る

美禄紋《びろくもん》

掌の中心が三角形にみえる

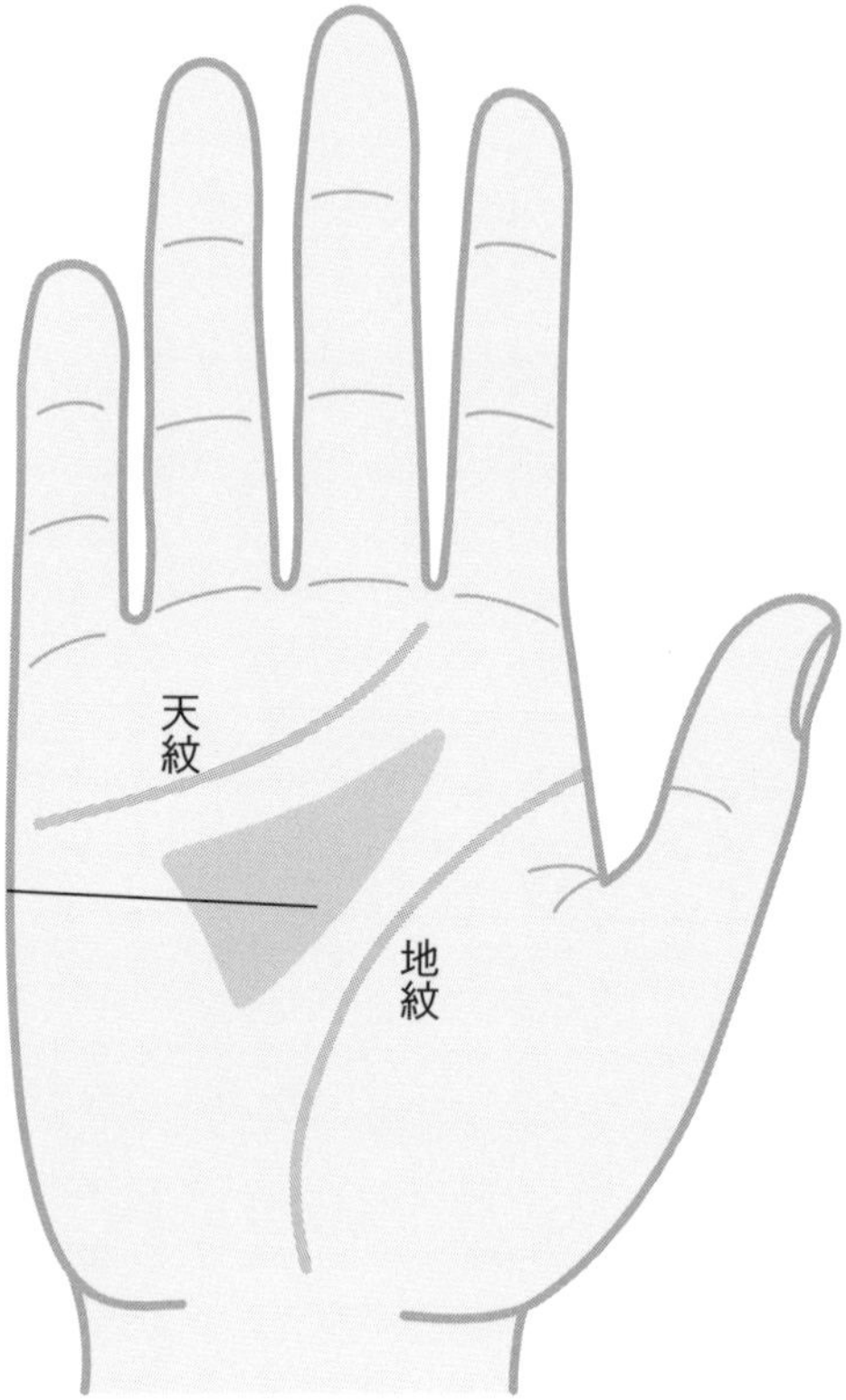


掌の周辺部分の肉づきがよく、掌の中心がくぼんで三角形をつくる。

## 衣食住に恵まれる

掌がふっくらとして中心が三角形にくぼんでいると美禄《びろく》（衣・食・住）に恵まれます。三角形は多少ゆがみがあっても、横に広がっているほうが吉です。多くの人に慕《した》われるので楽しくにぎやかな人生となります。また、世に名が知られて注目を集め、活躍する人気運もあります。

### 運気向上のアドバイス

美禄に恵まれるため、金銭目的や利用しようと接近してくる人がいます。人を見極《みきわ》める力を身につけ、誠実で何でも信頼できる人物に相談してください。人にご馳走や贈り物などをして福運を分かち合うと、ますます運気が上昇します。

注目紋 4

# 文筆業で活躍する

**筆陣紋《ひつじんもん》**

掌に毛筆を立てて並べた形

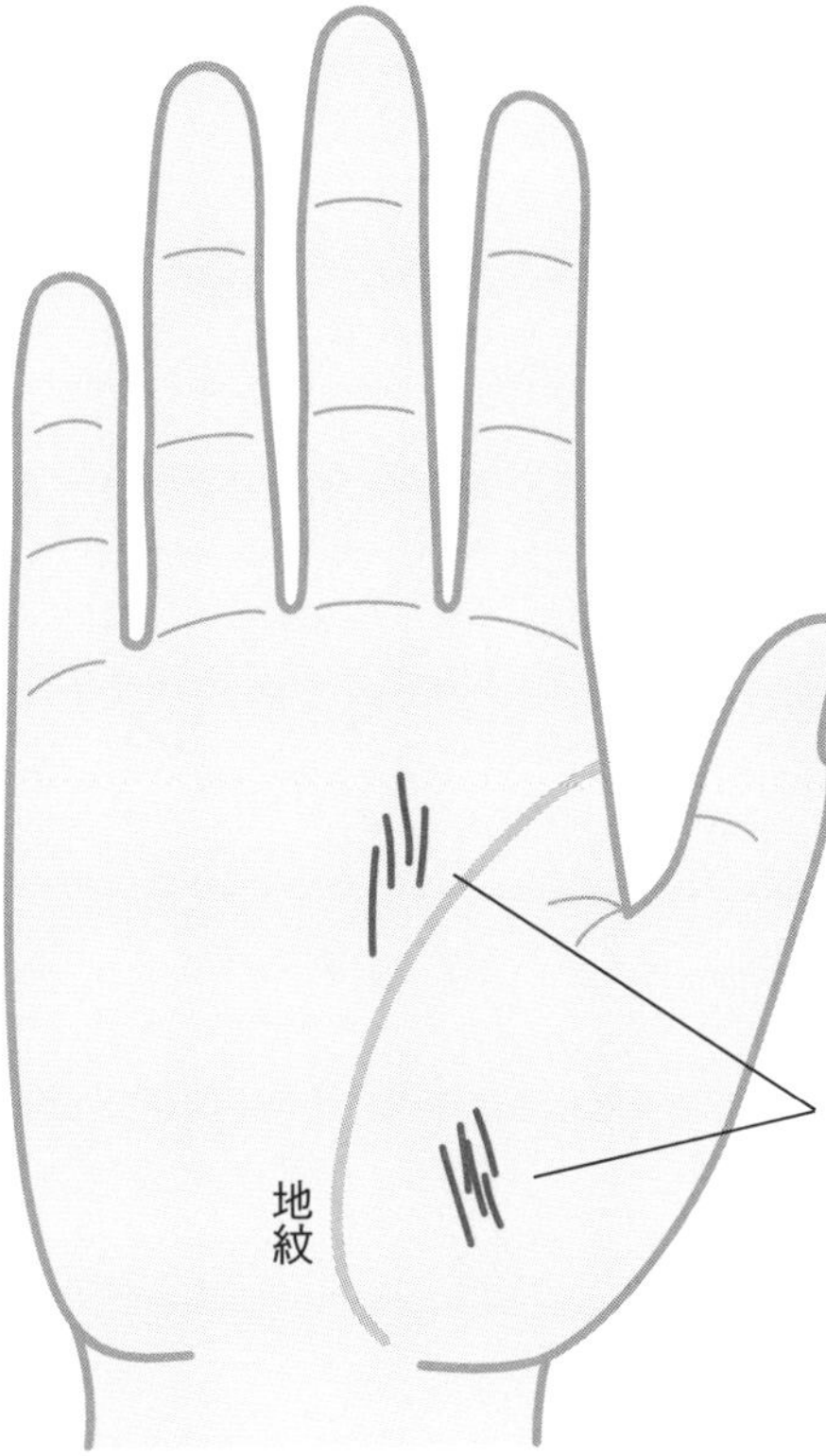
毛筆を並べたような紋。直線並行で長短の差がないほうが吉。


## 商売をしても大繁盛

優れた文章力の持ち主で、文筆業にたずさわると成功します。名誉な賞を手にする可能性があるでしょう。商才にも長《た》けており、順調に発展していくつも支店を持ったり、規模を大きくしたりします。衣・食・住に恵まれているので心身ともにゆとりがあり、人間関係も円満です。

### 運気向上のアドバイス

文才と商才に恵まれている幸運な手相です。社会的地位や金銭的豊かさを手に順風満帆《じゅんぷうまんぱん》な人生ですが、謙虚さと人情を忘れると強運を逃してしまいます。「人の幸せは我《われ》の幸せ」と肝《きも》に銘《めい》じて感謝のうちに毎日を過ごしてください。

注目紋 5

# なかなか努力が報われない

**離掛紋《りかもん》**

離宮《りきゅう》に乱紋がある

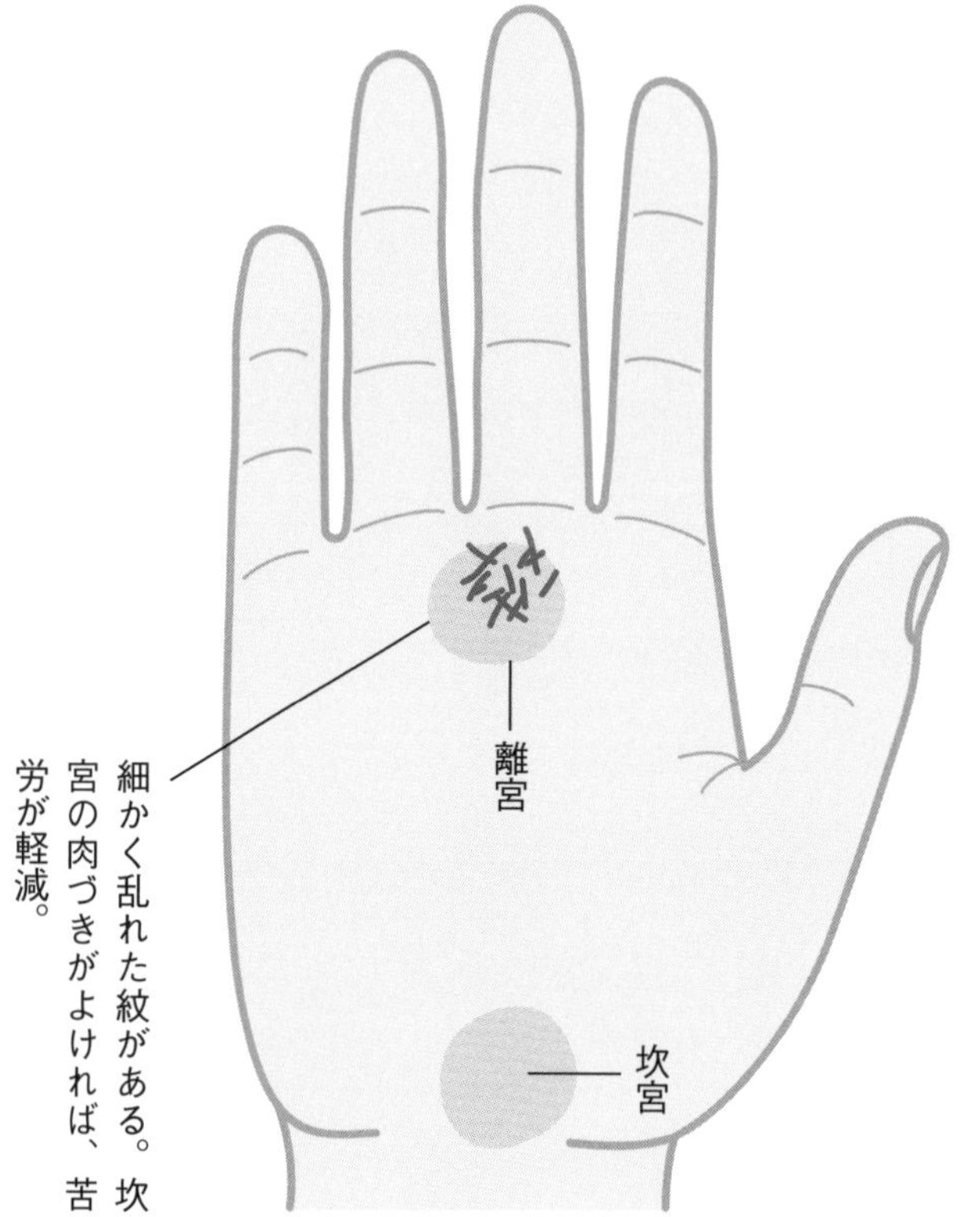
離宮
坎宮
細かく乱れた紋がある。坎宮の肉づきがよければ、苦労が軽減。

## 苦労が多く悩みやすい

離宮に細かく乱れた紋が現れると、むだな苦労をする、なかなか努力が報われないという状況におちいります。しかし、坎宮《かんきゅう》の肉づきがよければ苦労は軽くなり、思わぬところから救いの手が差し伸べられます。晩年は若いころの苦労が報われて豊かな生活を送ることができます。

### 運気向上のアドバイス

苦労が続くと、なかなか前向きになれません。自暴自棄《じぼうじき》になるのは無理からぬ話です。しかし苦労を人生の基盤にするくらいの心持があれば、一発逆転のチャンスが訪れます。あと一歩、と自らを鼓舞《こぶ》して前進することです。

注目紋 6

# 鋭い直観力や才能を発揮する

**仏眼紋《ぶつがんもん》** 人差し指、中指、薬指、小指のつけ根に眼の形

**道眼紋《どうがんもん》** 掌の中央にある眼の形

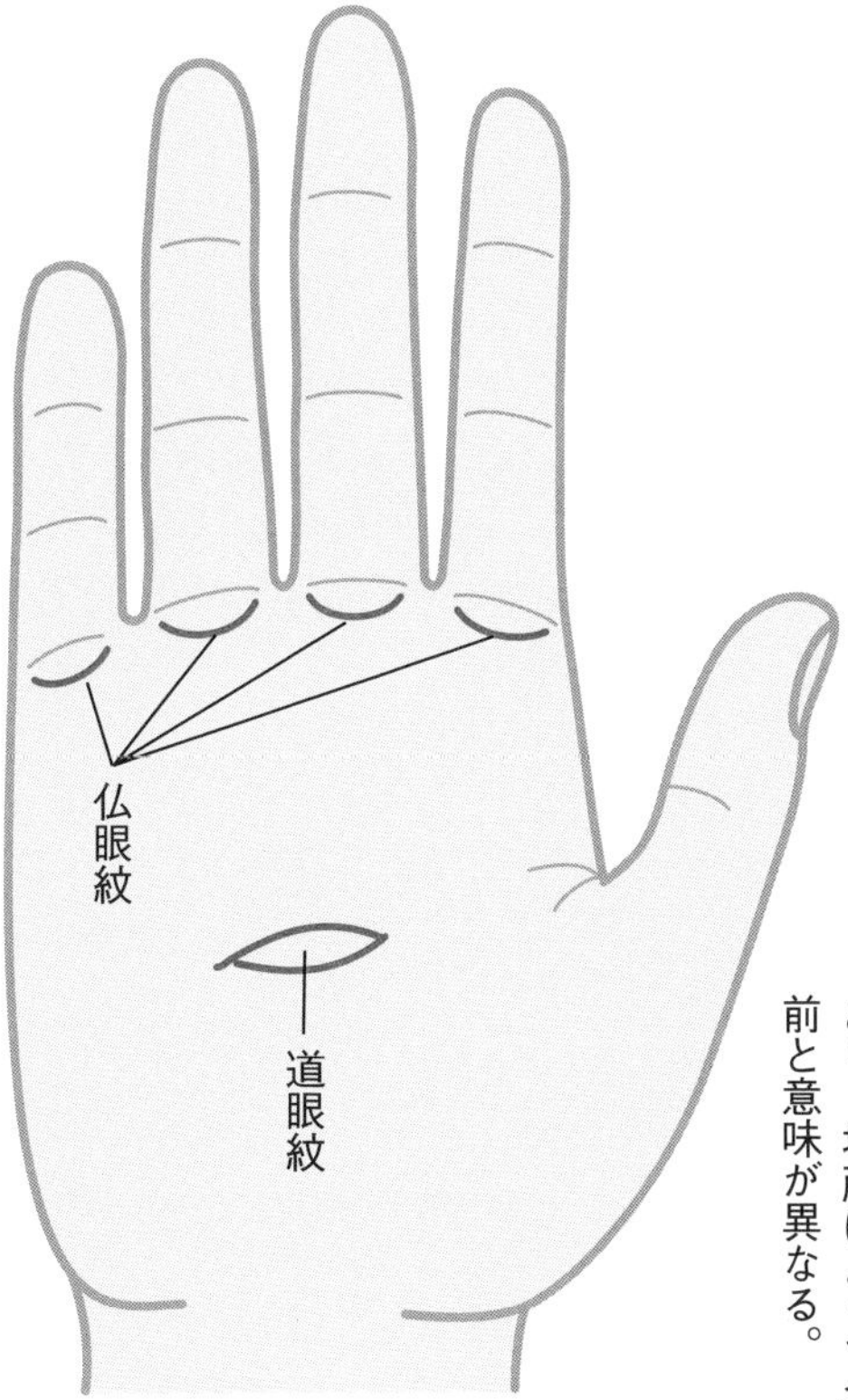


仏眼紋・道眼紋など眼紋にはさまざまな形があり、場所によって名前と意味が異なる。

## 眼紋の位置で才能がわかる

仏眼紋があると位の高い僧侶になるといわれています。出家の道を選ばなくても、第六感が鋭く、直観力のおかげで良好な人間関係を築けます。自己愛が強いですが、態度には出しません。また、道眼紋があると一芸に秀で、医師や哲学者、鑑定士などの職業で成功します。

### 運気向上のアドバイス

相手の気持ちや状況を瞬時で察知できるため、ときに相手の本音に気がつくことがあります。悩ましいところですが、そもそも完璧な人間はいません。寛容な気持ちで接してください。注目を集めやすいので、おだやかな言動を心がけることです。

注目紋
7

# 頭脳明晰で家が繁栄

## 夫子紋《ふうしもん》（学童紋《がくどうもん》）

親指のつけ根にある仏眼紋《ぶつがんもん》のこと

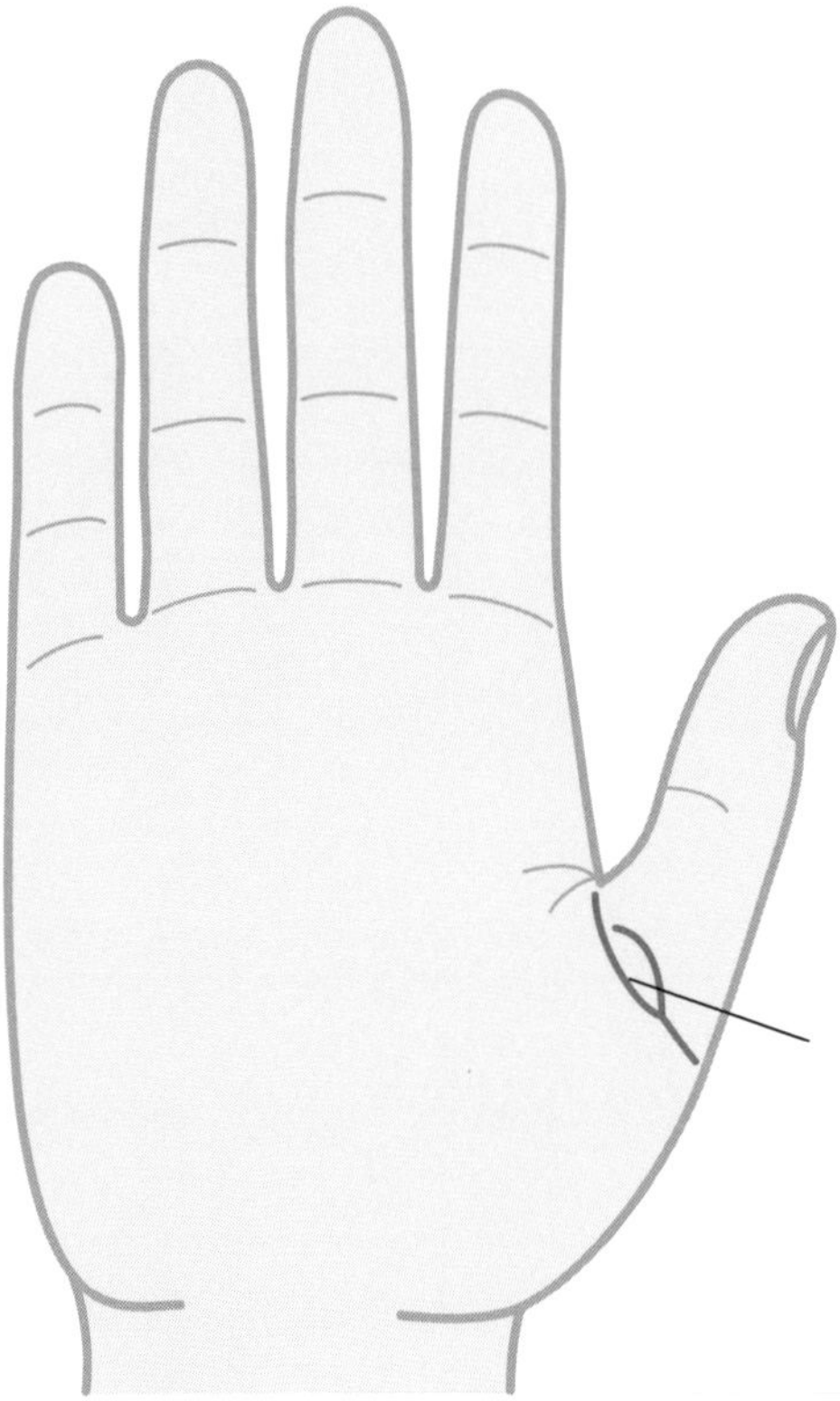

親指つけ根の仏眼紋を夫子紋といいい、紋が美しいほど吉。

### 整った形の紋ほど吉相

夫子紋《ふうしもん》があると、洗練され教養にあふれます。周囲から羨望《せんぼう》のまなざしを向けられることがあります。家を繁栄させ、先祖の名を上げる暗示があります。紋が繊細な仏眼であるほど吉となり、眼の幅が広く線が太ければ、文才にも恵まれ文筆家としての活躍が期待できます。

### 運気向上のアドバイス

仏眼紋と同様に才能に恵まれ繁栄しますが、傲慢《ごうまん》な態度やわがままな言動は幸運を遠ざけます。「仏眼」と称される通りの、慈悲深《じひぶか》く愛情に満ちた人であるよう心がけてください。そうすれば、ますます繁栄していきます。

注目紋 8

# 豊かな人間性で勤勉

雁陣紋《がんじんもん》

雁《がん》が並んで飛んでいるように見える

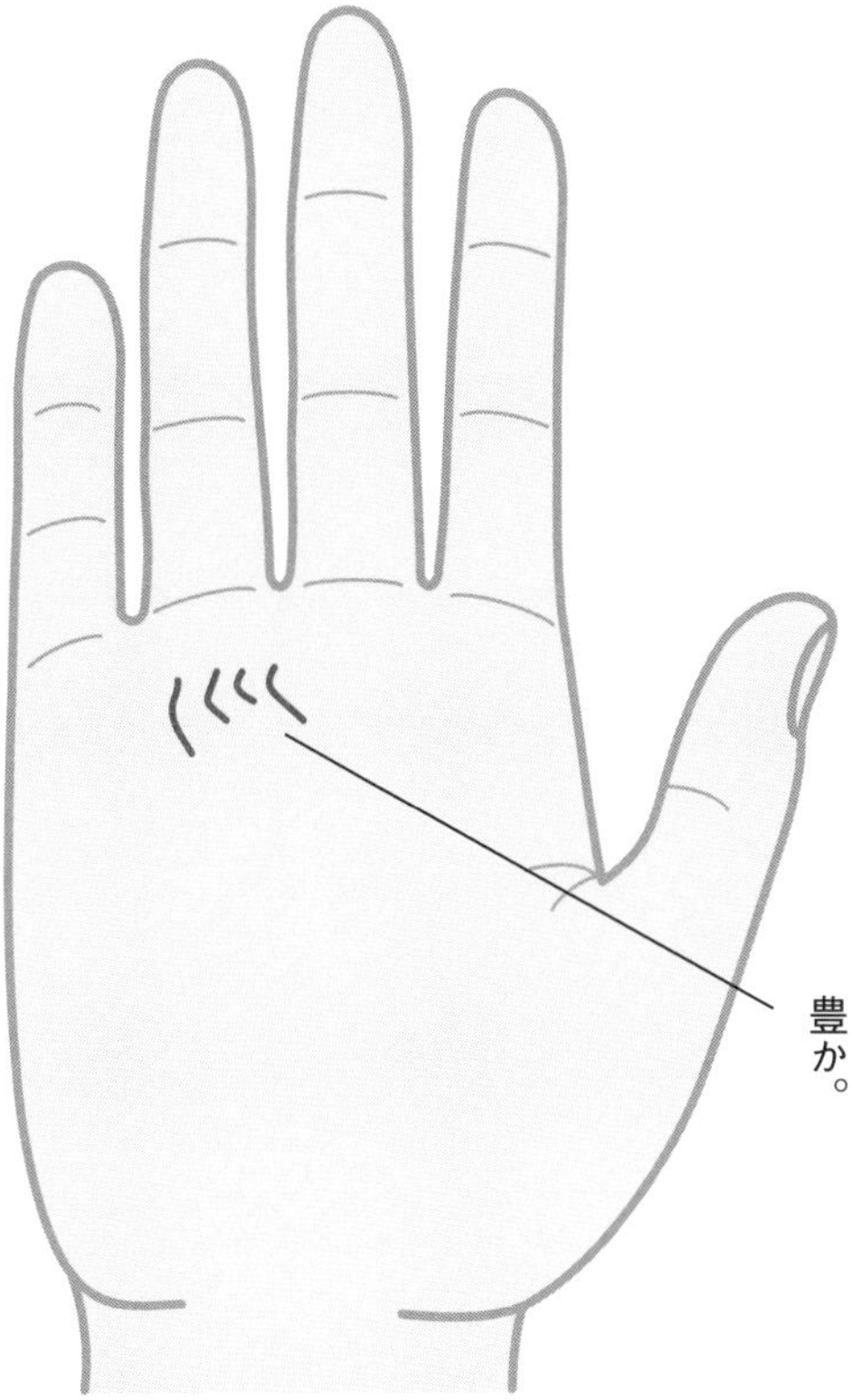

雁陣紋が横に並んでいると、どこにあっても堅実で人間性が豊か。

## 紋の並び方で意味が異なる

雁《がん》が並んで飛んでいるように「く」の字を描いて横に並んでいる紋は、誠実で地道に働き成果を上げる様を示します。人間性も豊かなので、尊敬され慕《した》われます。しかし紋に乱れがあると、自らの感情に振り回されて疲れてしまう暗示があります。気の使いすぎは禁物です。

### 運気向上のアドバイス

紋の乱れの有無にかかわらず、思い過ごしや取り越し苦労は禁物です。でないと石橋を叩きすぎて壊すようなもので、失敗や損失に見舞われる可能性があります。気持ちを大らかに、完璧を求めすぎず、人や物事に接するよう心がけてください。

注目紋
9

# 早合点して物事を判断する

川字紋《せんじもん》

天紋、人紋、地紋で「川」の字を形成

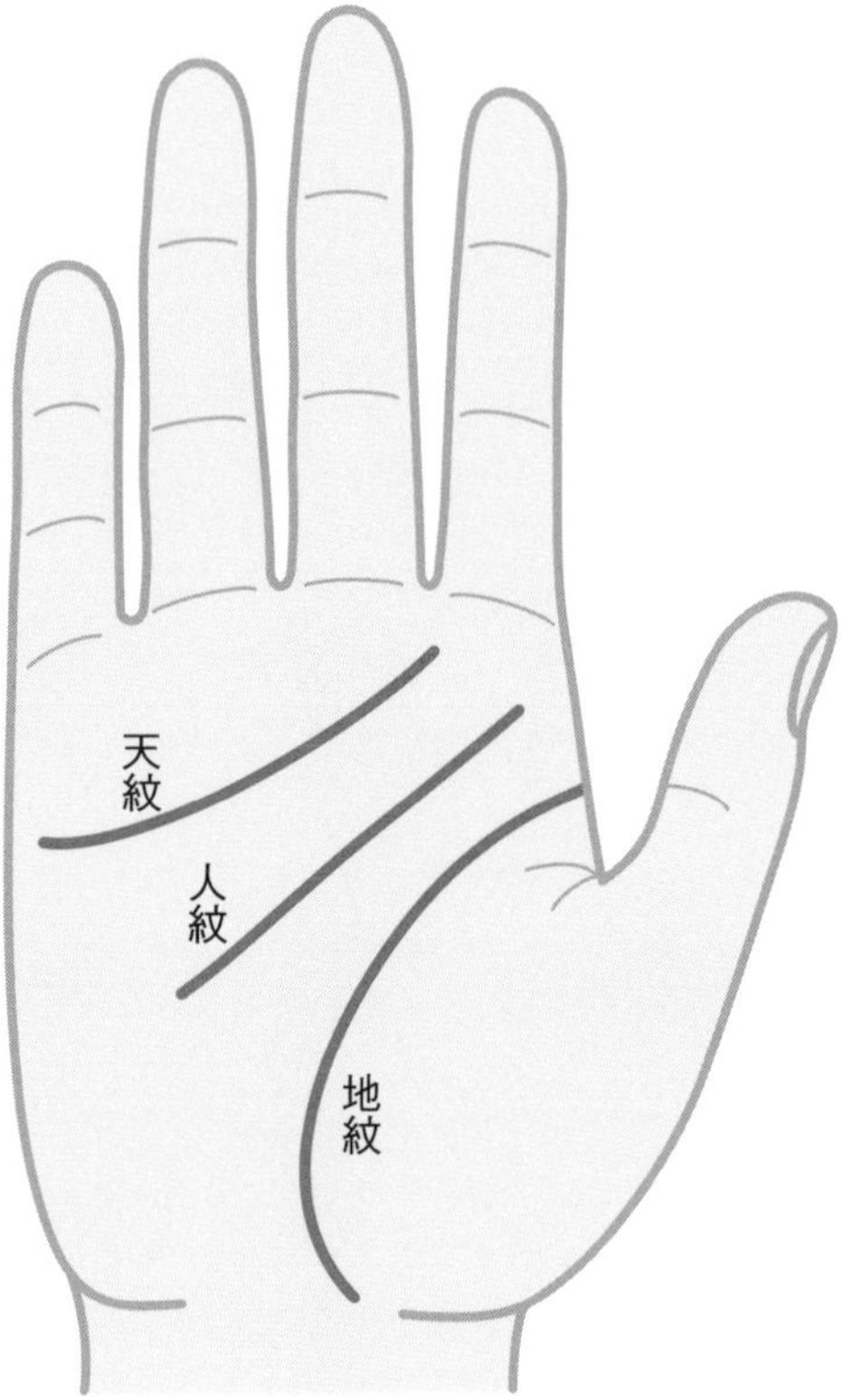


人紋の始まりが地紋から一センチほど離れ、天紋、人紋、地紋で川の字をつくる。

## 当たれば大成功

昔は指に三本の紋理《もんり》があるのが川字紋で、長寿の相といいました。現代では天紋、人紋、地紋が川の字に見えるのを川字紋といいます。早合点して物事を決めてしまい、思ったことをそのまま口にするところがあります。瓢箪《ひょうたん》から駒《こま》なら大成功ですが、大失敗をする場合もあります。

## 運気向上のアドバイス

決断の素早さが功を奏すればよい結果が得られますが、そうでなければ失敗を招きます。また、思ったことをすぐ口にするのは正直さの表れですが、相手が傷ついては失言となってしまいます。言葉選びは慎重にしましょう。

注目紋10

# 心配性で気持ちが休まらない

## 煩鎖紋《はんさもん》（繁雑紋《はんざつもん》）

掌全体にごちゃごちゃした紋が広がる

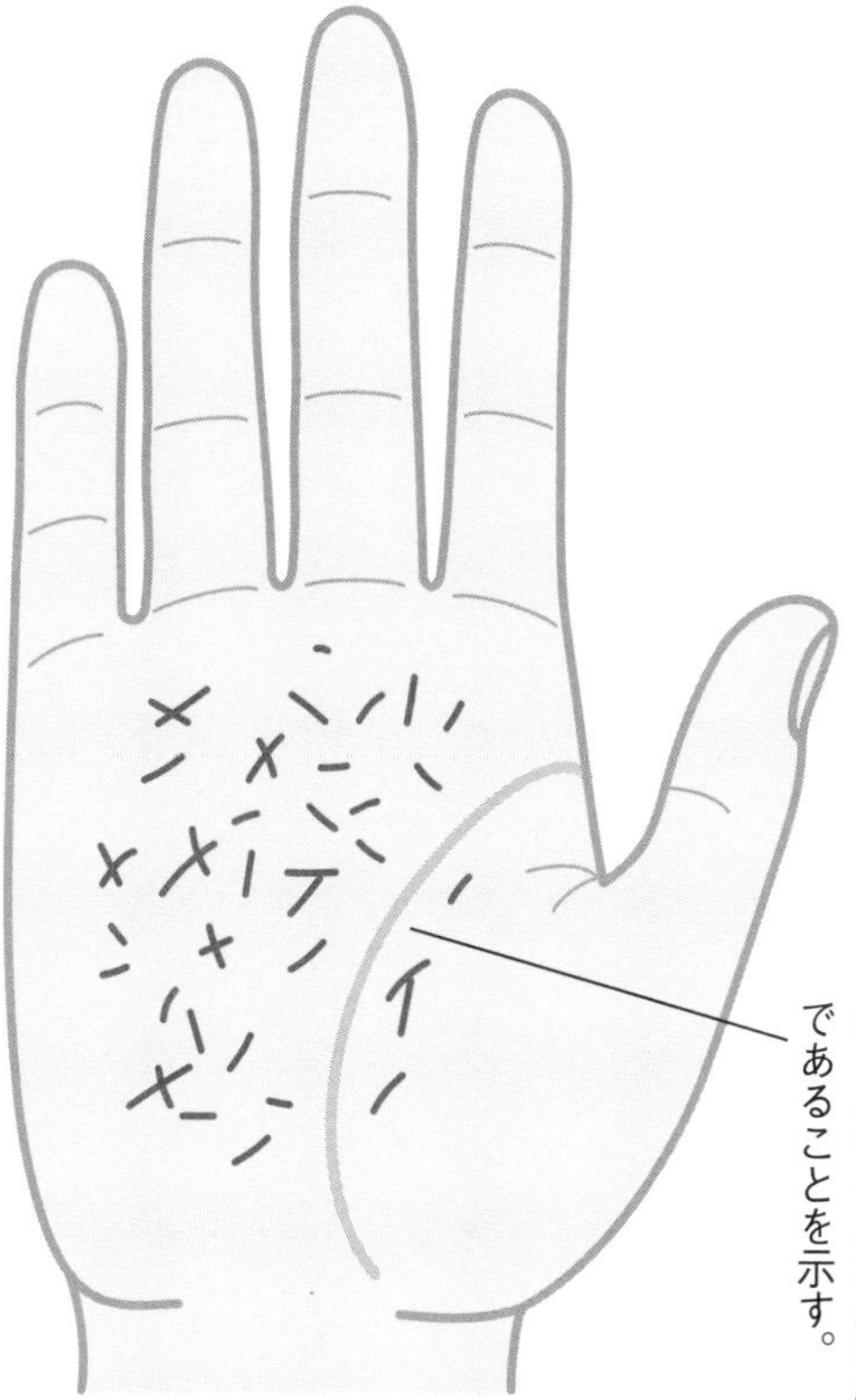
繁雑に紋が散らばっているので繁雑紋ともいい、たいへんな心配性であることを示す。

### 紋が多いほど神経質

人により紋様はさまざまですが、天・地・人の三紋に乱れがあると、神経が休まらず躁鬱《そううつ》などの疾患《しっかん》に悩まされやすくなります。紋の数が多いほど心配性、神経質で気苦労が絶えません。些細《ささい》なことにも一喜一憂してしまうので、それが体調に影響を及ぼすことがあります。

### 運気向上のアドバイス

細かい心配りができるのはよいことなので、気に病みすぎないようにしましょう。気分転換する、物事をよいほうに捉《とら》えるなど、心おだやかに過ごしてください。多少の失敗は誰にでもあることです。口角《こうかく》を上げると運気も上昇します。

注目紋
11

# ヒステリックで気持ちにゆとりがない

肝癪紋《かんしゃくもん》

乾宮《けんきゅう》から出る虫が這《は》ったような線

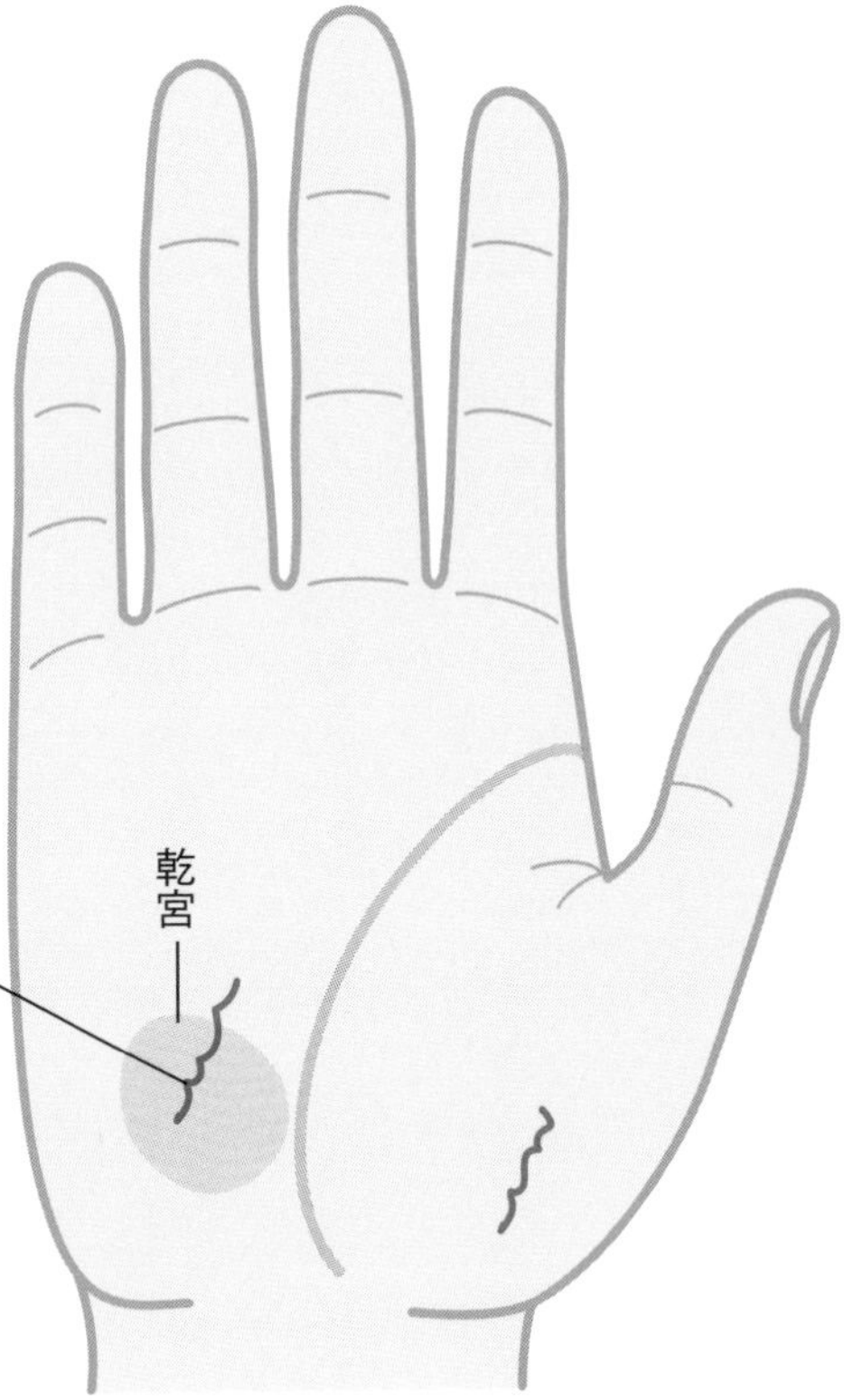


乾宮から出ている虫が這《は》ったような線。親指の下あたりにあると癇癪持ち。

## 修養と反省が大切

乾宮から掌の中央に向かって虫が這った跡のような紋は、聴覚の疾患に悩まされます。親指の下にミミズのような赤い筋があると、癇癪《かんしゃく》を起こして人間関係に亀裂《きれつ》が生じやすくなります。己の言動を素直に反省し、発言する前に相手の立場になって考えてみることで吉。

**運気向上のアドバイス**

感情のコントロールがうまくいかないのはつらいものです。平常心を保つために座禅を組むなどの精神修養を行い、人のマイナスな言動には過剰反応しないようにしましょう。完璧な人間はいません。寛容な気持ちで接してください。

注目紋 12

# 妻が不倫する可能性がある

**朝天紋《ちょうてんもん》**

妻妾宮《さいしょうきゅう》（小指下部）にある紋が天紋に接触

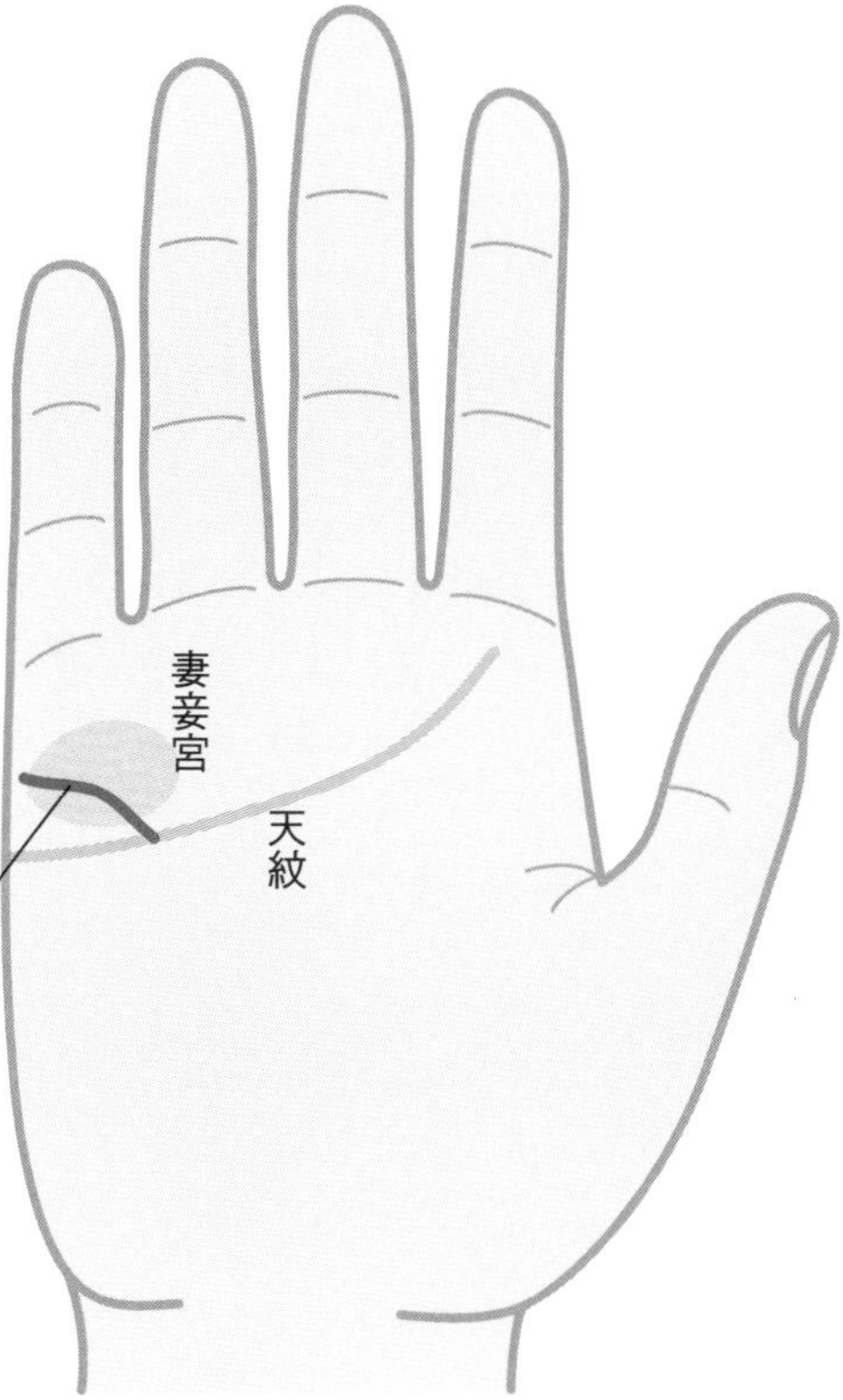


妻妾宮にある紋が天紋に接していると妻が不倫。

## 夫以外の男性に惹かれる

男性でも女性でも、妻妾宮《さいしょうきゅう》にある紋が天紋に接していると、妻が夫以外の男性に惹《ひ》かれ、浮気をする暗示があります。一時的な気の迷いであれば関係修復が可能ですが、浮気癖が治らなければ家庭崩壊という結果を招《まね》くでしょう。夫婦で会話する時間を大切にしてください。

### 運気向上のアドバイス

この紋があり、言動にあやしいところがあっても、すぐに問いつめたり監視したりするのは逆効果です。感謝の気持ちを言葉で伝える、家事をサポートするなどして円満な関係を維持しましょう。共通の趣味を持つのもおすすめです。

注目紋
13

# 秘密の恋愛に走りやすい

偸花紋《とうかもん》

乾宮《けんきゅう》、兌宮《だきゅう》付近にたくさんの横線

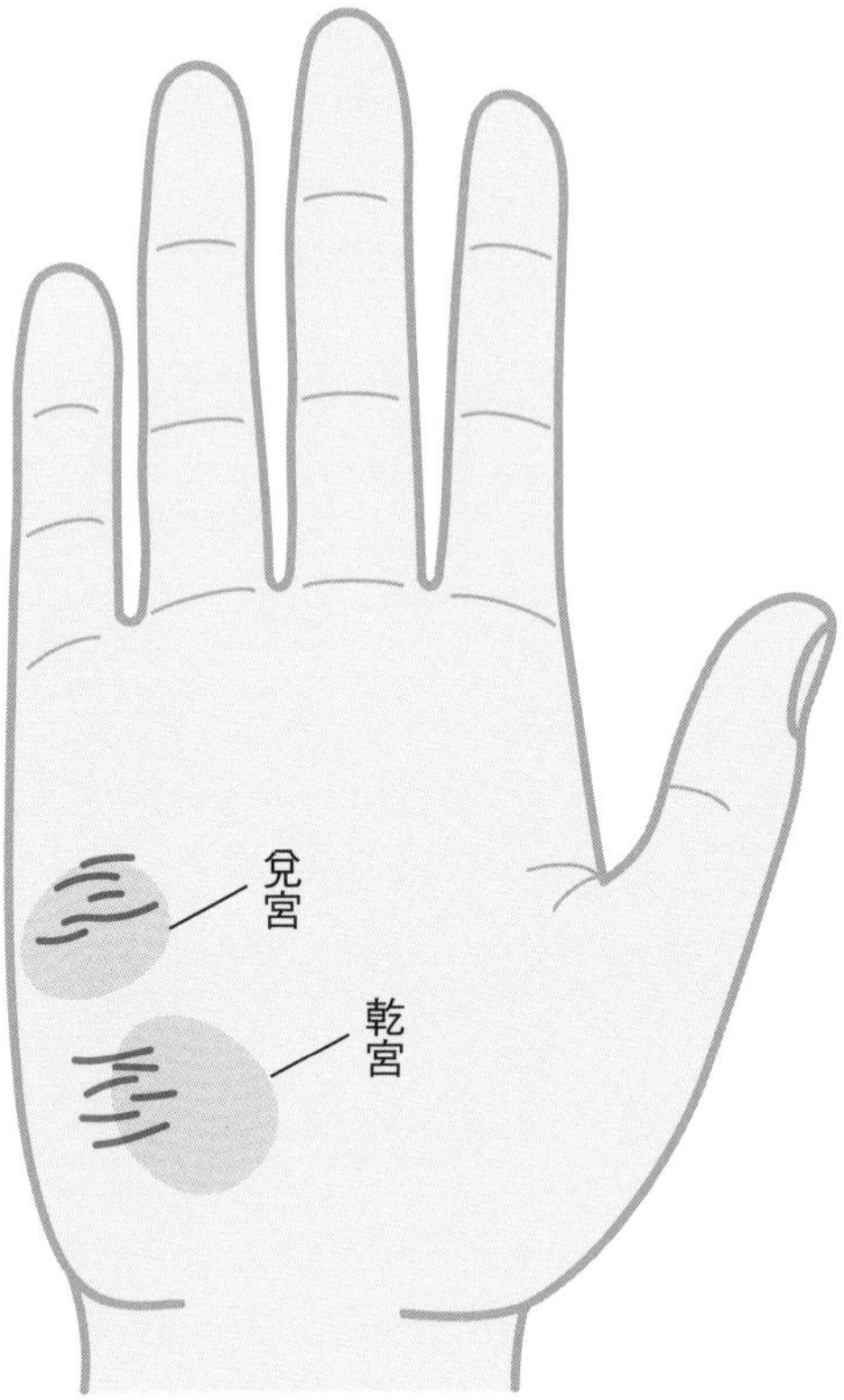


乾宮と兌宮の近くに多くの横線があると秘密の恋をする。

## 他の異性に惹かれる

乾宮、兌宮の近くにたくさんの横線がある相は、配偶者がいても常に他の異性に興味を持っていることを暗示します。心惹《ひ》かれた相手にすでに恋人や配偶者がいてもあきらめずにアプローチするでしょう。秘密の恋のスリリングさを好むあまり、不倫に走る場合もあります。

### 運気向上のアドバイス

秘密の恋は刺激的ですが、身勝手《みがって》な欲求ばかり満たそうとすると本当に大切なものを失ってしまいます。因果応報《いんがおうほう》、誰かを傷つけたら結果的に自分も傷つき、苦しむことになるときも肝《きも》に銘《めい》じてください。注意一秒ケガ一生です。

注目紋
14

# 勉強嫌いで快楽ばかり求める

## 花柳紋《かりゅうもん》

乾宮《けんきゅう》と兌宮《だきゅう》の間に横線がある

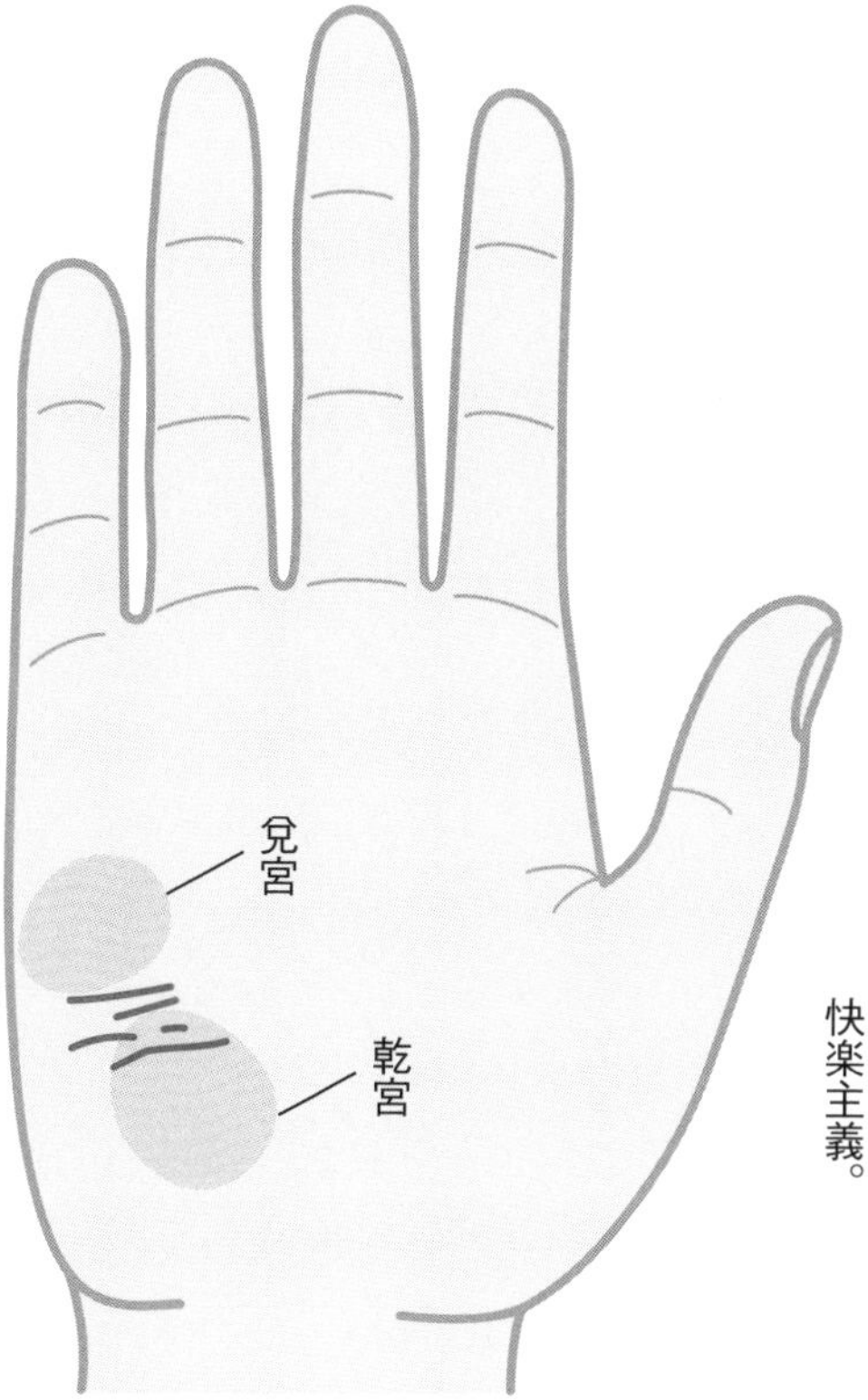


兌宮と乾宮の間に複数の横線があるのは快楽主義。

### 努力が苦手

学問に関心がなく、楽しむことに情熱を注ぎます。コツコツと努力するのが苦手《にがて》で飽《あ》きっぽい性格。楽をしてお金儲けをしたい、面白おかしく生きていきたいという快楽主義者です。趣味が実益につながれば経済的に安定しますが、そうでなければ生活が不安定になるでしょう。

### 運気向上のアドバイス

楽をしてばかりで努力や学ぶことから逃げていると、必ずツケが回ってきます。若いころは人に頼れても、年齢を重ねていくと、そうはいきません。知識を身につける、特技をのばすなどして自力で人生を歩むよう心がけてください。

注目紋15

# 異性とのトラブルに見舞われやすい

## 花柳眼紋《かりゅうがんもん》

坤宮《こんきゅう》にある紋理《もんり》（線）が曲がっている

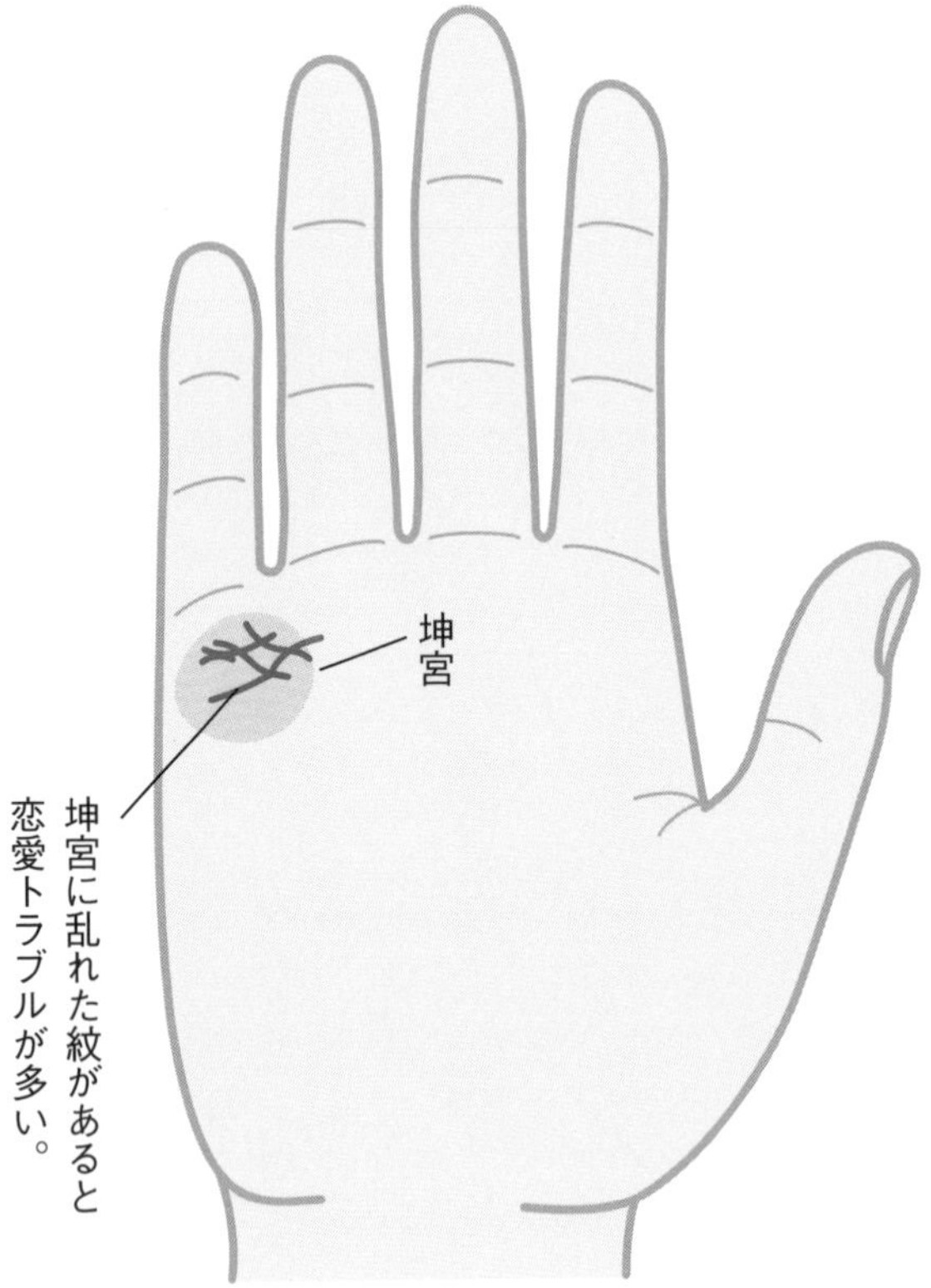
坤宮
坤宮に乱れた紋があると恋愛トラブルが多い。

### 性的衝動が強い

肉体的快楽を求めるあまり、パートナーがいても他の異性と関係を持ちます。三角関係が発覚して問題になり、これが原因で恋人や配偶者と別れてしまうなど、トラブルが絶えません。懲《こ》りるならまだしも、同じことを繰り返します。よくない評判が立つ可能性があります。

### 運気向上のアドバイス

肉体的快楽ばかり求めるのは愛情ではありません。理性を保ち、スポーツで体を動かすなどして、性依存にならないようにしましょう。職場でトラブルになった場合、出世の道が閉ざされたり、退職に追い込まれたりするので要注意です。

注目紋 16

# 欲と酒の誘惑に弱い

**桃花紋《とうかもん》**

乾宮《けんきゅう》、艮宮《ごんきゅう》から地紋を切る枝葉《しよう》のような紋
または兌宮《だきゅう》に柳のような紋がある

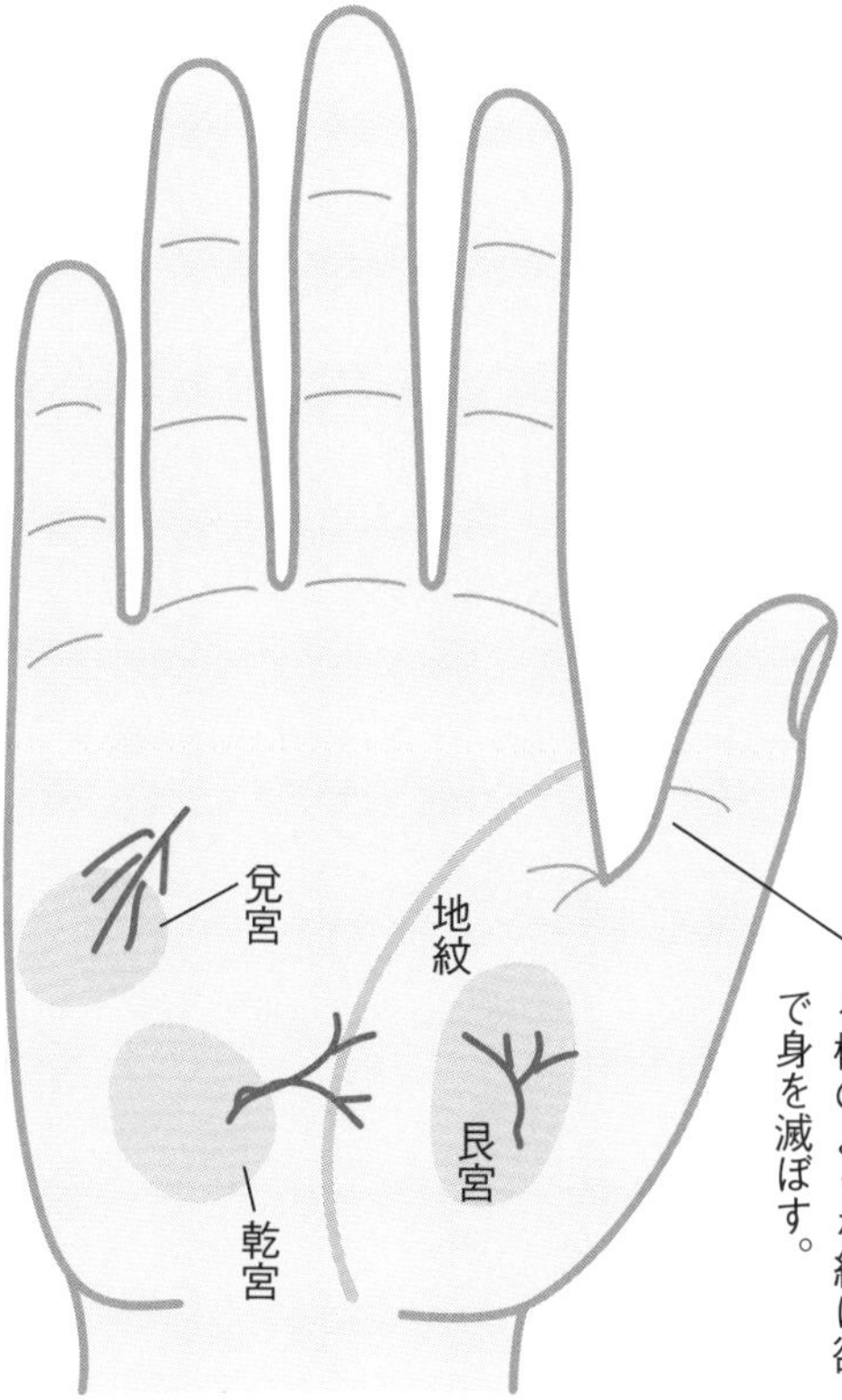


地紋を切る枝葉のような紋、兌宮から出る柳のような紋は欲で身を滅ぼす。

## 遊びが過ぎると破綻を招く

見栄っ張りで贅沢《ぜいたく》を好み、派手に遊ぶのが生きがいのような人です。異性に大金を貢《みつ》いで財産を失い、家庭が崩壊するなど取り返しのつかない事態を招く暗示があります。誘惑に弱く、よくないとわかっていても相手の言いなりになります。悪縁は潔《いさぎよ》く切ってしまうことです。

### 運気向上のアドバイス

一時的な快楽ばかり追い求めても、誰も幸せになりません。理性をしっかり保ち、よくない誘いはきっぱり断りましょう。同じような嗜好《しこう》がある人たちとは距離を置いたほうが無難です。つつがなく暮らせるありがたさを忘れないでください。

注目紋
17

# 金運に恵まれ豊かな生活を送る

三点紋《さんてんもん》

丸い紋が三つ、四つ連なっている

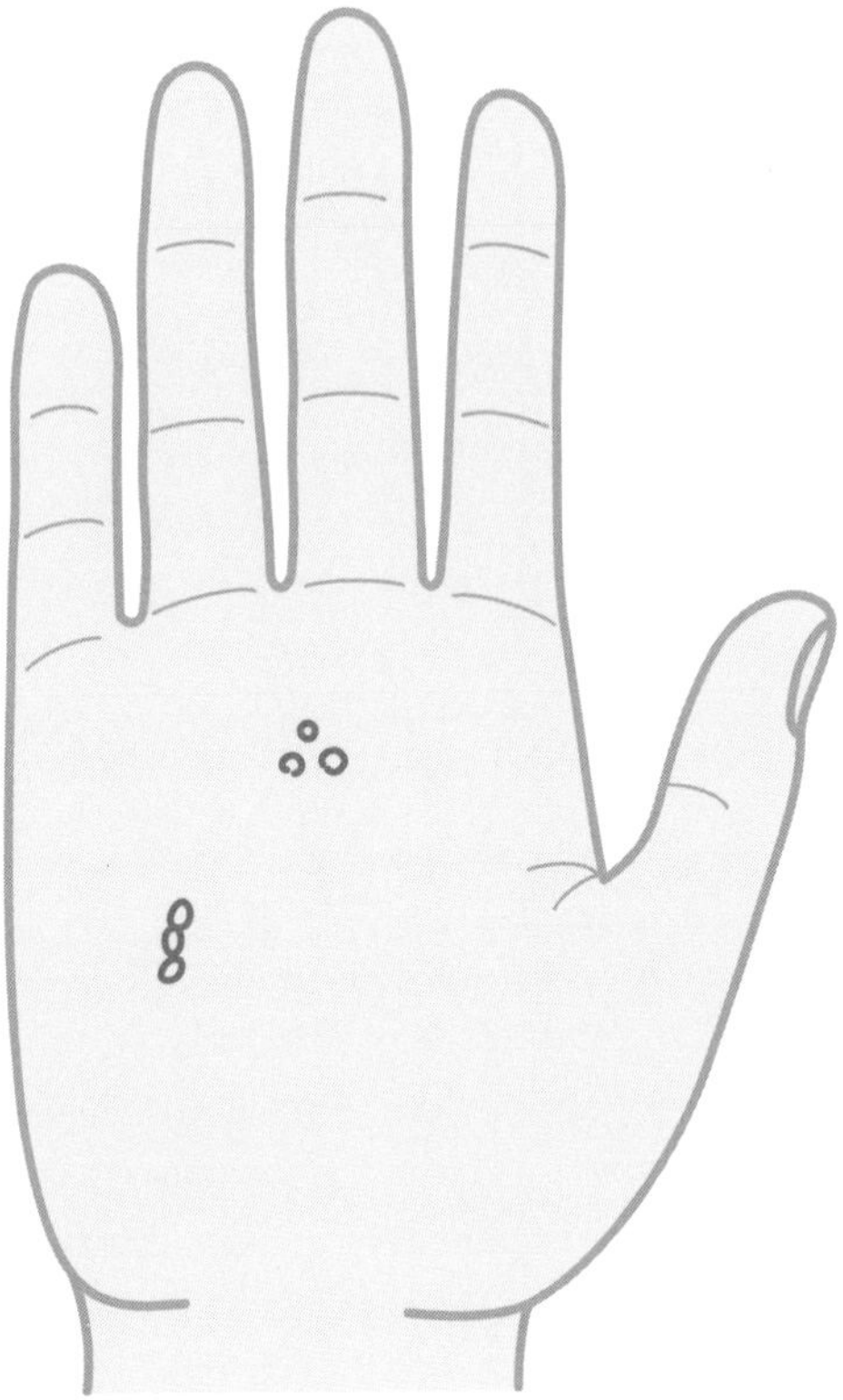

丸い点が連なっている三点紋が掌のどこかにあればすべてにおいて幸運。

## どの個所にあっても吉

丸い紋が三つ、四つ連なっているのが理想で、紋に輪郭《りんかく》はなく内面から丸い形が浮き出したように見えます。金運や人間関係に恵まれ、豊かな生活が送れます。成した財の一部を寄付し、社会のために役立てると、より発展します。この紋は掌のどこにあっても吉となります。

### 運気向上のアドバイス

この紋があれば金銭面で苦労することなく、生涯安泰に暮らせます。豊かさを独占すると、良好なお金の循環ができなくなってしまうので周囲と分かち合うようにしましょう。恩を受けたら、忘れないうちに返してください。

注目紋
18

# 一生お金に不自由しない

## 俵紋《たわらもん》

指に俵の形をした紋がある

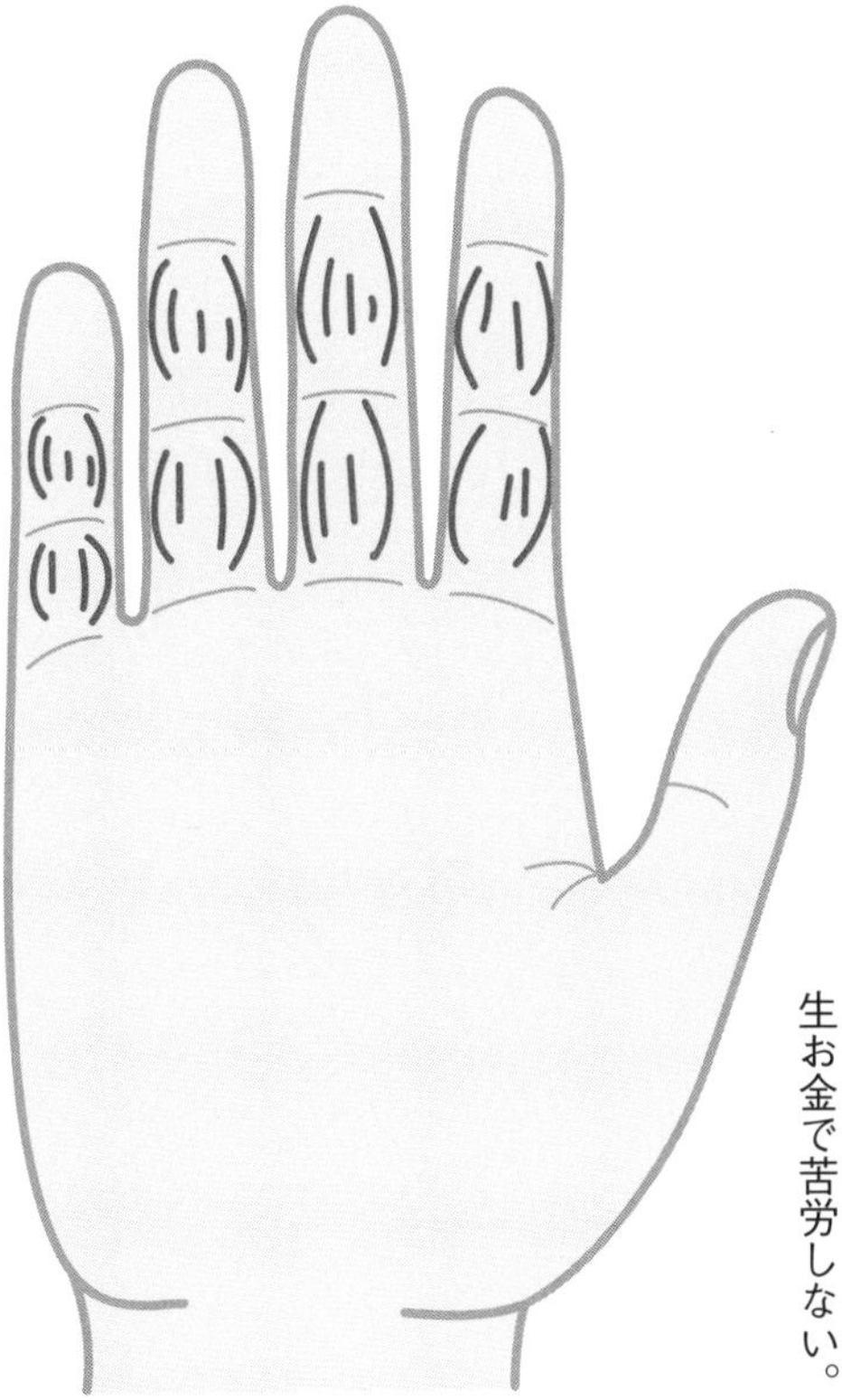

俵の形をしていると一生お金で苦労しない。

### 最強の金運の持ち主

指に俵《たわら》のような筋があると、一生お金（お米）がついて回るので生活に困りません。指の関節がひきしまっているほどよいとされています。しかし、むだづかいばかりしていると、運を逃します。節制と感謝の気持ちを大切にして、人の役に立つようにお金を使うと金運が安定します

### 運気向上のアドバイス

金運に恵まれていても、自堕落《じだらく》な生活を送っていると運に見放されて苦労することになります。人知れず善行を積み、仕事では研鑽《けんさん》を重ねるなどして人間性を磨《みが》くようにします。毎日の努力は必ず報《むく》われ、実り多き人生となります。

注目紋 19

# 徳分、禄分、福分があり成功

三峰紋《さんぽうもん》

巽峰《そんぽう》、離峰《りほう》、坤峰《こんぽう》の三峰の肉が盛り上がっている

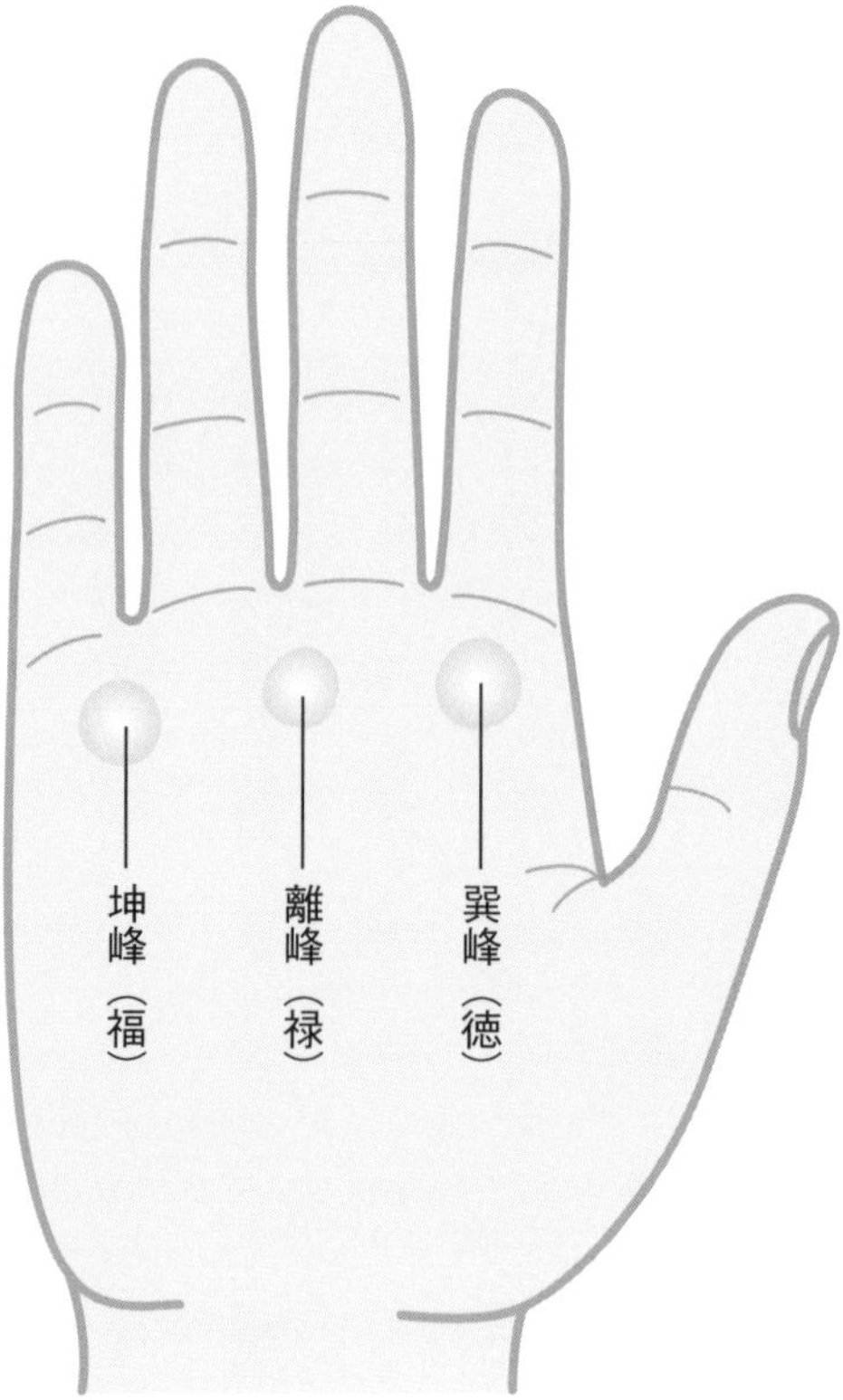


坤宮・離宮・巽宮の三つの宮で肉づきがよい三峰紋があると幸運な人生。

## 均等に盛り上がると吉

三峰紋《さんぽうもん》があると、徳分《とくぶん》（品格）、禄分《ろくぶん》（金運）、福分《ふくぶん》（幸運）が十分で幸福な人生を送ります。また、人望が厚く頼りにされます。均等に盛り上がっているほど吉相で、低い巽峰《そんぽう》は子供時代の不遇を表します。離峰《りほう》と坤峰《こんぽう》がしっかりしていれば年齢とともに運気が上昇していきます。

### 運気向上のアドバイス

自然を冒瀆《ぼうとく》する行為をすると福運は去ってしまいます。太陽や水、食べ物など自然からの恵みに感謝して大切に扱《あつか》えば、さまざまな幸運がもたらされます。誰に対しても誠実な態度が人気運を高め、豊かさにつながります。

注目紋 20

# 突然大金が転がり込む最強運

## 貫索眼紋《かんさくがんもん》

人差し指の下に眼の形をした紋がある

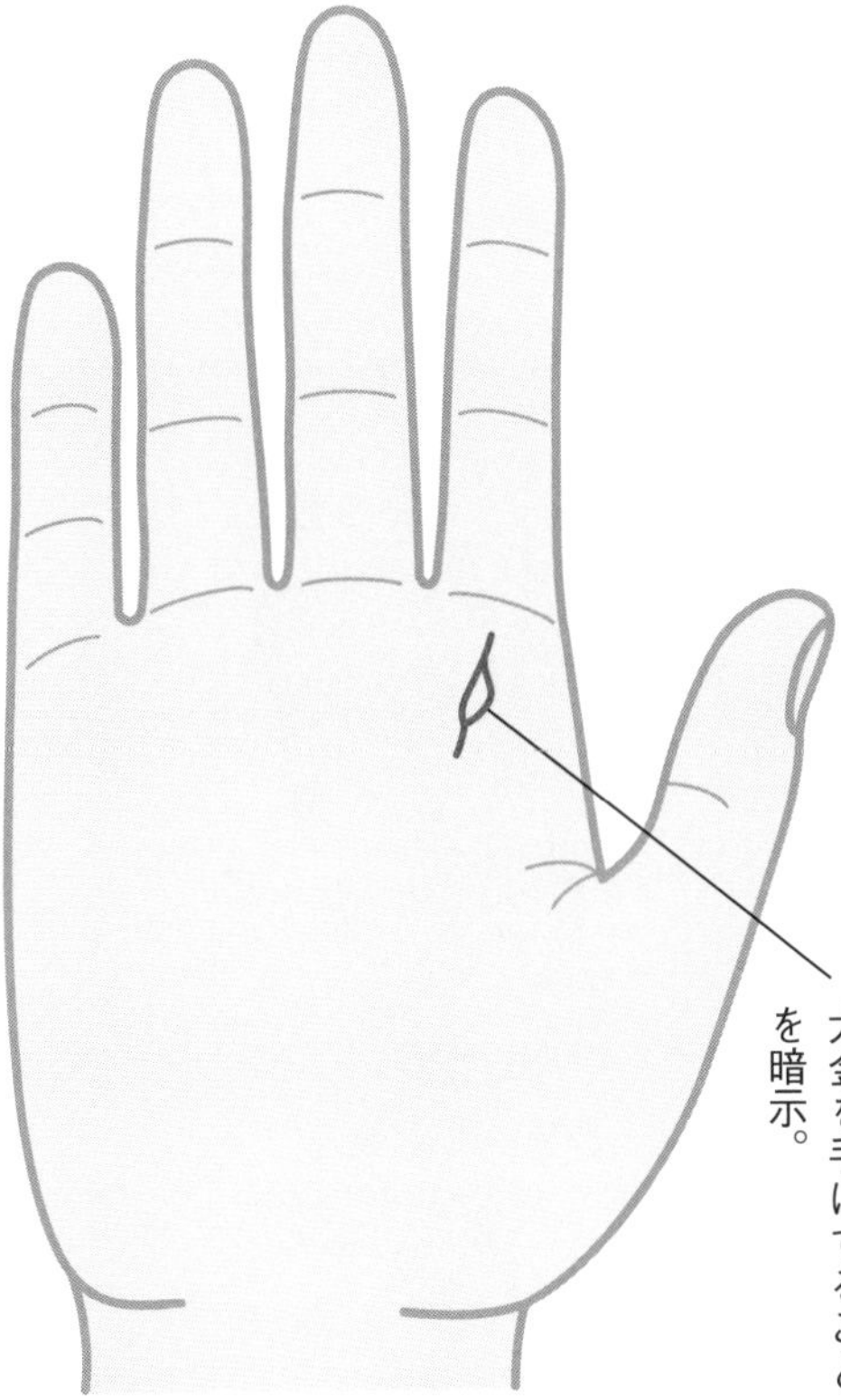




### 予期せず億万長者に

突然大金が入ることを暗示する紋です。仕事で成果を上げるのではなく、宝くじで高額当選とか思わぬ贈《ぞう》与《よ》や遺産相続で、まとまったお金を手にするでしょう。人生が大きく変わるきっかけになりますが、金銭感覚が麻《ま》痺《ひ》するとかえって不幸を招《まね》いてしまうので気をつけてください。

### 運気向上のアドバイス

慣れないお金を手にして有頂天《うちょうてん》になるあまり、派手な生活をすると破《は》綻《たん》してしまいます。大切に使うようにしてください。また、金銭目的で近寄ってくる人たちに騙《だま》されないためにも、大金が入ったことをふれ回るのはご法度《はっと》です。

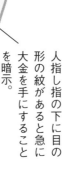

注目紋
21

# 出世して大きな財を築く

双井紋《そうせいもん》

井字形が二つ並ぶ

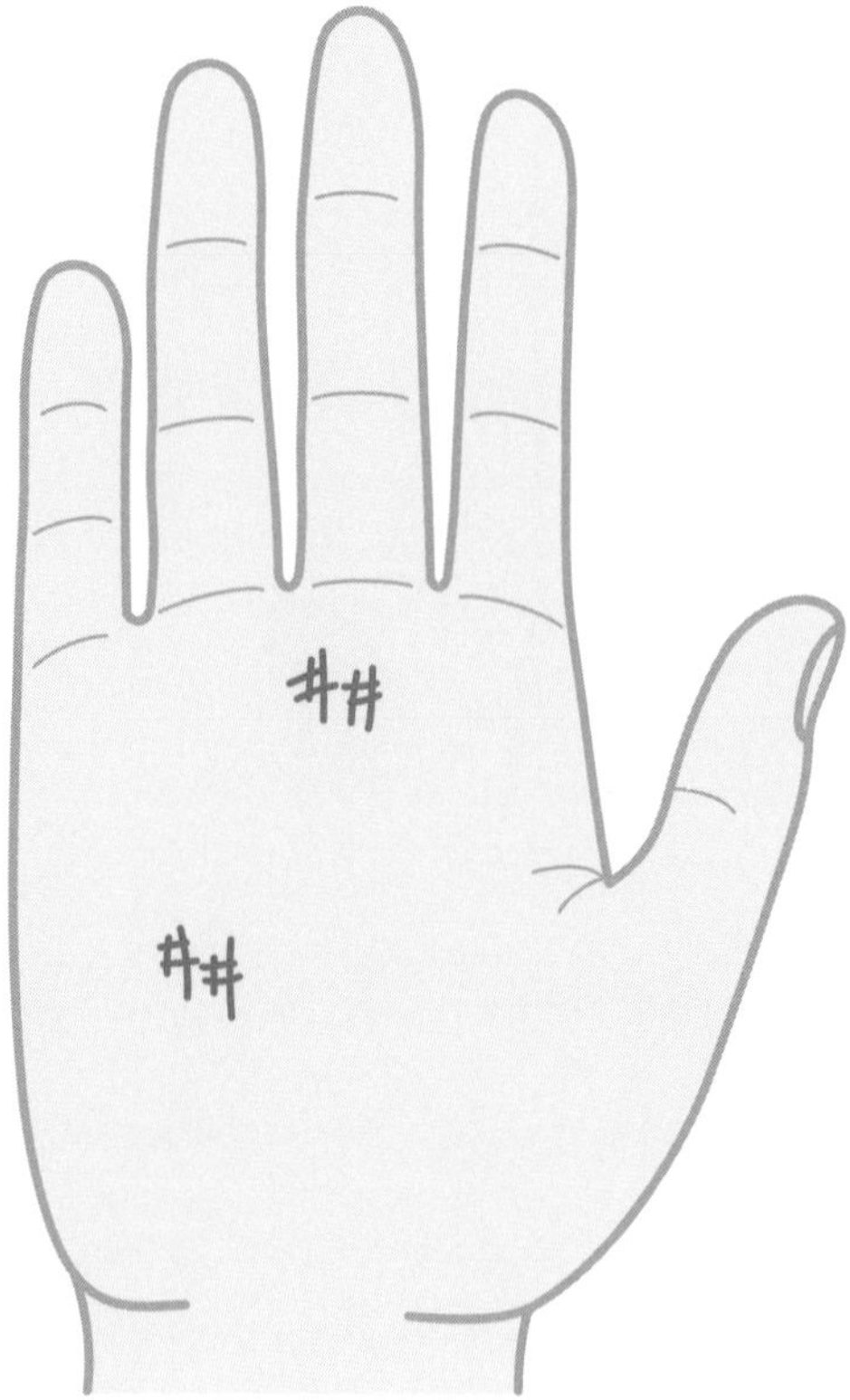

井の字形が二つ並ぶ双井紋は掌のどこにあっても吉。

## 異例の出世で金運上昇

掌のどこにあっても吉です。出世して収入が増える、商売で大成功して巨万の富を得るなど、仕事は順風満帆で豊かな生活を送ります。この紋が現れたら千載一遇《せんざいいちぐう》のチャンスを逃さないようにしてください。思いついたアイデアなどは忘れないうちにメモするようにします。

## 運気向上のアドバイス

謙虚さと人を見抜く力を身につければ向かうところ敵なし、出世街道まっしぐらです。活躍して目立つ存在になると、さまざまな誘惑もあります。詐欺《さぎ》まがいの投資話には乗らず、異性への接し方は慎重にしてください。

注目紋
22

# 仕事を人に任せて収入を得る

山光紋《さんこうもん》

艮宮《ごんきゅう》にくっきりと太い線が二〜三本刻ある

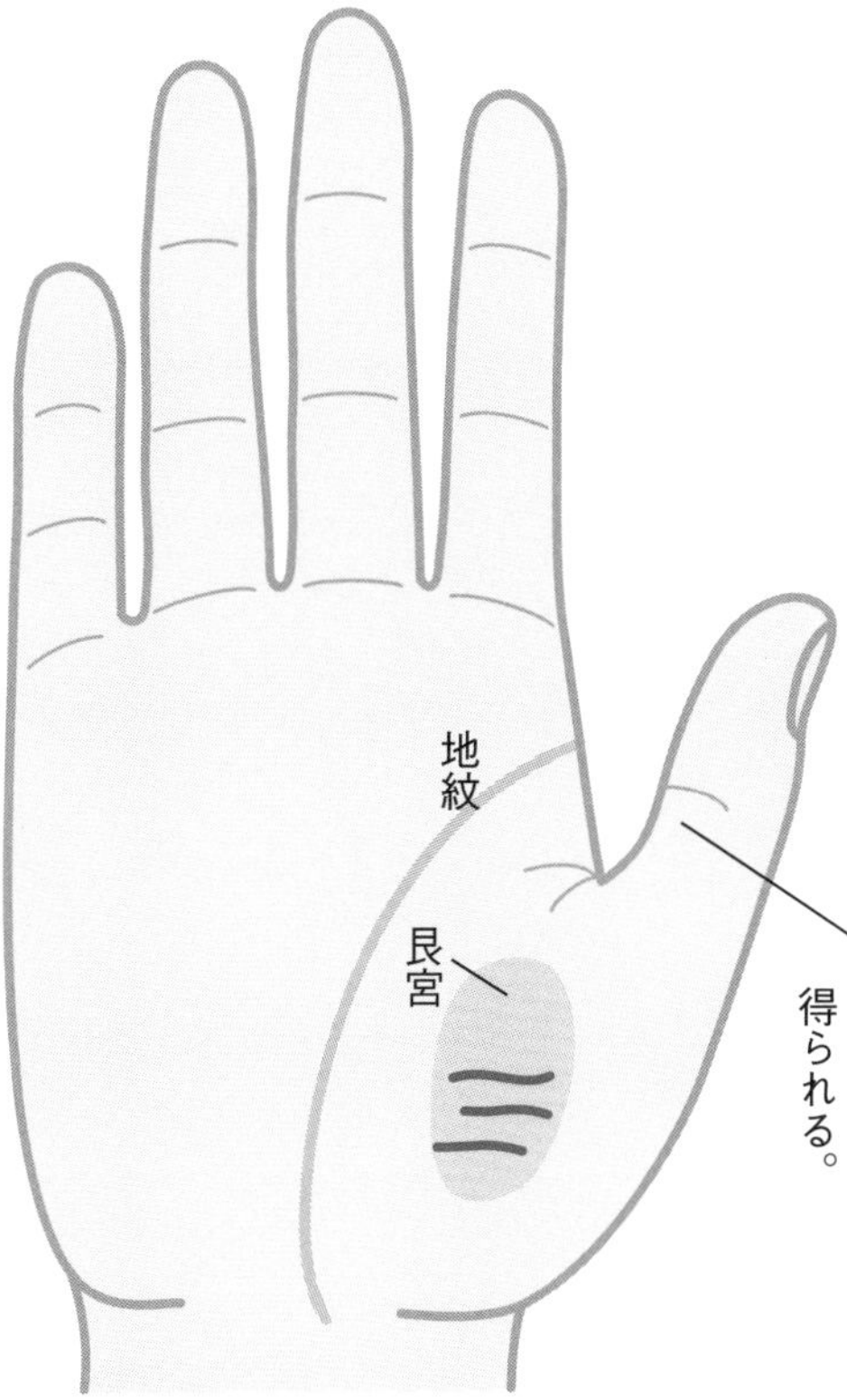
艮宮にくっきりした三本線の山光紋があると楽をして報酬が得られる。


## 静かな生活を送る

人に仕事を任《まか》せ、自分は会長やオーナーとして報酬を得ます。しかし決して怠《なま》け者《もの》というわけではなく、派手な生活を嫌い、静かな生活を送ります。ボランティア活動にいそしむとか、僧侶などの聖職に就《つ》いて苦しんだり悩んだりしている人を救う活動をする場合もあり得ます。

## 運気向上のアドバイス

安心して仕事を任せられるよう、人選は慎重にしてください。誠実で尊敬でき、相手の立場に立って物事を考える人なら大丈夫です。いくら商才に長《た》けていても傲慢《ごうまん》で横柄《おうへい》、権力を振りかざすようなタイプは選ぶべきではありません。

注目紋 23

# 前途有望、順調に出世

**帯印紋《たいいんもん》**

掌に印影のような形がある

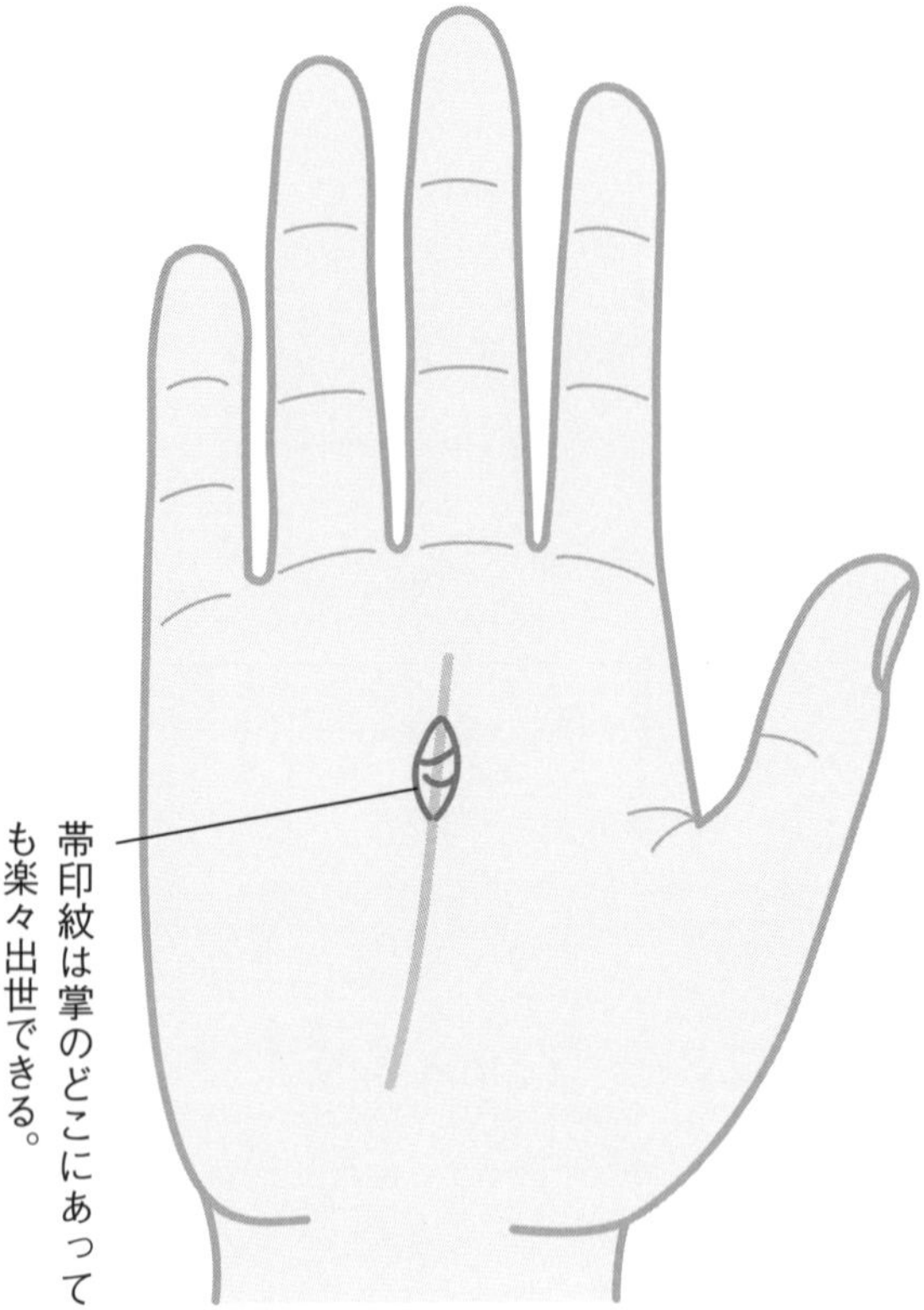
帯印紋は掌のどこにあっても楽々出世できる。

## 地位と財産を手にする

この紋は掌のどこにあっても吉相です。会社勤めなら実力が認められて立身出世、自営業は顧客《こきゃく》に恵まれ大繁盛して成功します。経済面も充実して蓄《たくわ》えも増えていくでしょう。どの職種でもうまくいきますが、やりがいを感じられる分野ならば、ますます手腕《しゅわん》を発揮して活躍します。

### 運気向上のアドバイス

若くして出世街道を突き進むため、尊敬や羨望《せんぼう》の的《まと》となります。しかし、嫉妬《しっと》してあわよくば失脚させようとたくらむ人物には要注意。油断して弱みをみせないようにしてください。ときには毅然《きぜん》とした態度を取ることも大切です。

注目紋 24

# 強運が味方して出世する

**九羅紋《きゅうらもん》**

巽宮《そんきゅう》、坤宮《こんきゅう》、乾宮《けんきゅう》、艮宮《ごんきゅう》に網の目のような紋がある

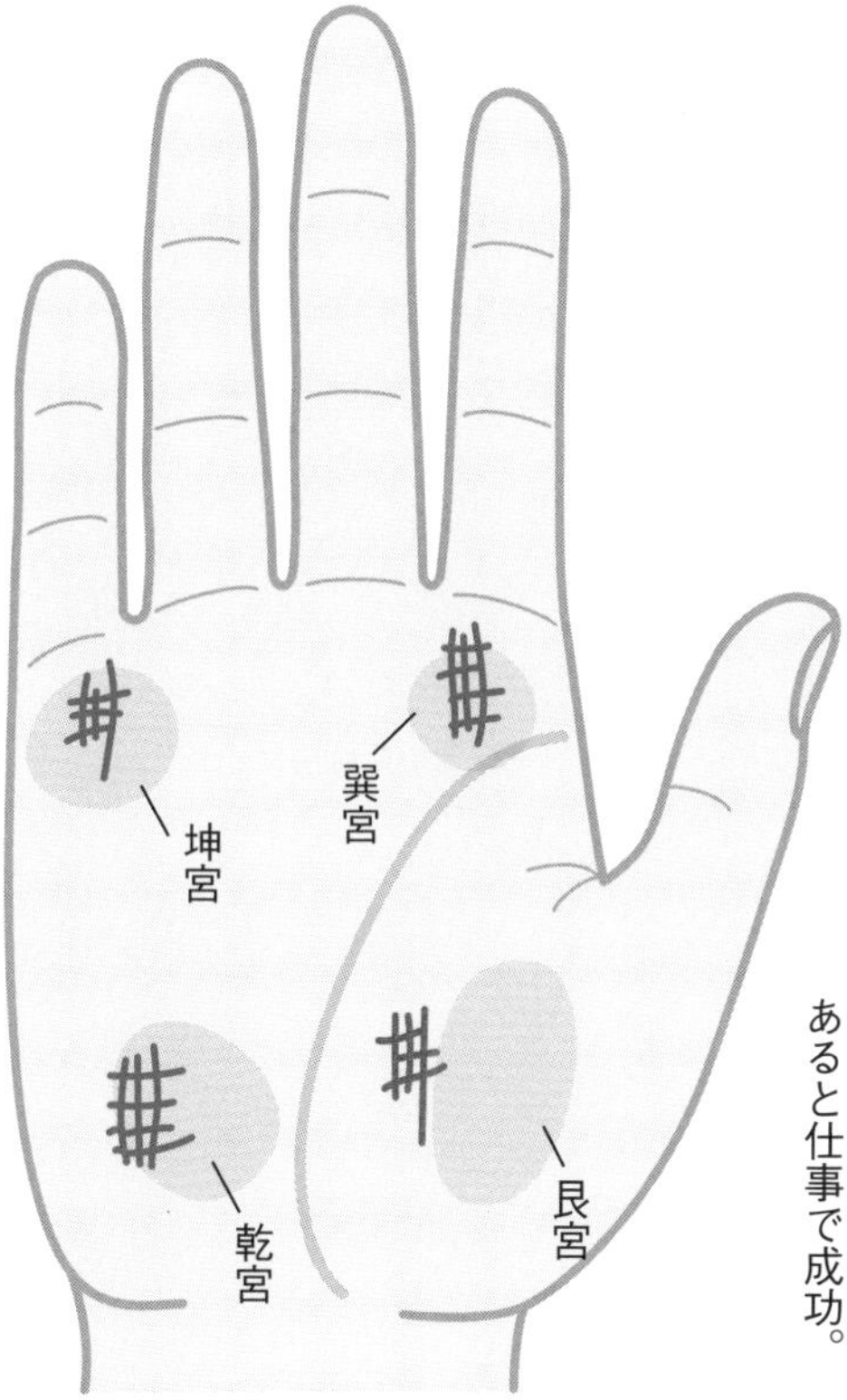


四つの宮に網の目のような紋がある九羅紋があると仕事で成功。

## 紋の位置によっては凶相

九羅紋《きゅうらもん》は出世や商売繁盛が叶《かな》うことを示します。運が味方して道が開けるでしょう。指のつけ根まで延びていると、とても運気が強いのですが、網目《あみめ》模様が掌の中央にあるのはよい紋ではありません。なにかと苦労がつきまとい、あと一歩のところで挫折《ざせつ》という憂《う》き目にあいます。

## 運気向上のアドバイス

強運の後押しがあるというのは、とても心強いものです。勢いがありますが、勇み足だったり、独断専行になったりすると、周りの協力が得られなくなります。調和あってこその達成です。思いやりの気持ちを大切にしてください。

注目紋 25

# 権力欲が強く自己中心的

## 住山紋《じゅうざんもん》

震宮《しんきゅう》に斜めの線がある

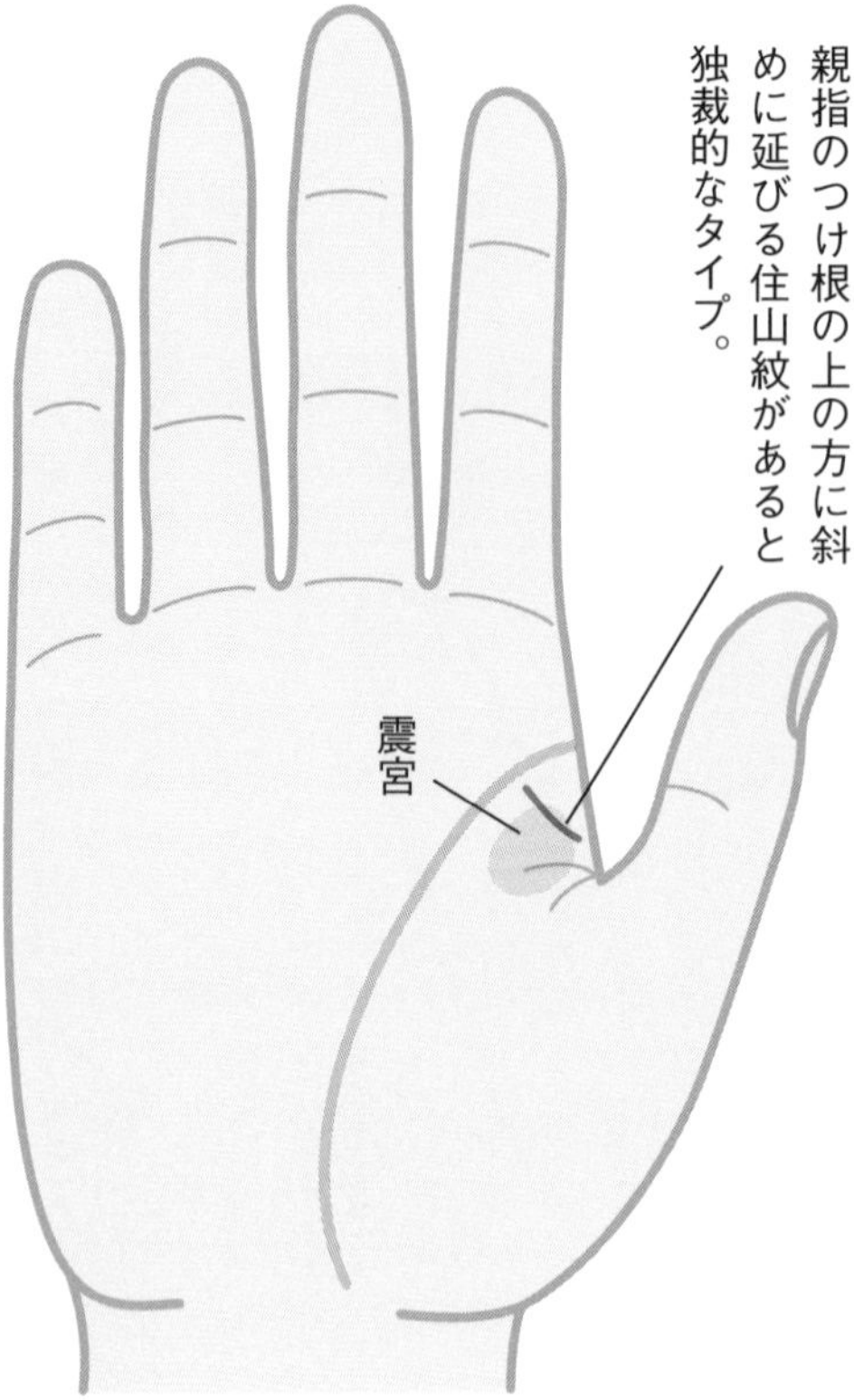
親指のつけ根の上の方に斜めに延びる住山紋があると独裁的なタイプ。
震宮

### 晩年、気苦労する

出世の素質があるものの、自分は何もせず他人を服従させて働かせようとします。そのため人間関係で摩《ま》擦《さつ》が生じ、仕事上で信頼関係を得るのは難しいものです。晩年になっても心配や苦労が絶えません。ストレスが家庭内に向くと、夫婦間での諍《いさか》いが起こりやすくなります。

### 運気向上のアドバイス

支配欲で人を動かそうとすると、必ず壁に突き当たります。いっしょに働く人たちは労力を提供してくれる貴重な存在です。人間関係が円滑であれば、よけいな気苦労やストレスを抱えて悩むことはありません。自ら率先《そっせん》して働きましょう。

注目紋
26

# 何度も災難に見舞われる

**劫殺紋《ごうさつもん》**

乾宮《けんきゅう》、兌宮《だきゅう》の間に細かな線が散乱している

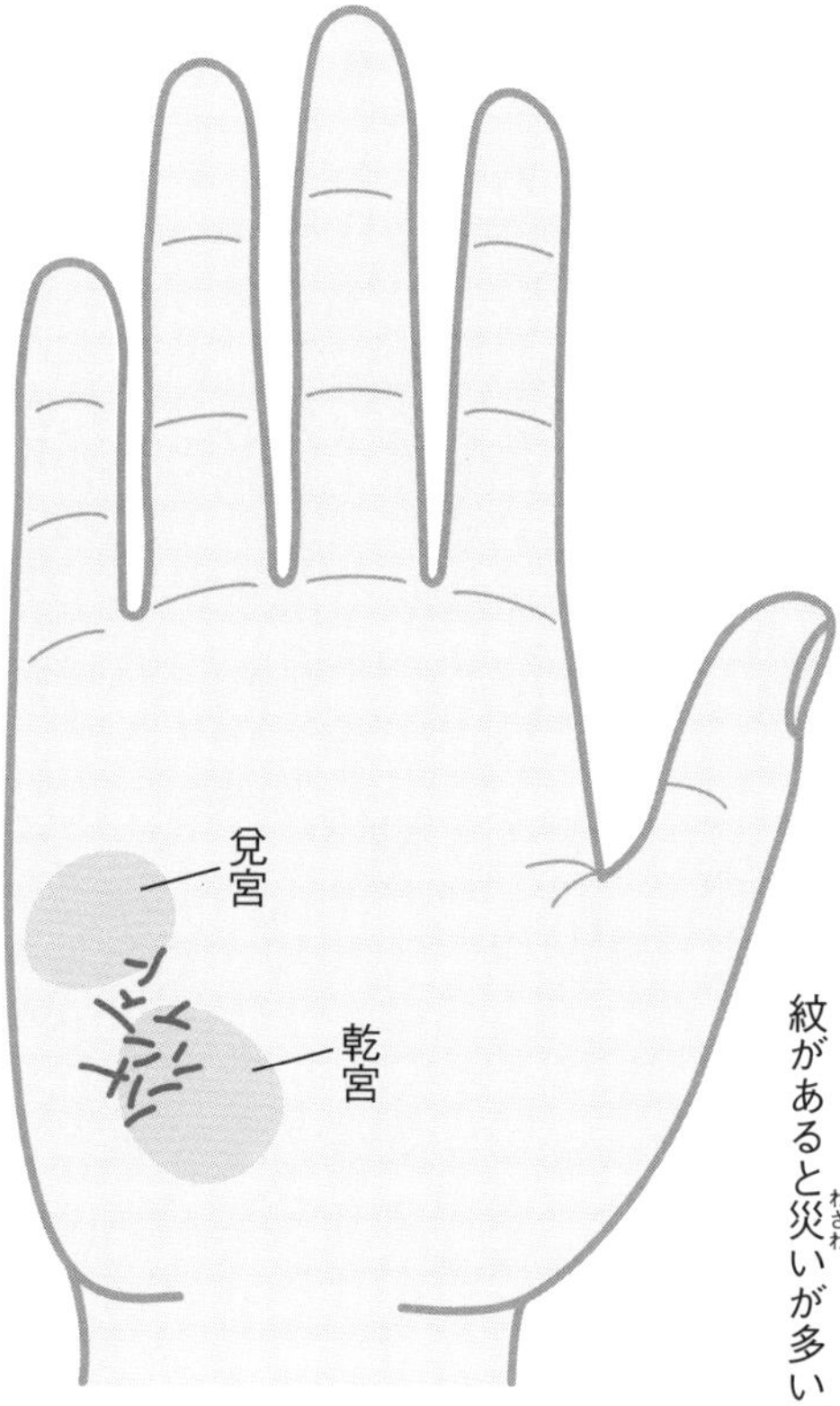


兌宮と乾宮のあたりに線が散乱している劫殺紋があると災《わざわ》いが多い。

## 成功と失敗を繰り返す

この紋は、次から次に災難がふりかかることを暗示しています。成功したかと思えば挫折《ざせつ》し、悩んでいたら一発逆転、盛り返すなど波乱が多い運気です。若年期、中年期に厄難《やくなん》が多ければ、晩年は大きな災難に見舞われることはありません。途中で投げ出さない粘り強さが必要です。

### 運気向上のアドバイス

運気が安定しないので落ち着きません。しかし投げ出さずに取り組んでいけば、道は開けていきます。停滞しているときは注意深い行動を心がけ、前向きな気持ちを保つようにしてください。笑う、感謝する、が運気上昇の糧《かて》となります。

注目紋
27

# 動物に襲われて負傷する

獣難紋《じゅうなんもん》

小指の下に現れる独立した短い斜線

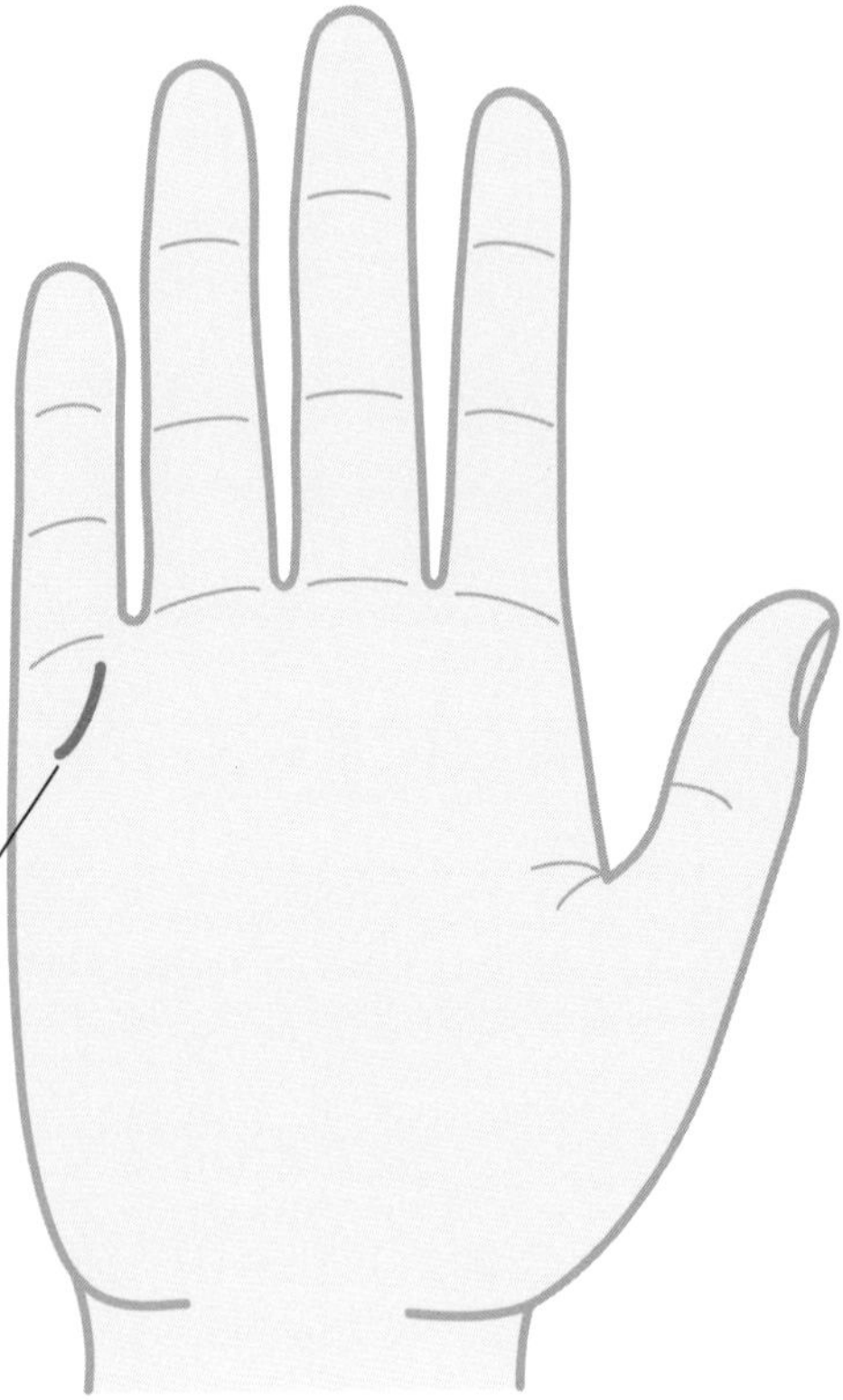

小指の下に独立した斜めの紋、獣難紋が出ると動物に傷つけられる恐れがある。

## 屋外での動物との遭遇に注意

ペットの犬や猫に噛《か》まれた、ひっかかれたといった日常の小さな傷は気にする必要はありません。山で熊や猪《いのしし》と遭遇して襲われる、施設などで放し飼いの動物に攻撃される前に、この紋が出ることが多いのです。これらの場所に出かけるときは用心してください。

### 運気向上のアドバイス

山や動物がいる施設などに出かけるときは厚手の上着を着用する、護《ご》身用《しんよう》の道具を携帯するなど準備万端《じゅんびばんたん》整えておきましょう。慣れた場所だからと大丈夫、危険な気配を感じないからと油断すると、深刻な事態を招《まね》いてしまいます。

注目紋
28

# 落雷事故に用心

雷難紋《らいなんもん》

坤宮《こんきゅう》から中指と薬指の間に斜めの紋が出ている

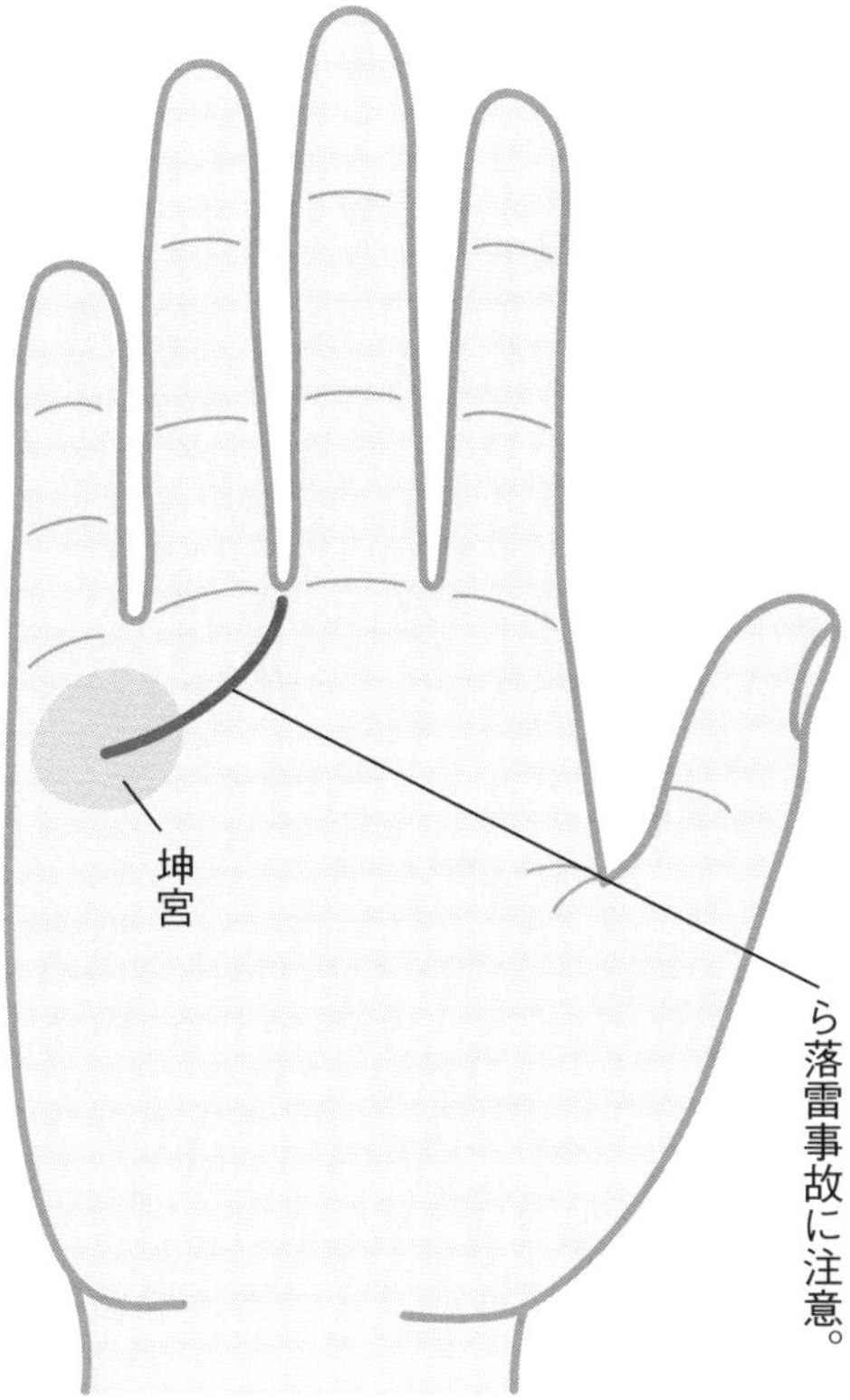


坤宮から中指と薬指の間へ向かう紋が現れたら落雷事故に注意。

## 雷での事故を暗示

落雷による事故というと火傷《やけど》や感電などがありますが、雷鳴に驚いて転倒してケガをする、または落雷で倒れてきた木の下敷きになるなど、広義《こうぎ》の雷事故に気をつけてください。屋内にいても、落雷電流がテレビや電話などの配線ケーブルに流れてくることもあるため用心しましょう。

**運気向上のアドバイス**

外出先で雷が鳴ったら速《すみ》やかに安全な場所に避難しましょう。避難できる建物がない場合はカサを閉じて、できるだけ姿勢を低くして身を守ってください。屋内では、電化製品のスイッチを切るなどして安全を確保してください。

注目紋 29

# 芸事で身を立てる

技芸紋《ぎげいもん》

乾宮《けんきゅう》から出て、天紋の始点に向かって斜めに延びる線

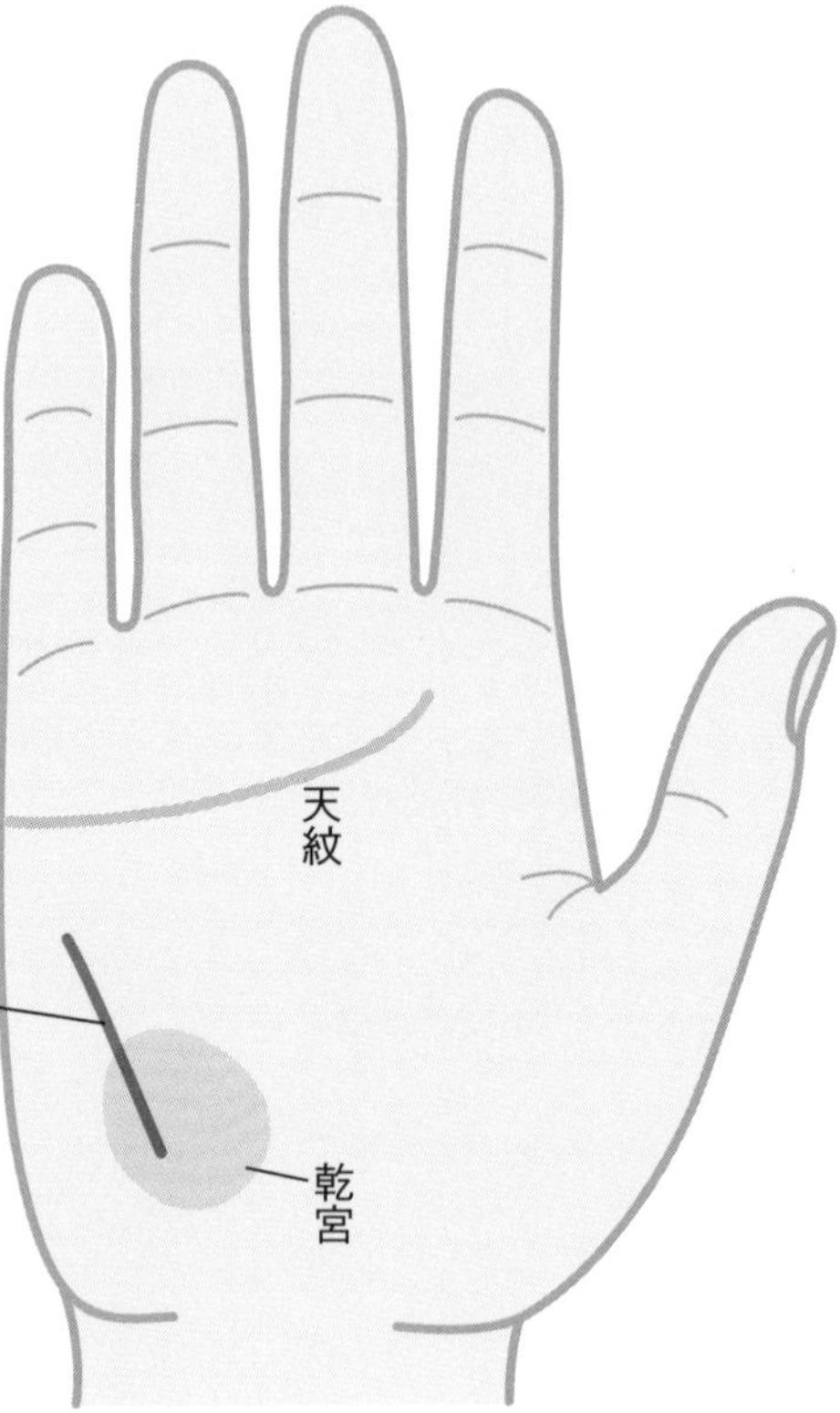


乾宮から天紋の始点に延びる線を技芸紋といい、東洋相法では芸で身を立てることを示す。

## 芸能の分野で活躍

西洋相法では健康線と呼ばれ、体調を示すものですが、東洋相法では芸能の分野で花開く様を暗示しています。俳優や音楽家、舞踊、古典芸能など芸事で名を成し、注目を集める存在となるでしょう。大家となっても研鑽《けんさん》を重ねていけば、世に名を残すのも夢ではありません。

### 運気向上のアドバイス

自らに制限をかけず高みを目指せば、活躍の場が無限に広がっていくのです。ただし、どんなに芸に秀《ひい》でても人間性が劣っていては輝きが失せてしまいます。寛容さ、包容力、誠実さも芸事と同様に磨くよう心がけが必要です。

注目紋
30

# 水難事故にあう可能性がある

乾宮《けんきゅう》に、斜めの短い線、「¥」の形の線、十字にしっぽがある形の線、円環《えんかん》（短い線が連なってできた円）などがある

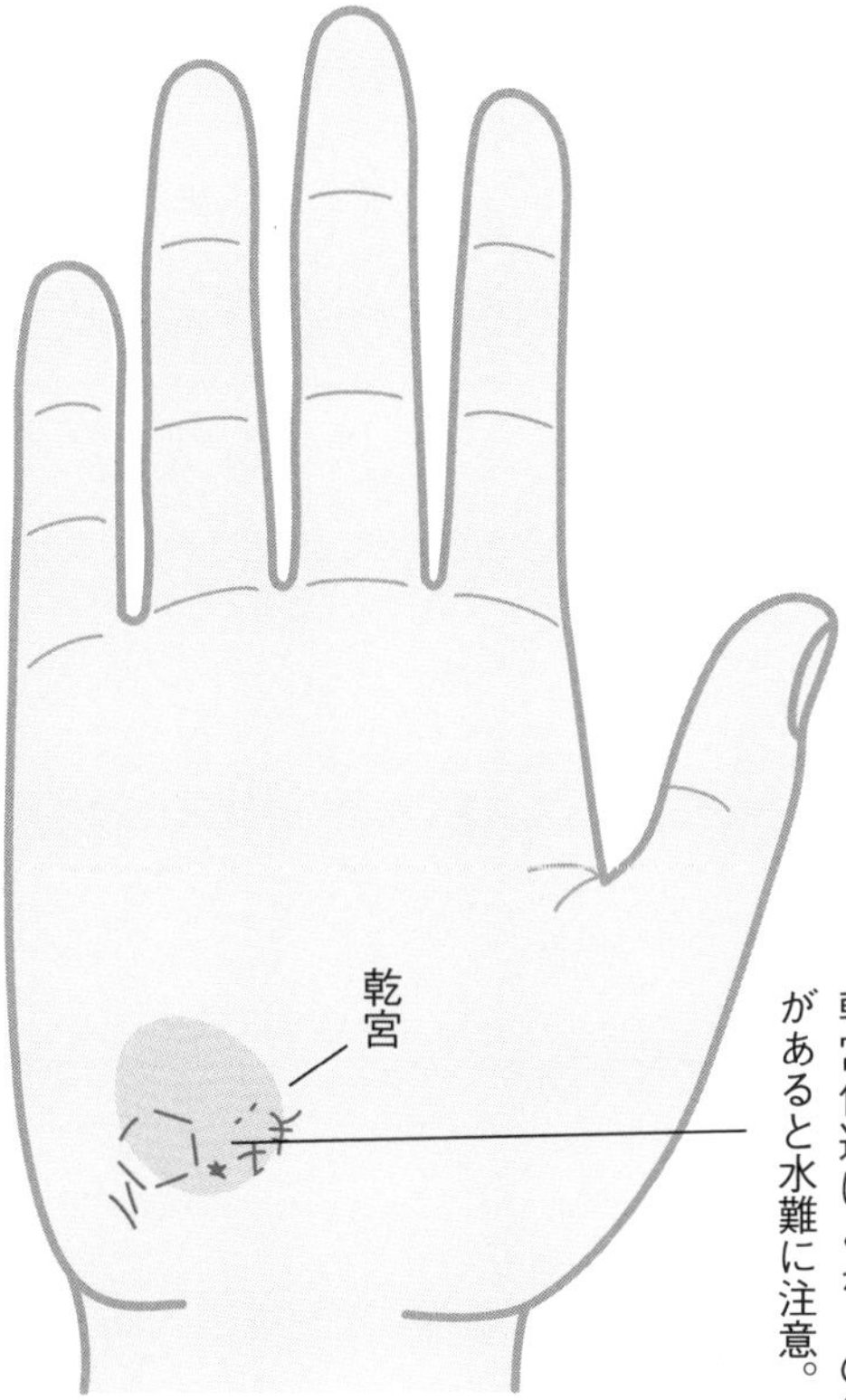
乾宮付近にこれらの紋があると水難に注意。


## 水のトラブルに要注意

海や川、プールなどで溺《おぼ》れたり落ちたりするので、水のそばへ行くときは用心してください。水泳やサーフィンなどを楽しむときは慣れているからと過信せず、少しでも危ないと感じたら、すぐに水から上がりましょう。お茶や水をかけられるというトラブルも起こりやすいです。

### 運気向上のアドバイス

海や川でのレジャーはとても楽しいものですが、気をゆるめすぎず、安全第一を心がけましょう。飲酒をしたら水に入らない、立ち入り禁止の場所には近づかない、など基本的なことではありますが、必ず守るようにしてください。

注目紋
31

# 火に関する災難に注意

離宮《りきゅう》（中指のつけ根）に赤い斑点《はんてん》や、井字のような形の線、離宮と坤宮《こんきゅう》の間が赤黒くなっている

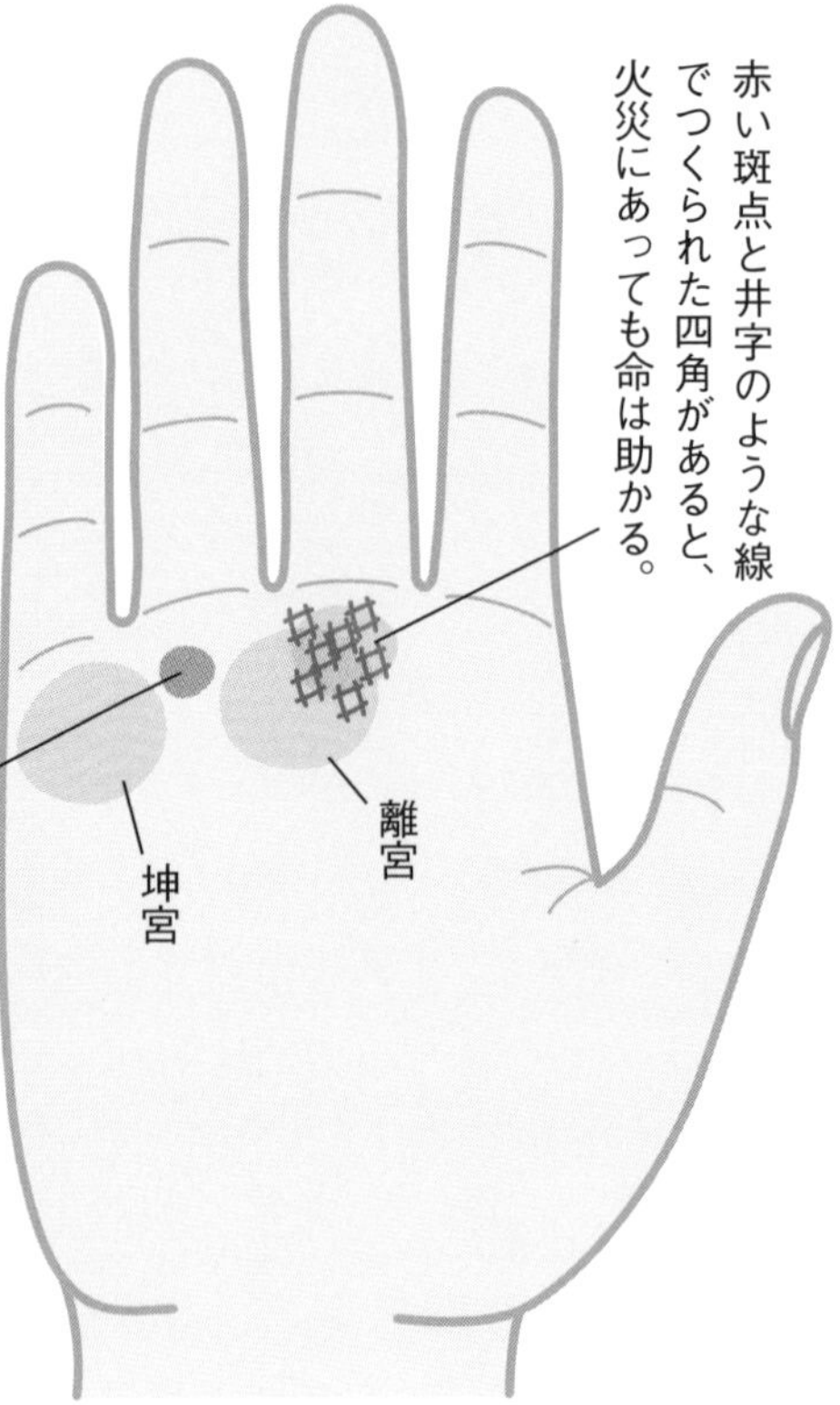
赤い斑点と井字のような線でつくられた四角があると、火災にあっても命は助かる。
離宮と坤宮の間に出る赤黒い斑点は火難にあう暗示。


## あらゆる火難を暗示

これらの斑点や線、変色は火事ばかりでなく、火傷《やけど》などの災難も含まれます。火事は過失によるものばかりでなく、放火やもらい火、自然災害にも注意してください。火傷は火を扱うもののほか、薬品での負傷にも気をつけましょう。ある程度の火難は心がけ次第で予防できます。

### 運気向上のアドバイス

火を扱うときは慎重に、外出や就寝前には火元の点検をするなど、火難予防を習慣にしましょう。放火を防ぐために家の周りには燃えやすいものを置かず、不審人物を見たら警察に通報を。劇物を扱う際は必ず手袋をすることです。

## 東洋相法でいう「人紋《じんもん》」
# 西洋相法の知能線

### 能力や生活力を示す手相の中心となる重要な線

知能線は手相を判断する際、すべての線の中心となる重要な線です。

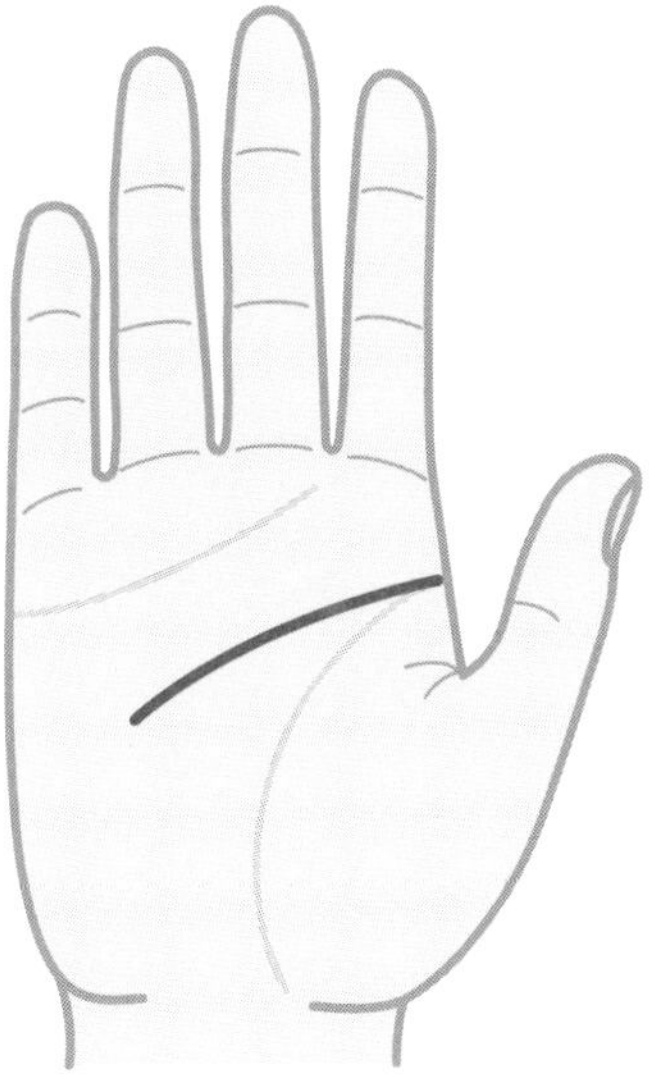
知能線とは、人指し指と親指の間を起点とし、掌の中央へ向かって延びる線。

人差し指と親指の間から始まり、掌の中央を横か斜めに延びます。能力、判断力、直観力、生活力など今後の運勢を示します。

知能線は線がはっきりしているほど吉ですが、線の向きやカーブなどを総合的に見て判断します。

知能線がしっかりしていれば、ほかの線の欠点も補《おぎな》い、逆に知能線の状態が悪ければ運は開けません。

### 線が延びる方向で性格を診断

知能線を見るときに重要なのは線の長短ではなく、短くても一直線に勢いよく刻まれているかどうかで、もちろん勢いがあるものが吉です。

また、知能線が延びる方向によって、現実的、物質的なものを求めるか、感覚的、理想的なものを求めるかが判断できます。

生命線の起点から月丘《げっきゅう》（東洋手相では乾宮《けんきゅう》）と火星原《かせいげん》（東洋手相では明堂《めいどう》の下部）の中間に線を引いて、知能線の先端が中間線より上に向かう人は現実主義、下に向かう人は感覚を重視するタイプです。

ほとんどの知能線は一本ですが、まれに二本の知能線を持つ人がいて、これを二重知能線と呼びます。両極端に思える二つの才能を兼ね備えており、それぞれを使い分けて希望をしっかり成し遂げる線です。

しかし手相の他の部分に問題があれば、恵まれた才能をよくないことに発揮してしまう可能性があるので注意してください。

## ■知能線を見るときのポイント

| 注目点 | 判断できること |
| --- | --- |
| 起点の位置 | 基本的な性格を表し、生命線と同じ位置なら慎重派、離れるほど積極的で大胆な性格。 |
| 線の向き | 真横や上向きは現実主義、下向きは理想主義の傾向。 |
| 線の状態 | まっすぐな線は頭脳明晰。乱れた線は不安があり、集中力や持続力の欠如を示す。 |
| 支線やその他の線 | 正確や積極性、金銭感覚、パートナー運を表す。 |
| 島や十字など記号 | 心身の疲労具合を表し、脳の病気の危険性についても暗示あり。 |

# 第9章

# 掌の九宮

## 掌のふくらみから運勢を読み解く

# 九つの宮が示す意味

## 九つの宮はどれが発達しているか

掌は一般に中央部分が低く、その周囲がやや盛り上がっています。このふくらみの部分を「宮《きゅう》」といい、東洋手相では掌の線「紋《もん》」だけでなく、運命や性格を知ることができるたいせつな要素です。

宮は、人指し指の下、人紋《じんもん》の起点あたりから左回りに巽宮《そんきゅう》、離宮《りきゅう》、坤宮《こんきゅう》、兌宮《だきゅう》、乾宮《けんきゅう》、坎宮《かんきゅう》、艮宮《ごんきゅう》、震宮《しんきゅう》、中央の明堂《めいどう》と並ぶ九つに分類されます。

西洋手相では宮ではなく丘《きゅう》と呼び、九つの丘に囲まれた真ん中の低い部分のうち、上のほうを「方庭《ほうてい》」、下を「火星原《かせいげん》」と呼びますが、東洋手相は中央の部分を明堂といい、性格や運勢を知ることができます。

そして、肉づきがよく弾力があり、面積が広いほうが、宮の持つ意味が強調されます。

宮が全体的に均等に発達している人は、常識やバランスの取れた人といえます。一方、特定の宮だけが極端に発達している場合、その性質が突出していると考えられます。

多くの場合、二〜三の宮が同時に発達していますが、そうなるとお互い矛盾する意味を持つ宮が発達していることになります。これは、相反《あいはん》する性質がバランスよく共存して人格が極端に偏《かたよ》らない状態となっていることを示します。

たとえば、私たちが活動するときは交感神経が優位に働き、心拍数や呼吸数を上げて血圧が上昇します。一方の副交感神経は休息や睡眠中などに優位に働き、心拍数や呼吸数を下げてリラックスした状態を保ちます。

それぞれのバランスが乱れると体調不良や過度なストレス状態、良質な睡眠が取れないなど心身にさまざまな影響を及ぼします。

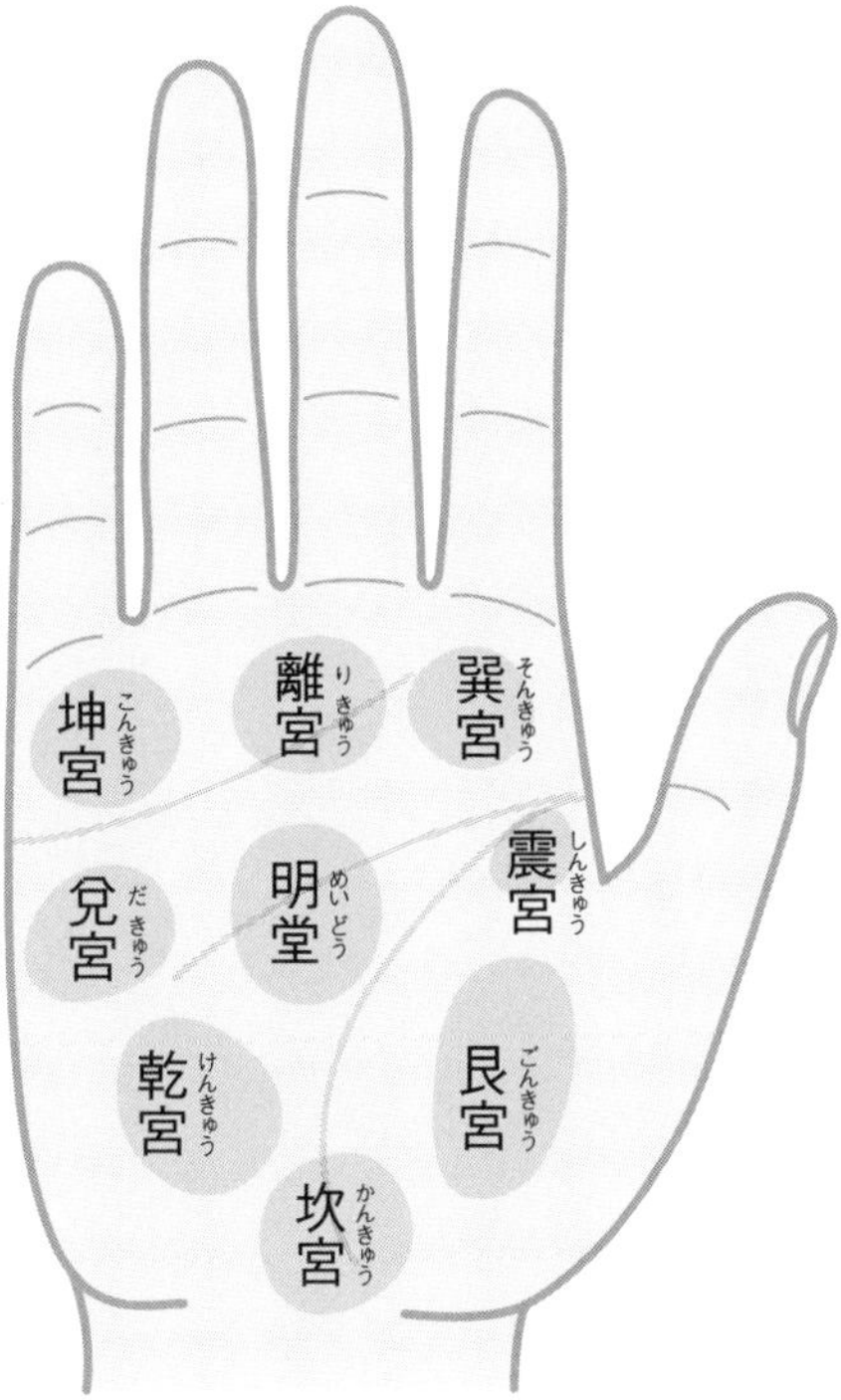


交感神経と副交感神経が両方ともスムーズに働くことで、健康が維持できているのです。このように、拮抗《きっこう》する性質を持つことによって、安定した人格を保っていることになります。

ある宮だけが極端に発達している場合は、特定の性質のみが突出していると判断されます。たとえば震宮だけが極端に高いと自尊心が強く、乾宮の場合は気が短くて不平不満を抱えやすくなります。

## 宮がずれている場合

宮の位置にずれがあるときは、それぞれの宮が持つ意味をあわせて二で割って診断します。

たとえば巽宮と離宮の間が盛り上がっているのは、上昇志向の強さと忍耐強さが同居している様を示します。双方のバランスが取れていれば、どんなに厳しい状況であっても全力で立ち向かい、最終的には目標を達成します。しかしバランスがくずれていると、革新を願いつつも、現状で我慢すべきではないかと悩みやすいでしょう。

## 巽宮《そんきゅう》

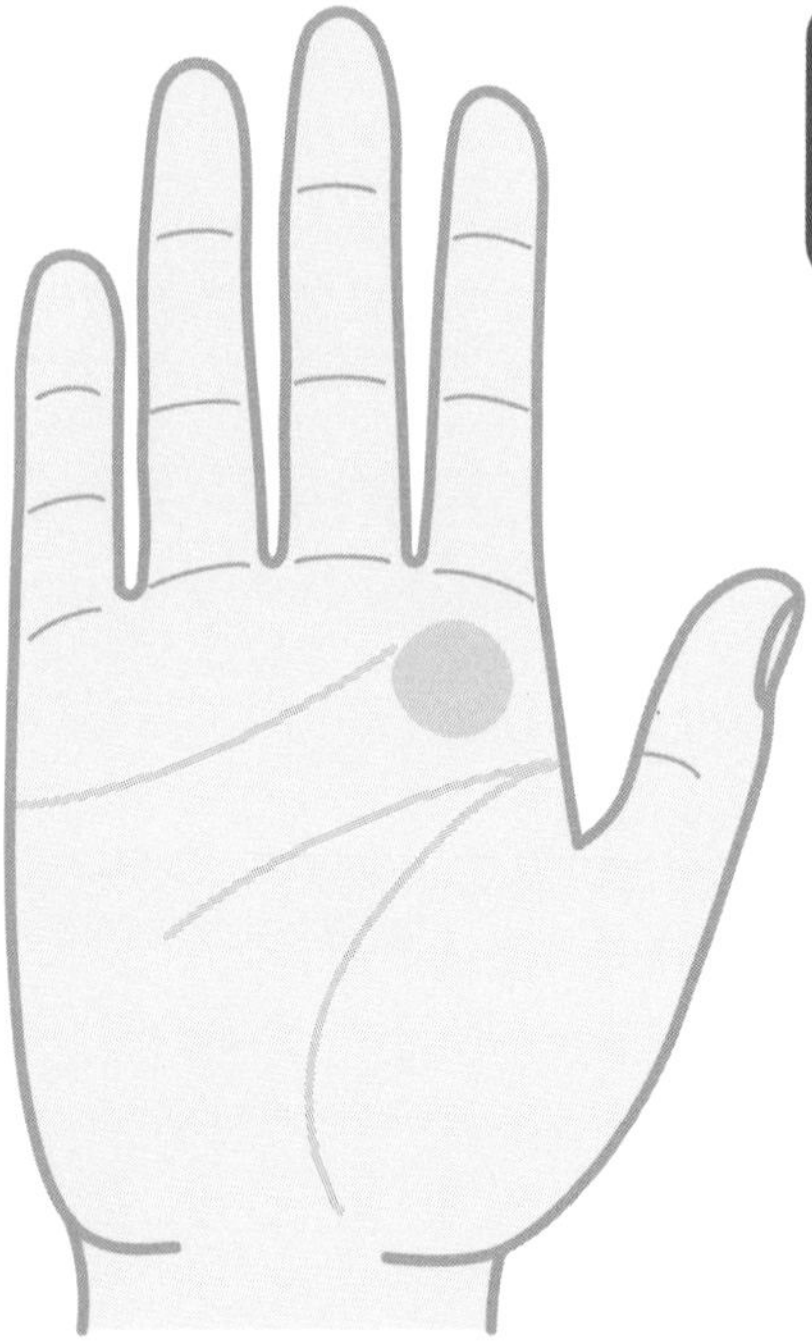

### 温厚な性格で好かれる

巽宮《そんきゅう》がふっくらと盛り上がっている人は、おだやかな性格で相手の気持ちを尊重し、さり気ない心配りができます。よい人脈に恵まれ収入も安定し、豊かな生活を送ります。

この部分が極端に高く、刻まれた紋理《もんり》が深いと、見栄《みえ》っ張りで利己主義、横柄《おうへい》な態度を取りがちです。

### 心の病に注意

巽宮の紋理が乱れている人は、強烈な個性の持ち主で、それが個性としてプラスに働けば活躍しますが、そうでない場合は周囲から距離を置かれてしまいます。やや乱れがある場合は、取り越し苦労が多く、何も起きていないのに漠然《ばくぜん》とした不安を抱えるでしょう。ときに疑心暗鬼になり、人間関係に亀裂が入る暗示があります。

色が暗くつやがないときは、肝臓の病に注意が必要です。また、メンタル面で悩みやすいので、気分転換をしたり、環境を変えてみたりするなど予防策を講じておくことが大事です。

巽宮に黒い筋が延びているのは、虫に関わる災難を暗示しています。蜂や毒虫、住居ではシロアリなどに注意してください。

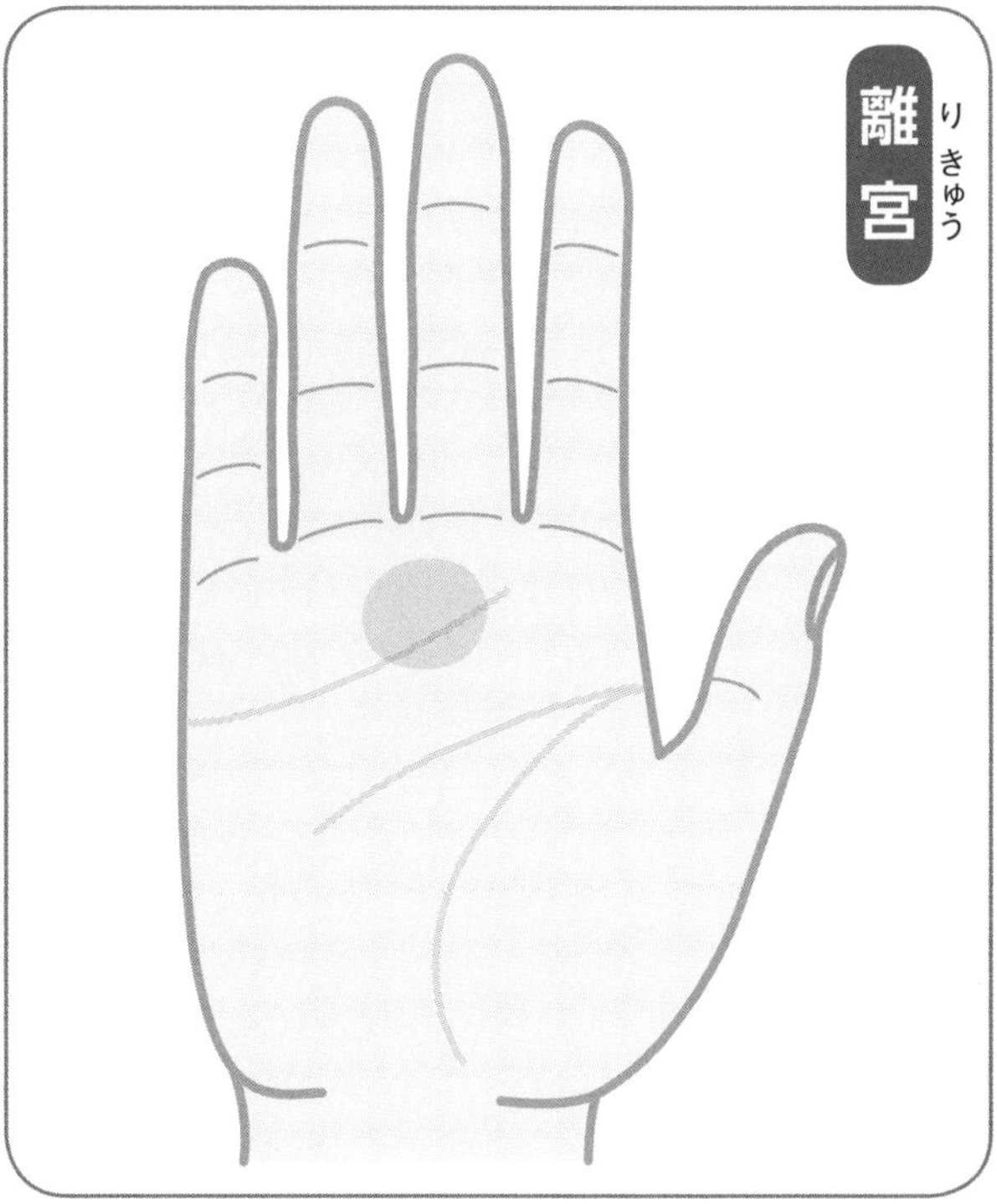


## 目上から引き立てられる

離宮が力強く盛り上がっている人は、情に厚く、人間関係をとても大切にします。困っている人がいれば、惜しみなく救いの手を差し伸べるでしょう。

この宮の色が鮮やかで乱紋がなければ、目上の引き立てを受け、順調に発展していきます。異例の大抜擢《ばってき》を受けたり、想像もしなかったところから声がかかったりなど、チャンスにも恵まれます。

離宮とともに巽宮《そんきゅう》も良好であれば、出世コースに乗り、繁栄を手にします。その恩恵は子々孫々にまでもたらされます。

## 人間関係で悩む

離宮に紋が横切っていると、取り越し苦労が多くなかなか気持ちが休まりません。人間関係で人知れず悩み、それが健康へ徐々に影響を及ぼすので無理は禁物です。

また、色が黒く乱紋が多くみられる場合は、疑い深い性格で、人の輪に入っていくのが苦手です。家族と離れて一人きりで暮らしたり、同居しても自分の部屋にこもったりするタイプといえます。また、赤い筋があるのは火難を暗示しています。とくに火傷《やけど》や火災に注意してください。

# 坤宮《こんきゅう》

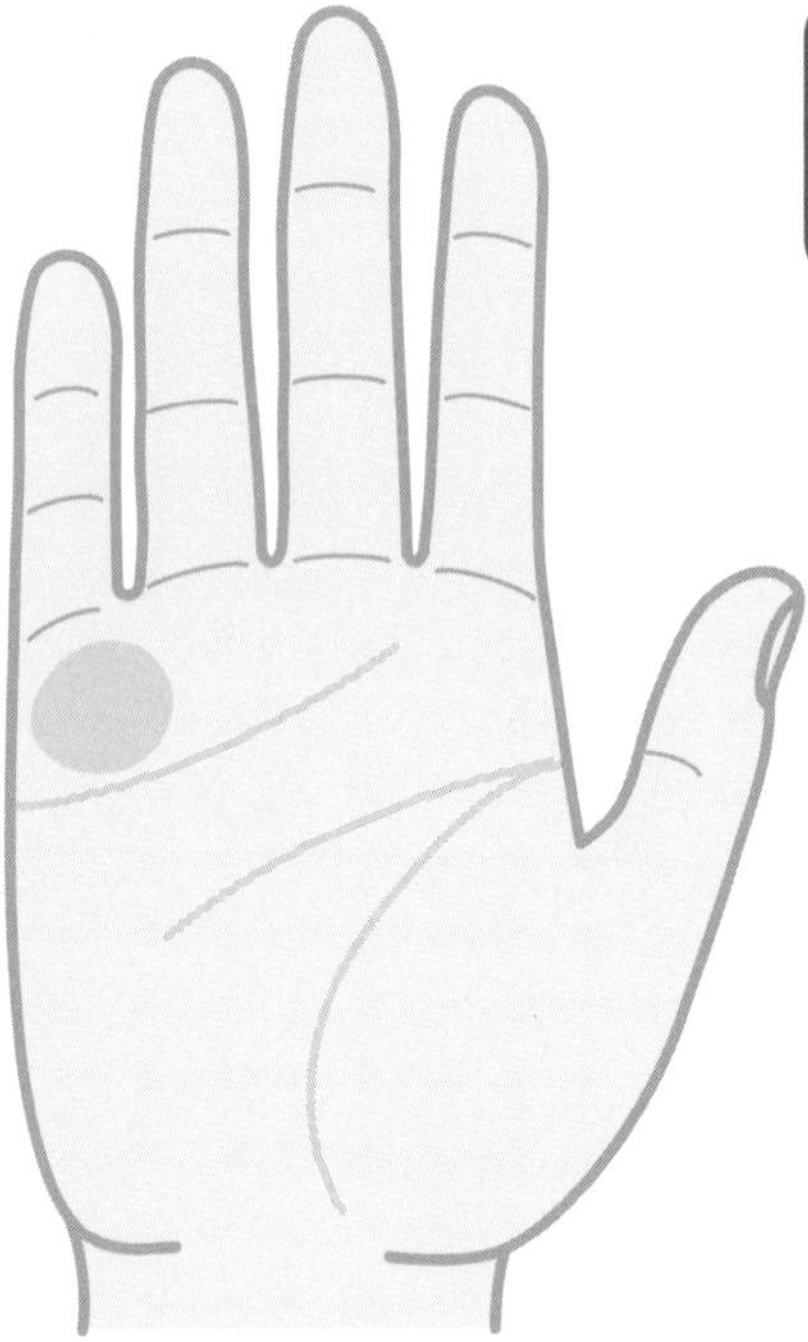

## 福運を最大限に生かす

坤宮《こんきゅう》がすっきりと盛り上がり紅色をしている人は、目上の引き立てを受け立身出世が叶《かな》います。とりわけ、裕福な女性からの援助によって、ゆとりある晩年となります。

また、この宮に勢いがある人は、福運にあぐらをかくことなく、持てる商才を存分に生かして大成功します。どんなに財を成してもむだ遣《づか》いをしないので、尻すぼみの人生になる心配はありません。

結婚運にも恵まれ家庭円満、子どもたちは成人すると家をサポートする頼もしい存在となります。

## 暗朦色の筋は散財を暗示

この宮に力がなく枯れたようにみえる人は、子孫が繁栄しない、または離散する可能性があります。一時的に栄華を誇っても、晩年は苦労が多いでしょう。一因となりやすいのは金銭問題で、子どもや親族が諍《いさか》いを起こし、その結果、縁が薄くなり、場合によっては縁が切れてしまいます。

坤宮に暗朦色《あんもうしょく》の筋が出ているのは散財を暗示するもので、浪費ばかりでなく、事業での損失、疾病《しっぺい》など想定外の出費が予想されます。この筋が現れたらお金の管理を厳重にしてください。

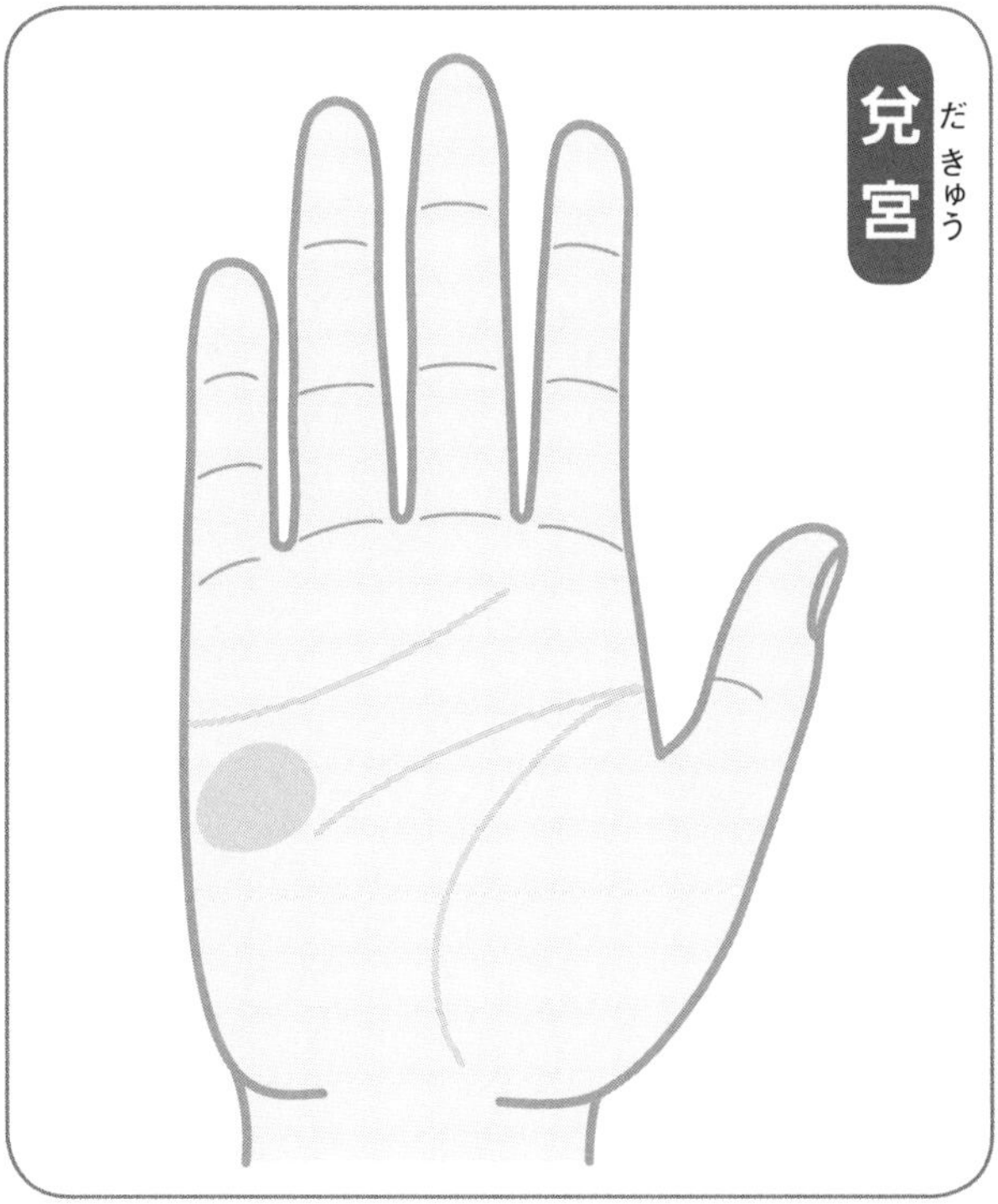


## 勢力旺盛、頼れる存在に

兌宮《だきゅう》が肉厚で潤《うるお》っている人は、温厚な性格で、会社勤めなら部下を大切にするので尊敬され、慕《した》われ大いに協力し合えます。自営業であれば顧客に恵まれて順調に業績を伸ばしていけるでしょう。

この宮が盛り上がり、しっかりしている人は勇敢で精力旺盛、忍耐力があるので安定した晩年を過ごします。過去のさまざまな経験を生かして、困っている人、悩んでいる人たちのサポートをする役割を担うでしょう。

## 女性と金銭トラブルに注意

兌宮が薄く、力強さがない人は、気が小さく、自分の意見をはっきり述べるのが苦手です。強引な人に押し切られ、支配されるなど弱い立場に置かれやすくなります。順応しにくい環境に長く身を置かず、過ごしやすい場所を見つけるようにしてください。

この部分の色が暗く、乱れた紋が多いと、女性関係での苦労が生じます。性格の不一致、諍《いさか》いが絶えないなど困難な状況を招くでしょう。

また、金銭面においては財産を失う、仕事でお金に関わるトラブルが発生する、相続に関する事柄で問題が起こるなど苦労が多いものです。

## 乾宮《けんきゅう》

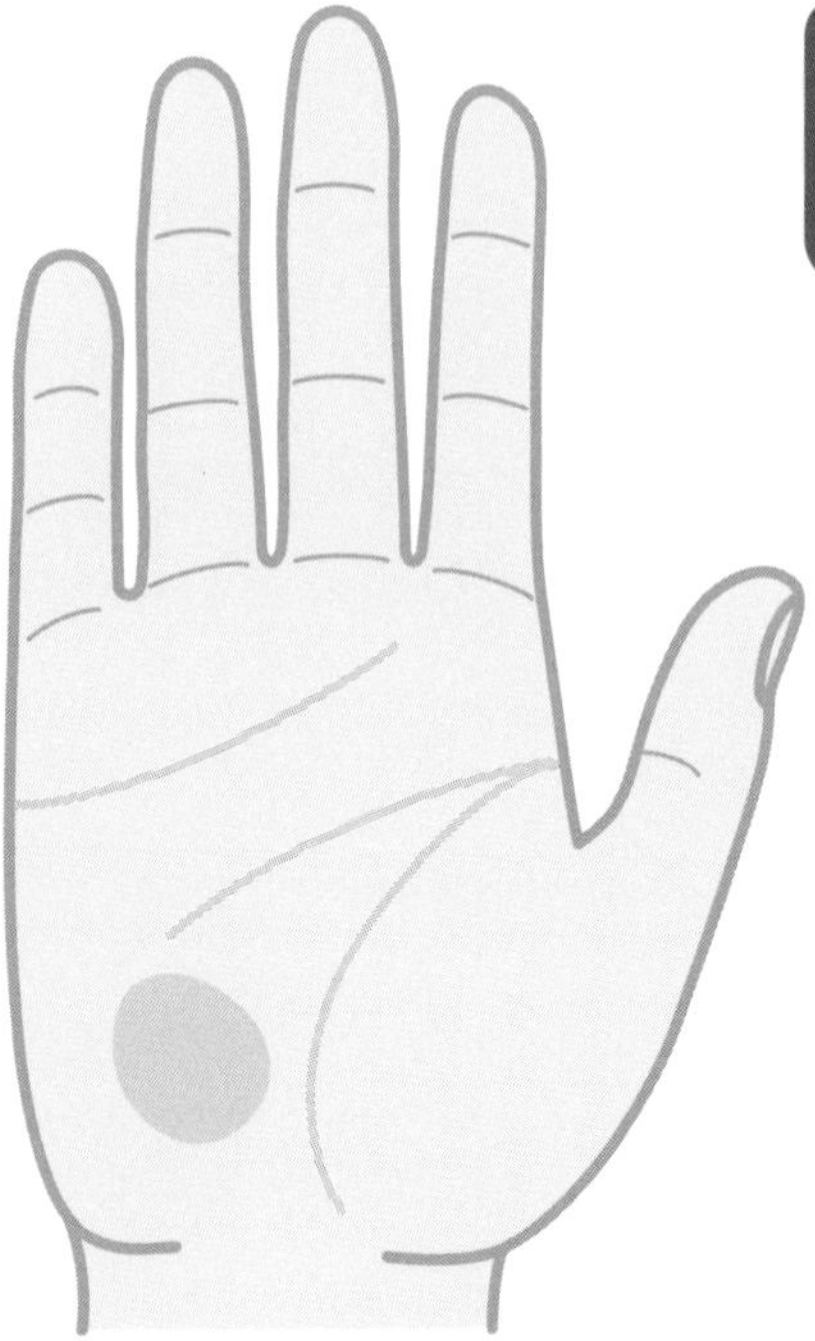

### 盛り上がっていれば子孫繁栄

乾宮ががっちりとして肉づきと血行がよく、豊かに盛り上がっていれば、子孫は必ず繁栄し、末代まで豊かな生活を送ります。また、乾宮は晩年の運勢を判断する宮でもあります。

つやがあり、乱れた紋がなければ、恵まれた家庭に生まれたことを示しています。

この宮が盛り上がっている人は感受性が豊かで空気を読む能力に長《た》けていますが、空想に耽《ふけ》る癖があり、次から次に心が移ろう傾向があります。これが創作活動と結びつけば、画家や作家、音楽家など、アーティストとしての活躍が期待できます。

しかし、極端にふくらんでいる場合は、気が短く、不平不満が絶えません。思いつきで行動するので、失敗を招くこともたびたびでしょう。

### ケガや宮の色に注意

乾宮が低く平坦で弱々しい人は、物事にこだわりがなくマイペースで、一人でいるのを好みます。

この部位をケガしたときは財産を失う事態、また暗朦色《あんもうしょく》になるのは子どもに災《わざわ》いが降りかかることを暗示しています。乾宮に凶相がみられたときは、気をつけるようにしてください。

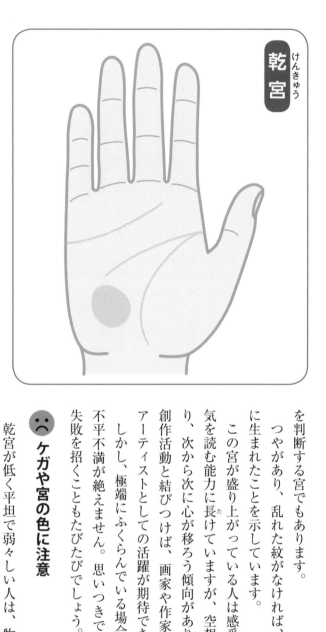

坎宮《かんきゅう》

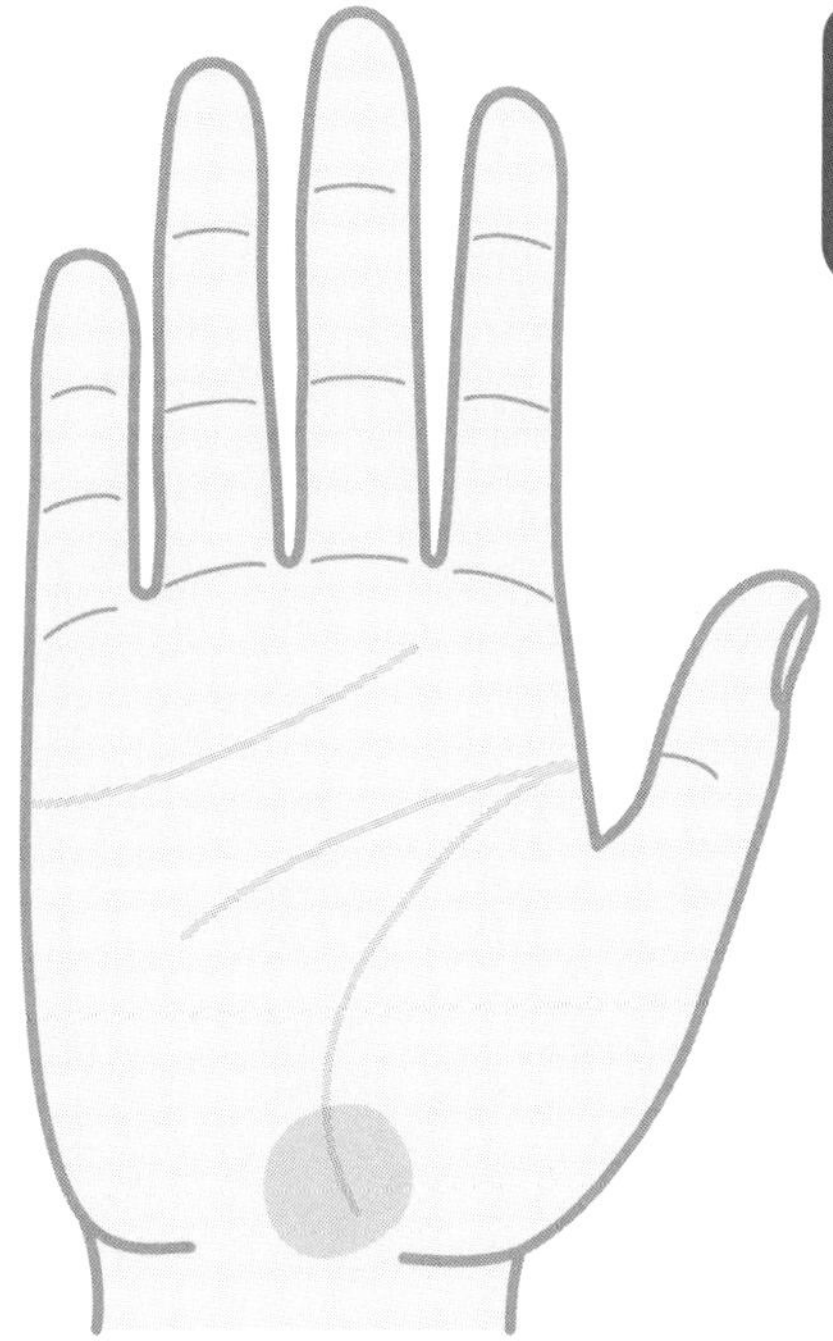

## 一生衣食住に恵まれる

坎宮《かんきゅう》が豊かに盛り上がっている人は、衣食住に恵まれ一生安泰に暮らします。気持ちに余裕があるので人間関係も円満で、逆境とは無縁でしょう。

## 挫折の多い人生

この宮が薄い人は、家庭内での波乱が多いことを表します。夫婦や親子での諍《いさか》いが絶えない、家族の誰かが家を出て行くなど、家族の絆《きずな》が危ぶまれる出来事が起こりやすいでしょう。

この宮の紋が手首に近いところで二重、三重になっていると、気持ちが落ち着かず、転居を繰り返す傾向がみられます。

宮の色が暗く勢いがないときは、気力が湧《わ》かず、意志が弱くなりがちです。物事が長続きせず、中途半端な状況になりやすいものです。何をするにも面倒で、家にこもりがちとなります。そうすると体を動かさず代謝が下がるので、足腰の冷えなど血行不良から起こる疾患《しっかん》に注意が必要です。

坎宮に横に入る紋がたくさんあると、ささいなことがきっかけで失敗を招きやすくなります。物事のタイミングを計る、準備不足ではないか再度確認するなどして取り組むよう心がけてください。

## 艮宮《ごんきゅう》

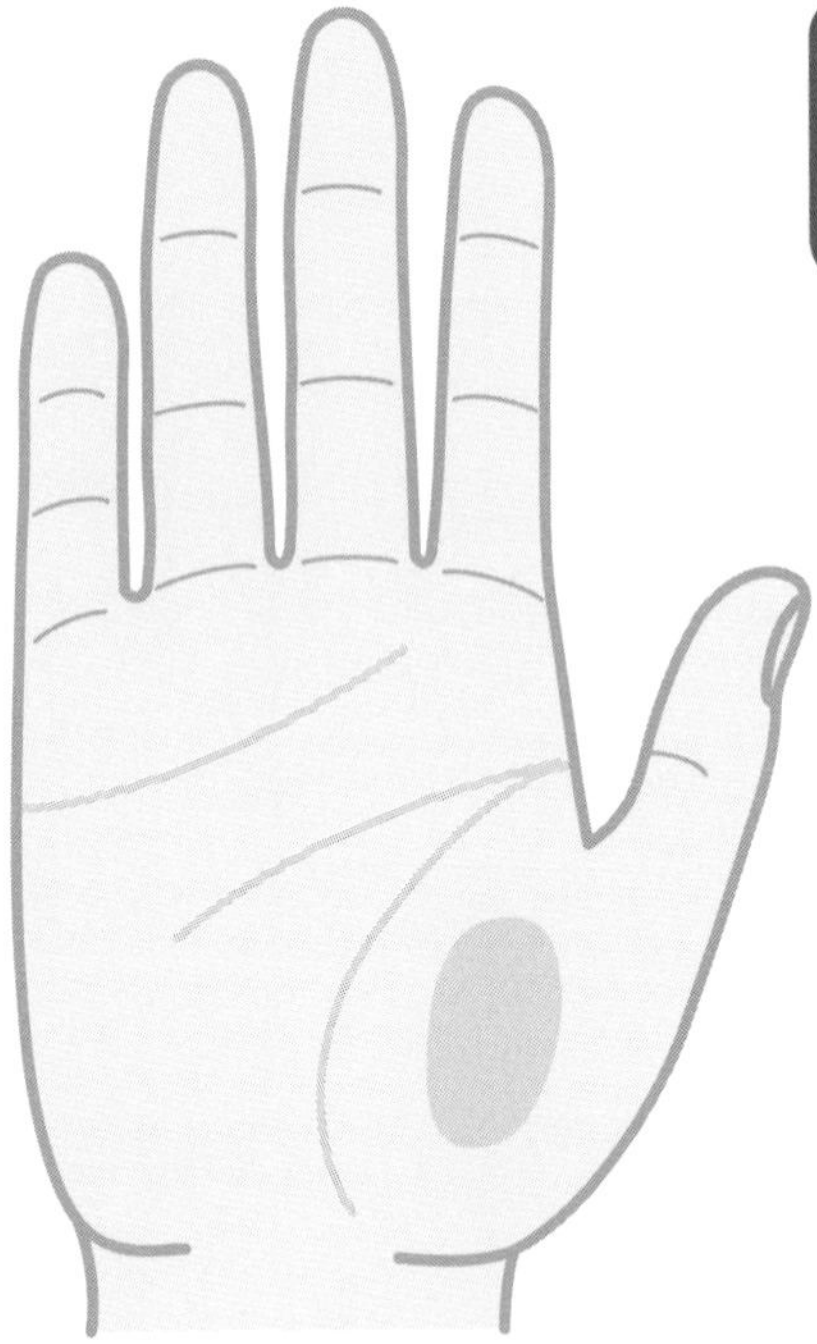

### 善行が幸運を呼ぶ

艮宮《ごんきゅう》がふっくらとしている人は、思いやりがあり、誠実で面倒見がよい性格の持ち主です。責任感も強く約束はどんな小さなことでも守るので、信頼され尊敬されます。積み重ねた善行が後押しして運勢が向上し、想像もしなかった幸運が訪れます。

この宮が盛り上がり、かつ紅色を帯びていると、生命力にあふれ、病とは無縁の人生となります。

### 孤独になりやすい

艮宮が薄く弱々しく色が暗い人は、わがままで自己愛が強く、要求は多いものの自ら努力しようとはしません。周囲に面倒見のよい人がいれば生活は安定しますが、いつまでも甘えてばかりで自立は難しいものがあります。

宮がくぼんでいると孤独に陥《おちい》りやすいのですが、かといって率先して周囲と交流するかというと、そういうことはありません。また、祖先からの恩恵は少ないとみます。

乱紋が多く見られる場合は、兄弟姉妹との縁が薄く、交流を持つことも協力し合うこともありません。ときに相続で争う、金銭がからむ問題で仲違《なかたが》いという暗示があります。

## 震宮《しんきゅう》

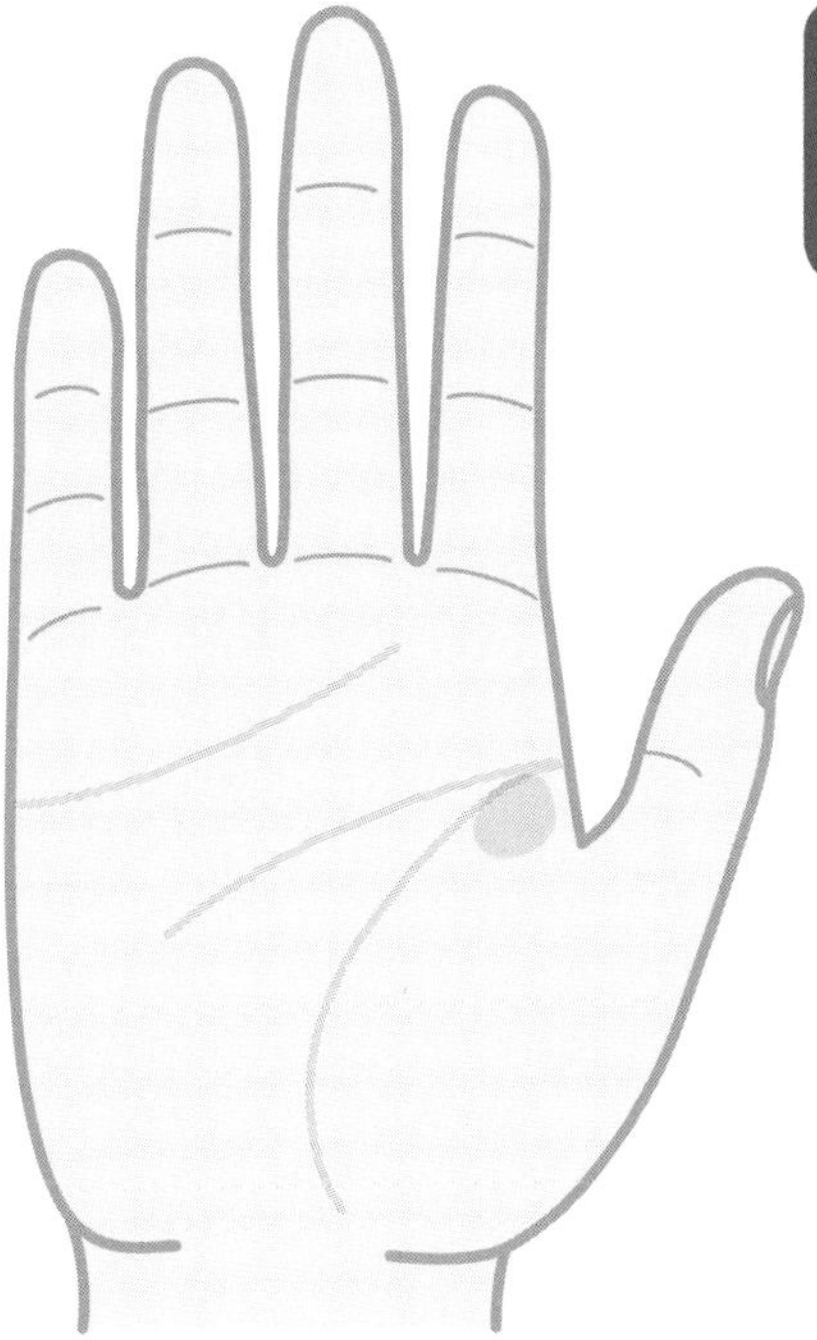

### 地位と名誉を手にする

震宮《しんきゅう》が豊かに盛り上がっている人は活発で何事にも積極的で、若いころから頭角を現して活躍します。地位と名誉を求め、成功を手にするためにはどんな努力も惜しみません。

また、信心深いところがあり、折にふれ神仏に手を合わせる一面があります。乱紋がなく紅色をしていれば、子孫も安泰でしょう。

この部分が縦に盛り上がって紅色を帯びているのは、どんなことでも思い通りになる吉兆です。ときどき手相を確認して、チャンスや幸運を逃さないようにしてください。

しかし、震宮があまりにも高くなっている場合は、自尊心が強く周囲に威圧的な態度を取ります。

### 胃腸疾患に注意

震宮が平らな人は、早年の苦労が多く、配偶者との縁が薄い暗示があります。

また、この部分に乱紋が多く血色がよくないと、胃腸の病気にかかっている可能性があります。とくに若いころは胃腸疾患に悩まされやすいです。

震宮が黒くなっていたら、雷に関わる災難に注意してください。

## 明堂《めいどう》

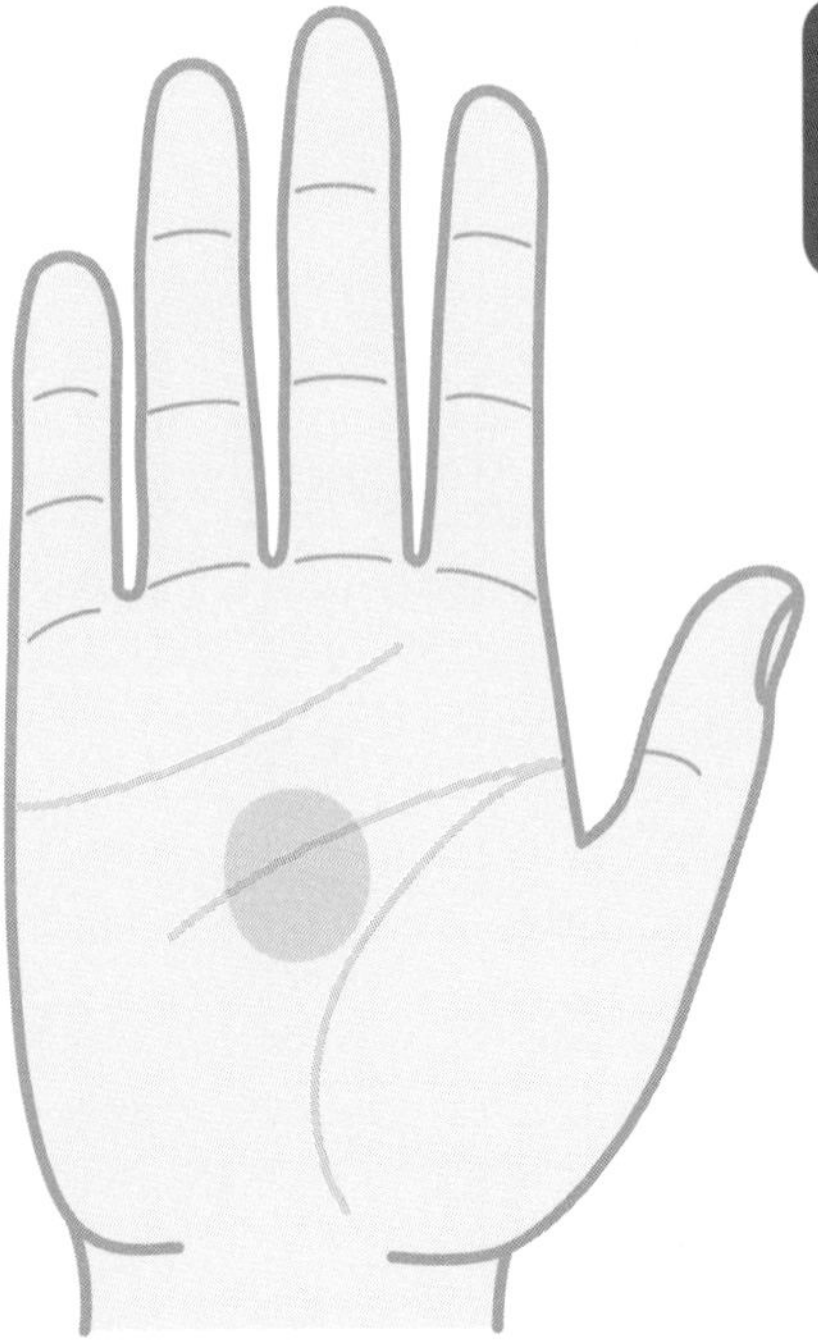

### 勢いのある人生を歩む

明堂が広い人は大胆で行動的、何事にも積極的ですが、ややわがままな傾向があります。

この部分が火を噴いたように赤いときは、衣食に不自由しません。血が脈々と流れているように赤いときは財運に恵まれます。四角い印があれば幸せな人生を歩み、神仏の加護を得て災厄《さいやく》に見舞われることはないでしょう。

少しへこんでいるのは、円満な人間関係を築く様を示しています。よい人脈に恵まれることもあり、活躍の場が広がっていきます。

### 願いが成就しにくい

明堂が狭い人は、小心者で無難な人生を歩もうとします。平坦で高低がない人は、不愛想でマイペース。趣味や娯楽に対してあまり関心がなく、好奇心も強くありません。盛り上がって高くなっていると、浪費家で貯蓄が苦手です。

明堂に乱れた紋が重なっているのは、苦労の連続の暗示です。目的や願いは成就《じょうじゅ》しにくいでしょう。

ぼうっと薄暗い暗朦色《あんもうしょく》を帯びているのは厄難に見舞われる兆《きざ》しです。不慮の事故や病、人間関係のトラブルなど災いが降りかかる可能性があります。

# 第10章

# 九宮の色判断

宮に現れる色から吉凶を判断する

# 東洋相法の妙味

## 掌に宇宙を凝縮させている

掌のふくらみの部分を西洋手相は「丘《きゅう》」、東洋手相は「宮《きゅう》」と呼びます。この丘と宮ですが、西洋式では占星術の惑星名（木星丘・土星丘・太陽丘・水星丘・金星丘・第一火星丘・月丘・第二火星丘・地丘）と中央のくぼみの上の部分の方庭《ほうてい》、下の部分の火星原《かせいげん》を合わせたものを用います。

東洋式では手相を八卦《はっか》で判断します。八卦は古代中国の思想や哲学において重要な要素であり、易学《えきがく》や占いなどにも活用されてきたもので、九宮の名称は八卦に由来します。

この八卦ですが、自然界と人間界を支配する八つの要素を表しています。それぞれの卦《け》の代表的な形は正象《せいしょう》と呼ばれ、自然の要素で表現されます。

具体的には、乾《けん》は天、兌《だ》は沢、離《り》は火、震《しん》は雷、

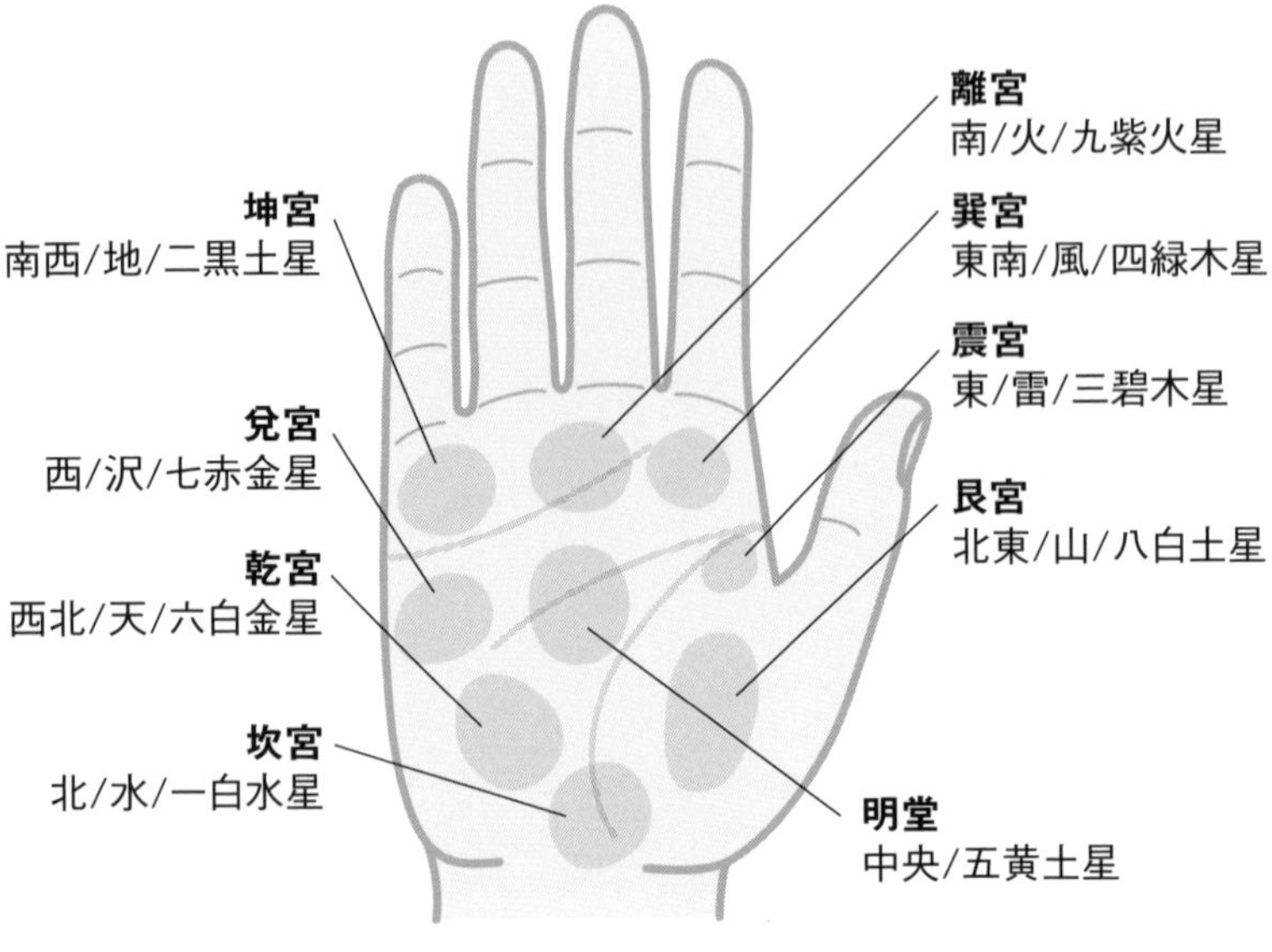


各宮に込められた意味

巽《そん》は風、坎《かん》は水、艮《ごん》は山、坤《こん》は地を意味します。

さらに、古代中国から伝わる占術の一つであり、陰陽五行思想を用いて宇宙の気を九つに分類した「九星気学」を手相の九宮に配置しています。手首側を北とみて、坎宮《かんきゅう》（一白水星《いっぱくすいせい》）、艮宮《ごんきゅう》（八白土星《はっぱくどせい》）、震宮《しんきゅう》（三碧木星《さんぺきもくせい》）、巽宮《そんきゅう》（四緑木星《しろくもくせい》）、離宮《りきゅう》（九紫《きゅうし》火星《かせい》）、坤宮《こんきゅう》（二黒土星《じこくどせい》）、兌宮《だきゅう》（七赤金星《しちせききんせい》）、乾宮《けんきゅう》（六白金星《ろっぱくきんせい》）、明堂《めいどう》（五黄土星《ごおうどせい》）となります。

## 色が表す吉凶

東洋手相では掌に現れた色によっても吉凶を判断します。紅色が吉で黒が凶と単純に分かれるものではなく、つやつやした状態は吉、ざらざらにムラがあるのは凶。つやがあるといっても油をぬったようにテカテカしているのは吉ではありません。

底光りがある色は吉であり、つやがなくても奥深くに美しい感じがするものは吉と、色の吉凶は多角的に判断する必要があるのです。

□**基本的な幸運色**—清らかな美しい赤・ピンク・赤紅色

■**基本的な不運色**—暗朦色《あんもうしょく》・青黒色・黒・焦げたような赤・どぎつい赤や黄。

## 血色の過去・現在・未来

掌に現れている血色《けっしょく》が現在を示すものか、これから起こることを暗示しているのか判断が難しいところですが、これらを見分ける方法があります。

すでに過ぎたことについては、色があせたように血色に力がなく、よく見ていると夕暮れの空のように色が薄れているように感じます。

現在を示すものは、皮膚の上にはっきりと見え、動くような感じがあります。

これから起こる出来事を暗示する血色は、皮膚の内に深く潜在していますが、じっと見ていればいるほど、それが浮かび上がってくるように見えます。

## 前兆を知る秘法

吉か凶か、自分では思い当たることがなくても、掌の下のほうから上に向かって吉となる色やピンクを帯びた美しい色が現れているときは、吉運が訪れる前兆です。仕事であれば何をやっても成功し、それがライフワークになる可能性があるでしょう。

掌に現れた色が弱々しく、枯れたような色合いをしている、また薄く消えかかっているのは、すでにその吉凶は終わっているということになります。過去の出来事の残り跡と判断してください。

## 各宮から運勢を知る

手相に限らず、占いにおいて知りたいことの多くが「今、自分が考えていることがうまくいくか」「願望が叶《かな》うか否《いな》か」です。

それを知りたい場合は、考え、思い、心を示す離《り》宮《きゅう》（中指と薬指のつけ根の中心の下）を見ます。ここが紅色、あるいは美しい色を帯びていれば、考えは正しく、うまくいくということになります。

もし離宮に兆候《ちょうこう》が見られなければ、勢いを示す震《しん》宮《きゅう》（親指のつけ根の横）を見ます。震宮も同様に色が美しければ吉ですが、濁《にご》っていて潤《うるお》いがないときは凶となります。他に策がないか考えてみて、もしなければ、あきらめたほうがいいでしょう。

「願望が叶うか否か」の具体例として、恋人との出会いを願う人をあげてみます。良縁を示す巽宮《そんきゅう》（人差し指と中指の人差し指側までの下の部分）に美しい色が見られたなら、近いうちに恋人候補が現れるでしょう。

では、恋愛中で将来結婚を考えているときはどうでしょうか。この場合は、恋愛を示す兌宮《だきゅう》（小指のつけ根の二〜三cm下）で判断します。

兌宮に潤いのあるピンク色が現れていれば、この恋愛は順調に運び、結婚まで進んで吉です。

紅色で潤いがあるときは、恋愛関係が始まったばかりで、結婚まで進むにはまだ決めかねる時期ですが、手相全体の判断で本人が決心するならば吉と見ます。

炎のような赤色をしているのは、熱烈な恋愛中であり結婚とは結びつかない、もし結婚しても失敗しやすいことを暗示します。

濁っていて勢いがない場合は、この恋愛には性格や価値観の不一致、秘密にしなければならないことがある、など破綻《はたん》する運命を示しています。結婚するには難しく、交際を続けても幸せにはならないでしょう。

また、交渉事や裁判、話し合いなどで、どのように出ていればうまくいくかの判断についても述べておきましょう。

交渉事についてはおだやかに進められるのが理想ですが、競合相手が多い、裁判でなんとしても勝ちたい、要望を叶えたい、など場合によってはシビアな局面に立たされることがあるでしょう。

これを判断するときは震宮を見ます。この宮に吉となる色が出ていれば強気に出てもよい、そうでなければ強気な対応は凶となり、策を練るべきです。

次に従順を示す坤宮《こんきゅう》（小指から薬指の中心の下）を見て、ここが吉色ならば謙虚かつ柔軟な対応によって交渉事などがうまくいくと判断できます。

## 各宮と明堂が象意するもの

| | |
|---|---|
| 巽宮《そんきゅう》 | 四季の風全般、玄関、長女、結婚、旅行、世話、交渉、腸、呼吸器、季節：4月～5月、数字：3・8、色：青・緑 |
| 離宮《りきゅう》 | 太陽、夏、博物館、中年の女性、智恵、離合、眼、心臓、頭部、季節：6月、数字：2・7、色：赤・紫 |
| 坤宮《こんきゅう》 | 曇天、大地、母、謙虚、努力、心中が複雑、腹部、腸、右手、季節：7月～8月、数字：5・10、色：黄・黒 |
| 兌宮《だきゅう》 | 暴風雨、沢、少女、喜び、金銭、恋愛、飲食、口中、歯、 季節:9月、数字：4・9、色：白・赤 |
| 乾宮《けんきゅう》 | 天、太陽、父、施す、頭、充実、高級、投資、目上、季節:10月～11月、数字：4・9、色：白 |
| 坎宮《かんきゅう》 | 寒冷、雨、中年の男性、悩み、苦しみ、考え込む、眼球、脊髄、陰部、季節：12月、数字：1・6、色：黒・白 |
| 艮宮《ごんきゅう》 | 故郷、山、家族、少年、引き継ぐ、不動産、耳、鼻、筋肉、季節：1月～2月、数字：5・10、色：黄・白 |
| 震宮《しんきゅう》 | 雷雨、噴火、長男、若者、大胆、活発、迅速性、討議、叱咤、喉、肝臓、季節：3月、数字：3・8、色：青・碧 |
| 明堂《めいどう》 | 天候の激しい変化、荒れ地、老人、骨董品、老舗、支配、生み出す力、大腸、便秘、新陳代謝の低下、数字：5・10、色：黄 |

# 掌の宮で見る色の吉凶

巽宮《そんきゅう》～明堂《めいどう》に吉となる色、またはそうでない色が現れたとき、運勢がどのような状態かを知ることができます。

巽宮

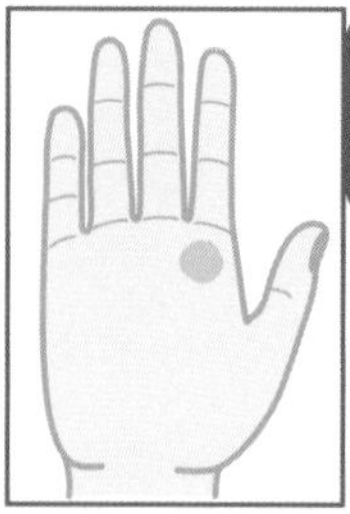

## 巽宮に吉となる色が現れた場合

心おだやかに過ごせることで、温厚さと包容力が増し、人気運が高まっていきます。義理人情を大切にするので人間関係がますます円満になり、人脈も順調に広がっていきます。

思いもつかない隠れた喜びごとが多くなる暗示があります。それは共感する気持ちであったり、感謝の気持ちであったり、今後の人生に大きな影響を及ぼす可能性があります。精進《しょうじん》したなら人間性も高まり、あらゆる福運を呼び寄せるでしょう。

仕事面では一生の宝ともいえる同僚や部下、支援者との縁により仕事の成果が徐々に広がり、大きな業績を上げます。これが呼び水となって出世し、かねてからの目標や希望が叶《かな》います。また、遠方よりよい取引話が届くかもしれません。

結婚を望んでいる人には素晴らしい良縁が舞い込みます。

## 巽宮に凶となる色が現れた場合

あらゆる方面で困難な状況に直面することを暗示しています。信用を失ったり、行きづまった状況に陥《おちい》ります。

遠方との取引において損失を出すなど、経済的状況が厳しくなりそうです。

また、部下に迷惑をかけられ責任を背負わされる可能性があります。経済的損失は一時的にしのげますが、信用問題に発展した場合は長引きます。長く取引していた得意先との絶縁によって利益が減るなど、想像以上の痛手を負うかもしれません。

独身者は縁談が遠のいたり、破談になったり、既婚者は長女に関するトラブルにより、家庭不和が生じる可能性があります。

問題が山積みとなって整理整頓がうまくいかず、生活が乱れる暗示があり、健康面では風邪をこじらせて肺を痛め、腸の疾患に悩みやすくなります。

## 離宮

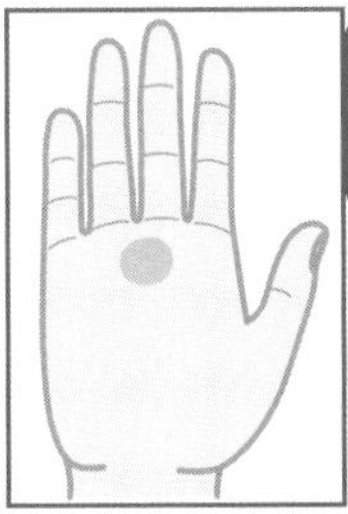

### 離宮に吉となる色が現れた場合

真面目に仕事に取り組み、それが周囲の評価を得てやがて大きな力になっていきます。また、新しいアイデアや企画が評価され、人気と信頼を集めて仕事運が上昇していきます。創造力を必要とする分野での活躍も期待できるでしょう。実績を積み重ねてきたことは達成し、なかなか進まなかったことはスムーズに進行するようになります。

美的感覚が高まっているので美術品や宝飾品の収集、販売でよい取引ができます。

中年の女性からよい知らせがもたらされるので、日ごろから人との交流は積極的に。決断力に富むので、ここぞというときは自分の力を信じて選択してください。きっと満足のいく展開となります。

心臓、血液の循環がよくなるので、心身ともに健康になり体力もついてきます。行動範囲も広がっていくでしょう。

### 離宮に凶となる色が現れた場合

地位と名誉を失うトラブルに見舞われます。これまで築いてきたものを手放す結果になるかもしれません。今日まで冴《さ》えていた観察眼、洞察力が鈍《にぶ》りだし、選択した事柄がよくないほうに転び、失敗するなど前途多難な状況となります。

体裁《ていさい》をつくろうために行動や服装が華美になるなどして、これらが悪い交友関係を招き、知恵がよくないほうに働く可能性があります。

警察や裁判に関わる問題や文書、印鑑にまつわるトラブルが起こり、自分が当事者でなくても巻き込まれて損失を招く暗示があります。

また、目や耳の病気に悩む、アルコール依存症になるなど健康状態は芳《かんば》しくありません。

さらに深刻な場合には、生別や死別を経験する、家族が離れ離れになるなどの状況が考えられます。

## 坤宮

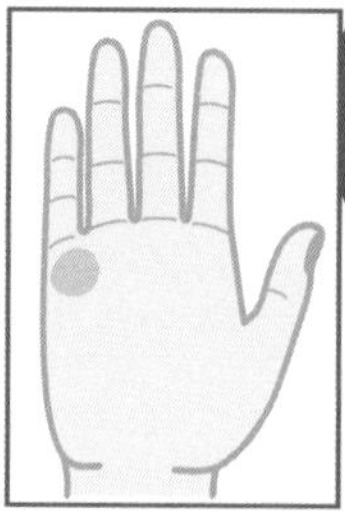

### 坤宮に吉となる色が現れた場合

謙虚な姿勢で、周囲の人や物事を大切にするようになります。他人への配慮や思いやりにより人間関係はより円満になります。アンティークや代々受け継がれた品がよい運気をもたらしますので大切にしてください。

勤労意欲が高まり、成果が上がります。営業においては新しい得意先を開拓し、ビジネスの拡大に成功する可能性があります。

土地の所有や売買で、運営など不動産事業で成功したり、土地を所有する人から援助を受けたりすることがあるかもしれません。

高齢の女性に関することで利益を得ます。それは支援や協力であったり、相続であったりしますが、いずれの場合も感謝の気持ちをきちんと示すようにしてください。

胃腸の働きがよくなり代謝が安定します。暴飲暴食を避けて健康維持に努めましょう。

### 坤宮に凶となる色が現れた場合

いくら努力をしても報われない、計画が途中で頓挫《とんざ》するなど、仕事のモチベーションが上がりません。また、以前のトラブルが蒸《む》し返されるなど、悩みが絶えません。そのため仕事に積極的に取り組むことができず、集中力が低下して業績や成果が下がり、自己評価や周囲からの評価が低くなります。

このような状況なので、目上や社会的地位の高い人々からの援助が制限されるか、打ち切られる可能性があります。交友関係では、お金に困っている人や社会的地位の低い人ばかりとのつながりが増えていき、どうしてもケチになりやすいでしょう。

精神的な負担や生活スタイルの変化から、不規則な食習慣や運動不足が生じ、体重の増加や内臓の病気につながる可能性があります。

## 兌宮

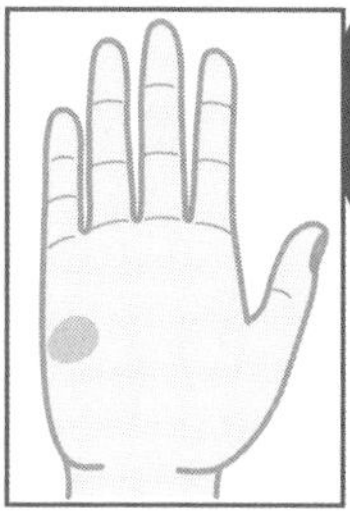

### 兌宮に吉となる色が現れた場合

話術が巧《たく》みになり、さりげない一言が開運につながります。言葉が言霊《ことだま》であることを実感し、洗練された言葉遣《づか》いが日常会話に増えていきます。

これによって、よいコネクションを築《きず》くことができ、人間関係が発展します。会食や交流を通じて新たなチャンスや機会をつかめます。また、仲介や取引による現金収入も期待できます。

食生活が充実し、食を通しての癒《いや》しや満足感が身も心も満たします。世界中の珍しい食べ物との縁があるでしょう。また、食文化について学べば知識と食材への感謝が一石二鳥で得られます。

スタミナが増し、持久力やエネルギーが向上します。長期的な取り組みや困難な課題にも立ち向かうことができます。これまでの恋愛関係が実を結ぶなど、結婚運も吉です。

### 兌宮に凶となる色が現れた場合

人が嫌がることを言うなど、言葉によって人間関係や社会的な立場に深刻な影響が出ます。また、さまざまなことで不足を感じる、経済的な苦境に立つことも考えられます。経済的な不安は、生活や将来の計画に影響を及ぼすことがあるでしょう。不安定な状況では異性関係での失敗も招きやすいので気をつけてください。

食中毒や口腔疾患《こうくうしっかん》、肺の病気など健康上のリスクにも十分注意が必要です。

さらに、刃物に関連する事故や災難に遭遇する可能性もあります。刃物の取り扱いには十分に注意して、安全な状況で使用しましょう。人間関係のトラブルで刃傷沙汰《にんじょうざた》に発展しないよう、言動には気をつけてください。

厳しい状況であるからこそ、冷淡にならずに自己管理や周囲への配慮を心がけることが大切です。

## 乾宮

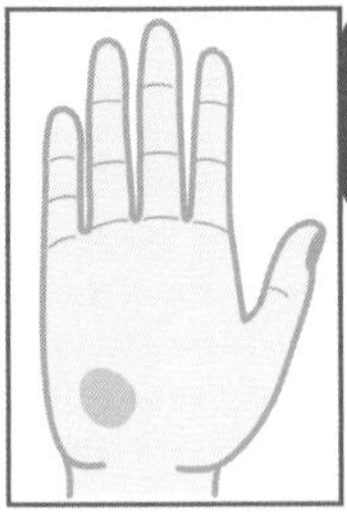

### 乾宮に吉となる色が現れた場合

博愛の気持ちがあり、人に対する思いやりや配慮ができている状態です。また、信仰心も篤《あつ》くなっており、慈悲《じひ》や無償の愛の尊さを重んじるようになっていきます。自分ばかり幸せを追求するのではなく、分かち合いの心が幸いして、幸運を引き寄せる力が高まります。

能力や才能に注目が集まり、目上の人からの応援と励まし、支援があります。これが後押しとなって発明や発見の分野で成功をおさめます。自らのアイデアやヴィジョンを追求する意欲が向上し、独立精神も旺盛で、それが現実のものとなるでしょう。

勝負運も強くなっており、下した決断がことごとく吉となって現れます。勢いの強さがリーダーシップとして発揮されたなら、その指導力によって周囲の人々も活気づけられ、新たな成果が得られます。

### 乾宮に凶となる色が現れた場合

プライドが高すぎて融通《ゆうずう》が利かなくなります。自身の考えや意見に固執《こしつ》し、他人の意見や協力を受け入れることが難しくなるでしょう。自信過剰になるあまり、自身の能力や知識を過大評価してしまう傾向が生じます。そのため新しい事業を始めても失敗し、目上の人からの引き立てや支援が受けられなくなり、ビジネスチャンスなどの機会が制限される可能性があります。

焦燥感《しょうそうかん》やストレスから争いを好むような傾向になり、成功に固執するあまり競争や対立を求めてしまうので、問題や摩擦《まさつ》が生じやすくなります。一発逆転を狙って投資やギャンブルに手を出すと、かえって損失を招くばかりで状況は好転しません。

また、脳出血や脳腫瘍《のうしゅよう》などの脳の疾患、交通事故に遭遇するリスクが考えられます。不注意や冷静さを欠いた行動、誤った判断によるケガにはくれぐれも気をつけてください。

## 坎宮

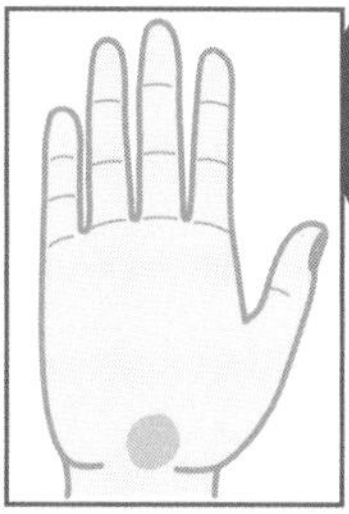

### 坎宮に吉となる色が現れた場合

新たな仕事や事業が始まり、順調に進んでいきます。最初は小さな規模であったものが次第に拡大し、想像以上の成長を遂げるでしょう。優秀な部下に恵まれ、誠心誠意尽くしてくれる取引先との縁で業務がはかどります。年配者はよき後継者が現れます。

尊敬でき、価値観が合う人物と交友関係が築かれる一方で、よくない人間関係が切れるので対人面でのトラブルに見舞われる心配はありません。

血液の循環が良好になるので精力旺盛となり、若々しくなっていきます。良質の睡眠が取れるので健康はもちろん、頭が冴《さ》えてよいアイデアが思いつくようになります。

望んでいるならば子宝に恵まれ、家族の絆《きずな》がますます深いものになるでしょう。

独身者には望み通りの良縁が持ち上がります。

### 坎宮に凶となる色が現れた場合

提案した計画や戦略が求められているニーズに合わなくなり、市場の変動などで目標や予想に対して期待外れな結果を招きます。その結果、新しい仕事が暗礁《あんしょう》に乗り上げます。

これによって、経済的な困難や行きづまりに直面し、収入の減少や債務の増加などの問題が生じることを暗示します。

周囲の人や環境の変化によってよくない友人関係が生まれ、トラブルに巻き込まれる、異性関係で問題が起こるなど、負のループを繰り返す可能性があるでしょう。

健康面では泌尿器系の疾患《しっかん》に要注意。妊娠、出産は困難が生じやすいので、規則正しくストレスのない生活環境が重要になってきます。

また、水難事故や転倒、泥棒による被害など、安全や防犯に関する危険を警告しています。予防策や注意が必要であり、身の安全や財産の保護に努める必要が多いにあります。

## 艮宮

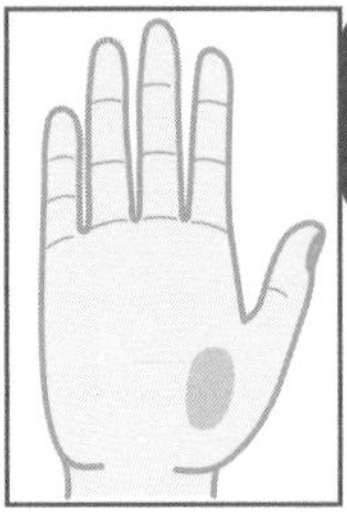

### 艮宮に吉となる色が現れた場合

すべてにおいて、よい変化が起こります。

今まで行きづまりを感じていた分、安堵感と開放感に包まれるでしょう。心身ともに大きく深呼吸できるような状態です。

相続の問題や跡取《あとと》りの選定については、想像以上によい結果を得ることができます。

人々の仲介や世話を通じて喜ばれ、自身も利益を得ることができるのです。

また、不動産の所有や山林などによって利益を得ることもできます。これにあわせて親戚からの援助などがあり、家庭も円満になります。

貯蓄も増えていくので将来の見通しが明るくなり、人生設計がしやすくなります。お世話になった人たちに恩返しをすれば、より運気が上昇していきます。

### 艮宮に凶となる色が現れた場合

家運が衰えて家族や親族間でさまざまなトラブルが発生します。相続人に恵まれない、親戚縁者から大きな損害を被《こうむ》ることがあります。これによって財産を失い、経済的な困難が予想されます。

また、新旧交代によって不遇な立場に置かれる暗示があります。なんとか状況を立て直そうと奔走《はんそう》しますが、協力者の数が少なすぎる、以前の価値観が通用しないなど徒労に終わってしまいます。

転職をしても、収入ばかりに重きを置くと些細《ささい》なことに不満が生じ、要求ばかりが強くなって協調性に欠け、結果的に転職を繰り返すことになります。

対人関係がうまくいかないため気持ちに余裕が持てず、恋愛では要求ばかりが募《つの》って、気持ちが移ろいやすくなります。

健康面ではストレスや心身の負担が重なり、関節や脊椎《せきつい》を痛める暗示があります。

## 震宮

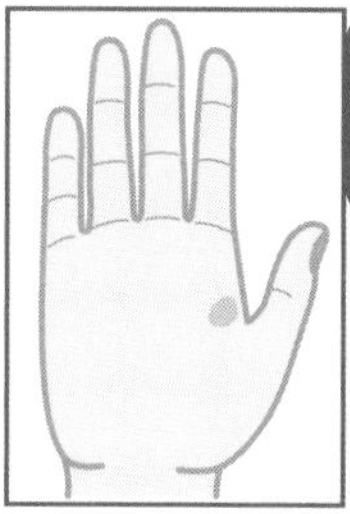

### 震宮に吉となる色が現れた場合

運勢がますます発展していきます。周囲の人たちとのコミュニケーションを大切にして、謙虚な態度と感謝の気持ちを持てば、多くの支持を受け、絶好のチャンスが訪れます。

あらゆることに対して積極的に取り組めば、人気が高まり、自然と人が集まってきます。話術が上達し、説得力を持った表現ができるようになれば、年下の人たちも応援者となり、活動を盛り上げてくれるに違いありません。

また、類《たぐい》まれで斬新《ざんしん》なアイデアによっても成功を収めることができるようになります。多少奇抜《きばつ》な発想であっても、臆《おく》することなく世に送り出してください。場合によっては想像以上の反響をもたらす可能性があります。

勢いのある運勢は健康にもよい影響を与え、人生が楽しいものになるでしょう。

### 震宮に凶となる色が現れた場合

これまで順調にいっていたことが頓挫《とんざ》する、横やりが入るなどして発展が停滞します。

若い部下から損害を被《こうむ》り、想像以上のダメージを受けるかもしれません。

また、他人への噂話や中傷、軽口からあらぬ誤解を招いたり、嫌われたりする可能性があります。状況が不安定になると口やかましくなり、周囲から距離を置かれてしまいます。ときに他人の口車に乗って、損をする暗示があります。いずれにしても口が災いの元になる事案が発生しやすい状態です。

さまざまな要因が重なり、神経痛や肝臓の疾患にかかりやすくなります。ストレスによる暴飲暴食、不規則な生活が続くと回復が遅くなります。

また、火災に遭遇するリスクも考えられます。火気の取り扱いに注意し、安全対策は万全に行ってください。

## 明堂

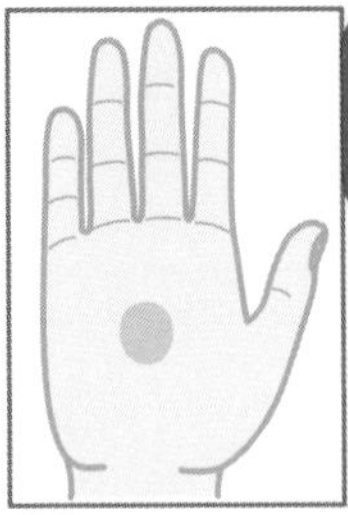

### 明堂に吉となる色が現れた場合

明堂にピンク色などきれいな色が出ると、仕事や恋愛面で心願成就をもたらします。

健康状態が良い場合も、つやがあってきれいな薄紅色に染まります。

### 明堂に凶となる色が現れた場合

積極性を欠いたり、無気力になったりして意欲が低下します。これが原因となって信用や金銭を失い、生活が困窮《こんきゅう》する可能性があります。なかなか気分が晴れず、周囲の人たちに意地悪をしたり、嫉妬心《しっとしん》を抱くようになったりして、人間関係の摩擦やトラブルが生じるでしょう。

悩みや焦《あせ》りによって、頭の働きが鈍くなることや変質的な考えを抱くようになるため、正しい判断や適切な行動をとるのが難しくなります。

健康面では、昔に患《わずら》った病気の再発、化膿性の疾患などに気をつけてください。体力が落ちているときは食中毒や慢性的な下痢にも注意が必要です。

また、火災や熱源の関与による重大な事故や火傷《やけど》、ケガが暗示されます。安全に対する意識と火災予防対策を徹底してください。

東洋相法でいう「地紋《ちもん》」

# 西洋相法の生命線

## 健康状態や体力を表す

生命線は線が太く長いほど生命力が強いことを示し、大きくカーブを描くほどエネルギッシュです。カーブが小さいと消極的で心身ともにデリケートな傾向があります。

生命線の支線や記号には命にかかわる病気や事故のサインが現れることがあります。ふだんから注意して見るようにしてください。

ちなみに、手首まで長く延びるほど体力があると考えますが「生命線が長ければ寿命も長い」というのは間違った俗説です。

## 長さや太さ、形はさまざま

生命線は起点から手首近くの先端まで一か所も切れ目がなく、深く鮮《あざ》やかに刻まれ、淡いピンク色をしているのが吉です。

しかし、起点から手首近くまで一本の線が理想的なカーブを描く生命線の持ち主は意外に多くありません。人によって長さは異なり、線が

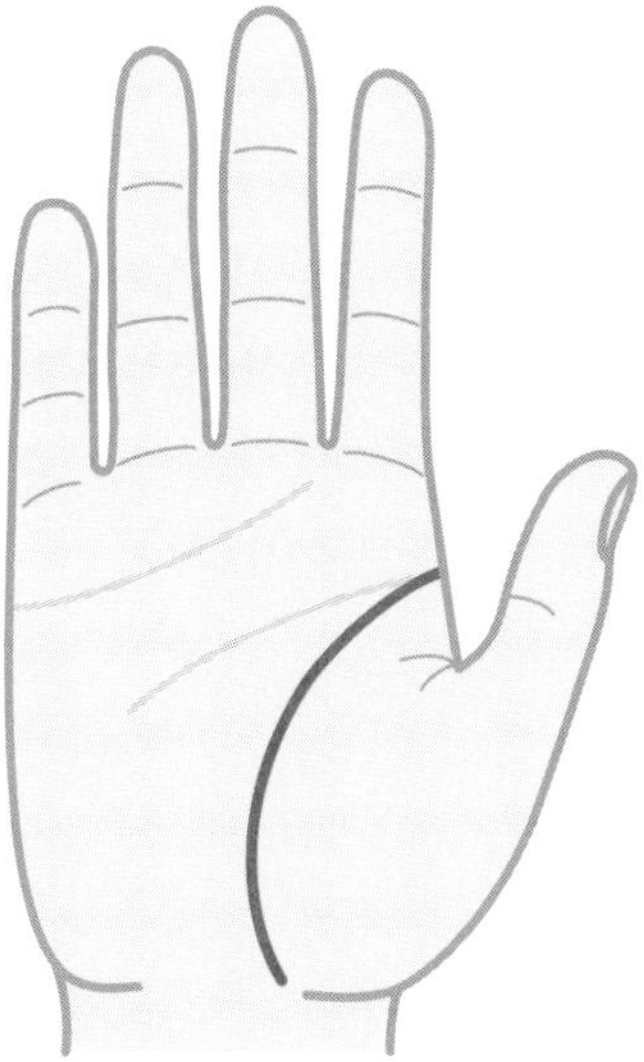

生命線とは、人指し指と親指の間から始まり親指のつけ根を回り込み手首へ向かう線。

ジグザグしている、先端が枝分かれするなどさまざまです。

とくに先端は線がくずれていることが多く、生命線は先端に行くほど老年の状態を示すため、線が乱れるのは自然なことです。

生命線の中央から下部にかけて不規則な線が数多く現れているのは体が疲れやすくなっている状態を示します。

神経が過敏になって疲労感に見舞われ、食欲がないなど、寝込むほどではないけれども調子が悪いといった状況が続きます。

規則正しい生活を心がけ、リラックスする時間を持つ、生活環境を見直すなどしてよい方向へ変わったなら、不規則な線は自然に消えていきます。健康状態を知るバロメーターにしてみてください。

■生命線を見るときのポイント

| 注目点 | 判断できること |
|---|---|
| カーブ | バイタリティやエネルギーの強弱を表す。カーブが大きければ行動的、小さければ消極的。 |
| 線の長さ | 線が手首まで長く延びるほど体力や生命力に恵まれる。 |
| 切れ目や線の状態 | 健康状態を示す。切れ目や乱れた線があるときは過労や体力低下に要注意。 |
| 支線やその他の線 | 現在と将来の健康状態を暗示。 |
| 島や十字など記号 | 健康にかかわるトラブルや変化を表す。とくに病気やケガの兆候を暗示。 |

# 第11章

# 南北相法の手相

東洋相法の大家 水野南北による占断法

# 日本の手相術の先駆けとなった『南北相法』

## 百発百中といわれた大家

『南北相法《なんぼくそうほう》』は江戸時代の中期に活躍した大占術家・水野南北《みずのなんぼく》の著書です。京都に住まい、観相家《かんそうか》として名を馳《は》せ、百発百中の腕前から「東西南北ただ一人」として東西堂とも称されました。

当時、その門に学ぶ子弟は千を数えたという話も残っています。

南北が記した書物からは、手相の吉凶ばかりでなく豊かな感性や驚異的な観察眼をもって観相家として活動していた様子が垣間見られます。

## 手は体にとっての枝である

南北はこう記しています。

「体は地にあてはまり、その体内の体液は水である。体温は火であり、呼吸は風であり、心は空にあてはまる。そして手はいわば体にとっての枝である。樹木も枝ぶりがよいのは名木とされ、そうでないものはただの雑木で薪《まき》にしかならない。

人も同じで、手の姿がよくなければおのずから卑《いや》しくなる。しかし雑花でもひとたび時を得たなら美しい花を咲かせる。人も吉事に恵まれるときは、掌中も自然に潤《うるお》いが出てくる。逆の場合は掌中も曇ってくる。これこそ自然のことわりと考えるべきであろう」

人を自然そのものにあてはめる南北の視野の広さ、深さ、そしてただ運勢を伝えるだけではない倫理観の高さ。南北が伝える相法は、人としての生き方の指針になっているといってもいいでしょう。

この章では南北による指の見方と三紋（天紋《てんもん》・人紋《じんもん》・地紋《ちもん》）の判断、および南北と弟子との問答をわかりやすく紹介していきます。

# 南北相法による指の見方

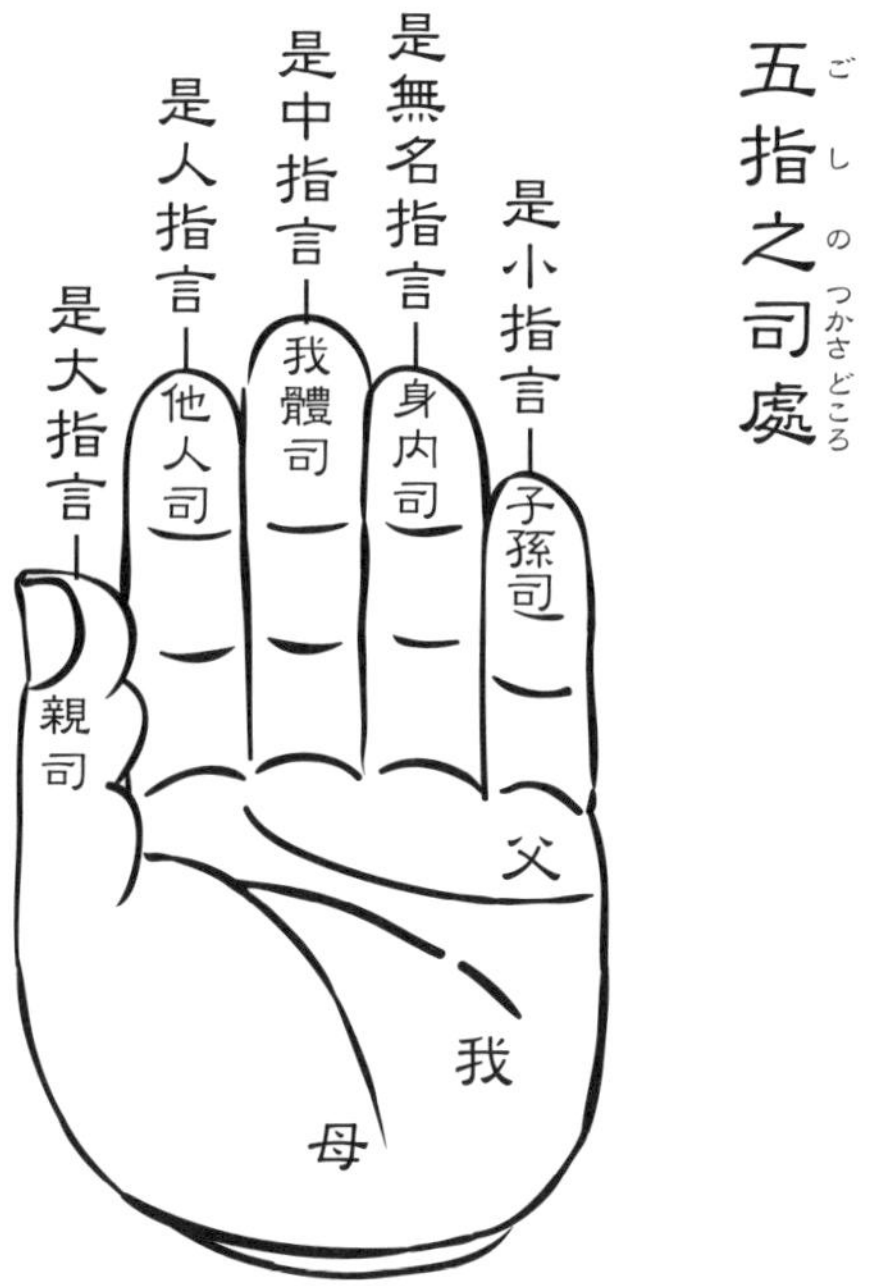


## 十七の指の見方

それぞれの指は人間関係を表します。

一、指に隙間《すきま》がなければ人間関係は深いと判断します。掌の紋の父は肉親や目上との縁、我は本人を、母は夫婦関係や子供との縁を表します。（上図）

図1

一、親指が離れて開く人は親との縁が薄く、親から恩を受けたとしても子孫に恩恵を伝えることができません。（図1）

一、親指が人差し指とくっつくように近い人は誠実で正直者です。周囲から信頼され、円満な人間関係が築けるでしょう。

図2

一、人差し指と中指の間が少しでも離れて隙間《すきま》がある人は、援助の手を差し伸べてくれる人が少ないでしょう。（図2）

一、人差し指と中指がぴったりついている人は、円満な人間関係を築きますが、人の世話を焼くことが多くなります。

図3

一、中指と薬指が少しでも離れている人は、肉親との縁が薄いでしょう。離婚、再婚を繰り返す暗示があります。（図3）

一、中指と薬指がぴったりついている人は身内との縁が円満で、夫婦仲がよく子宝に恵まれ、結婚後に大きく運が開けます。

図4

一、薬指と小指の間が密着している人は、子供との絆《きずな》が深く、たとえ養子であっても理想的な家族関係を築きます。

一、薬指と小指の間が大きく開いている人は、子供との縁が薄くなります。実子であっても頼りになりません。（図4）

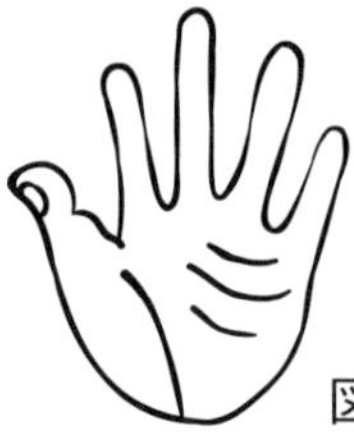

図5

一、手相を判断するとき、五本の指が離れたまま出す人は、心の動揺を表します。心配事か迷い事を抱えています。（図5）

図6

一、手相を判断するとき五本の指をしっかり揃《そろ》えて出す人は、心がとても落ち着いている状態を示します。（図6）

図7

一、五本の指をすぼめて出す人は、取り越し苦労が多い性分です。しかし、用心深いので大きな失敗はありません。（図7）

一、指を反らすように広げて出す人は、気が大きく望みや願いなど何事においてもスケールが大きいところがあります。

図8

一、中指と人差し指の根元があいている人は、他人から迷惑を被《こうむ》ります。この部分は手を取って透かして見ます。（図8）

図9

一、中指と薬指の根元があいている人は、身内からの損失を被《こうむ》ります。身内の世話をすることも多いでしょう。（図9）

一、人差し指、中指、薬指、小指の根元がすべてあいている人は、財産を失う暗示があります。波乱の人生となります。（図10）

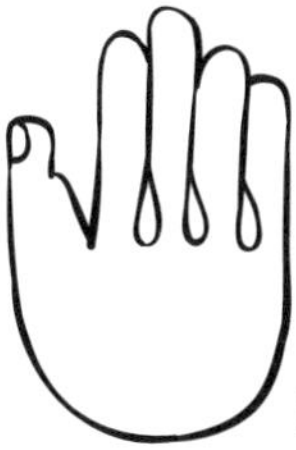

図10

一、親指の根元が細い人は、なかなか金運が安定しません。生涯を通じて食べるには困りませんが、蓄財は困難です。

# 「南北相法」による中指の判断

## 中指の先端を本人として判断

『南北相法』では、指の先端や形についての観相学も論じられています。

なかでも中指の先端に重きを置き、これを本人と判断して解説しています。

中指の先端は自分自身の状態を表します。ただし、指については、日ごろ激しい労働に従事している人、よく手を使う職人などは判断が難しいでしょう。著述や作画に携《たずさ》わる人は中指にペンだこができているかもしれません。大工職人の手は皮が厚くなり、酷使《こくし》している指先は指紋が薄くなっていたり、ときには傷跡があったりもします。

指を見るときは、その人の生活環境について把握しておく必要があります。

一、中指の先端が反《そ》りかえっている人は、意志が強いですが、頑固者で融通《ゆうずう》が利《き》きません。逆に内側に向いている人は意志が弱く消極的です。

一、中指の先端が薬指を見下ろすような形になっていると、身内を支配する傾向があり、ときに意見が合わず仲違《なかたが》いすることがあるでしょう。

一、中指の先端が人差し指を見下ろすような形になっていると、意志が強くリーダーとして活躍します。ときに強引な印象を与える場合があります。

一、人差し指が中指にもたれかかるような形になっているのは、自分のことを後回しにして他人の世話をさせられることが多い状況を示します。

一、薬指が中指にもたれかかるような形になっているのは、身内の世話をしなければならない立場になるでしょう。なにかと気苦労が多くなります。

一、中指が薬指にもたれかかっているような形になっていると、頼りがいのある身内に恵まれます。支えられ、活躍できたり生活が安定したりします。

一、中指の先端が人差し指や薬指のほうを向かず、真正面に反りかえっている人は、誰にも頼らず自分の力だけで家を建て、商売にも成功します。

一、手を酷使《こくし》しなくても生活できる人は、掌に細かい筋が多く見られます。一方で、何でも自分でやらなければ気が済まない人は、掌の筋が少ないものです。

一、さほど裕福でなくても、掌に細かい筋が多く見られる人は、あまり肉体を酷使せずに暮らしている状態を示し、はた目には苦労がない印象を与えます。

一、掌の肉がふっくらと豊かで柔らかな人は、身分相応の福を授かり、強い運勢の持ち主です。一方で掌が薄い人は苦労が多く、財を築くのは困難です。

# 南北相法による三紋の見方

## 三紋だけで判断するには

掌にある大きな紋を三紋（天紋《てんもん》・人紋《じんもん》・地紋《ちもん》）といいます。南北相法では、この紋を見て判断するとき、細い筋に惑わされないように注意します。手を酷使している人は掌が固く、三紋のほかには細かい筋が見られないことがあるからです。そこで普遍的な判断は三紋だけで行うのがよいと考えます。

手の見方としては、まず相手の手を取ったら手首の少し上をさぐるようにして、指の形と掌の筋を見ます。すると、相手は注意が手首のほうに集まるので、指に余分な力がこもらず、ごく自然に本来の吉凶の相が現れます。

ちなみに、左手の指の間がすべてあいている人は若いころの凶相を示し、右手が同様であれば、晩年に運気が停滞することを暗示しています。

## 三紋が表す運勢

天紋（掌の上方の筋）は目上の人との関係や運勢を、人紋（掌の真ん中の筋）は自分自身の体の状態や福運を、そして地紋（掌の下方の筋）は家庭や運勢の浮き沈みを司《つかさど》ります。

天紋が太く力強いのは強運の相で、たとえ危機に見舞われても無事に逃れることができます。

天紋が細く弱々しいときは、運も弱く苦労が多いものです。また、親との縁も薄い状況となります。天紋が切れたりもつれたりしている場合は、吉凶の差が激しい運勢となります。職業や商売が変わりやすい状態を示します。

人紋が太く力強い人は身体健全で病気知らず。身分相応の暮らしを送ります。

人紋が強く勢いがあれば吉相で、福運に恵まれ病気に悩まされる心配はありません。先端が深くなっているのは、強運の訪れを示します。

また、この紋の先端が跳《は》ね上がっているときは、発展していく運を示し、老後も安泰となります。しかし、これは判断が難しいので慎重に見てみる必要があります。

人紋が細く弱い人は病弱で苦労が多い暗示があります。物事がうまく運ばず悩みやすいでしょう。

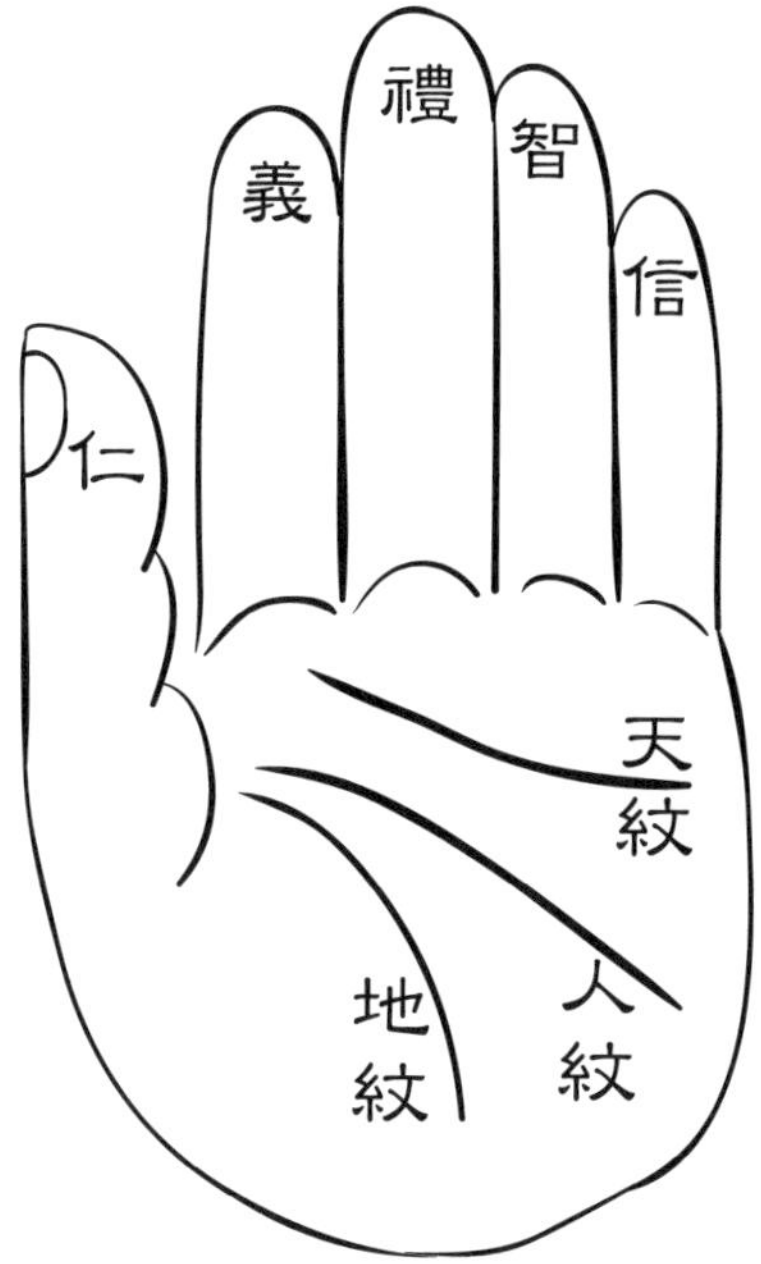


人紋に切れやもつれがあると、苦労が絶えず波乱含みの人生となります。また、財が減って家が傾く可能性があります。

人紋の先端が下がっていると発展は望めません。老後もなにかと気苦労が絶えないでしょう。

地紋に枝分かれの筋が多い人は、家庭に波乱が多く、ときには縁が切れる可能性があります。

## 弟子との手相問答

以下は、水野南北と弟子の山崎市右衛門らの問答です。指が象意するものを、南北が答えています。

**問**「親指を仁《じん》とするのはなぜでしょうか」

**答**「親指は他の四指をよく養ったり運んだりできる。ゆえに仁とするのである」

**問**「親指を東の木《もく》とするのはなぜでしょうか」

**答**「太陽は東から昇って万物を恵み養う。そして木は自然に生え育ち、人を助けることに専念する。そのため東木は仁に等しいのである」

**問**「人差し指を義《ぎ》とするのはなぜでしょうか」
**答**「眼の前にあって確実なものを指すのに人差し指を用いる。その正しさが義に値する」
**問**「人差し指を西の金《ごん》とするのはなぜでしょうか」
**答**「金は正しく純なるものであり、義に相当する。考えてみるがよい」
**問**「中指を礼《れい》とするのはなぜでしょうか」
**答**「中指は五指の中央に位置し、他の四指の交わりに対して正しく己を後に侍《じ》して礼儀を心得ているからである」
**問**「中指を南の火《か》とするのはなぜでしょうか」
**答**「南は君子の方位であり、火に等しい。その徳は日々にあまねく広がっている。ゆえに貴賤《きせん》ともにこれに応えて、一日もたがわず礼を守るのである」
**問**「薬指を智《ち》とするのはなぜでしょうか」
**答**「手で何かをするとき、また物を握るとき薬指が中心的な働きをする。当然智があるに値するといえよう」
**問**「薬指を北の水《すい》とするのはなぜでしょうか」

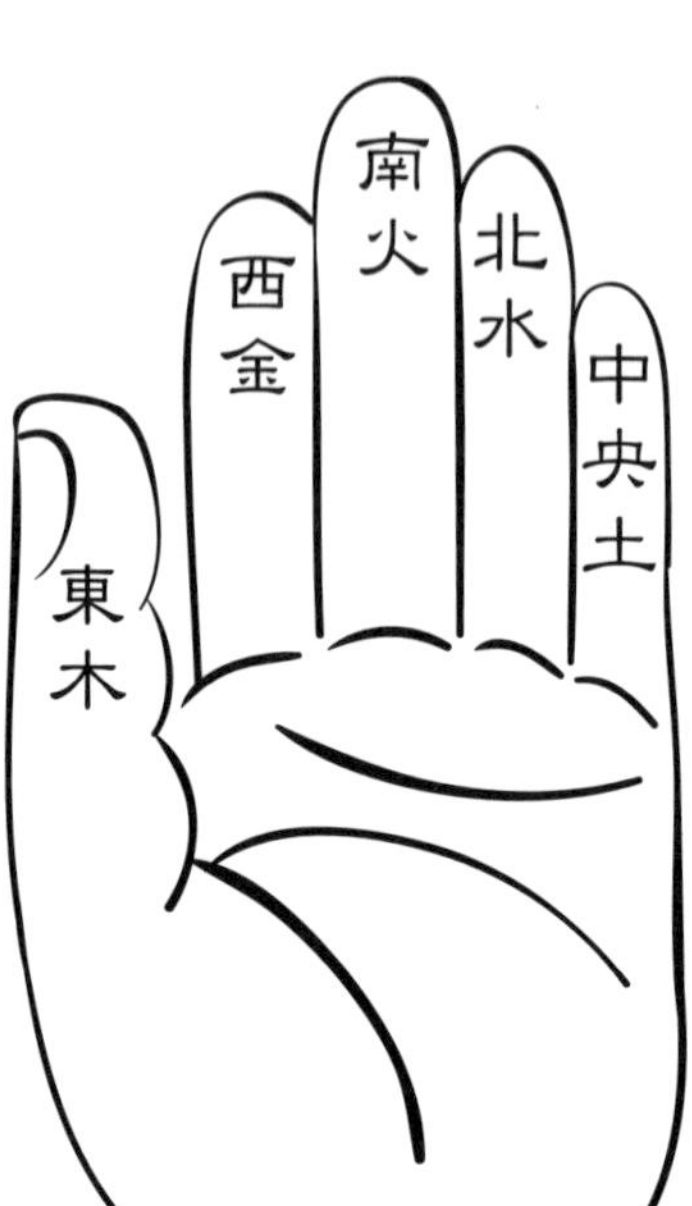


**答**「北方の水は陰であり夜に対応する。そして陰は静寂であり、そこから物を生ずるので智に等しい」
**問**「小指を信《しん》とするのはなぜでしょうか」
**答**「誓い事をするとき小指を切るが、これは小指が信を示すからである」
**問**「小指を中央の土《ど》とするのはなぜでしょうか」
**答**「土は万物の母であり万物を育《はぐく》み、誠心誠意を尽くすものである。したがって土を信とするのである」

# 資料編

## 東洋手相一覧
## 実例手形

# 東洋手相一覧

本書収載の手相を紋ごとにまとめたインデックスです。
詳細は本文の該当ページをご参照ください。

## 天紋

**P62** 天紋 1

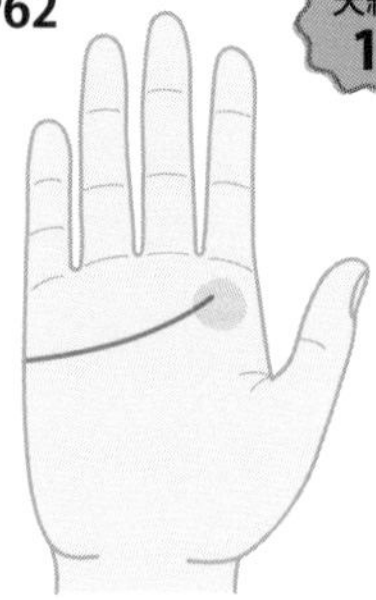

情が深く結婚運に恵まれる

**P63** 天紋 2

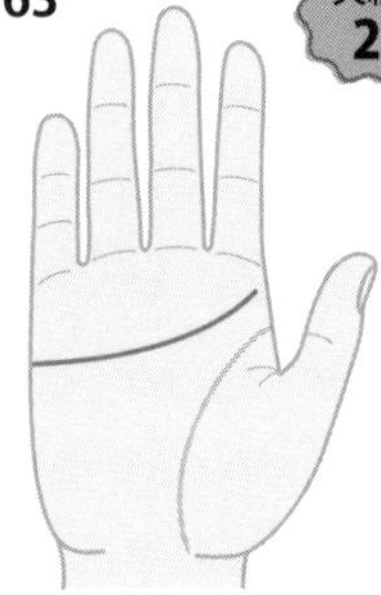

ひとりよがりで孤立する

**P64** 天紋 3

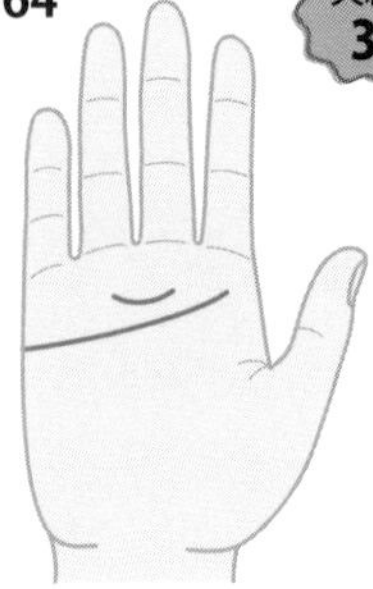

羊刃紋《ようじんもん》　恋人や配偶者に迷惑をかける

**P65** 天紋 4

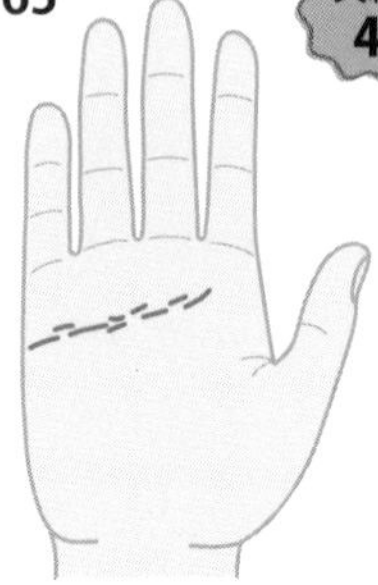

貪心紋《たんしんもん》　欲深く自分勝手

**P66** 天紋 5

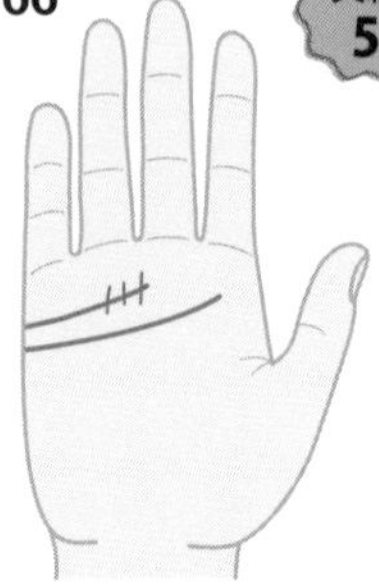

折桂紋《せつけいもん》　多芸多才、あらゆる分野で活躍

**P67** 天紋 6

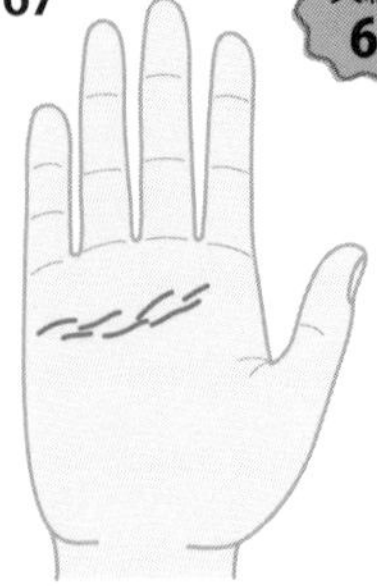

天散紋《てんさんもん》　乱れすぎている紋は精神の疲れを表す

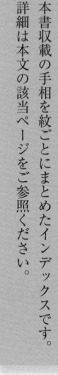

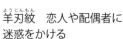

**P68**　天紋 7

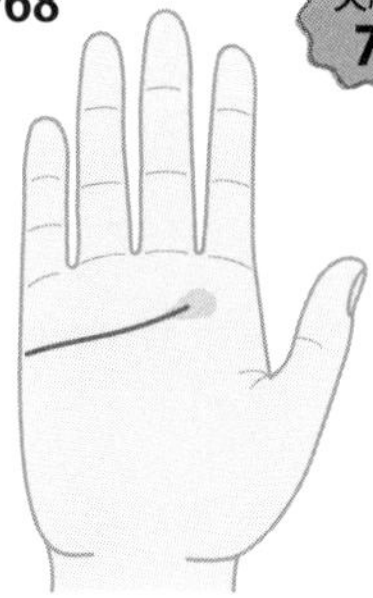

熱烈な恋愛をしている

**P69**　天紋 8

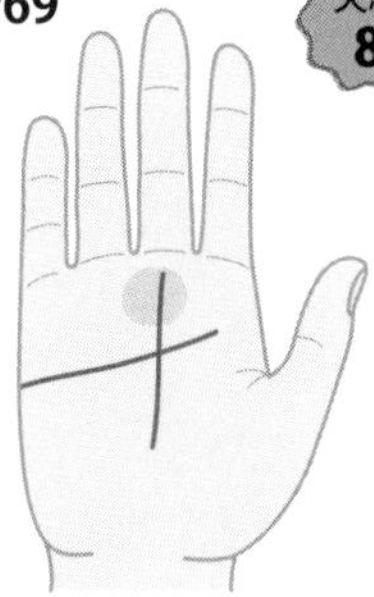

十字紋《じゅうじもん》　強運に恵まれ地位と財産を手にする

**P70**　天紋 9

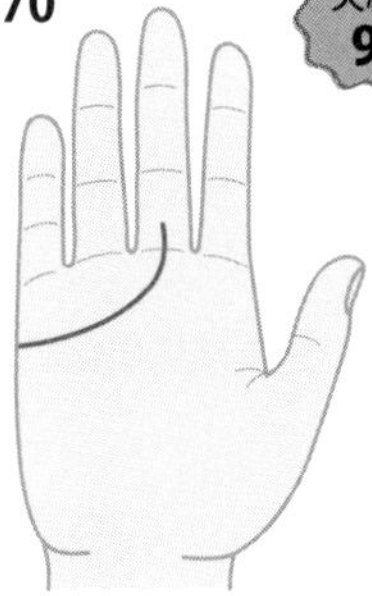

地位が豊かさをもたらす

**P71**　天紋 10

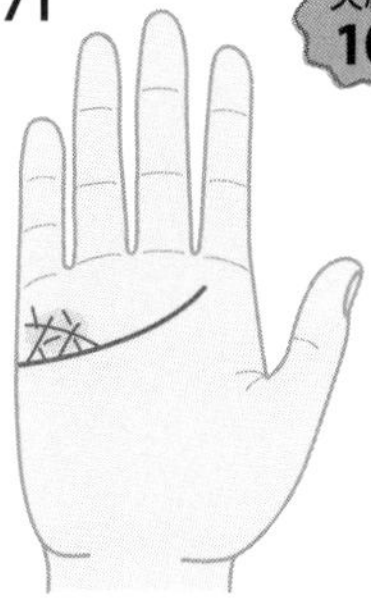

朝天紋《ちょうてんもん》　配偶者が不倫する可能性がある

**P72**　天紋 11

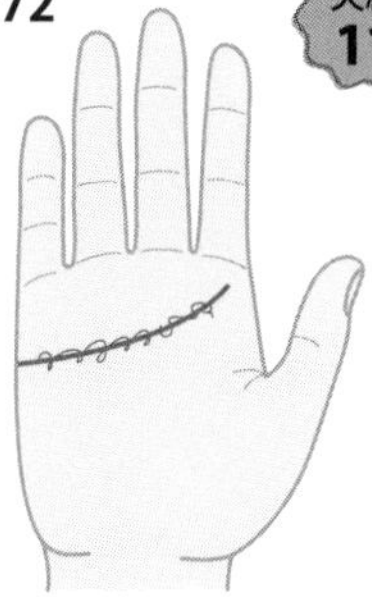

絡天紋《らくてんもん》　二代、三代前の性格を受け継ぐ

**P73**　天紋 12

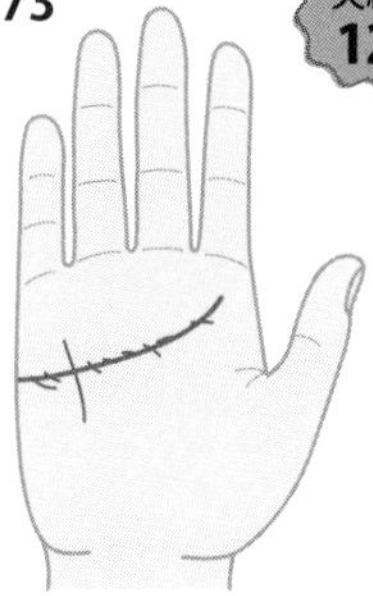

邪曲紋《じゃきょくもん》　強欲でわがまま放題

**P74**　天紋 13

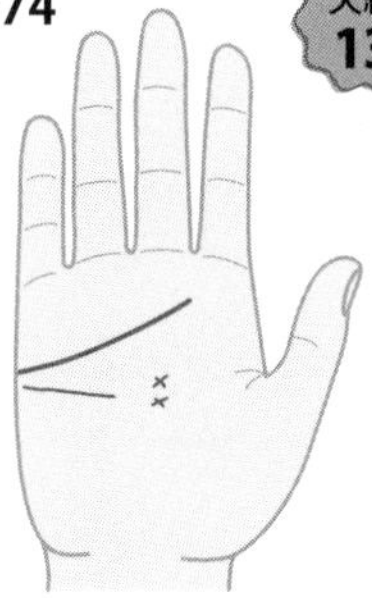

花酒紋《かしゅもん》　酒と女性で身を亡ぼす

**P75**　天紋 14

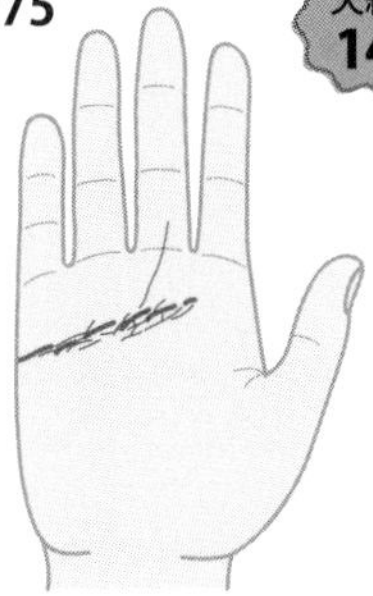

剋父紋《こくふもん》　父親との縁が薄い

**P76**　天紋 15

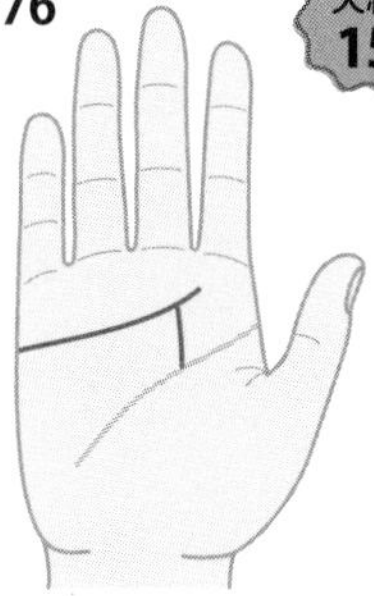

養子紋　養子に行く相

P82 人紋 1

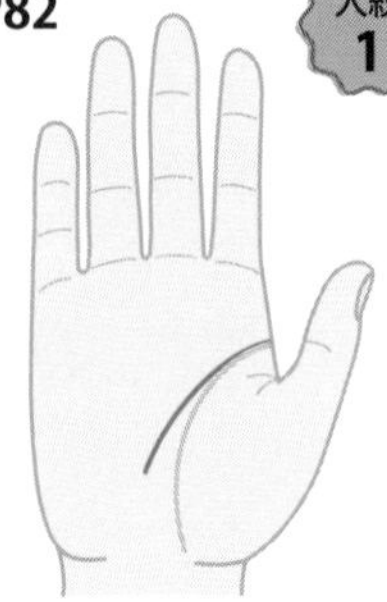

過《か》髄《ずい》紋《もん》　人生なりゆきまかせ

# 人紋

P77 天紋 16

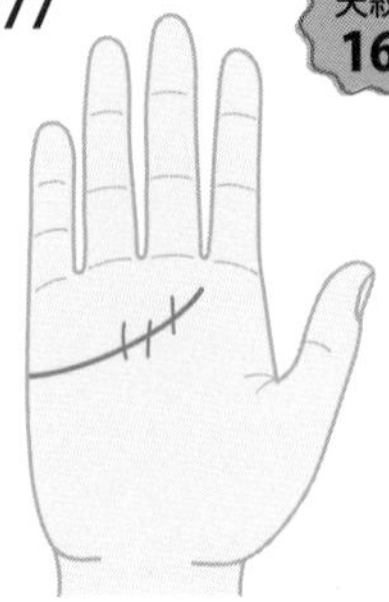

離《り》別《べつ》紋《もん》　愛する人との別れを暗示

P85 人紋 4

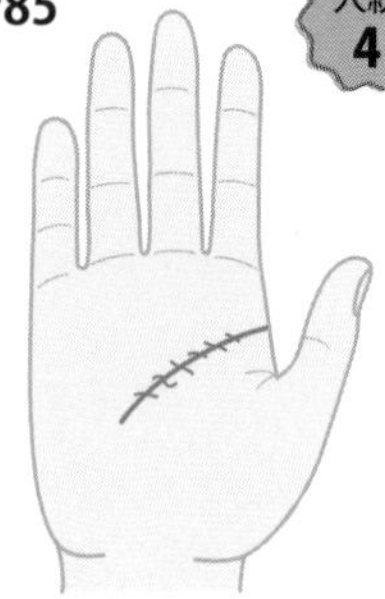

邪《じゃ》曲《きょく》紋《もん》　ひとりよがりで物惜しみする

P84 人紋 3

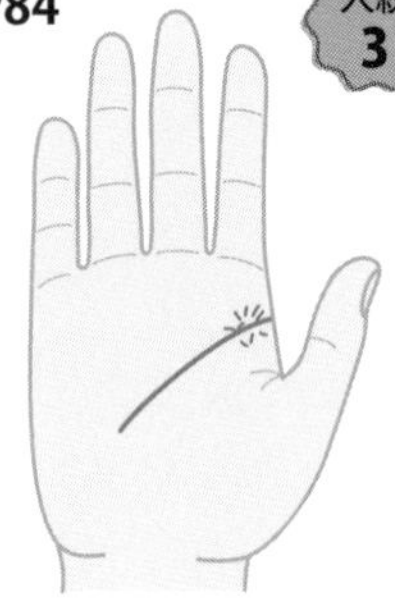

乱《らん》花《か》紋《もん》　派手なことを好む

P83 人紋 2

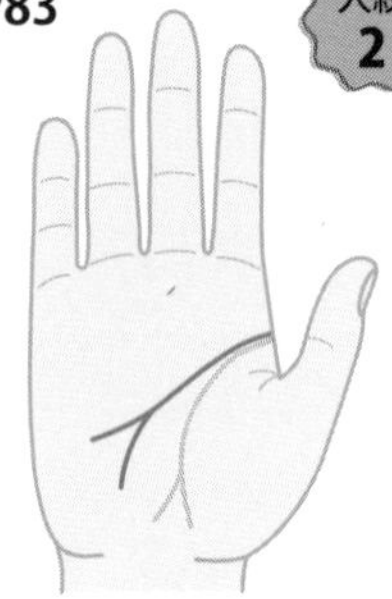

再《さい》縁《えん》紋《もん》　離婚しても再婚する

P88 人紋 7

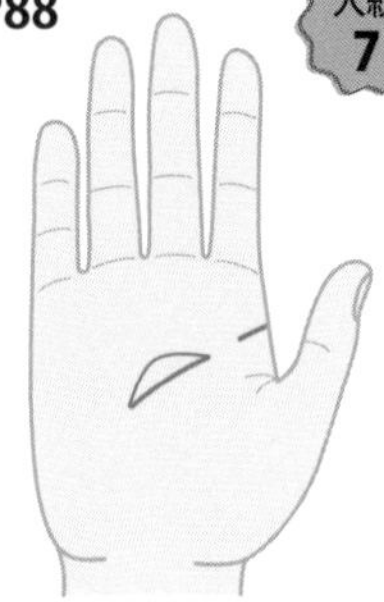

華《か》蓋《がい》紋《もん》　親切が我が身を助ける

P87 人紋 6

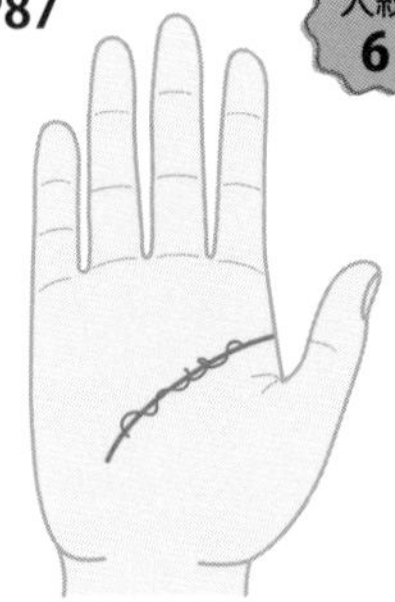

縄《じょう》紋《もん》　常に妻の味方をする

P86 人紋 5

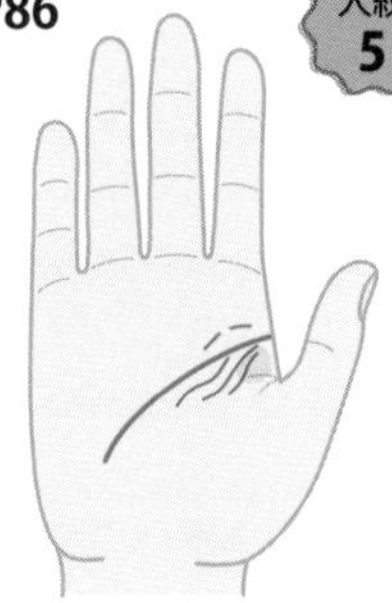

色《しき》欲《よく》紋《もん》　情欲に溺れやすい

P89
人紋
8

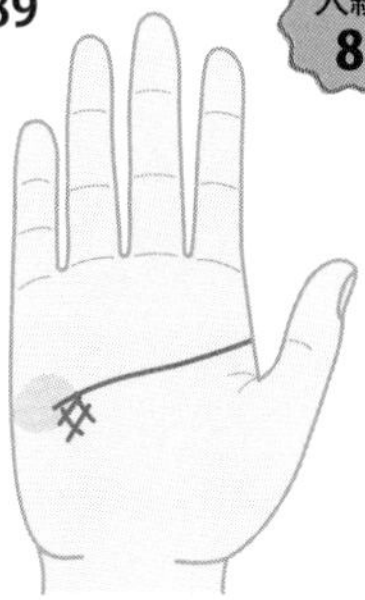

鴛鴦紋《えんおうもん》　色を好み失敗する

P90
人紋
9

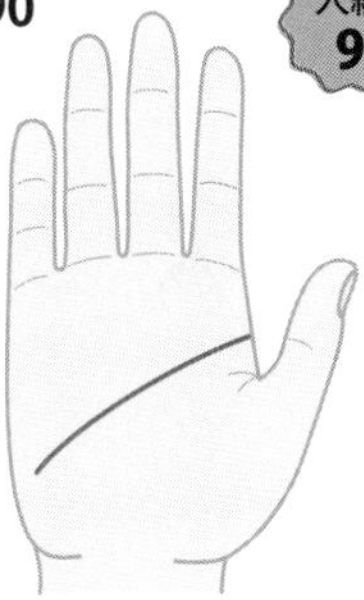

一生安泰で長寿

P91
人紋
10

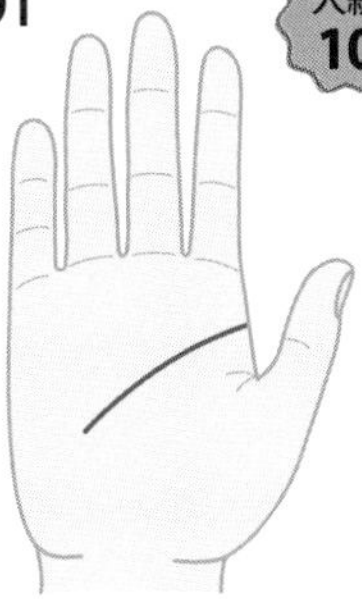

シャープな頭脳の持ち主

P92
人紋
11

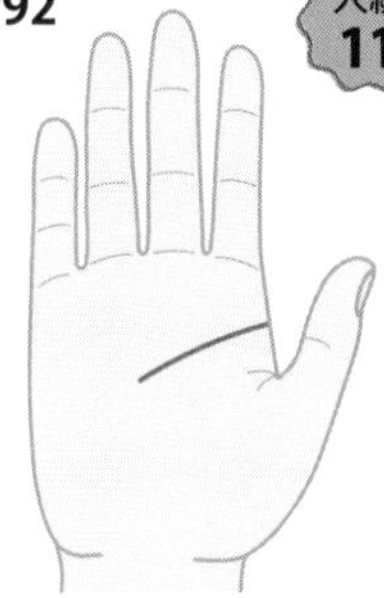

不慮の事故に要注意

P93
人紋
12

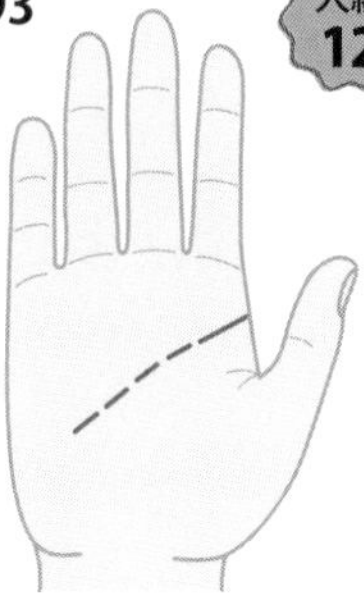

健康管理が大切

P94
人紋
13

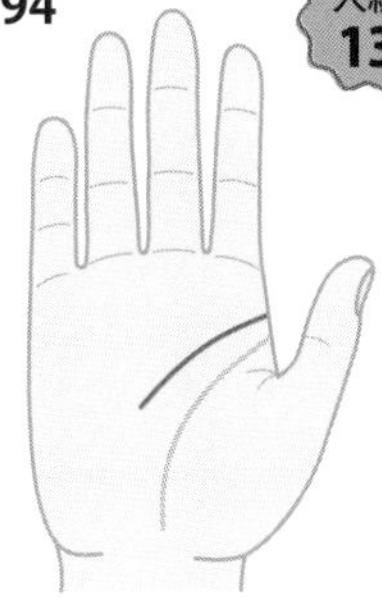

物事が長続きしない

P95
人紋
14

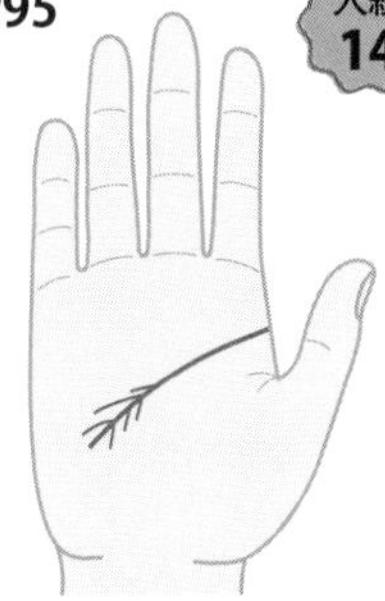

楽観的に生きれば吉に

P96
人紋
15

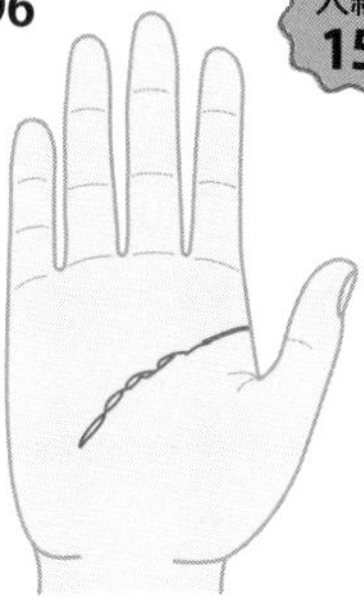

気まぐれで我慢が苦手

P97
人紋
16

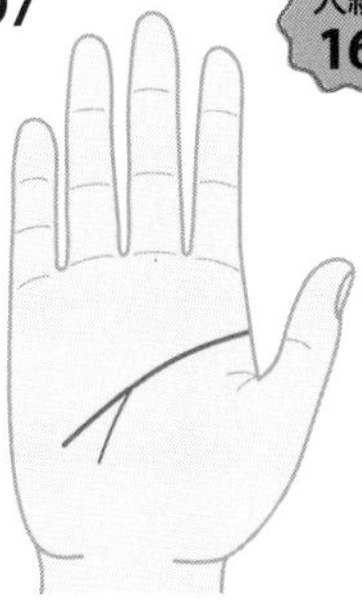

自問自答で運勢が変わる

# 地紋

P99
人紋 18

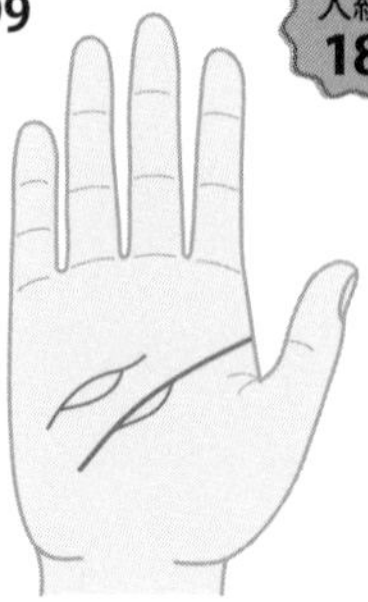

道眼紋《どうがんもん》　ひとつの道を徹底的に極める

P98
人紋 17

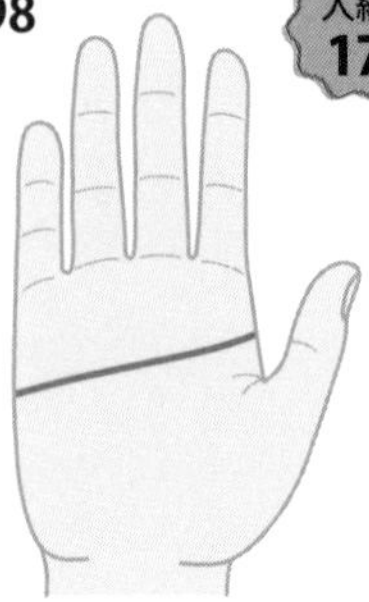

升《ます》かけ線　類《たぐい》まれな強運の持ち主

P106
地紋 3

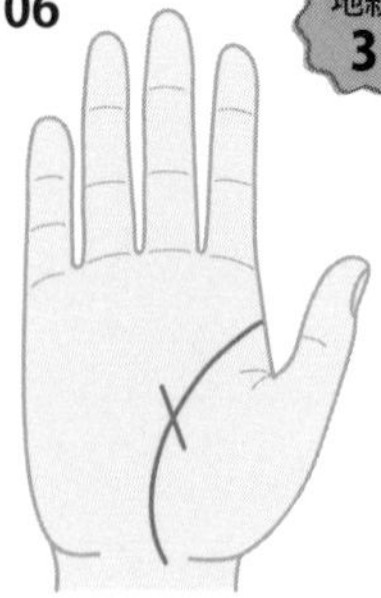

悪死紋《あくしもん》　不幸な亡くなり方をする危険性

P105
地紋 2

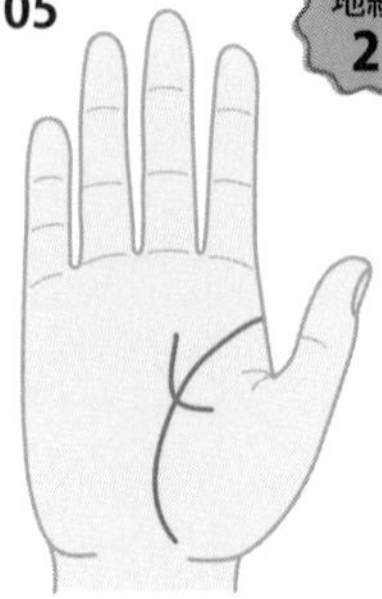

横死紋《おうしもん》　不慮《ふりょ》の死に見舞われる

P104
地紋 1

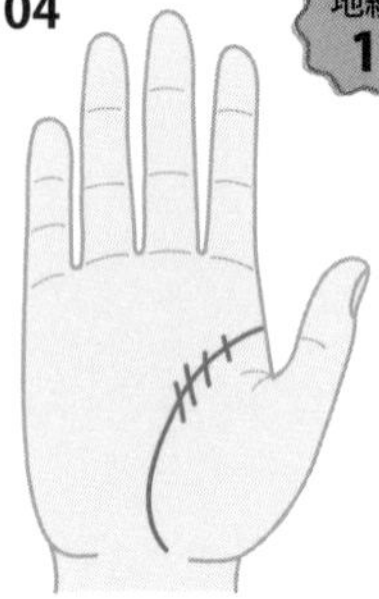

地厄紋《ちやくもん》　慢性疾患に悩まされる

P109
地紋 6

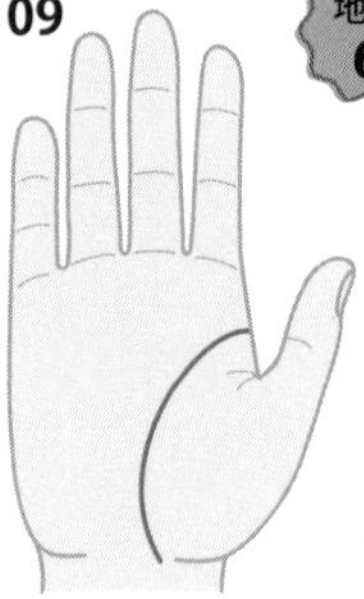

母親との縁が深い

P108
地紋 5

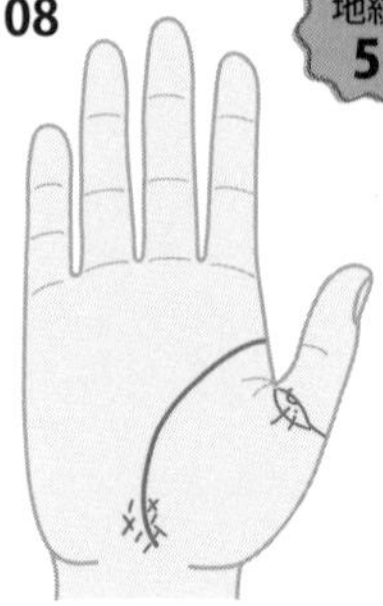

剋母紋《こくぼもん》　母親との縁が薄い

P107
地紋 4

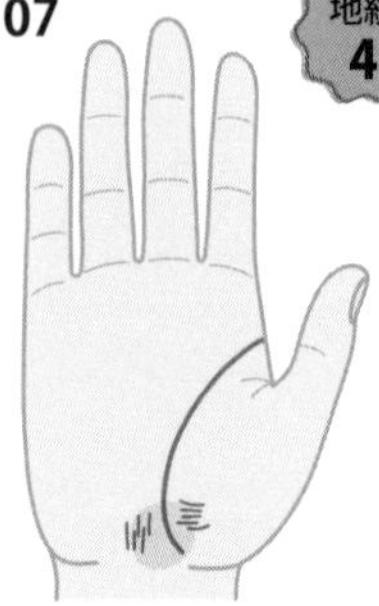

五常紋《ごじょうもん》　入水《じゅすい》自殺の危険性

P110
地紋 7
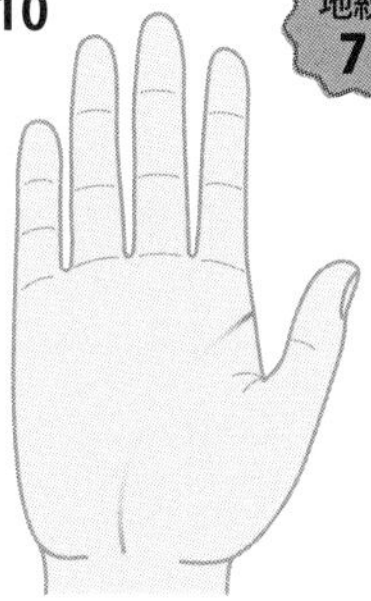
先祖の恩恵が受けられない

P111
地紋 8
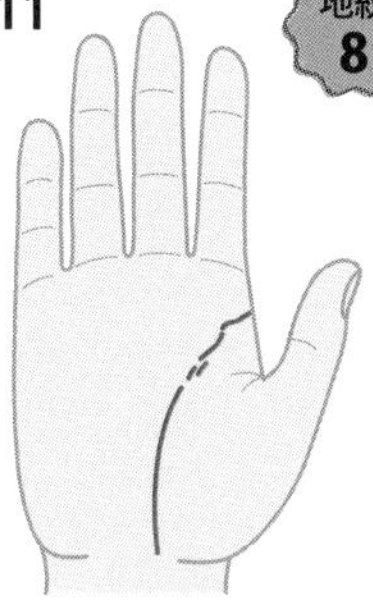
母親からの恩恵が受けられない

P112
地紋 9
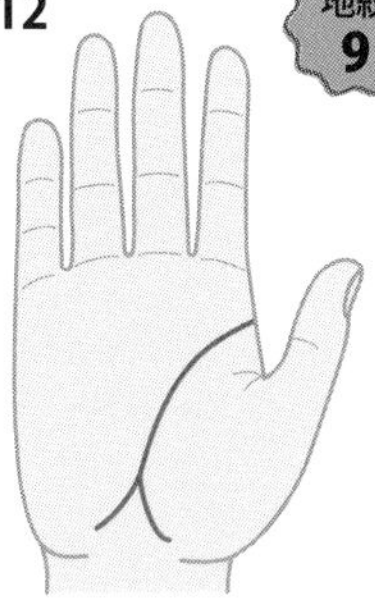
大病しても九死に一生を得る

P113
地紋 10
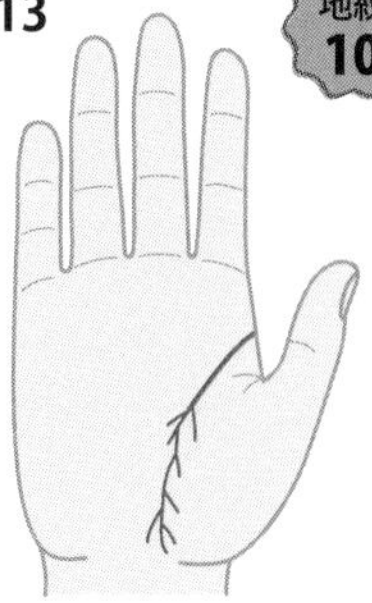
さすらうように人生を歩む

P114
地紋 11
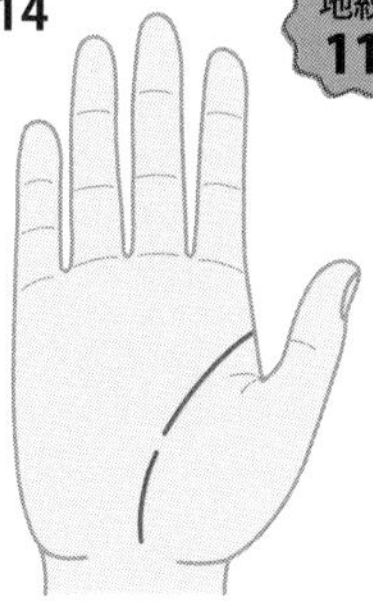
祖先からの恩恵が受けられない

P115
地紋 12
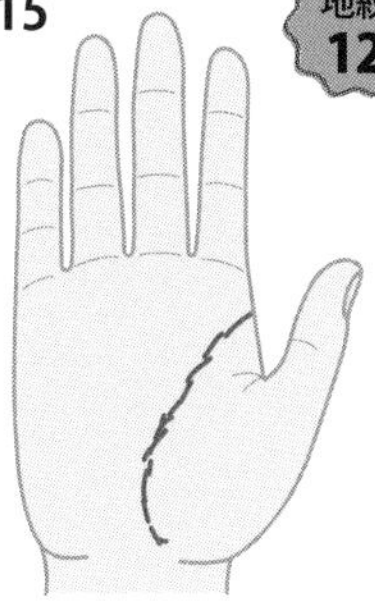
住居にトラブルが起こる

P116
地紋 13
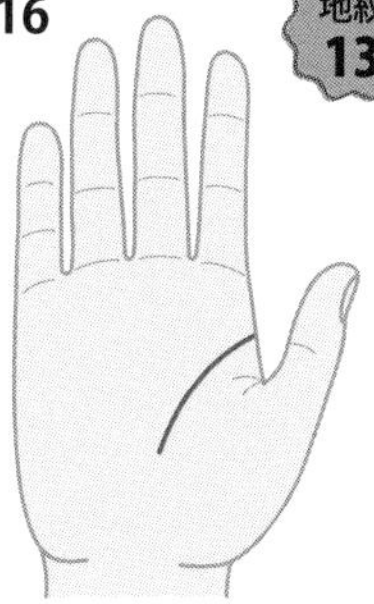
気が小さく心配性

P117
地紋 14
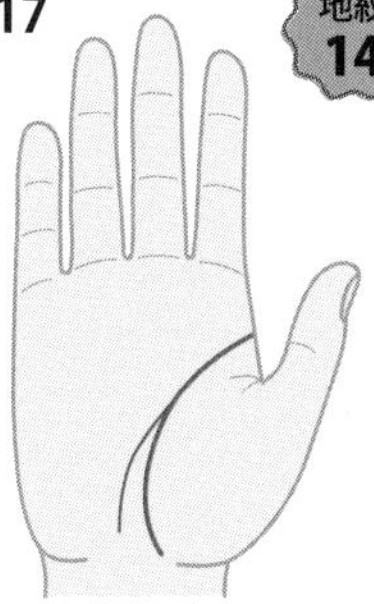
二つの家で暮らす

P118
地紋 15
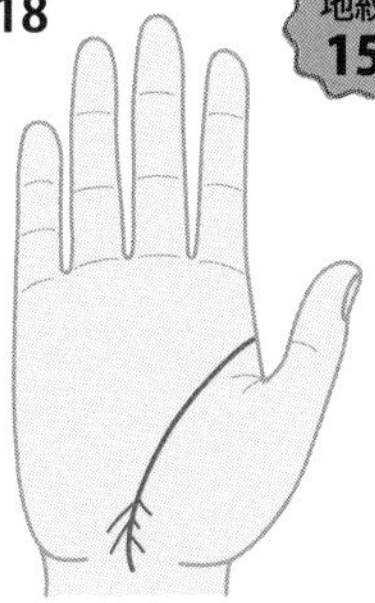
子孫から家名を汚す者が出る

# 天喜紋

P123

天喜紋 1

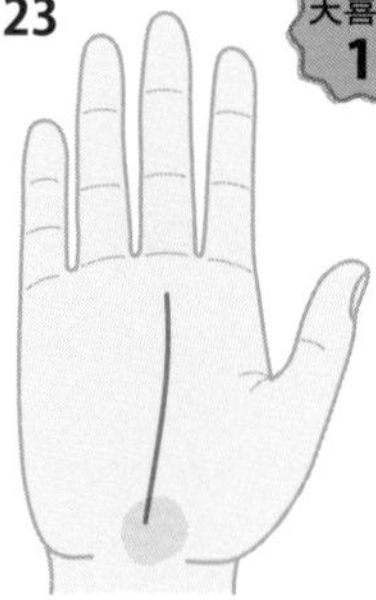

最強の運勢で立身出世

P124

天喜紋 2

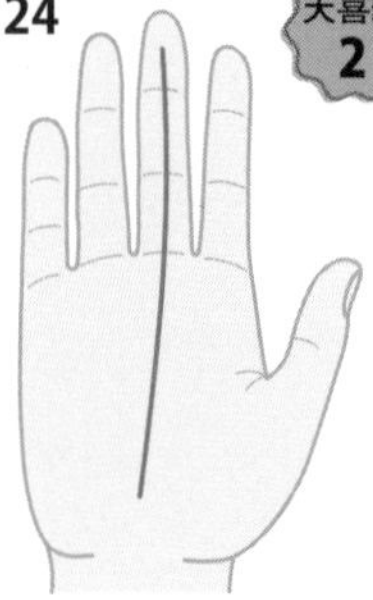

玉桂紋《ぎょくけいもん》　野心家で強運の持ち主

P125

天喜紋 3

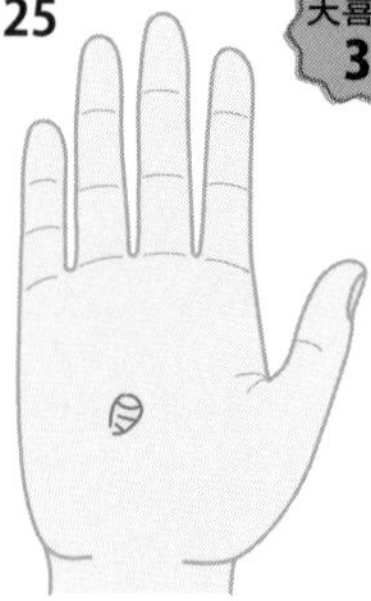

帯印紋《たいいんもん》　順風満帆《じゅんぷうまんぱん》、とんとん拍子に出世

P126

天喜紋 4

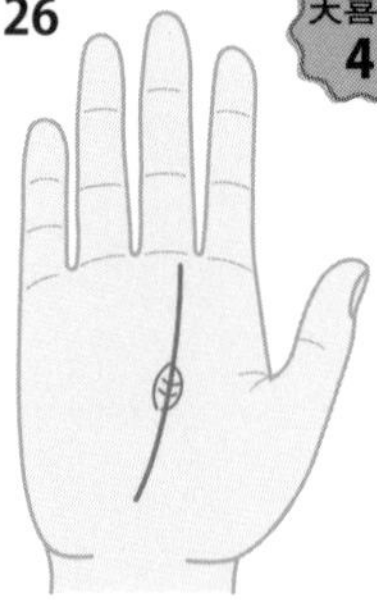

立身紋《りっしんもん》　威風堂々《いふうどうどう》、頂点に君臨《くんりん》する

P127

天喜紋 5

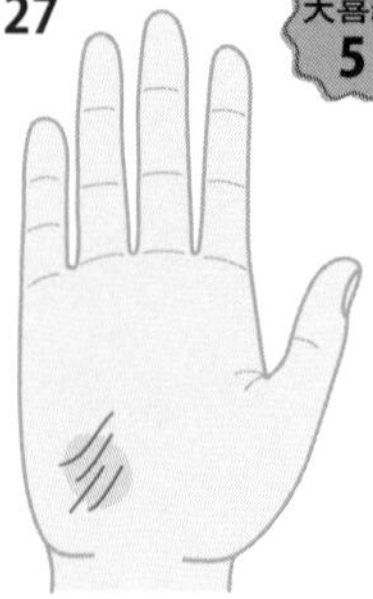

拝相紋《はいそうもん》　素直な性格で多くの人から愛される

P128

天喜紋 6

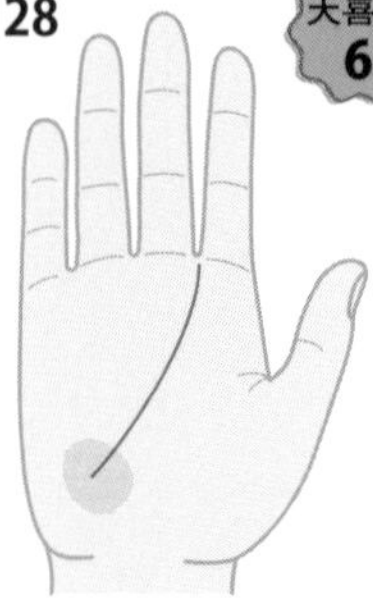

剣難紋《けんなんもん》　乗り物事故や刃物によるケガの暗示

P129

天喜紋 7

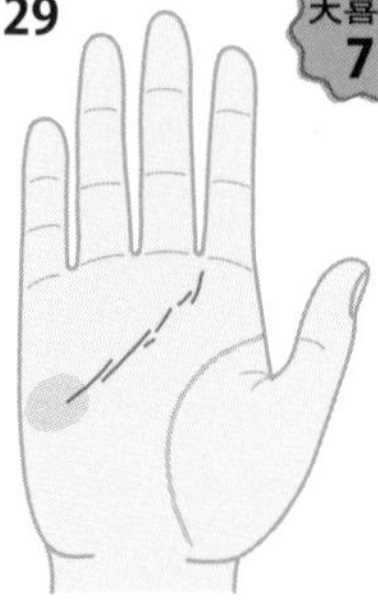

強すぎる正義感で刃傷沙《にんじょうざ》汰《た》

P130

天喜紋 8

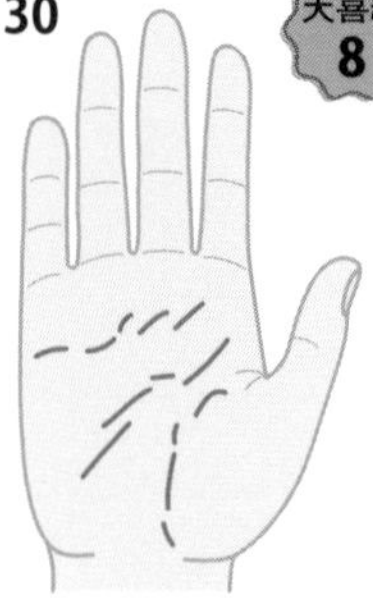

断紋《だんもん》　とりとめのない性格で惑《まど》わせる

P132　高扶紋 1

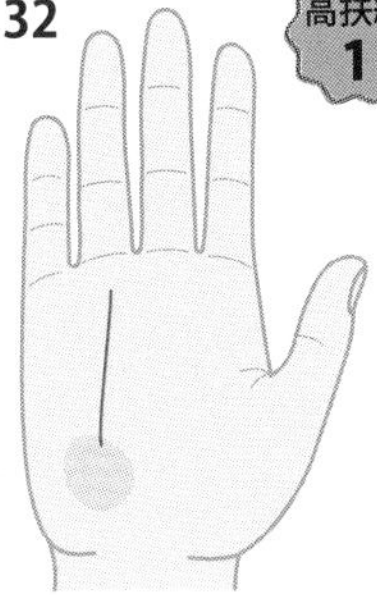

高扶紋《こうふもん》　人気運があり華やかに活躍

# 高扶紋

P131　天喜紋 9

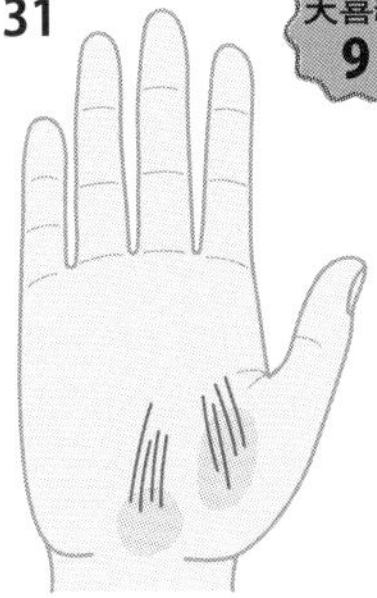

四直紋《しちょくもん》　億万長者も夢ではない

P136　注目紋 1

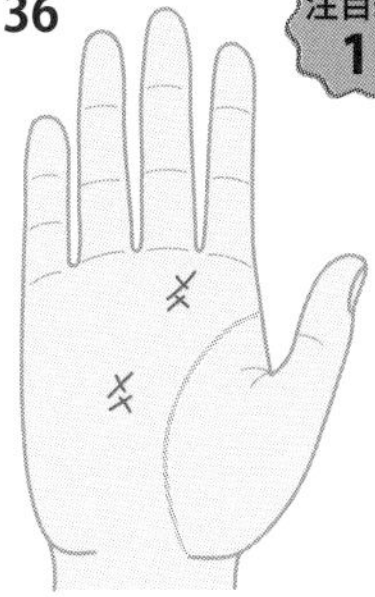

双魚紋《そうぎょもん》　ご馳走してもらえる吉紋

# 注目紋

P133　高扶紋 2

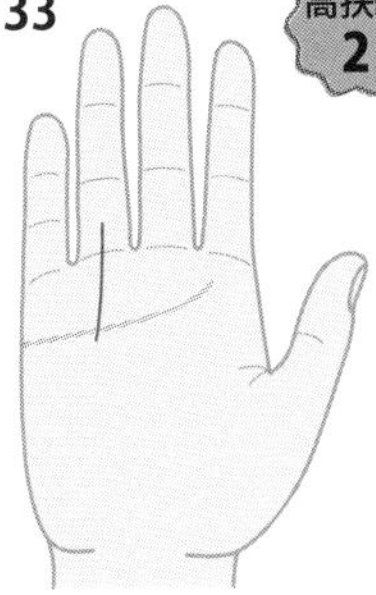

贔屓紋《ひいきもん》　引き立てを受け大きく発展

P139　注目紋 4

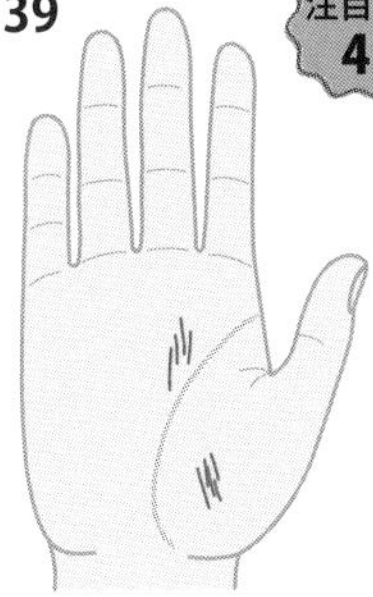

筆陣紋《ひつじんもん》　文筆業で活躍する

P138　注目紋 3

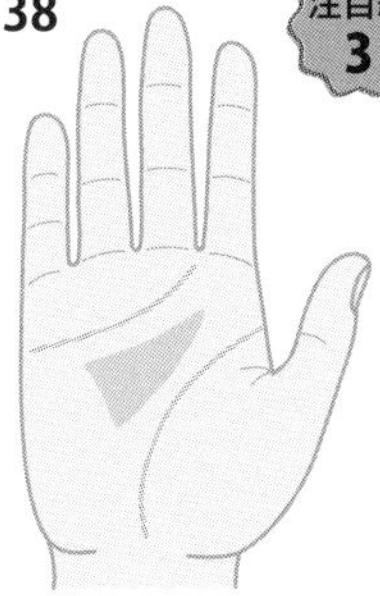

美禄紋《びろくもん》　豊かな人生を送る

P137　注目紋 2

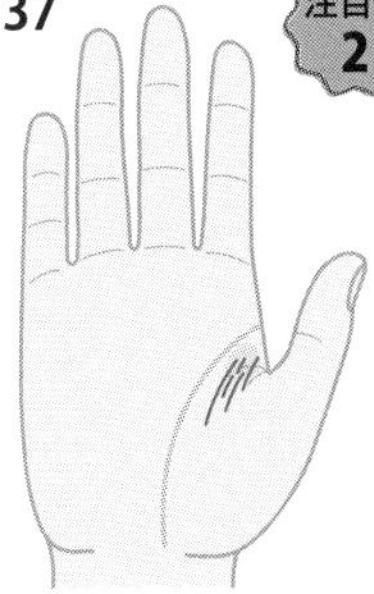

陰徳紋《いんとくもん》　陰徳を積み幸運な人生

P140

注目紋 5

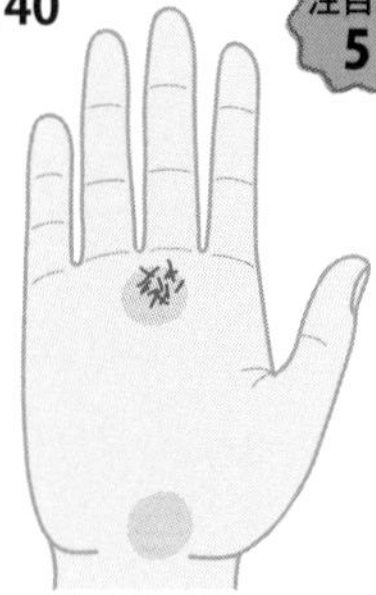

離掛紋《りかもん》　なかなか努力が報われない

P141

注目紋 6

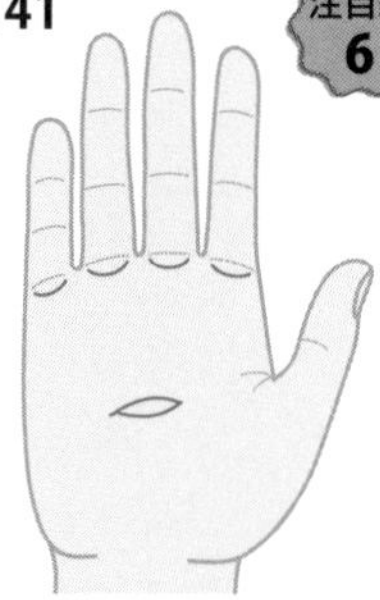

仏眼紋《ぶつがんもん》・道眼紋《どうがんもん》　鋭い直観力や才能を発揮する

P142

注目紋 7

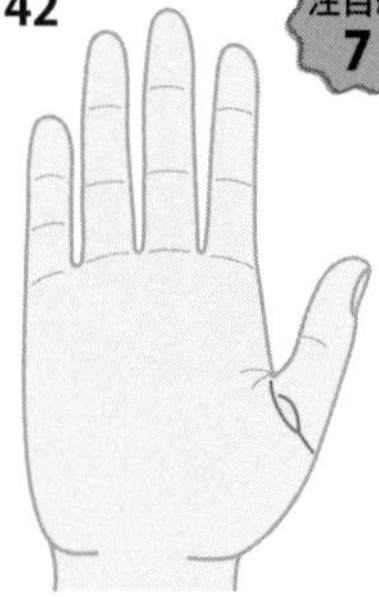

夫子紋《ふうしもん》（学童紋《がくどうもん》）　頭脳明晰で家が繁栄

P143

注目紋 8

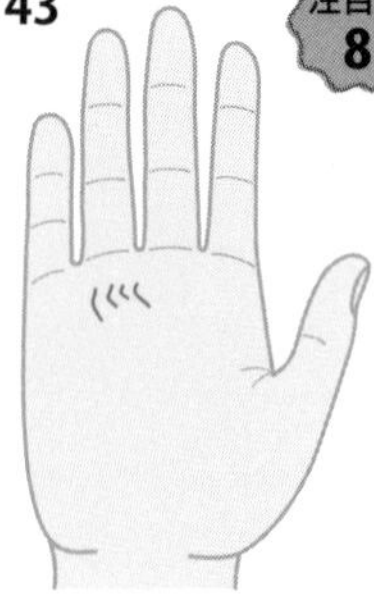

雁陣紋《がんじんもん》　豊かな人間性で勤勉

P144

注目紋 9

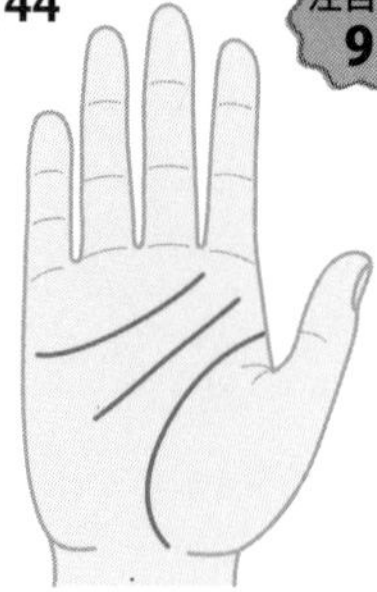

川字紋《せんじもん》　早合点して物事を判断する

P145

注目紋 10

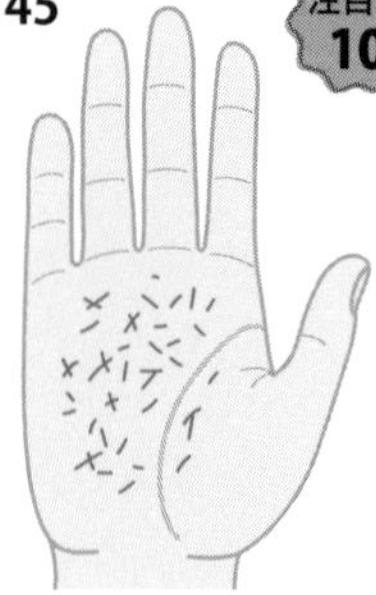

煩鎖紋《はんさもん》（繁雑紋《はんざつもん》）　心配性で気持ちが休まらない

P146

注目紋 11

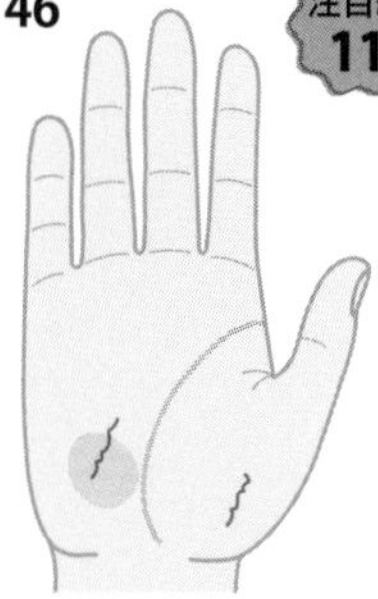

肝癪紋《かんしゃくもん》　ヒステリックで気持ちにゆとりがない

P147

注目紋 12

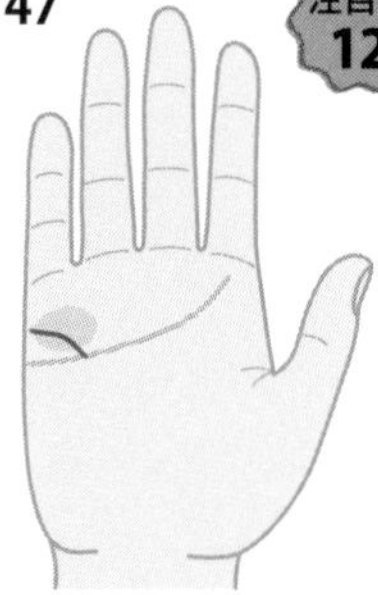

朝天紋《ちょうてんもん》　妻が不倫する可能性がある

P148

注目紋 13

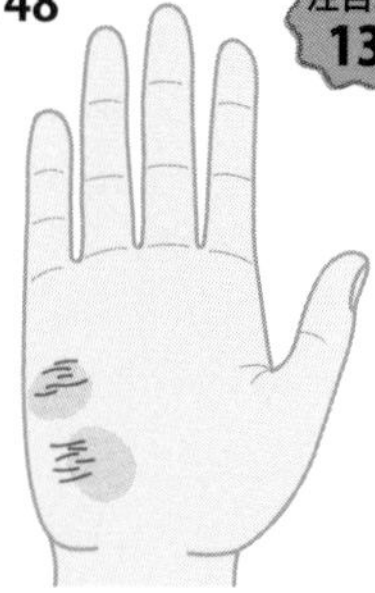

偸花紋《とうかもん》　秘密の恋愛に走りやすい

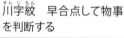

P149
注目紋
14
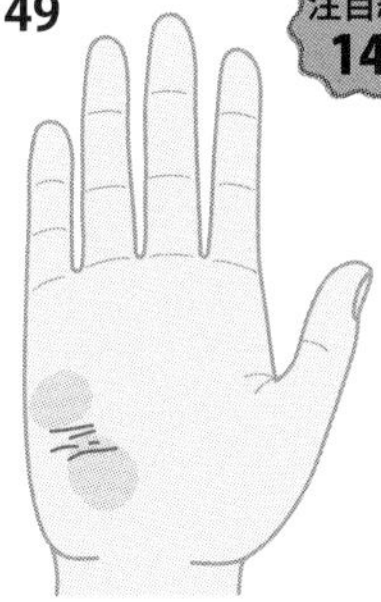
花柳紋《かりゅうもん》　勉強嫌いで快楽ばかり求める

P150
注目紋
15
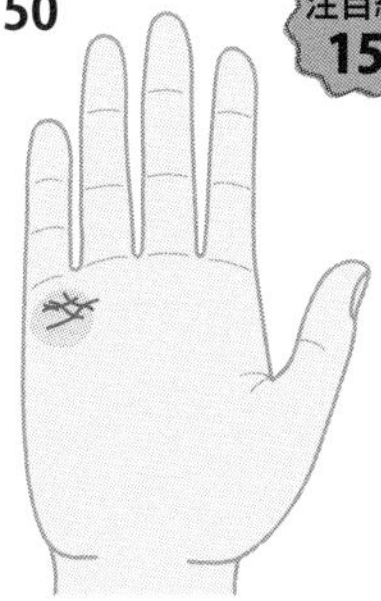
花柳眼紋《かりゅうがんもん》　異性とのトラブルに見舞われやすい

P151
注目紋
16
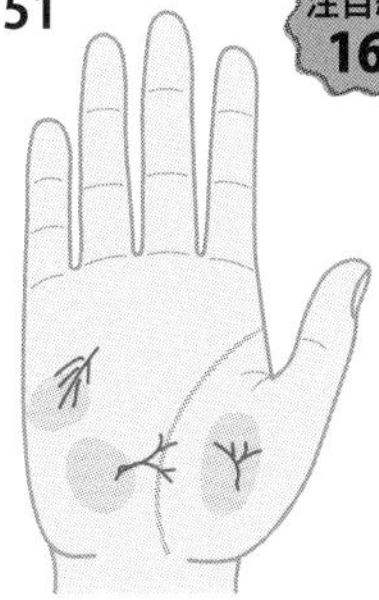
桃花紋《とうかもん》　欲と酒の誘惑に弱い

P152
注目紋
17
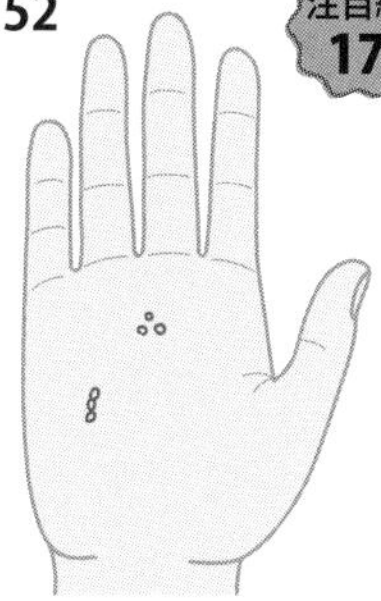
三点紋《さんてんもん》　金運に恵まれ豊かな生活を送る

P153
注目紋
18
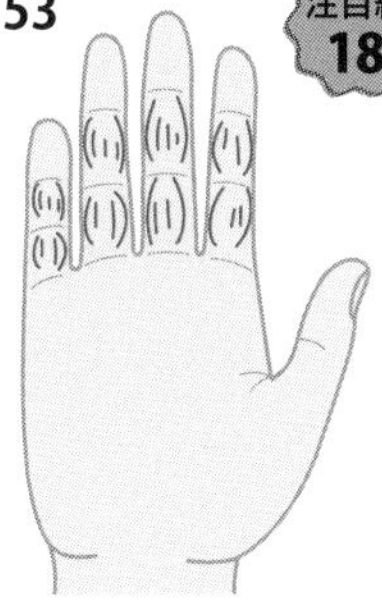
俵紋《たわらもん》　一生お金に不自由しない

P154
注目紋
19
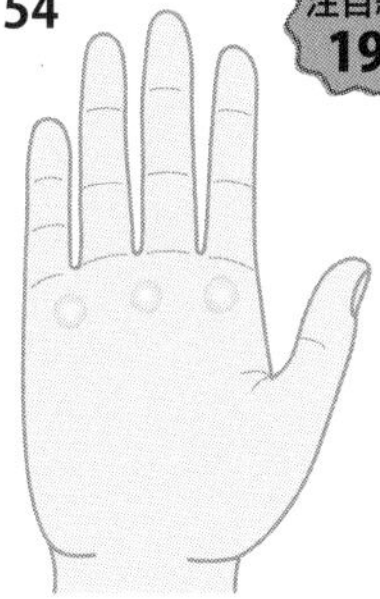
三峰紋《さんぽうもん》　徳分、禄分、福分があり成功

P155
注目紋
20
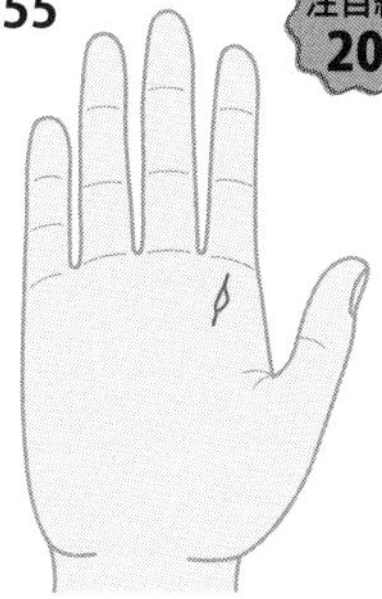
貫索眼紋《かんさくがんもん》　突然大金が転がり込む最強運

P156
注目紋
21
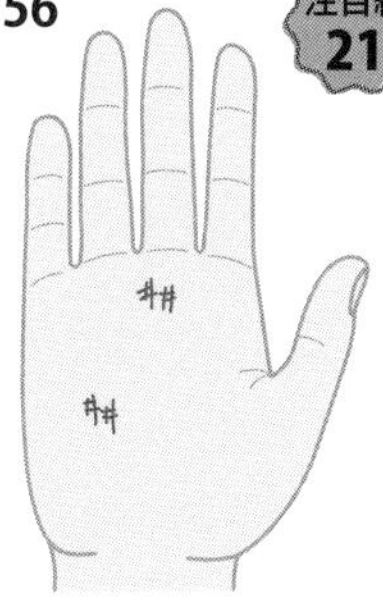
双井紋《そうせいもん》　出世して大きな財を築く

P157
注目紋
22
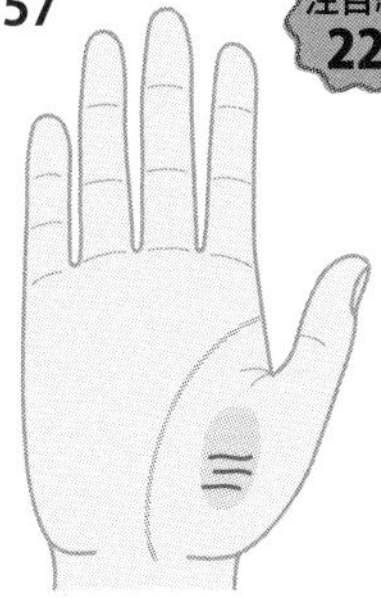
山光紋《さんこうもん》　仕事を人に任せて収入を得る

P158

注目紋 23

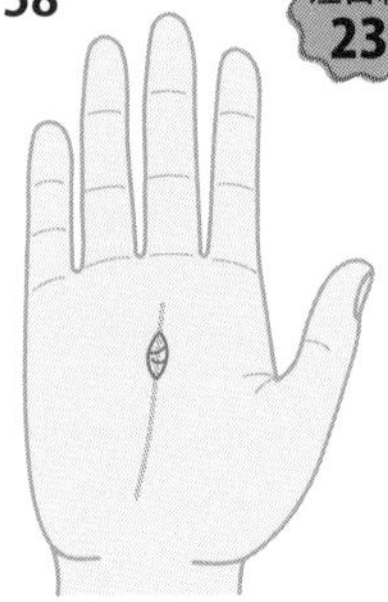

帯印紋《たいいんもん》　前途有望、順調に出世

P159

注目紋 24

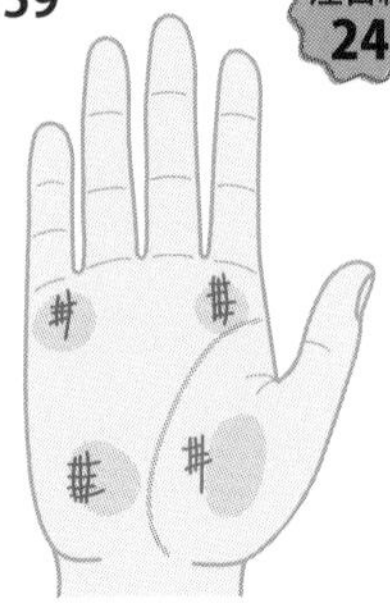

九羅紋《きゅうらもん》　強運が味方して出世する

P160

注目紋 25

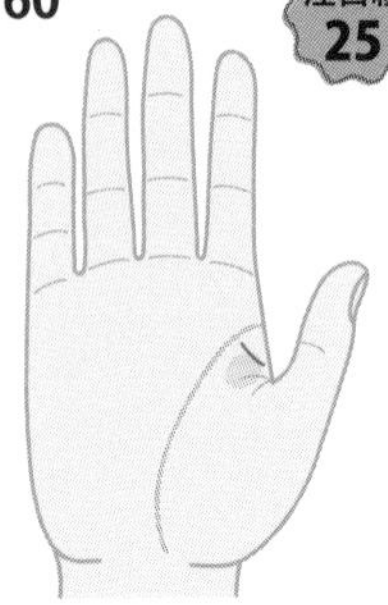

住山紋《じゅうざんもん》　権力欲が強く自己中心的

P161

注目紋 26

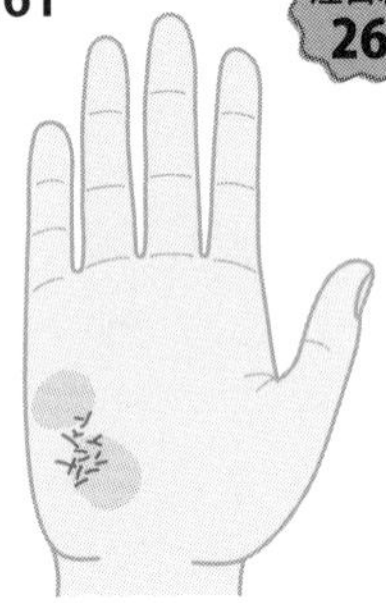

劫殺紋《ごうさつもん》　何度も災難に見舞われる

P162

注目紋 27

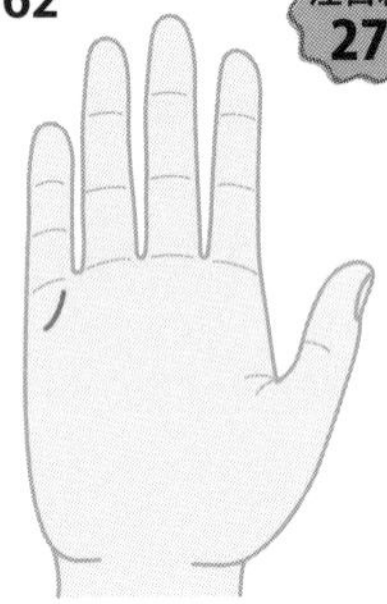

獣難紋《じゅうなんもん》　動物に襲われて負傷する

P163

注目紋 28

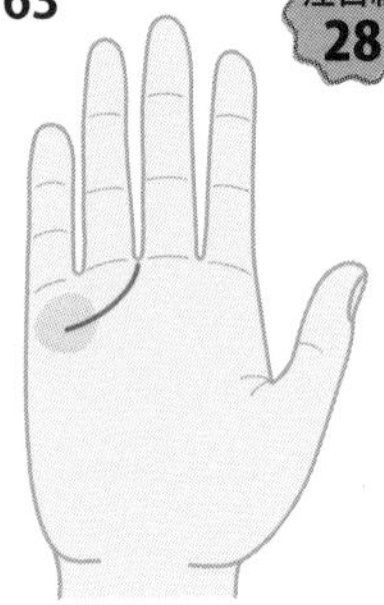

雷難紋《らいなんもん》　落雷事故に用心

P164

注目紋 29

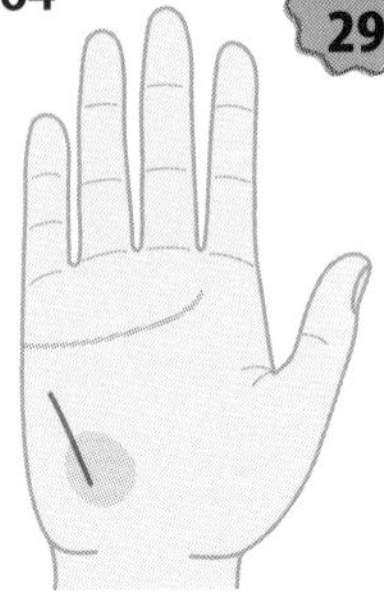

技芸紋《ぎげいもん》　芸事で身を立てる

P165

注目紋 30

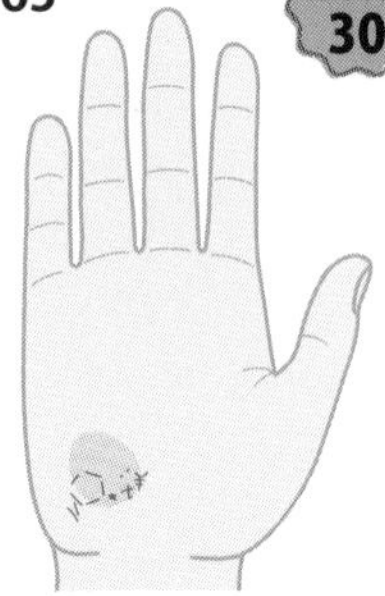

水難事故にあう可能性がある

P166

注目紋 31

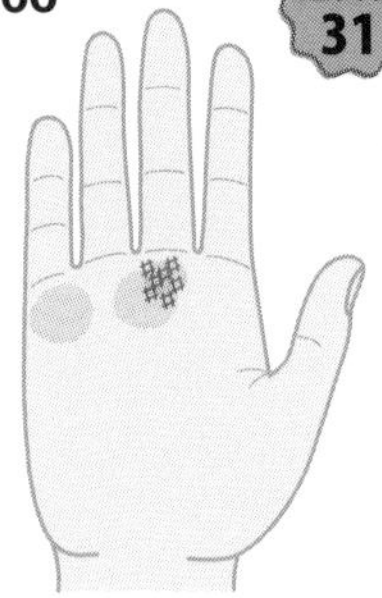

火に関する災難に注意

## 実例手形①

# 俵紋（たわらもん）

食べることに困らない幸運の持ち主

70歳男性／学者

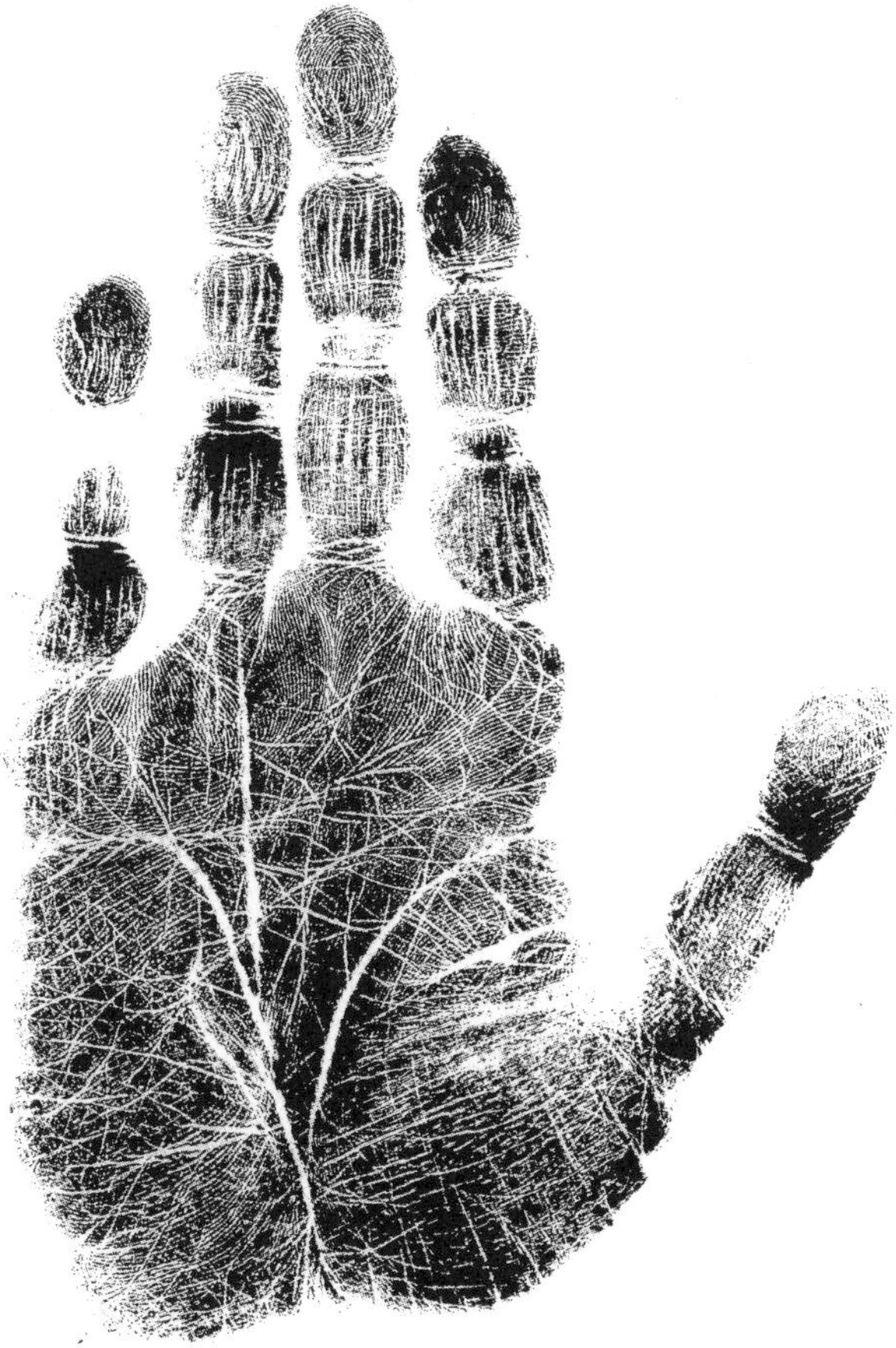

### 手相鑑定

父親は大地主で食品会社を経営していた。都内の三千坪の土地を相続したが、経営は苦手で家業は継《つ》がなかった。土地を切り売りしながら好きな学問で身を立てている。

俵紋《たわらもん》は文字通りお米（お金）がついてまわる相なので、生涯を通じて衣食住には困らないというたいへんうらやましい手相。

詳しくは153ページへ

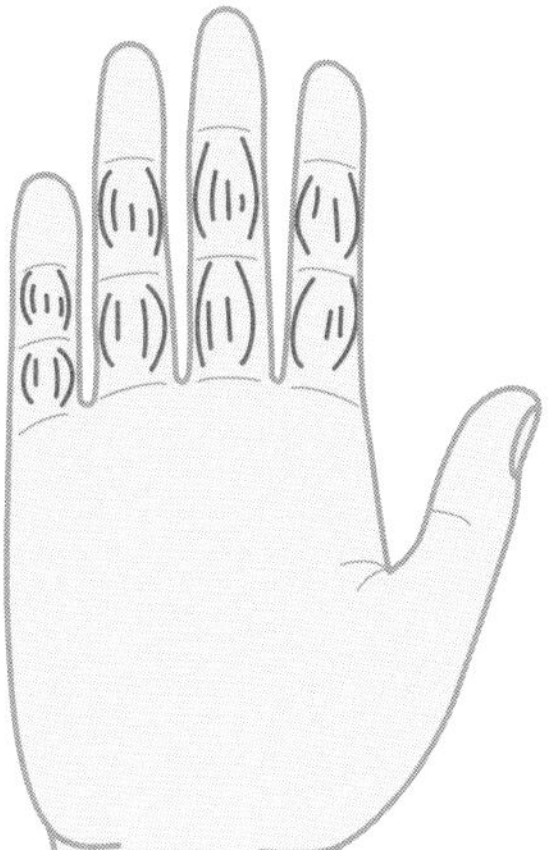

指が俵の形をしている

実例手形②

# 川字紋（せんじもん）

闇雲に突っ走り自力で運を切り開く

57歳女性／主婦

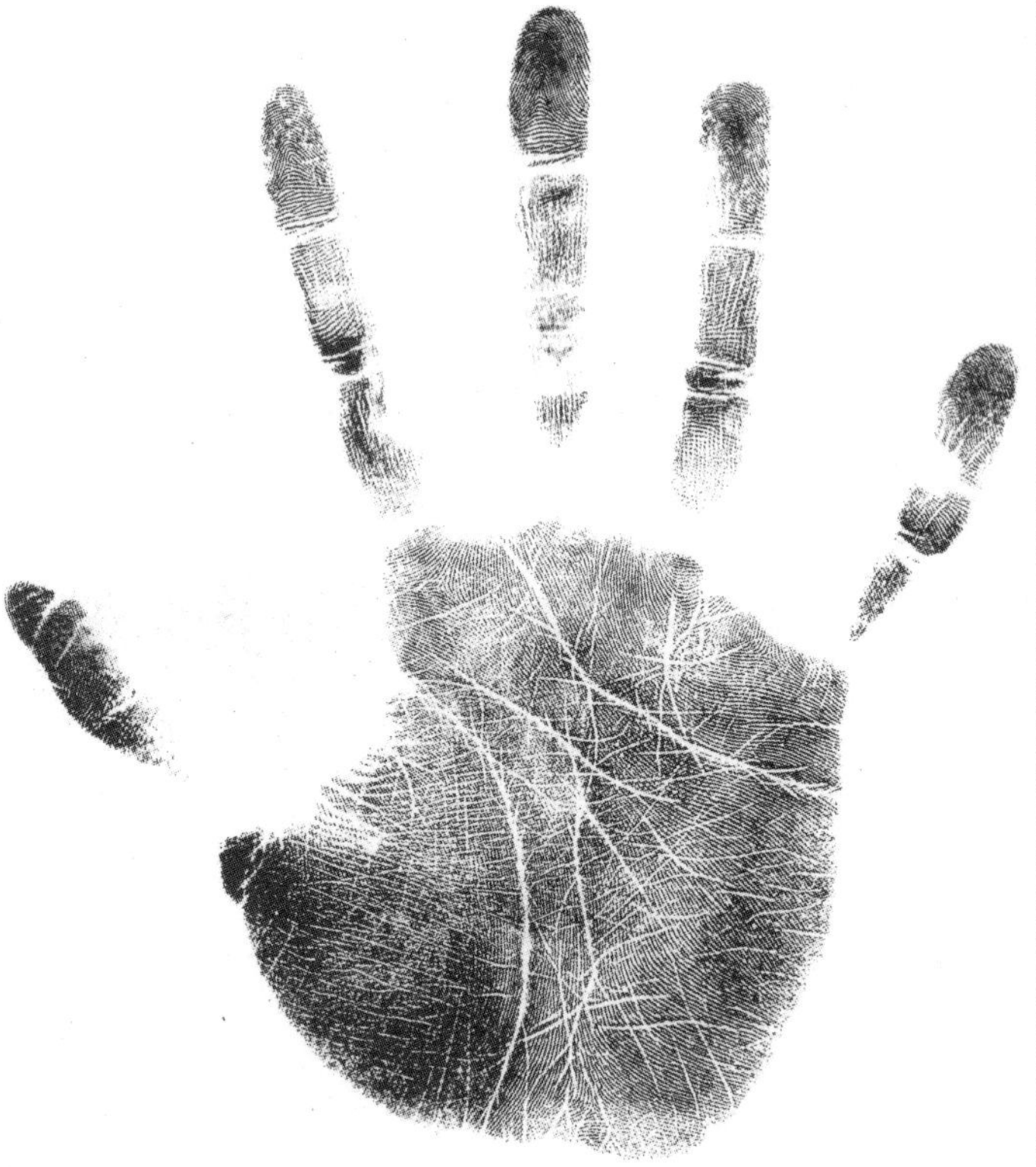

## 手相鑑定

家事と趣味を両立し、好奇心旺盛で、思い立ったら吉日《きちじつ》とばかりに即行動に移すタイプ。

川字紋《せんじもん》を持つ人は、特技や趣味がビジネスにつながり、当たれば大成功だが一歩間違えると損失も大きい。

しかし、失敗をものともせず新しいことに挑戦していくヴァイタリティがある。自分に自信を持てるのはたいへん素晴らしいことである。

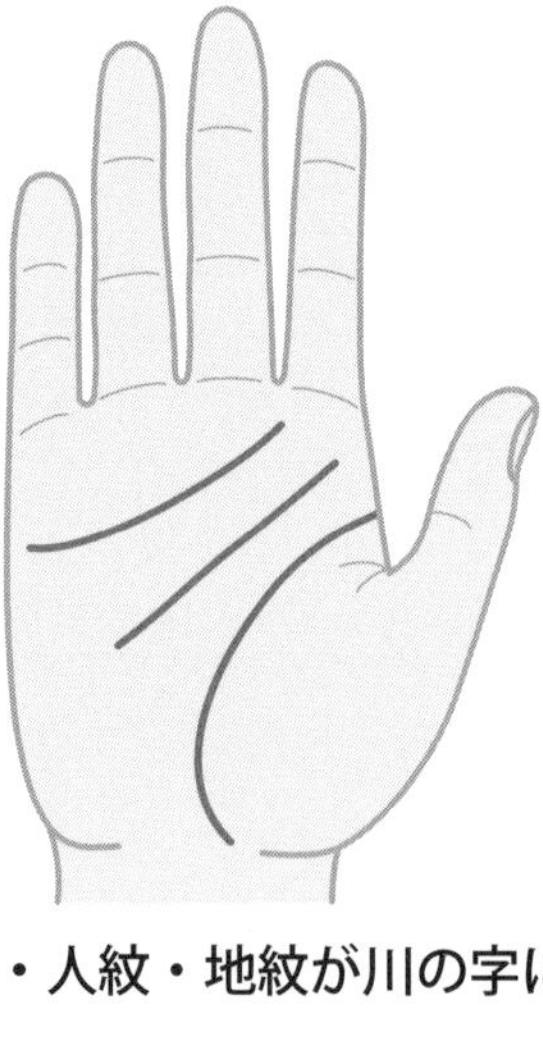

詳しくは144ページへ

天紋・人紋・地紋が川の字に

実例手形③

# 羊刃紋（ようじんもん）

恋人や配偶者に対してわがまま

――60歳男性／建設業

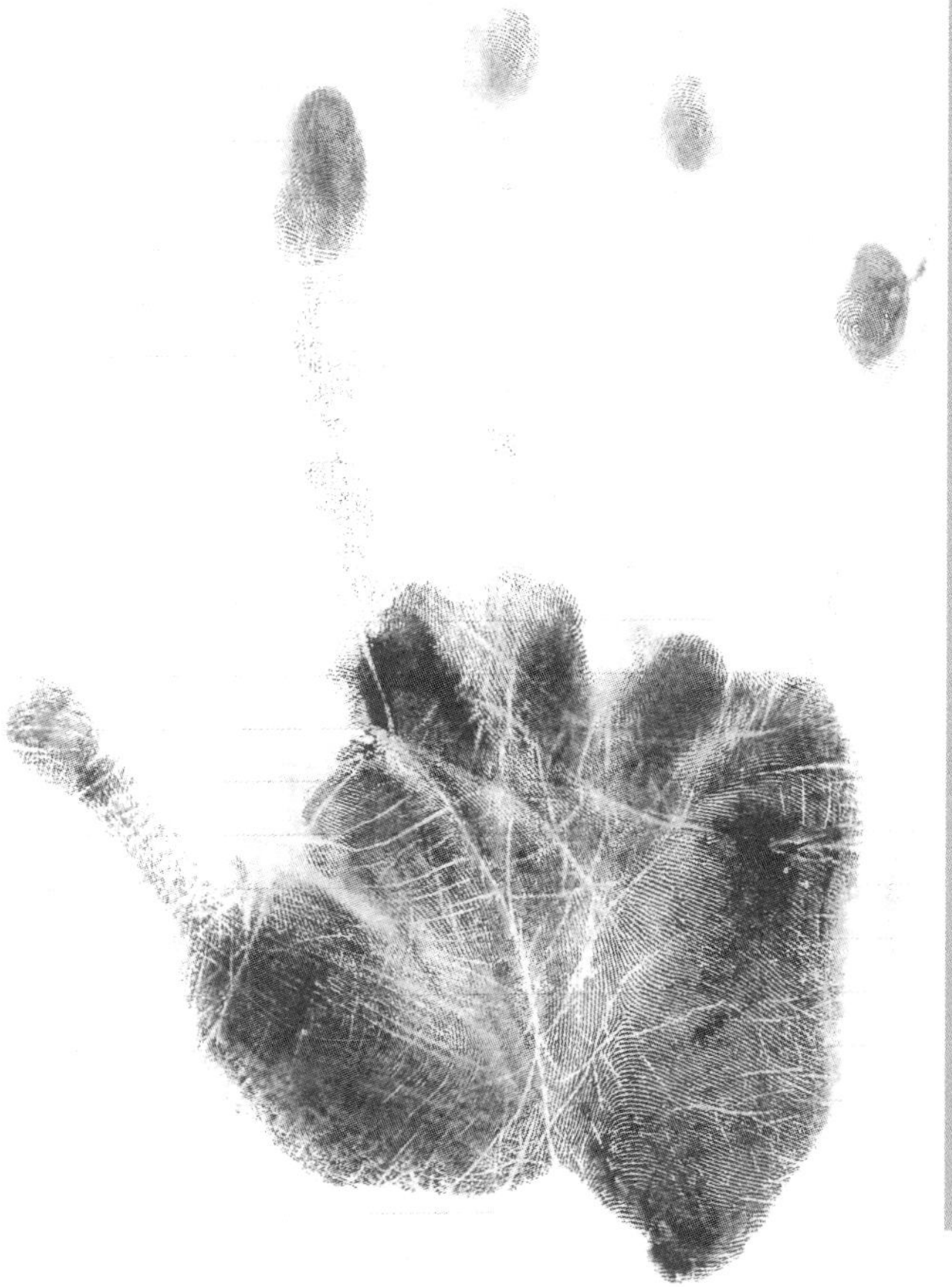

## 手相鑑定

一代で会社を築《きず》いた自力頼みでやり手の人物。妻に対して、かなりわがままではあったが、深い愛情は忘れず、妻も献身的《けんしんてき》に尽《つ》くし支《ささ》え続けてくれた。

羊刃紋《ようじんもん》があると、わがままが過ぎて離縁の可能性がある。この男性が、よき配偶者に恵まれたのは幸運としかいいようがない。

詳しくは64ページへ

天紋がふたつある

実例手形④

# 煩鎖紋（はんさもん）

気苦労が絶えず心身が休まらない

27歳女性／会社員

## 手相鑑定

シングルマザーで、小学生の息子と二人暮らし。交通事故で足を骨折し（全治二ヶ月）、車椅子の状態。子どもは母親に見てもらっているが、子どもの将来と仕事のことが心配で不安は募《つの》るばかり。

掌全体にごちゃごちゃと紋がある煩鎖紋の典型。ケガが治れば消える紋もあるが、心おだやかに過ごすことが大切である。

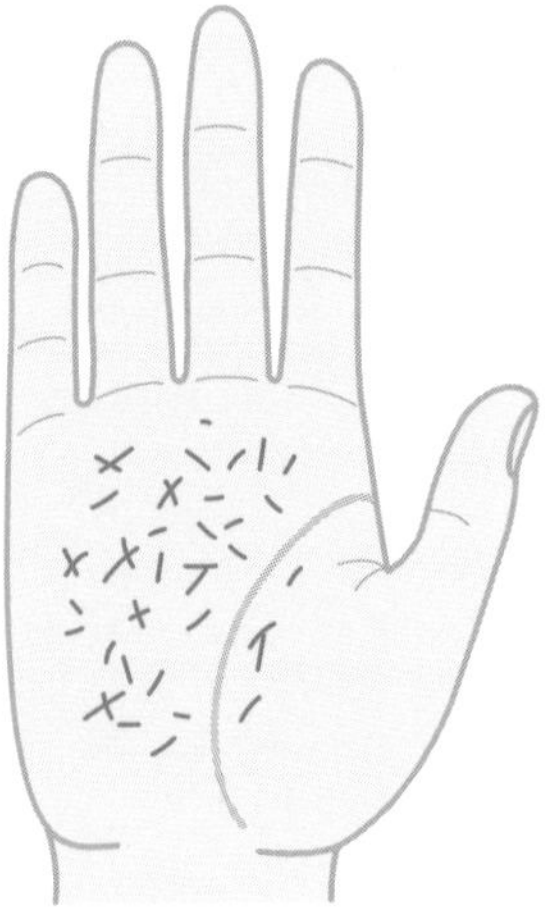

ごちゃごちゃと紋がある

詳しくは145ページへ

## 実例手形⑤

# 再縁紋（さいえんもん）

離婚しても再婚相手にめぐり会う

46歳女性／主婦

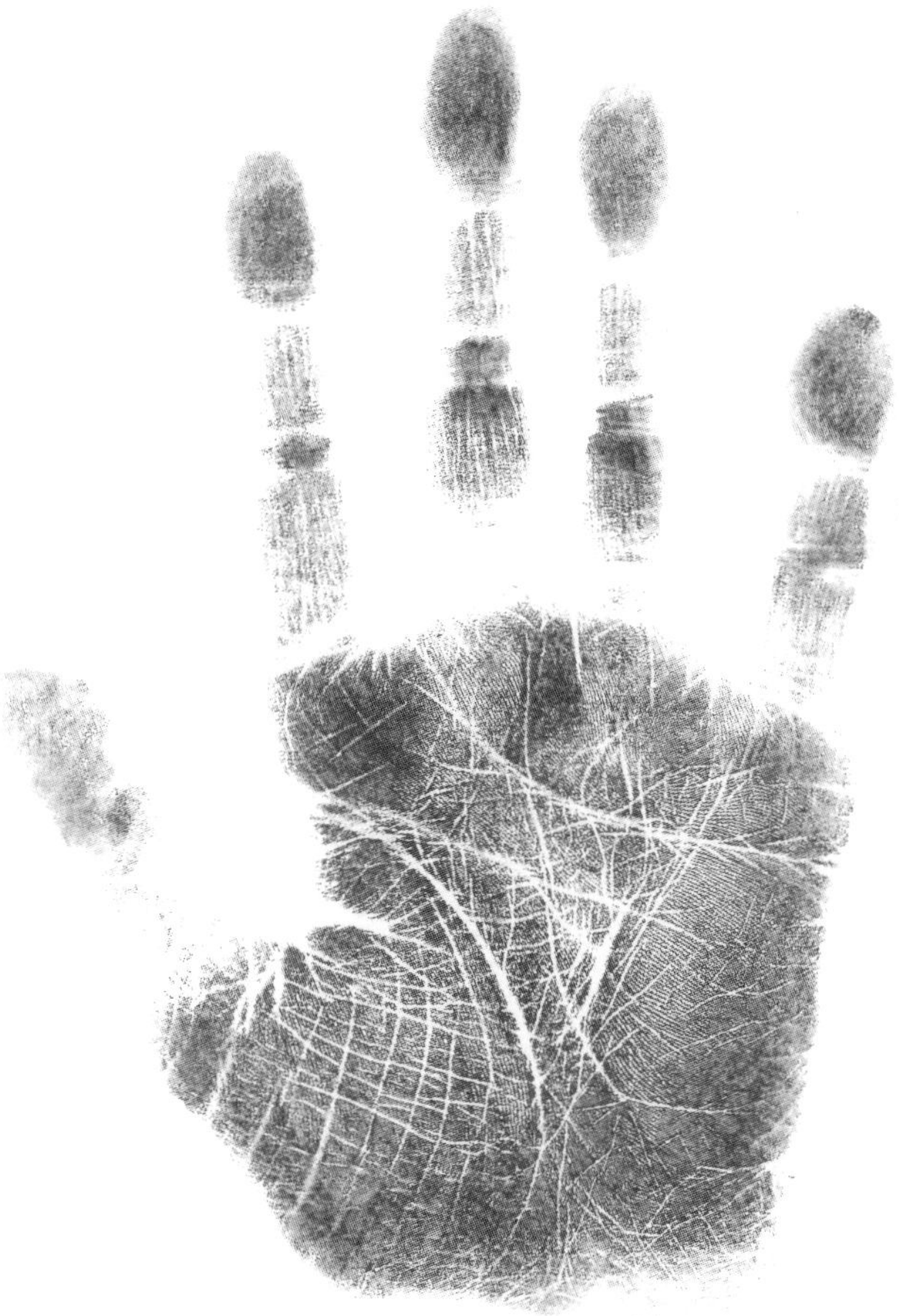

## 手相鑑定

33歳で夫と死別。理容師の資格があったので、知人の理容店で働くようになる。人柄と接客態度のよさは評判で、その店の客と再婚した。相手は弁護士で資産家。現在は悠々《ゆうゆう》自適《じてき》の生活を送っている。

再縁紋の持ち主は、魅力的で人気運があるため、生涯を通じて独身《ひとりみ》ということはないであろう。

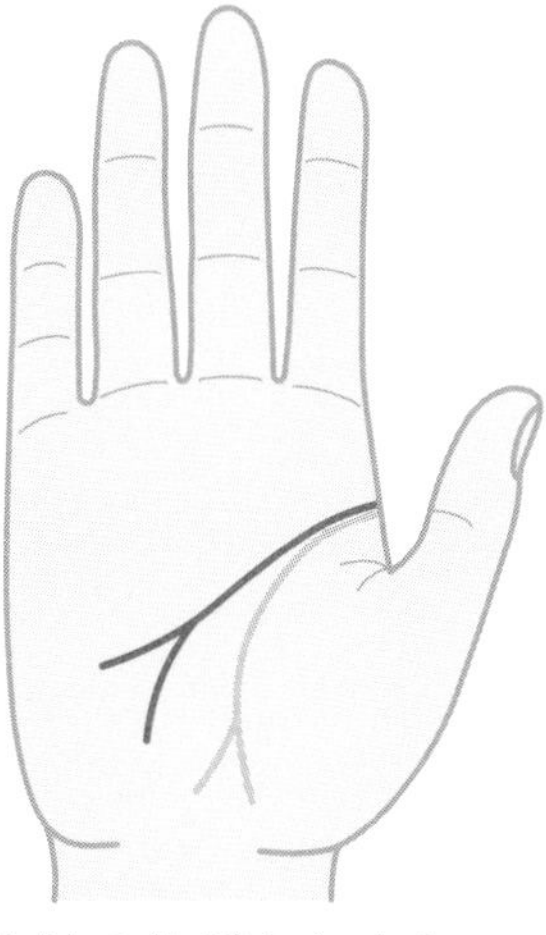

人紋の先がふたまた

詳しくは83ページへ

**田口二州**（たぐち・にしゅう）

純正運命学会会長。伝統的な東洋の運命学を修めた占術家。プロの門下生だけでも全国に約70名を擁し、占術界の「的中の父」として活躍中。各カルチャー教室にて占術教室を主宰。一人でも多くの人を幸運に導くべく、日夜研究・鑑定に邁進し、老若男女問わず多くのファンに親しまれている。著書・監修書は『いちばんよくわかる九星方位気学』『いちばんよくわかる人相術』『決定版・いちばんよくわかる手相』『いちばんよくわかる姓名判断事典』（Gakken）、『年度版 純正運命学会 開運本暦』『年度版 純正運命学会 九星暦』（永岡書店）など800冊以上。明治学院大学経済学科卒。産経学園気学（方位・家相）教室講師。

**【純正運命学会ホームページ】** https://junsei-unmei.com

住所：〒214-0005　神奈川県川崎市多摩区寺尾台1-6-12　☎044-966-5185

※鑑定ご希望の方は電話にてご予約ください。（受付：平日の10：00～17：00）

プロデュース……………………………稲村哲
編集協力…………………………………田中四海、桐生十冴
企画協力…………………………………坂 青龍
カバーデザイン…………………………高橋コウイチ（WF）
本文イラスト……………………………関上絵美、関上晴香
本文デザイン・ＤＴＰ…………………小山弘子

# すごくよくわかる東洋手相術

2024年7月10日　第1刷発行

著　者　　田口二州
発行人　　土屋　徹
編集人　　滝口勝弘
発行所　　株式会社Gakken
　　　　　〒141-8416　東京都品川区西五反田2-11-8
印刷所　　中央精版印刷株式会社

●この本に関する各種お問い合わせ先
本の内容については、下記サイトのお問い合わせフォームよりお願いします。
https://www.corp-gakken.co.jp/contact/
在庫については　Tel 03-6431-1250（販売部）
不良品（落丁、乱丁）については　Tel 0570-000577（学研業務センター）
〒354-0045 埼玉県入間郡三芳町上富279-1
上記以外のお問い合わせは　Tel 0570-056-710（学研グループ総合案内）